ERNST RIEGER

DAS URKUNDENWESEN
DER GRAFEN VON KIBURG UND HABSBURG

Teilband II

Archiv für Diplomatik

Schriftgeschichte, Siegel- und Wappenkunde

Begründet durch
EDMUND E. STENGEL

Herausgegeben von
WALTER HEINEMEYER

Beiheft 5/II

1986

BÖHLAU VERLAG KÖLN WIEN

Das Urkundenwesen der Grafen von Kiburg und Habsburg

mit besonderer Betonung der innerschweizerischen,
Züricher und thurgauischen Landschaften

von

ERNST RIEGER †

Aus dem Nachlaß herausgegeben
und für den Druck überarbeitet

von

REINHARD HÄRTEL

Teilband II

1986

BÖHLAU VERLAG KÖLN WIEN

Gedruckt mit Unterstützung der
Deutschen Forschungsgemeinschaft, Bad Godesberg, des
Förderungs- und Beihilfefonds Wissenschaft der
VG WORT GmbH, München, und der
Geschwister Boehringer Ingelheim Stiftung für Geisteswissenschaften, Ingelheim

CIP-Kurztitelaufnahme der Deutschen Bibliothek

Rieger, Ernst:
Das Urkundenwesen der Grafen von Kiburg und Habsburg:
mit besonderer Betonung d. innerschweizer., Züricher u.
thurgau. Landschaften / von Ernst Rieger. Aus d. Nachlass
hrsg. u. für d. Druck überarb. von Reinhard Härtel. –
Köln; Wien: Böhlau, 1986.
  (Archiv für Diplomatik, Schriftgeschichte, Siegel- und
  Wappenkunde: Beiheft; 5)
  ISBN 3-412-04082-7
NE: Härtel, Reinhard [Bearb.]; Archiv für Diplomatik,
Schriftgeschichte, Siegel- und Wappenkunde / Beiheft

Satz: Satzstudio B. Blankstein, Ratingen/H.-D. Günther, Studio für Ästhetik-Fotosatz,
Köln/ Labs, Satz – Grafik – Drucksachen, Köln

Druck und buchbinderische Verarbeitung: Hans Richarz, Publikations-Service, Sankt
Augustin
Printed in Germany

ISBN 3-412-04082-7

INHALT

Teilband I

A. PROVENIENZEN, DIE NICHT AUF KIBURGISCHE ODER HABSBURGISCHE SCHREIBER ZURÜCKGEHEN

B. PROVENIENZEN, DIE AUF KIBURGISCHE UND HABSBURGISCHE SCHREIBER ZURÜCKGEHEN

C. DIE KIBURGISCHEN UND HABSBURGISCHEN NOTARE

E.

Urkundenverzeichnis

Vorbemerkung

Das folgende Verzeichnis enthält, wie schon im Vorwort bemerkt, sämtliche behandelten oder auch nur erwähnten Stücke in chronologischer Reihenfolge. Da dem Bearbeiter nicht die Zeit und noch weniger die nötigen Mittel für eingehenden Besuch der einzelnen Archive zur Verfügung standen, mußte er sich auf RIEGERs Angaben sowie die Druck- und Regestenwerke stützen, deren unterschiedlicher Wert ihm wohl bewußt war. Zu den zehn Kolumnen sei im einzelnen bemerkt:

1. Kolumne: Fortlaufende Nummer.

Kiburger und Habsburger Urkunden sind bis zum Ende des Untersuchungszeitraumes (1280) durch die den Nummern nachgesetzten Exponenten [k] und [h], gegebenenfalls [kh], herausgehoben.

2. Kolumne: Aufgelöstes Datum.

Urkunden, die nicht auf den Tag genau datiert bzw. datierbar sind, wurden an der zeitlich letztmöglichen Stelle eingeordnet, ungeachtet des (wechselnden) Gebrauches der herangezogenen Urkundenwerke, nachdem z.B. bei uneinheitlicher Datierung in diplomatischer Hinsicht meist das letzte Datum das wesentliche ist, im Gegensatz zur sachlichen Betrachtung. Von verschiedenen Urkundenwerken verschieden datierte Stücke sind durch Verweise erschlossen, ebenso Actum-Angaben, wo das Datum berücksichtigt wurde, u. dgl. m. Der geringfügige Unterschied ·zwischen Natal- und Circumcisionsstil durfte übergangen werden, da die Verweise allzunahe zu den verwiesenen Datierungen gerückt wären. Einige undatierte Habsburger Urkunden erscheinen innerhalb jener Zeitschranken angeführt, welche durch die in den Regesta Habsburgica vorher und nachher angeführten (datierten) Stücke gegeben erscheinen: einem eventuellen späteren anderen Ansatz aufgrund neuer Kriterien soll damit in keiner Weise vorgegriffen sein.

3. Kolumne: Aussteller.

In dieser Rubrik können sinngemäß auch Urheber erscheinen, die formal gesehen nicht Aussteller sind, sowie an erster Stelle genannte Vertragsparteien. Aufgelöste Abkürzungen und Amtsträger, deren Eigennamen nur erschlossen sind, sind nicht in Klammer gesetzt worden, wenn die Deutung einwandfrei erschien. Mit Ordnungszahlen versehen wurden die Namen von Kaisern, Königen und Päpsten, natürlich auch von den Kiburgern und Habsburgern; ansonsten erschien dies nicht als notwendig.

Abkürzungen wurden sparsam verwendet und auf allgemein übliche beschränkt.

4. Kolumne: Empfänger.

Hier werden auch Adressaten, die nicht zugleich Empfänger sind, und Vertragspartner aufgeführt.

5. Kolumne: Überlieferungsform.

Es bedeuten:

Aufz.	Aufzeichnung	Or.	Original
Druck	Druck	Reg.	Regest, gekürzter
Erw.	Erwähnung		Registereintrag
Ins.	Insert	Übs.	Übersetzung
Kop.	Kopie, Abschrift,	Vid.	Vidimus
	vollinhaltl.		
	Registereintrag		

6. Kolumne: Lagerort.

Viele Archive haben seit dem Druck der meistverwendeten bzw. notwendig heranzuziehenden Urkundenbücher ihr Signaturensystem geändert, so daß exakte Archivlokationen anhand von in dieser Hinsicht überholten und oft schon verschiedene Stadien berücksichtigenden Druck- und Regestenwerken nur Verwirrung stiften würden. Selbstverständlich sind ungedruckte Stücke möglichst genau lokalisiert, ebenso sind erstes und zweites (evtl. drittes) Original genau bezeichnet, wenn die Drucke Unklarheiten lassen oder widersprüchliche Zählungen zeigen. Jedenfalls empfahl sich unter den gegebenen Umständen die bloße Angabe des Lagerortes und der wesentlichen Drucke bzw. Regesten als zur Identifizierung im Archiv dienlicher als die Angabe wohl meist veralteter Signaturen. Von der Unmöglichkeit, auch nur die wesentlichen Archive selbst zu bereisen, war bereits die Rede.

Die für die Lagerorte verwendeten A b k ü r z u n g e n lehnen sich dort, wo sie sich mit Provenienzorten berühren, an deren Siglen an. Bei mehreren benützten Archiven bzw. Bibliotheken an einem Ort ist jeweils das bedeutendste ohne nähere ergänzende Bezeichnung belassen worden. Die angegebenen Orte entsprechen dem jeweils letzten durch ein Urkundenbuch bzw. Regestenwerk festgestellten Stand.

Aar	Aarau, Staatsarchiv
AarSta	Aarau, Stadtarchiv
Abg	Aarberg, Stadtarchiv
Alt	Altdorf, Staatsarchiv
Amo	Amorbach, Fürstl. Leiningisches Archiv
AuS	Auf der Au bei Steinen, Stiftsarchiv
Baa	Baar, Pfarrarchiv
Bas	Basel, Staatsarchiv
BasUni	Basel, Universitätsbibliothek
Bch	Breisach, Stadtarchiv
Ber	Bern, Staatsarchiv
BerEff	Bern, Sammlung der Effinger von Wildegg
BerHal	Bern, Familienarchiv Hallwil
BerIns	Bern, Archiv des Inselspitals
BerSta	Bern, Stadtarchiv
Bes	Besançon, Departementalarchiv
Bgt	Bremgarten, Stadtarchiv
BlnBbl	(einst) Berlin, Kgl. Bibliothek
Bmü	Beromünster, Stiftsarchiv
Bür	Büren von Vauxmarcus, Familienarchiv
Bur	Burgdorf, Stadtarchiv
Chron.	Chronikalische Überlieferung
Col	Colmar, Departementalarchiv
ColUnt	Colmar, Unterlinden
Die	Dießenhofen, Stadtarchiv
Don	Donaueschingen, Fürstl. Fürstenbergisches Archiv
Ein	Einsiedeln, Stiftsarchiv
Eng	Engelberg, Stiftsarchiv und Bibliothek
Erl	Erlach, Stadtarchiv
Etz	Etzgen, Gemeindearchiv
FrBEB	Freiburg i.Br., Erzbischöfliches Archiv

Frf	Frauenfeld, Staatsarchiv
Frt	Frauenthal, Stiftsarchiv
FrÜ	Freiburg i.Ü. (Fribourg), Staatsarchiv
Gal	St. Gallen, Stiftsarchiv
GalSta	St. Gallen, Stadtbibliothek
GenPri	Genf (Genève), Privatbesitz
Krh	Karlsruhe, Generallandesarchiv
KonSpi	Konstanz, Spitalarchiv
Löw	Löwen-Pfyffer, Familienarchiv
Luz	Luzern, Staatsarchiv
LuzBbl	Luzern, Bürgerbibliothek
LuzSti	Luzern, Stiftsarchiv
Mgd	Magdenau, Stiftsarchiv
Men	Menzingen-Neuheim, Gemeindearchiv
Nan	Nancy, Departementalarchiv
Neu	Neuenburg (Neuchâtel), Staatsarchiv
Par	Paradies, Pfarrarchiv
Pau	St. Paul im Lavanttal, Stiftsarchiv
Pfy	Pfyffer von Altishofen, Familienarchiv
Rap	Rapperswil, Stadtarchiv
Sar	Sarnen, Staatsarchiv
Sch	Schaffhausen, Staatsarchiv
SchPri	Schaffhausen, Privatbesitz
SchSta	Schaffhausen, Stadtarchiv
See	Seedorf, Stiftsarchiv
Sol	Solothurn, Staatsarchiv
SolRol	Solothurn, Archiv von Roll
Sta	Stans, Staatsarchiv
StaKir	Stans, Kirchenlade
Str	Straßburg (Strasbourg), Departementalarchiv
StrSpi	Straßburg (Strasbourg), Hospitalarchiv im Stadtarchiv
StrSta	Straßburg (Strasbourg), Stadtarchiv
Stu	Stuttgart, Hauptstaatsarchiv
Sur	Sursee, Stadtarchiv
Swz	Schwyz, Staatsarchiv
Thu	Thun, Stadtarchiv
Tur	Turin, Staatsarchiv
Twa	Twann, Kirchenarchiv
unbek.	Lagerort unbekannt
Val	Valeria bei Sitten, Schloßarchiv (heute: Sitten, Domkapitels-Archiv)

Vat	Rom, Vatikanisches Archiv
Wee	Weesen, Klosterarchiv
Wie	Wien, Österr. Staatsarchiv, Haus-, Hof- und Staatsarchiv
Wil	Wildegg, Schloßarchiv
Wur	Wurmsbach, Klosterarchiv
Zür	Zürich, Staatsarchiv
ZürAnt	Zürich, Sammlung der Antiquarischen Gesellschaft
ZürBbl	Zürich, Zentralbibliothek
ZürMus	Zürich, Schweizerisches Landesmuseum
ZürSta	Zürich, Stadtarchiv
Zug	Zug, Stadtarchiv

7. und 8. K o l u m n e : Drucke/Faksimiles bzw. Teilabb. in Druckwerken und Regesten.

Das vorliegende Verzeichnis soll und will kein Regestenwerk ersetzen und kann daher die ungeheure Fülle an Druck- und Regestnachweisen keinesfalls zur Gänze bieten. Doch kommen andererseits aufgrund der Überschneidungen der Urkunden- und Regestenwerke in regionaler wie institutioneller Hinsicht viele Stücke in mehreren wesentlichen Werken zugleich vor. Daher wurden die Regesta Habsburgica, die Bände des „Geschichtsfreundes" (an Regesten jedoch nur die in VOGELs Engelberger UB in: Gfr. 49,51 ff.), TROUILLATs „Monuments . . ." sowie die Fontes rerum Bernensium, die Urkundenbücher der Abtei St. Gallen, Zürichs und des Thurgaus sowie das Quellenwerk zur Entstehung der schweizerischen Eidgenossenschaft und WILHELMs Corpus der altdeutschen Originalurkunden konkordant erfaßt (Durch die Berücksichtigung des letzteren erübrigten sich nähere Angaben über die Sprache der einzelnen Urkunden). Weiters fanden die Volldrucke in den Urkundenbüchern des Stiftes Beromünster, der Stadt Basel und des Kantons Solothurn Aufnahme. Andere Werke sind insoweit einbezogen, als die genannten Werke nicht ausreichten oder zu einem Regest anderweitig noch ein Druck aufgefunden werden konnte bzw. dort, wo nachträglich ein zweites Original entdeckt wurde, allenfalls auch bei ausnehmend schwer zugänglichen Drucken, die selbst schon den Überlieferungswert einer Handschrift haben (z.B. dienten die Regesten der Bischöfe von Straßburg als Ergänzung zu GRANDIDIERs Oeuvres inédites).

An Abkürzungen wurden verwendet:

Aar.	H. Boos, UB der Stadt Aarau (Aarau 1880; Argovia 11)

Abh.Berl. 1927/2	A. BRACKMANN, Zur Geschichte der Hirsauer Reformbewegung im XII. Jh. (in: Abh. Berl. 1927/2) S. 1–32
AD 16	W. HEINEMEYER, Die Berner Handfeste (in: AD 16, 1970) S. 214–324
AD 27	W. HEINEMEYER, Die Handfeste der Stadt Freiburg i.Ü. (In: AD 27, 1981) S. 145–176)
Anz.3,7	Anzeiger für Schweizerische Geschichte 3, 1878–1881 u. 7, 1894–97
APH 1	J. BERNOULLI, Acta Pontificum Helvetica. Quellen schweizerischer Geschichte aus dem päpstlichen Archiv in Rom 1 (Basel 1891)
Arch.Wett.	Archiv des hochloblichen gottshauses Wettingen... aus den authentischen Originalien selbsten ... von den conventualen dises gottshauses ... in Truck verfertiget anno Christi 1694, fundationis 467
BaUB 1 ff.	R. WACKERNAGEL u. R. THOMMEN, UB der Stadt Basel 1 ff. (Basel 1890 ff.)
BasLa 1,2	H. BOOS, UB der Landschaft Basel 1 u. 2 (Basel 1881/1883)
BeUB 1,2	Th. v. LIEBENAU, UB des Stiftes Bero-Münster 1 u. 2 (Stans 1906/13)
Bruckner 1–12	A. BRUCKNER, Scriptoria medii aevi Helvetica. Denkmäler schweizerischer Schreibkunst des MA 1–12 (Genf 1935 ff.)
BUB 2	E. MEYER-MARTHALER u. F. PERRET, Bündner UB 2 (Chur 1952 ff.)
Calmet 1	A. CALMET, Historie ecclésiastique et civile de Lorraine 1 (Nancy 1728)
Corp. 1–5	F. WILHELM (u. Fortsetzer), Corpus der altdeutschen Originalurkunden bis zum Jahr 1300 1 ff. (1932 ff.)
Diesb.	M. DEDIESBACH, Regeste Fribourgeois 515–1350 (in: Archives de la Société d'histoire du canton de Fribourg 10, 1912) S. 1–246; auch als selbständiger Druck

Epp.2	Monumenta Germaniae historica, Epistolae saeculi XIII.e regestis pontificum Romanorum selectae (ed. C. RODENBERG) 2 (1887)
FrUB 1	F. HEFELE, Freiburger UB 1 (Text- u. Tafelteil, 1940)
FRB 1 ff.	Fontes rerum Bernensium. Bern's Geschichtsquellen 1 ff. (Bern 1883 ff.)
Freib.Gbll.18	J.K. SEITZ, Regesten der Johanniter-Komturei Freiburg i.Ü. (in: Freiburger Geschichtsblätter 18, 1911) S. 1–114
Gall. 3	H. WARTMANN, UB der Abtei Sanct Gallen 3 (St. Gallen 1882)
Geilfus	G. GEILFUS, Der Stadtrechtsbrief, welchen der Graf Rudolf von Habsburg im Jahre 1264 denen von Winterthur ertheilte. Eine Festschrift zur 600jährigen Jubelfeier (Winterthur 1864)
Gerb. 3	M. GERBERT, Historia Nigrae Silvae 3 (St. Blasien 1788)
Gfr. 1 ff.	Der Geschichtsfreund. Mitteilungen des historischen Vereins der fünf Orte Luzern, Uri, Schwyz, Unterwalden und Zug 1 ff. (Einsiedeln 1844 ff.)
Grand.1–6	Ph.A. GRANDIDIER, Oeuvres inédites 1–6 (Colmar 1865–1867)
Gumy	J. GUMY, Régeste de l'abbaye de Hauterive de l'ordre de Citeaux depuis sa fondation en 1138 jusqu' à la fin du règne de l'abbé d'Affry 1449 (Fribourg, Suisse 1923)
Heinem.	B. HEINEMANN, Beiträge zum Urkundenwesen der Bischöfe von Konstanz im XIII. Jh. (1909; Abh. zur Mittleren und Neueren Geschichte 14)
Herrg. 1,2	M. HERRGOTT, Genealogia diplomatica augustae gentis Habsburgicae 1, 2 (Viennae Austriae 1737)
Huber	J. HUBER, Die Regesten der ehemaligen Sanktblasier Propsteien Klingnau und Wislikofen im Aargau. Ein Beitrag zur Kirchen- und Landesgeschichte der alten Grafschaft Baden (Luzern 1878)

Kohler	K. KOHLER, Das Urkundenwesen der Bischöfe von Basel (1083–1274) (Examensarbeit für die Staatsprüfung am Österr. Inst. f. Geschichtsforschung in Wien, Mschr., 1937)
Kopp,Gbll.1	J.E. KOPP, Geschichtsblätter aus der Schweiz 1 (Luzern 1853/54)
Kopp,Gesch. 1–5	J.E. KOPP, Geschichte der eidgenössischen Bünde 1–5 (1845–1882)
Kopp,Urk.	J.E. KOPP, Urkunden zur Geschichte der eidgenössischen Bünde (Luzern 1835; fortgesetzt in AÖG 6, 1851 S. 1–203)
Mém.et doc. 30	J. GREMAUD, Documents relatifs a l'histoire du Vallais 2 (1255–1300) (in: Mémoires et documents publiés par la Societé d'histoire de la Suisse romande 30, 1876)
MIÖG 25	O. REDLICH, Ungedruckte Urkunden Rudolfs von Habsburg (in: MIÖG 25, 1904) S. 323–330
MIÖG 32	H. HIRSCH, Die Urkundenfälschungen des Abtes Bernardin Buchinger für die Zisterzienserklöster Lützel und Pairis. Ein Beitrag zur Geschichte der habsburgischen Rechte im Oberelsaß (in: MIÖG 32, 1911) S. 1–86
Mon.Neu.1	Monuments de l'histoire de Neuchatel 1 (Neuchatel 1844)
Müller	(nur in 9. Kolumne, Provenienzen, in Gegenüberstellungen zu RIEGERschen Zuweisungen:) W. MÜLLER, Untersuchungen über die Privaturkunden des Klosters St. Blasien im 13. und 14. Jh. (in: MIÖG 55, 1944) S. 1–145
Müller,Frt.	A. MÜLLER, Geschichte des Gotteshauses Frauenthal. Festschrift zur 700-jährigen Jubelfeier 1231–1931 (Zug 1931)
Müller,Kr. Aarb.	H. MÜLLER, Krone Aarberg. Ein Beitrag zur Lokalgeschichte von Aarberg (Biel 1952)
Mulh.1	X. MOSSMANN, Cartulaire de Mulhouse 1 (Strasbourg 1883)

Neug.CD 2	T. NEUGART, Codex diplomaticus Alemanniae et Burgundiae Trans-Iuranae intra fines dioecesis Constantiensis 2 (St. Blasien 1792)
Neug.Ep. Const.1	T. NEUGART, Episcopatus Constantiensis 1 (Friburgi 1862)
QW 1/1 u. 1/3	T. SCHIESS bzw. E. SCHUDEL, B. MEYER u. E. USTERI, Quellenwerk zur Entstehung der Schweizerischen Eidgenossenschaft, Abt. 1: Urkunden 1 u. 3 (Aarau 1933 u. 1964)
Rapp.1	K. ALBRECHT, Rappoltsteinisches UB. Quellen zur Geschichte der ehemal. Herrschaft Rappoltstein im Elsaß 1 (Colmar i.E. 1891)
REC 1	P. LADEWIG u. Th. MÜLLER, Regesta episcoporum Constantiensium. Die Regesten der Bischöfe von Constanz 1 (Innsbruck 1895)
Rec.dipl. Frib.1	Recueil diplomatique de Fribourg 1 (Fribourg en Suisse 1839)
RH 1	H. STEINACKER, Regesta Habsburgica. Regesten der Grafen von Habsburg und der Herzoge von Österreich aus dem Hause Habsburg 1 (Innsbruck 1905)
Rüeger	J.J. RÜEGER, Chronik der Stadt und Landschaft Schaffhausen, bearb. C.A. BÄCHTOLD (Schaffhausen 1884)
Sal.1,2	F. v. WEECH, Codex diplomaticus Salemitanus 1 u. 2 (1883/1886)
Schöpf.1	J.D. SCHÖPFLIN, Alsatia aevi Merovingici, Carolingici, Saxonici, Salici, Suevici diplomatica 1 (Mannhemii 1772)
SchUR 1	G. WALTER, Urkundenregister für den Kanton Schaffhausen 1 (Schaffhausen 1906)
Slg.schw.RQ 16/1/4/	W. MERZ, Die Stadtrechte von Bremgarten und Lenzburg (Aarau 1909; Sammlung schweizerischer Rechtsquellen 16 (Aargau)/1 (Stadtrechte)/4)
Soloth.1 u. 2	A. KOCHER, Solothurner UB 1 u. 2 (Solothurn 1952/ 71; Quellen zur Solothurnischen Geschichte)
Sol. Wbl. 1824 1828, 1829	Solothurnisches Wochenblatt 1824, 1828, 1829

Steffens	F. STEFFENS, Lateinische Paläographie (²Trier 1929)
StrReg.2	A. HESSEL u. M. KREBS, Regesten der Bischöfe von Straßburg 2 (Innsbruck 1928)
StrUB 1 u. 4/1	W. WIEGAND, UB der Stadt Straßburg (Straßburg 1879/98; Urkunden und Akten der Stadt Straßburg 1)
Sulzer	H. SULZER, Das Dominikanerinnenkloster Töss, 1. Teil, Geschichte (Mitt. d. Antiquar. Gesellschaft in Zürich 26/2, 1903) S. 81 (1) – 122 (42)
ThUB 2 u. 3	G. MEYER u. F. SCHALTEGGER, Thurgauisches UB 2 u. 3 (Frauenfeld 1917 u. 1925)
Thommen 1	R. THOMMEN, Urkunden zur Schweizer Geschichte aus österreichischen Archiven 1 (Basel 1899)
Trouill. 1 u. 2	J. TROUILLAT, Monuments de l'Histoire de l'ancien Évêché de Bale 1 u. 2 (Porrentruy 1852/56)
Wegelin	K. WEGELIN, Die Regesten der Benedictiner-Abtei Pfävers und der Landschaft Sargans (Chur 1850; enthalten in: Th. v. MOOR, Die Regesten der Archive in der schweizerischen Eidgenossenschaft 1, Chur 1851)
Welti,Beitr.	F.E. WELTI, Beiträge zur Geschichte des älteren Stadtrechtes von Freiburg im Üechtland (Bern 1908; Abh. zum schweizerischen Recht 25)
Wirtemb. 3–6	Wirtembergisches UB 3–6 (Stuttgart 1849 ff.)
Würdtwein NS 10	St.A. WÜRDTWEIN, Nova subsidia diplomatica ad selecta iuris ecclesiastici Germaniae et historiarum capita elucidanda ex originalibus . . . 10 (Heidelberg 1788)
Wurstemb. 4	L. WURSTEMBERGER, Peter der Zweite, Graf von Savoyen, Markgraf in Italien, sein Haus und seine Lande 4 (Bern-Zürich 1858)
ZUB 1 ff.	J. ESCHER u. P. SCHWEIZER, UB der Stadt und Landschaft Zürich 1 ff. (Zürich 1888 ff.)
ZGORh 1 ff.	Zeitschrift für die Geschichte des Oberrheins (Alte Folge) 1 ff. (1850 ff.)

9. Kolumne: Provenienz.

Die Provenienzen – soweit ermittelt – werden wie in Text und Anmerkungen mit den im folgenden aufgeführten Siglen angegeben. Wo nicht kiburgische oder habsburgische Provenienz vorliegt, bezeichnen die drei (ersten) Buchstaben der Sigle den Provenienzort, des öfteren folgt eine weitere Unterscheidung nach Institutionen oder einzelnen Schreibern am gleichen Ort. Wahrscheinlichkeiten werden durch nachgesetzte Fragezeichen ausgedrückt, im Falle einer ziemlichen Sicherheit der Zuweisung ist jenes eingeklammert.

Wo nicht anders angemerkt, stimmen Schrift (S) und Diktat (D) zur ermittelten Provenienz, oder wenigstens stimmt die Schrift allein, ohne daß das Diktat dagegen spräche (z.B. bei sehr kurzen Stücken), oder umgekehrt (dies vor allem bei Kopien) Diktat allein ohne Widerspruch durch graphische Kriterien.

Herstellung durch Predigermönche wurde durch ein der Ortsangabe nachgesetztes „Pre" ausgewiesen, welches nur im Falle Zürichs in Anlehnung an die Bezeichnung als Dominikaner durch „Dom" ersetzt wurde, dies deshalb, um die sonst zu gewärtigende Flut von Schreib-, Tipp-, Druck- und Lesefehlern möglichst zu unterbinden, welche die Ähnlichkeit von „ZürPre" und „ZürPro" (Propstei Zürich) ansonsten zweifellos nach sich gezogen hätte: beiden Institutionen am gleichen Ort entstammen zahlreiche Stücke, noch dazu werden sie in unmittelbarer Aufeinanderfolge behandelt.

Alt	Altenryf (Hauterive), Kloster
AnsUlr	Ansoltingen, Chorherr Ulrich
Bas	Basel
BasB	Bischöfliche Kirche Basel
BasBur	Stadtschreiber Burkhard v. Basel
BasKon	Notar Konrad von Basel
BasLeo	Stift St. Leonhard in Basel
BasPet	Stift St. Peter in Basel
BasPra	Stadtschreiber Burkhard v. Pratteln
BasPre	Predigerkl. Basel
Ber	Bern
BerBur	Notar Burkhard von Bern
Beu	Beuggen, Kommende
Bgd	Burgundische Herstellung
Bla	St. Blasien, Kloster
Bmü	Beromünster, Stift
Bur	Burgdorf, Stadt

DieAno	Dießenhofener Anonymus
Ein	Einsiedeln, Kloster
Eng	Engelberg, Kloster
Erl	Erlach, Kloster
Fel	Feldbach, Kloster
Fon	Fontaine-André, Kloster
FrBSta	Freiburg i. Br., Stadtschreiber
Fri	Frienisberg, Kloster
Frk	Frauenkappelen, Kloster
Frt	Frauenthal, Kloster
FrÜSta	Freiburg i. Ü., Stadtschreiber
H	Habsburger Schreiber
Hoh	Hohenrain, Kommende
Int	Interlaken, Propstei
Jak	St. Jakob auf dem Heiligenberg, Stift
K	Kiburger Schreiber
KalRud	Kirchherr Rudolf von Kalchrain
Kap	Kappel, Kloster
Kat	St. Katharinental, Kloster
Kgl	Königliche Kanzlei
Kön	Köniz, Kommende
Kon	Konstanz
KonB	Bischöfliche Kirche Konstanz
KonDSt	Domstift Konstanz
KonFra	Franziskanerkl. Konstanz
KonPre	Predigerkl. Konstanz
KonUlr	Notar Ulrich von Konstanz
Krz	Kreuzlingen, Stift
Lüz	Lützel (Lucelle), Kloster
Luz	Luzern, Kloster
Mag	Magerau (Maigrauge), Kloster
Mnz	Mainz
Mri	Muri, Kloster
MülSta	Mülhausen (Mulhouse), Stadt
Mur	Murbach, Kloster
Oet	Oetenbach, Kloster
Ols	Olsberg, Kloster
Par	Paradies, Kloster
PP	Päpstliche Kanzlei
Pfä	Pfäfers, Kloster

Rei	Reichenau, Kloster
Rüt	Rüti, Stift
S 1	Luntz' Schreiber S 1
Sal	Salem, Kloster
Sav	Savoyischer Schreiber
SbgEB	Erzbischöfliche Kanzlei Salzburg
SchFra	Schaffhausen, Franziskanerkloster
Sna	Schnabelburger Schreiber
Stu	Stein am Rhein, Kloster
Str	Straßburg
StrB	Bischöfliche Kirche Straßburg
StrSta	Stadt Straßburg
Ten	Tennenbach, Kloster
Thu	Thun, Stadt
Töß	Töß, Kloster
Urb	St. Urban, Kloster
Wet	Wettingen, Kloster
Win	Winterthur
Won	Wonnental, Kloster
Zof	Zofingen, Stift
Zür	Zürich
ZürAbt	Abtei Zürich
ZürAno	Züricher Anonymus
ZürDom	Predigerkl. Zürich
ZürPro	Propstei Zürich
ZürSta	Stadtschreiber von Zürich

Die im Zusammenhang mit St. Blasien wiederholt angemerkten anderen Auffassungen „lt. Müller" beziehen sich auf die mit RIEGER keineswegs immer harmonierenden Zuweisungen durch W. MÜLLER in MIÖG 55 (1944), (siehe das Abkürzungsverzeichnis zu den Urkundendrucken und Regestenwerken). Die nach W. HEINEMEYER, AD 16, 1970 gesicherte Identität der Frienisberger Hände B und D sowie die weiteren Zuweisungen zu dieser nunmehr einzigen Hand sind in der Provenienzangabe des Urkundenverzeichnisses bereits berücksichtigt. Selbstverständlich muß für alle näheren Einzelheiten auf die in der

10. Kolumne: Nachweis der Besprechung bzw. Erwähnung/Abbildung angebenen Seitenzahlen verwiesen werden, womit die selbst zu einer einzigen Urkunde bisweilen auf mehrere Kapitel sachbezogen aufge-

teilte Behandlung und damit das ganze Werk E. Riegers samt den Nachträgen vollkommen aufgeschlossen wird. Maßgeblich für die Berücksichtigung einer Urkunde in Kolumne 10 ist das tatsächliche Vorkommen der betreffenden Urkundennummer auf einer bestimmten Seite. Die etwaige Fortsetzung einer Urkunden-Besprechung auf der Folgeseite ohne nochmalige Nennung der Nummer geht aus dem Urkundenverzeichnis also nicht hervor. Auch allgemeine Hinweise wie z.B. „Die Urkunden der Gruppe A . . ." finden hier keinen Niederschlag. Wenn aber von den Urkunden „272^{kh} bis 275^{kh}" die Rede ist (S. 382), so werden auch Urk. 273^{kh} und 274^{kh} verzeichnet. Sinngemäß gilt das auch für „Urk. 1086^{k} bis einschließlich Urk. 1284^{h}", in diesem Fall natürlich nur für jene Urkunden, die zu der hier besprochenen Gruppe K 7 = H 4 gehören (S. 386). Es werden daher auch Urk. 1094^{k}, 1105, 1119^{k} und 1134^{k} ausgeworfen.

Auf zwei Besonderheiten sei noch hingewiesen. Urkunden Rudolfs IV. (I.) von Habsburg als König und Habsburger Urkunden ab 1281 allgemein sind als solche nicht Gegenstand der Untersuchung und erscheinen daher ohne den Exponenten ^{h} (= Habsburger Urkunde). Gelegentliche Unterschiede in den Angaben zu Aussteller und Empfänger von einzelnen Urkunden, die sich zwischen Textteil und Urkundenverzeichnis ergeben, sind nichts anderes als die Folge davon, daß letzteres neu erstellt worden ist, ersterer aber auf Riegers Manuskript beruht. Natürlich gehen die Unterschiede nie so weit, daß die eindeutige Identifizierung in Frage gestellt wäre.

„Abb." verweist auf die Abbildungsnummer (nicht auf die Seite des Tafelteils) im vorliegenden Werk.

Urk.Nr.	Datum	Aussteller/ Urheber	Adressat/ Empfänger	Üblfg.	Lagerort	Drucke/Faksimile, Teilabbildung	Regesten	Provenienz	Besprochen bzw. erwähnt auf S./ Abb. Nr.
1	1124 XII 28, Straßburg	K. Heinrich V.	Kl. Engelberg	Or.	Eng	ZUB 1 S. 149 Nr. 265; FRB 1 S. 385 Nr. 159; Gfr. 49 S. 239 Nr. 4/ Abh. Berl. 1927/2 Taf. 8; Bruckner 8 Taf. 27b, c	QW 1/1 S. 54 Nr. 112	Kop: zum Engelberger Meister?	7
2	(1143–1178), –	Abt Frowin v. Engelberg	Heinrich v. Sarnen	Kop.	Eng	Gfr. 51 S. 54. Nr. 82	QW 1/1 S. 63 Nr. 132		3, 14
3	1180 –, Villa „Coronoth", bei d. St. Vinzenzkirche	B. Heinrich v. Basel	Kl. Lützel	Or.	Pru	Trouill. 1 S. 383 Nr. 249		Lüz	309, 351
4	(1186 VI 28 – 1187 X 20), Ermatingen	B. Hermann v. Konstanz	Kl. Engelberg	Or.	Eng	ZUB 1 S. 218 Nr. 342; Gfr. 29 S. 334 Nr. 2/ Bruckner 8 Taf. 25 a	QW 1/1 S. 87 Nr. 181; Gfr. 49 S. 253 Nr. 12	Eng 1 A	5, 7, 8
5ʰ	1187 –, –	Albrecht v. Habsburg	Kl. Lützel	Or.	Col	MIÖG 32 S. 73 Nr. 1		Lüz (?)	309
6	1187 –, –	B. Heinrich v. Basel u. Ludwig v. Pfirt	Kl. Lützel	Or.	Col	MIÖG 32 S. 74 Nr. 2		Lüz	309, 351
7	1188 –, –	Ludwig v. Pfirt	Kl. Lützel	Kop.	Col	Trouill. 1 S. 414 Nr. 269		Lüz	309
8	1190 I 2, Engelberg	Leutpriester Heinrich v. Buochs	Kl. Engelberg	Or.	Eng	Gfr. 7 S. 155 Nr. 1/ Bruckner 8 Taf. 25 b	QW 1/1 S. 89 Nr. 186; Gfr. 49 S. 254 Nr. 14	Eng 1 A	5, 7, 8, 9
9	1190 VII 15, (Konstanz)	Abt Berchtold v. Engelberg	Kl. Engelberg	Kop.	Eng	ZUB 1 S. 233 Nr. 353; Gfr. 49 S. 254 Nr. 15/ Bruckner 8 Taf. 28 e	QW 1/1 S. 90 Nr. 187	Eng 1 C	6, 7, 8, 12
10	1190 –, – (Straßburg)	B. Konrad v. Straßburg	Brüder v. Honau und Garsilius v. Berstett	Or.	Str	Würdtwein NS 10 S. 155 Nr. 52			365

Urk.Nr.	Datum	Aussteller/ Urheber	Adressat/ Empfänger	Überlfg.	Lagerort	Drucke/Faksimile, Teilabbildung	Regesten	Provenienz	Besprochen bzw. erwähnt auf S./ Abb. Nr.
11	(zu 1191 VII 30), –	Abt Berchtold v. Engelberg	P. Cölestin III.	Kop.	Eng	Gfr. 49 S. 256 Nr. 18/ Bruckner 8 Taf. 27a	QW 1/1 S. 91 Nr. 190	Eng 1 B	5, 7, 9, 12
12	(1190–1191), –	Abt Burkhard v. St. Johann i. Thurtal	Abt Berchtold v. Engelberg	Or.	Eng	Gfr. 49 S. 256 Nr. 16	(vgl. QW 1/1 S. 91 Anm. 3 zu Nr. 190)	Eng A	4
13	(1190–1191), –	Abt M. v. ..elle	Abt Berchtold v. Engelberg	Or.	Eng	Gfr. 49 S. 256 Nr. 17	(vgl. QW 1/1 S. 91 Anm. 3 zu Nr. 190)	Eng A	4
14	1193 –, –	B. Lütold v. Basel	Kl. Lützel	Or.	Col Lützel cart. 79 n.4			Lüz	351
15	(1190–1197), –	Kl. Engelberg	(Urbarialaufzeichnung)	Aufz.	Eng	Gfr. 17 S. 245 (ohne Nr.)/ Bruckner 8 Taf. 25c, 26a	QW 1/1 S. 90 Nr. 188a; Gfr. 49 S. 249 Nr. 9	Eng 1 A u. Eng 1 D	5, 6, 7
16[h]	1199 II 26 (nicht 16), Luzern	Abt Arnold v. Murbach u. Luzern u. Rudolf II. v. Habsburg	Kl. Engelberg	Or.	Eng	Gfr. 8 S. 250 Nr. 1/ Bruckner 8 Taf. 26c	RH 1 S. 22 Nr. 80; QW 1/1 S. 98 Nr. 205; Gfr. 49 S. 261 Nr. 23	Eng 1 C	6, 7, 9, 12, 13
17[h]	(nach 1200 I 13), –	Klage d. Kl. Murbach	vor Rudolf II. v. Habsburg	Or.	Col	Schöpf. 1 S. 310 Nr. 369	RH 1 S. 23 Nr. 81	Mur?	362
18[h]	1201 —, Straßburg	B. Konrad v. Straßburg	Rudolf II. v. Habsburg	Or.	Str	StrUB 1 S. 114 Nr. 139	RH 1 S. 24 Nr. 86	StrB	365
19	1205 –, –	B. Lütold v. Basel	Kirche St. Leonhard i. Basel	Or.	Bas	Trouill. 2 S. 33 Nr. 22	QW 1/1 S. 102 Nr. 212	BasB?	35
20	1206 –, –	B. Lütold v. Basel	Kirche St. Leonhard i. Basel	Or.	Bas	Trouill. 2 S. 34 Nr. 23	QW 1/1 S. 103 Nr. 214	BasB?	35

Urk. Nr.	Datum	Aussteller/ Urheber	Adressat/ Empfänger	Üblfg.	Lagerort	Drucke/Faksimile, Teilabbildung	Regesten	Provenienz	Besprochen bzw. erwähnt auf S./ Abb. Nr.
21ʰ	1207 IX 4, Säckingen, in der Kirche	Abt Heinrich v. Engelberg u.a. entscheiden	zwischen d. Äbtissin v. Säckingen u. Rudolf II. v. Habsburg	Or.	Krh	Gfr. 51 S. 4 Nr. 29	RH 1 S. 25 Nr. 93; QW 1/1 S. 105 Nr. 219; ZUB 12 S. 35 Nr. 361b	Eng 1 C?	3, 6, 9, 24
22	(1208 III 25 – 1209 III 24), –	Kl. Erlach	Kl. Frienisberg	Or.	Ber	FRB 1 S. 499 Nr. 111; Gfr. 51 S. 6 Nr. 30	QW 1/1 S. 106 Nr. 222	Eng 1 C	3, 5, 11, 12
23	1209 IV 16, Zürich	Lütold v. Regensberg	Stift Rüti	Or.	Zür	ZUB 1 S. 242 Nr. 363	QW 1/1 S. 107 Nr. 227	ZürPro 1 A	110, 119, 120, 203
24	(1206–1209), –	Abt R(udolf?) v. Trub u. Propst Walther v. Luzern	an P. Innozenz III. f. Kl. Engelberg	Or.	Eng	Gfr. 14 S. 236 Nr. 3/ Bruckner 8 Taf. 26b	QW 1/1 S. 104 Nr. 217 Gfr. 49 S. 260 Nr. 21	Eng 1 B	5, 9, 27
25	1210 III 27, Schloß Burgdorf	H. Berchtold v. Zähringen	Abtei Zürich	Or.	Zür	ZUB 1 S. 246 Nr. 366	QW 1/1 S. 108 Nr. 230	ZürAbt 1	111
26	1210 VII 9, Mainz, St. Martinsstift	Eb. Gericht Mainz	Abtei Zürich	Or.	ZürSta	ZUB 1 S. 248 Nr. 368		Mnz (?)	111
27	(kurz nach 1210 VII 9), –	Eb. Gericht Mainz	an Abt v. Kappel u. Propst v. Zürich f. Abtei Zürich	Or.	ZürSta	ZUB 1 S. 248 Nr. 369		Mnz (?)	111
28	1210 VII 20, Abtei Zürich	Abt Berchtold v. Einsiedeln u. Abt Heinrich v. Rheinau entscheiden	zwischen Abtei Zürich u. Meier zu Horgen	Or.	ZürSta	ZUB 1 S. 249 Nr. 370	QW 1/1 S. 109 Nr. 233	ZürAbt (?)	34, 35, 111
29ʰ	1210 (vor IX 24), Luzern	Kl. Engelberg	Rudolf II. v. Habsburg	Or.	Sar	Gfr. 9 S. 199 Nr. 3; QW 1/1 S. 109 Nr. 234	RH 1 S. 27 Nr. 95; Gfr. 51 S. 8 Nr. 32	Eng 1 D	6, 9, 10, 11, 12, 15, 18, 25, 27/Abb. 1

Urk.Nr.	Datum	Aussteller/ Urheber	Adressat/ Empfänger	Überlfg.	Lagerort	Drucke/Faksimile, Teilabbildung	Regesten	Provenienz	Besprochen bzw. erwähnt auf S./ Abb. Nr.
30h	1210 (vor IX 24), Luzern	Abt Heinrich v. Engelberg	Rudolf II. v. Habsburg	Aufz.	Eng	Gfr. 9 S. 200 Nr. 4	RH 1 S. 27 Nr. 96; QW 1/1 S. 111 Nr. 235; Gfr. 51 S. 9 Nr. 33	Eng 1 C	5, 10, 11, 12 15, 18, 25, 27
31	1210 — —,	H. v. Neiffen u.s. Gattin A.	Kl. Salem	Or.	Krh	Sal. 1 S. 110 Nr. 77			106
32	1211 IV — —,	Abt Heinrich v. Reichenau	Kl. Salem	Or.	Krh	Sal. 1 S. 114 Nr. 80			106
33	1212 VII 11, Kl. Lützel	B. Lütold v. Basel	Kl. Lützel	Or.	Pru	Trouill. 1 S. 298 Nr. 298		Lüz	310, 351
34	(um 1212), —	B. Lütold v. Basel	Kl. Lützel	Or.	unbek.	Trouill. 1 S. 300 Nr. 300			310
35	(vor 1213), —	Abt Arnold v. Murbach u. Luzern	Kl. Engelberg	Or.	Eng	Gfr. 51 S. 15 Nr. 36	QW 1/1 S. 114 Nr. 243	Eng 1 C	5, 13, 27
36h	(1212 X 5 – 1213 I 2), —	Rudolf II. v. Habsburg	Kl. Lützel	Ins.	Col	Schöpf. 1 S. 323 Nr. 389	RH 1 S. 29 Nr. 102	Lüz	309, 310
37	1213 I 2, Hagenau	Kg. Friedrich II.	Kl. Engelberg	Or. + Kop.	Eng	ZUB 1 S. 257 Nr. 376; FRB 1 S. 512 Nr. 124; Gfr. 51 S. 10 Nr. 35	QW 1/1 S. 115 Nr. 245; RH 1 S. 29 Nr. 103	zum Engelberger Meister?	7, 13
38	(1213) IX 1, Überlingen	Kg. Friedrich II.	an B. u. Domkap. Konstanz f. Stift Kreuzlingen	(Or. +) Vid.	Frf	ThUB 2 S. 327 Nr. 95		Krz C (Vid.)	266
39h	1213 — —, Luzern	Abt Arnold v. Murbach u. Luzern u. Rudolf II. v. Habsburg	Kl. Engelberg	2 Orr.	Eng	Gfr. 8 S. 251 Nr. 2; Gfr. 51 S. 16 Nr. 37/ Bruckner 8 Taf. 28c (2. Or.)	QW 1/1 S. 116 Nr. 247	Eng 2	7, 12, 13, 15, 23, 27

Urk.Nr.	Datum	Aussteller/Urheber	Adressat/Empfänger	Überlfg.	Lagerort	Drucke/Faksimile, Teilabbildung	Regesten	Provenienz	Besprochen bzw. erwähnt auf S./Abt. Nr.
40	(um 1213)	Abt Arnold v. Murbach	Propst Dietrich v. Beromünster	Or.	Bmü	BeUB 1 S. 84 Nr. 14	QW 1/1 S. 117 Nr. 248		27
41	1215 — —, Altkirch	Friedrich v. Pfirt	Kl. Lützel	Druck	———	Trouill. 1 S. 467 Nr. 308			310
42	(kurz nach 1216 VII 16), —	B. Konrad v. Konstanz entscheidet	zwischen Kde Bubikon u. Kl. St. Johann i. Thurtal	Or.	Zür	ZUB 1 S. 264 Nr. 380		Rüt 1	202, 203, 204
43	(kurz nach 1216 VII 16), —	B. Konrad v. Konstanz	Kde Bubikon	Or.	Zür	ZUB 1 S. 266 Nr. 381	QW 1/1 S. 118 Nr. 249		27
44	1216 — —, —	Walther u. Rudolf v. Vatz, Brüder	Kl. Salem	Or.	Krh	Sal. 1 S. 139 Nr. 96			106
45	1216 — —, —	Abt Konrad v. Einsiedeln	Propst Konrad v. Weißenau	Kop.	GalSta	Wirtemb. 3 S. 39 Nr. 586	QW 1/1 S. 118 Nr. 250		36, 38
46	(1206–1216),—	Päpstl. Legat	Kl. Engelberg	Or. (?), wohl Kop.	Eng	Gfr. 51 S. 18 Nr. 38/ Bruckner 8 Taf. 27g	QW 1/1 S. 104 Nr. 218	Eng 1 D	6, 7, 8, 9
47	1217 (?) I 13, Hombrechtikon	Priesterkonvent zu Hombrechtikon	Stift Rüti	2 Orr.	Zür	ZUB 1 S. 267 Nr. 382	QW 1/1 S. 122 Nr. 254	ZürPro 1 A	27, 119, 120, 203
48ʰ	1217 VI 11, Einsiedeln	Rudolf II. v. Habsburg entscheidet	zwischen Kl. Einsiedeln u. d. Leuten v. Schwyz	dt. Übs.	Ein	QW 1/1 S. 118 Nr. 252; Gfr. 43 S. 331 Nr. 8	RH 1 S. 31 Nr. 113; ZUB 12 S. 40 Nr. 382b	Ein A	33, 35, 36, 37, 38
—	1218 I 13, Hombrechtikon	s. 1217 I 13, Hombrechtikon							

Urk.Nr.	Datum	Aussteller/ Urheber	Adressat/ Empfänger	Überlfg.	Lagerort	Drucke/Faksimile, Teilabbildung	Regesten	Provenienz	Besprochen bzw. erwähnt auf S./ Abb. Nr.
49[k]	1218 VI 1, Moudon	Thomas v. Savoyen	Hartmann IV. v. Kiburg bzw. Margarete v. Savoyen	Or.	Tur	ZUB 12 S. 40 Nr. 386a; FRB 2 S. 11 Nr. 5	RH 1 S. 32 Nr. 117	Sav ?	359
50	1218 VII 11, —	B. Heinrich v. Basel	Kl. Lützel	Or.	Pru	Trouill. 1 S. 471 Nr. 312		Lüz	310, 351
51	1218 (nach VII 18), —	B. Konrad v. Konstanz	Kl. Engelberg	3 Orr.	Eng Sta	Gfr. 8 S. 252 Nr. 3	QW 1/1 S. 124 Nr. 260; Gfr. 51 S. 19 Nr. 39	Eng 1 C	5, 6, 7, 9, 27
52[h]	(1200–1218), —	Rudolf II. v. Habsburg	Kl. Lützel	Or.	Col	MIÖG 32 S. 75 Nr. 3		Lüz (?)	309
53	1219 I 6, Abtei Zürich	B. Konrad v. Konstanz	Stift Irtingen	2 Orr.	Frf	ZUB 1 S. 273 Nr. 388; THUB 2 S. 346 Nr. 102		ZürPro 1 B	110, 119, 121
54	1219 III 3, —	B. Konrad v. Konstanz	Kl. Engelberg	Or.	Eng	FRB 2 S. 13 Nr. 7; Gfr. 51 S. 20 Nr. 40	QW 1/1 S. 126 Nr. 263	Eng 2	7, 12, 13
55	1219 IV 3, Konstanz	B. Konrad v. Konstanz entscheidet	zwischen Konstanzer Kanoniker Heinrich u. Eberhard v. Rütschwil	Or.	Zür	ZUB 1 S. 276 Nr. 390		KonDSt	119
56	1219 V 6, Regensberg	Lütold v. Regensberg	Stift Rüti	Or.	Zür	ZUB 1 S. 277 Nr. 391		Rüt 1	203, 204
57	1219 V 6, Ulm	EB Eberhard v. Salzburg	Stift Rüti	Or.	Zür	ZUB 1 S. 278 Nr. 392		SbgEB (?)	203
58	1219 (zu V 6), Regensberg	Lütold v. Regensberg	Stift Rüti	Or.	Zür	ZUB 1 S. 279 Nr. 393/ZUB 1 Taf. V		Rüt 1	203

Urk.Nr.	Datum	Aussteller/Urheber	Adressat/Empfänger	Übllfg.	Lagerort	Drucke/Faksimile, Teilabbildung	Regesten	Provenienz	Besprochen bzw. erwähnt auf S./Abb. Nr.
59	1219 (nach V 6), Meersburg	B. Konrad v. Konstanz	Stift Rüti	Or.	Zür	ZUB 1 S. 280 Nr. 394		Rüt 1	203
60	1219 (nach V 6), Meersburg	B. Konrad v. Konstanz	Stift Rüti	Or.	Zür	ZUB 1 S. 280 Nr. 395/Heinem. Abb. 10		Rüt 1	203
61	1219 V 8, Meersburg	B. Konrad v. Konstanz	Kl. Fahr	Or.	Ein	ZUB 1 S. 281 Nr. 396	QW 1/1 S. 126 Nr. 264	KonB (D)	38, 284
62	(1219), —	B. Konrad v. Konstanz	Stift Rüti	Or.	Zür	ZUB 1 S. 282 Nr. 397		Rüt 1	203
63	(1220 IV 23 – XI 22), —	Kg. Heinrich (VII.)	Abtei Zürich	Or.	Zür	ZUB 1 S. 285 Nr. 401	QW 1/1 S. 127 Nr. 267	ZürPro 1 A	120
64	1220 — —, Salem	Konrad v. Markdorf	Kl. Salem	Or.	Krh	Sal. 1 S. 156 Nr. 117			106
65	1221 VI 15, Konstanz	B. Konrad v. Konstanz	Stift Rüti	Or.	Zür	ZUB 1 S. 287 Nr. 404		Rüt 1	203
66	1221 (vor XI 22), —	Hugo Bruno u. Rudolf, Bürger v. Zürich, durch d. Abtei Zürich	Kl. Kappel	Or.	Zür	ZUB 1 S. 287 Nr. 405		ZürPro 1 A	41, 110, 119, 120, 121, 122
67	1221 (vor XI 22), —	B. Konrad v. Konstanz	Kl. Kappel	Or.	Zür	ZUB 1 S. 289 Nr. 406		ZürPro 1 A	41, 119, 120, 121
68	1221 XII 7, —	Rudolf, Otto u. Burkhard de Platea, Brüder	Abtei Zürich (Stift Embrach)	Or.	Zür	ZUB 1 S. 289 Nr. 407			111, 119
69	1221 XII 7, —	Rudolf, Otto u. Burkhard de Platea, Brüder	Stift Embrach	Or.	Zür	ZUB 1 S. 291 Nr. 408			111, 119

Urk.Nr.	Datum	Aussteller/ Urheber	Adressat/ Empfänger	Üblfg.	Lagerort	Drucke/Faksimile, Teilabbildung	Regesten	Provenienz	Besprochen bzw. erwähnt auf S./ Abb. Nr.
70	1221 XII 7, —	Rudolf, Otto u. Burkhard de Platea, Brüder, Chorherren v. Zürich	Siechenkapelle a.d. Sihl bzw. Abtei Zürich	Or.	ZürSta	ZUB 1 S. 292 Nr. 409		ZürPro 1 B (oder ZürPro 1 A?)	110,119,121
71	(um 1221), —	Friedrich v. Pfirt	Kl. Lützel	Or.	Pru	Trouill. 1 S. 484 Nr. 321			310
72	1222 VII 18, Belfort	Walther v. Vatz	Kl. Salem	Or.	Krh	Sal. 1 S. 167 Nr. 130			106
73	1222 VII 24, Reichenau	Abt Heinrich v. Reichenau	Kl. Salem	Or.	Krh	Sal. 1 S. 169 Nr. 132			106
74	1222 — —,	Konrad gen. Albus, Ritter v. Zürich, u. s. Frau Judenta	Kl. Kappel	2 Orr.	Zür	ZUB 1 S. 296 Nr. 414		Kap 1	41, 42, 43, 44, 51, 54, 55, 110
75	(1223) III 26, Kirche St. Moritz z. Nuerols	Berchtold v. Neuenburg	Kirche St. Moritz in Nuerols	Or.	BerSta	FRB 2 S. 39 Nr. 33		Fri ?	329
——	1223 V 23, Embrach	s. 1223 V 25, Embrach							
76k	1223 V 25, Embrach	B. Konrad v. Konstanz	Stift Beromünster	2 Orr.	Bmü	BeUB 1 S. 94 Nr. 22	QW 1/1 S. 133 Nr. 282; ZUB 12 S. 46 Nr. 418a	Bmü 1	40, 280, 283, 284
77	1223 V 25, Embrach	B. Konrad v. Konstanz	Stift St. Martin auf d. Zürichberg	Or.	Zür	ZUB 1 S. 300 Nr. 418		KonB K 7	41, 118
78	1223 — —, (Zürich)	Abt Wido v. Kappel entscheidet	zwischen Kl. Schännis u. Murbach	Or.	Zür	ZUB 1 S. 302 Nr. 421	QW 1/1 S. 135 Nr. 283	Kap 1	26, 42, 43, 44

Urk.Nr.	Datum	Aussteller/Urheber	Adressat/Empfänger	Üblfg.	Lagerort	Drucke/Faktsimile, Teilabbildung	Regesten	Provenienz	Besprochen bzw. erwähnt auf S./Abb. Nr.
79	1223 — —, —	Otto de Platea, Chorherr v. Zürich, durch d. Abtei Zürich	Kl. Kappel	Or.	ZürSta	ZUB 1 S. 303 Nr. 422		ZürPro 1 A	41, 110, 120, 121, 122
80	(1223), ●	Berchtold v. Neuenburg	Kl. Frienisberg	Or.	BerSta	FRB 2 S. 42 Nr. 37			329
81	(1197–1223),—	Leutpriester Heinrich v. Buochs	Männer- und Frauenkonvent v. Engelberg	Aufz.	Eng	Gfr. 49 S. 258 Nr. 20	QW 1/1 S. 97 Nr. 202	Eng 1 B	5, 10, 11
82	1224 IX 9, Salem	Hermann v. Wartstein	Kl. Salem	Kop.	Krh	Sal. 1 S. 174 Nr. 137			106
83	1224 (vor IX 24), Zürich	Äbtissin v. Zürich	Kl. St. Blasien	2 Orr.	ZürAnt	ZUB 1 S. 304 Nr. 424	QW 1/1 S. 136 Nr. 287	Bla ?	110
84	vacat								
85	1225 I 6, Zürich	Kg. Heinrich (VII.)	Kl. Kappel	Or.	Zür	ZUB 1 S. 306 Nr. 425		Kgl (?)	42
86	(1225, nach I 6), —	Neun Bürger v. Zürich	Kl. Kappel	Or.	Zür	ZUB 1 S. 307 Nr. 426/ZUB 1 Taf. VI		Kap 1	42, 44, 47
87	1225 III 2, Zürich	Ulrich, Sohn Ortliebs v. Zürich, Ritter	Kirche Basel	Kop.	Ber	ZUB 1 S. 308 Nr. 427; Trouill. 1 S. 503 Nr. 335		ZürPro 1 B	121, 122
——	s. (1255) V 21, Konstanz								
88	1225 VI 2, —	Ulrich u. Walther v. Schnabelburg	Propstei Zürich	Or.	Zür	ZUB 1 S. 309 Nr. 429		ZürPro 1 B	119, 121, 122

Urk.Nr.	Datum	Aussteller/ Urheber	Adressat/ Empfänger	Überlfg.	Lagerort	Drucke/Faksimile, Teilabbildung	Regesten	Provenienz	Beschrieben bzw. erwähnt auf S./ Abb. Nr.
89	1225 VI 27, Reichenau	Abt Heinrich u. Konvent v. Reichenau	Kl. Salem	Or.	Krh	Sal. 1 S. 179 Nr. 141			106
90	1225 (III 6 — VII 24), —	B. Konrad v. Konstanz	Kl. Rüti	Or.	Zür	ZUB 1 S. 308 Nr. 428		KonB K 7	203
91	1225 IX 19, —	Propstei Zürich	Stift St. Martin auf d. Zürichberg	Or.	Zür	ZUB 1 S. 310 Nr. 430		ZürPro 1 B	119, 121, 122
92	1225 XII 8, Zürich	Propst Rudolf v. Zürich entscheidet	zwischen Stift Embrach u. Ritter Eberhard Müllner v. Zürich	Or.	Zür	ZUB 1 S. 311 Nr. 431		ZürPro 1 B	121, 122
93	1225 XII 18, Zürich	Schiedsspruch	zwischen Abt Ludwig v. Pfäfers u. Ritter Hugo Blum u. Schultheiß Berchtold a. d. Rennewege v. Zürich	Or.	Gal	ZUB 1 S. 312 Nr. 432		ZürPro 1 B	110, 119, 121, 122, 277
94	1225 — —, Altkirch	Friedrich v. Pfirt	Kl. Lützel	Kop.	Pru	Trouill. 1 S. 504 Nr. 336			310
95	(1222—1225), —	Abt W(ido) v. Kappel	B(erchtold) v. Schnabelburg	Or.	Zür	ZUB 1 S. 297 Nr. 415		Kap 1	42, 43, 44, 51
96	1226 (III 25 — IX 23), —	Rudolf v. Neuenburg u. s. Brüder	Kl. Frienisberg	Or.	Ber	FRB 2 S. 76 Nr. 66			329

Urk.Nr.	Datum	Aussteller/ Urheber	Adressat/ Empfänger	Üblfg.	Lagerort	Drucke/Faksimile, Teilabbildung	Regesten	Provenienz	Besprochen bzw. erwähnt auf S./ Abb. Nr.
97ʰ	1226 — —, Luzern in der Kirche	Propst Dietrich v. Beromünster	Heinrich v. Margumetlon	Kop.	Bmü	BeUB 1 S. 99 Nr. 23; Gfr. 24 S. 151 Nr. 1	RH 1 S. 34 Nr. 129; QW 1/1 S. 139 Nr. 294; ZUB 12 S. 48 Nr. 437a	Bmü 1	25, 27, 284
98	1227 III 4, —	Äbtissin Hedwig v. Andlau	B. Berchtold v. Straßburg	Or.	Str	Schöpflin 1 S. 360 Nr. 449	StrReg 2 S. 45 Nr. 924	StrB	365
99	1227 V 25, St. Gallen	Abt Konrad v. St. Gallen	Kl. St. Gallen (Oswaldkapelle)	Or.	Gal	Gall. 3 S. 73 Nr. 861			274
100	1227 V 26, —	Ulrich v. Klingen	Truchseß Eberhard v. Waldburg	Kop.	Krh	ThUB 2 S. 410 Nr. 121	ZUB 12 S. 50 Nr. 437e	KonB (D)	284
101	1227 VI 24, Salem	Berchtold v. Heiligenberg	Kl. Salem	Kop.	Krh	Sal. 1 S. 188 Nr. 151			106
102ʰ	1227 VIII 15, Brugg	Rudolf II. v. Habsburg u. s. Söhne Albrecht IV. u. Rudolf III.	Stift Beromünster	Or.	Bmü	BeUB 1 S. 100 Nr. 24	RH 1 S. 34 Nr. 130; QW 1/1 S. 141 Nr. 298; ZUB 12 S. 50 Nr. 437f	Bmü 1	14, 15, 280, 283, 284
103ʰ	(nach 1227 VIII 15), —	Albrecht IV. v. Habsburg	an Stadt Mülhausen f. Stift Beromünster	Or.	Bmü	BeUB 1 S. 101 Nr. 25	RH 1 S. 34 Nr. 131; QW 1/1 S. 142 Nr. 299		280, 284, 286
104	1227 IX 24, Solothurn	Der Abt v. Engelberg u.a. exkommunizieren	Kl. Vauxtravers (f. Kl. Erlach)	Or.	Ber	FRB 2 S. 79 Nr. 69; Soloth. 1 S. 191 Nr. 344	QW 1/1 S. 142 Nr. 300; Gfr. 51 S. 23 Nr. 45		3, 27
105ᵏ	1227(?) X 14, —	Hartmann v. Dillingen	Heinrich v. Rapperswil (Kl. Wettingen)	Or.	Aar	Herrg. 2 S. 233 Nr. 283	QW 1/1 S. 143 Nr. 302	Wet	105, 106

Urk.Nr.	Datum	Aussteller/Urheber	Adressat/Empfänger	Übflg.	Lagerort	Drucke/Faksimile, Teilabbildung	Regesten	Provenienz	Besprochen bzw. erwähnt auf S./Abb. Nr.
106	1227 XI 8, Meersburg	B. Konrad v. Konstanz	Kirche (Großmünster?) in Zürich	Or.	ZürBbl	ZUB 1 S. 318 Nr. 439		KonB	175
107k	1227 (2.Hälfte), —	Werner u. Hartmann IV. v. Kiburg	Abt Guido v. Kappel	Or.	Zür	ZUB 1 S. 319 Nr. 441		Kap 1	42, 43, 44, 45, 47, 51/ Abb. 9
108	1227 — —, St. Gallen	Abt Konrad v. St. Gallen	Kl. St. Gallen	Or.	Gal	Gall. 3 S. 72 Nr. 860			274
109	1227 — —, Überlingen	Abt Eberhard v. Salem u. Schultheiß Heinrich v. Überlingen	Schwestern v. Birnau (Kl. Salem)	Or.	Krh	Sal. 1 S. 189 Nr. 153			106
110	1227 — —, —	B. Konrad v. Konstanz	Kl. Salem	Or.	Krh	Sal. 1 S. 186 Nr. 148			106
111	(1222—1227), —	Äbtissin Adelheid v. Zürich	Leutpriester Konrad v. St. Peter u. Otto v. St. Stephan i. Zürich	Or.	Zür	ZUB 1 S. 298 Nr. 416		ZürAbt 1	111
112k	(1225—1227), —	Ulrich III., Heinrich IV. u. Werner v. Kiburg	Stift St. Jakob auf d. Heiligenberg	Erw.	in Urk. 1582kh				231, 394
113	1228 VI 4, —	Hermann, villicus v. Ragaz	Kl. Pfäfers	Or.	Gal	BUB 2 S. 156 Nr. 672		Pfä	277
114h	1228 VII 5, Straßburg	B. Berchtold v. Straßburg	Sigmund v. Dagsburg	Or.	Str	Grand. 3 S. 313 Nr. 307	StrReg 2 S. 49 Nr. 934	StrB	365

Urk.Nr.	Datum	Aussteller/ Urheber	Adressat/ Empfänger	Üblfg.	Lagerort	Druck/Faksimile, Teilabbildung	Regesten	Provenienz	Besprochen bzw. erwähnt auf S./ Abb. Nr.
115	1228 VII 12. St. Gallen	Abt Konrad u. Konvent St. Gallen	Kl. Salem	Or.	Krh	Sal. 1 S. 192 Nr. 157; Gall. 3 S. 700 Nr. 19	ZUB 12 S. 50 Nr. 444d		106
116^k	1228 VII 31, Bargen	Propst Pontius v.d. Insel im Bieler See	Kl. Frienisberg	Or.	Ber	FRB 2 S. 86 Nr. 75		Fri?	329
117	1228 (vor IX 24), Kirchhof Lütisburg	B. Konrad v. Konstanz	Kde Bubikon	Vid.	Frf	ZUB 1 S. 324 Nr. 445; ThUB 2 S. 421 Nr. 126		KonB	284
118	1228 (nach IX 24), in der Kirche d. Buttisholz	Abt Marcellinus v. St. Urban anstatt d. B. Konrad v. Konstanz schlichtet	zwischen Witwe u. Söhnen d. B. v. Buttensulz u. Abt Konrad v. Einsiedeln	Or.	Löw	Gfr. 17 S. 253 Nr. 1	QW 1/1 S. 145 Nr. 307		34
119	1228 – –, St. Gallen	Abt. Konrad v. St. Gallen	eine Frauenvereinigung	Druck	– –	Gall. 3 S. 79 Nr. 866			274
120^h	1228 – –, Basel, Säckingen u. Brugg	Rudolf II. v. Habsburg	Kl. Kappel	Or.	Baa	ZUB 1 S. 326 Nr. 446	RH 1 S. 35 Nr. 134; QW 1/1 S. 146 Nr. 309	Kap 1	42, 44, 45, 49, 51, 54, 56
121^h	1228 – –, Beromünster	Rudolf II. v. Habsburg	Stift Beromünster	Or.	Bmü	BeUB 1 S. 102 Nr. 26	RH 1 S. 35 Nr. 135; QW 1/1 S. 146 Nr. 308	Bmü 1	280, 284
122	1228 – –, Salem	Berchtold v. Heiligenberg	Kl. Salem	Or.	Krh	Sal. 1 S. 191 Nr. 155			106
123	1228 – –, Zürich u. Burg Waldburg	Truchseß Eberhard v. Waldburg	Kl. Wettingen	Or.	Aar	Arch. Wett. S. 1195		Wet	105, 106

Urk.Nr.	Datum	Aussteller/ Urheber	Adressat/ Empfänger	Üblfg.	Lagerort	Drucke/Faksimile, Teilabbildung	Regesten	Provenienz	Besprochen bzw. erwähnt auf S./ Abb. Nr.
124^k	(vor 1229 III 31), –	Hartmann IV. u. Hartmann V. v. Kiburg	Johanniterorden	Vid.	Ber	FRB 2 S. 98 Nr. 85		K 1	330, 372, 373, 374, 375
125^k	1229 III 31, Burgdorf	Hartmann IV. v. Kiburg	Kirche Trub u. Kirche Rüegsau	Or.	Ber	FRB 2 S. 99 Nr. 86		K 1	371, 374
126	1229 V 18, Konstanz	Kg. Heinrich (VII.)	Kl. Engelberg	Or.	Eng	Gfr. 51 S. 23 Nr. 47	QW 1/1 S. 147 Nr. 311	Eng B	4, 16
127	1229 VII 2, in d. Kirche Luzern	B. Konrad v. Konstanz	Kl. Engelberg, Leutpriester Walther v. Stans	Or.	Sta	Gfr. 8 S. 254 Nr. 4	QW 1/1 S. 147 Nr. 312; Gfr. 51 S. 24 Nr. 48	Eng	3, 16, 27
– –	1229 IX 15, Adlisberg	s. 1243 IX 15, Adlisberg							
128	1229 XI 24, Konstanz	B. Konrad v. Konstanz	Kl. Engelberg	3 Orr.	Eng Bbb VII 1–3	Gfr. 8 S. 255 Nr. 5	QW 1/1 S. 148 Nr. 313; Gfr. 51 S. 25 Nr. 49	2. (u. 3.?) Or: Eng B; 1. Or. nicht eingesehen	4, 9, 16
129	1229 – –, –	Abt Hartmann u. Konvent v. Frienisberg	Chorherr Signand v. Solothurn	Or.	BerSta	FRB 2 S. 101 Nr. 90; Soloth. 1 S. 196 Nr. 350			329
130	1229 – –, Rapperswil	Rudolf, Vogt v. Rapperswil	Stift Rüti	Or.	Rap	ZUB 1 S. 330 Nr. 450	QW 1/3 S. 805 Nr. N 8	Rüt (? D)	204, 208
131	1229 – –, –	Diethelm v. Toggenburg	Stift Rüti	Or.	Rap	ZUB 1 S. 331 Nr. 451		Rüt (? D)	204, 208
132	1230 I 21, St. Gallen	Abt Konrad v. St. Gallen	Kl. Wettingen	Or.	Aar	ZUB 1 S. 331 Nr. 452; Gall. 3 S. 701 Nr. 20		Gal (D; auch S ?)	80

Urk. Nr.	Datum	Aussteller/ Urheber	Adressat/ Empfänger	Üblfg.	Lagerort	Drucke/Faksimile, Teilabbildung	Regesten	Provenienz	Besprochen bzw. erwähnt auf S./ Abb. Nr.
133	1230 III 12, Bern	Abt H. v. Frie-nisberg u.a. entscheiden	zwischen Prop-stei Interlaken u. R. v. Wedis-wil	Or.	Ber	FRB 2 S. 103 Nr. 93			329
134	1230 (III 12), Bern	Der Abt v. Frie-nisberg u.a. entscheiden	zwischen Prop-stei Interlaken u. Ulrich, Prie-ster v. Gsteig	Or.	Ber	FRB 2 S. 104 Nr. 94			329
135k	1230 IV 18, Baden	Hartmann IV. v. Kiburg u. Komtur Burkhard v. Bubikon	Kde Hohen-rain	Or.	Luz	ZUB 1 S. 333 Nr. 454; Gfr. 4 S. 266 Nr. 5	QW 1/1 S. 148 Nr. 314	K 1	371, 374, 375
136	1230 V 22, Konstanz	B. Konrad v. Konstanz	Klerus v. Zürich	Or.	Zür	ZUB 1 S. 335 Nr. 457		ZürPro 1 A	119, 120, 121
137	1230 IX 14, —	B. Heinrich v. Basel	Gemeinden St. Leonhard u. St. Peter i. Basel	3 Orr.	Bas	BaUB 1 S. 80 Nr. 113; Trouill. 2 S. 43 Nr. 31		BasB 1	352, 353
138k	1230 — —, Bocksloo (?)	Hartmann IV. v. Kiburg	Margarete v. Savoyen (Kiburg)	Or.	Aar	ZUB 1 S. 337 Nr. 459	QW 1/1 S. 149 Nr. 317	K 1	371, 373, 374, 375, 395
139h	(um 1230), —	Ulrich v. Wangen	Kl. Engelberg	Or.	Eng	Gfr. 51 S. 47 Nr. 74	RH 1 S. 47 Nr. 185; QW 1/1 S. 200 Nr. 427; ZUB 12 S. 60 Nr. 547c	Eng 2	12, 13, 14/ Abb. 2
140h	(um 1230), —	Ulrich v. Schönenwerd	Kl. Engelberg	Or.	Eng	Gfr. 51 S. 48 Nr. 75; ZUB 2 S. 46 Nr. 545	RH 1 S. 47 Nr. 186; QW 1/1 S. 201 Nr. 428	Eng 2	12, 13, 14

Urk.Nr.	Datum	Aussteller/ Urheber	Adressat/ Empfänger	Überlfg.	Lagerort	Drucke/Faksimile, Teilabbildung	Regesten	Provenienz	Besprochen bzw. erwähnt auf S./ Abb. Nr.
141[k]	(um 1230?), —	Hartmann IV. v. Kiburg	Kde Hohenrain	Or.	Luz	ZUB 1 S. 343 Nr. 465	QW 1/1 S. 150 Nr. 318	K 1	371, 374
142[k]	1231 IV 25, Werdthöfe	Johann u. Elisabeth v. Bickingen	Kl. Frienisberg	Or.	Ber	FRB 2 S. 113 Nr. 104		Fri?	329
143	(1231) VII 4, Straßburg	Schulherr u. Pförtner d. Domkirche u. Dekan d. Thomaskirche i. Straßburg	Propstei Zürich	Kop.	Zür	ZUB 1 S. 345 Nr. 468			169
144	1231 (III—IX), Abtei Zürich	Abtei Zürich	Kl. St. Blasien	1.Or. 2.Or.	Zür ZürAnt	ZUB 1 S. 348 Nr. 471		Bla 1 (lt. Müller Bla III)	110, 118, 368
145[k]	1231 X 23, Konstanz	B. Konrad v. Konstanz	Kl. St. Blasien	Or.	Aar	ZUB 1 S. 347 Nr. 470		KonB H 1	279, 364
146	1231 — —, Luzern	Walther v. Hochdorf u.s. Gattin Berta	Kl. Luzern	Or.	LuzSti	Gfr. 1 S. 173 Nr. 12	QW 1/1 S. 154 Nr. 329; ZUB 12 S. 52 Nr. 472a	Luz A	28, 30
147	1231 — —, —	Äbtissin Judenta v. Zürich	Kl. Wettingen	Kop.	Aar	ZUB 1 S. 350 Nr. 472		Wet	79, 105, 106, 110
148[h]	(kurz vor 1232 IV 10), —	Heinrich v. Meisterschwanden	Kl. Kappel	Or.	Zür	ZUB 1 S. 350 Nr. 473	RH 1 S. 37 Nr. 146	Kap 1	42, 44
149[h]	1232 (vor IV 10), Brugg	Rudolf II. v. Habsburg	Kl. Wettingen	Kop.	Aar	Herrg. 2 S. 243 Nr. 295	RH 1 S. 38 Nr. 147	Wet	105, 106
150[h]	1232 IV 10, (Muri)	Albrecht IV. u. Rudolf III. v. Habsburg	Stift Beromünster	Or.	Bmü	BeUB 1 S. 107 Nr. 34	RH 1 S. 38 Nr. 149; QW 1/1 S. 156 Nr. 334		280, 286

Urk.Nr.	Datum	Aussteller/ Urheber	Adressat/ Empfänger	Übrlfg.	Lagerort	Drucke/Faksimile, Teilabbildung	Regesten	Provenienz	Besprochen bzw. erwähnt auf S./ Abb. Nr.
151	vacat								
152	1232 VI 12, —	Abt Heinrich v. Engelberg	Meister H. v. Spital Hohenrain	1. Or. 2. Or.	Luz Eng	Gfr. 14 S. 238 Nr. 6/ Bruckner 8 Taf. 28d (2. Or.)	QW 1/1 S. 158 Nr. 337; Gfr. 51 S. 27 Nr. 52	2. Or.: Eng C (Bruckner: zum Engelberger Meister)	4, 7, 16, 18
153	1232 VI 12, —	Abt Wido v. Kappel	Kl. Engelberg	1. Or. 2. Or.	Zür Eng	Gfr. 7 S. 157 Nr. 3; ZUB 1 S. 351 Nr. 474/ Bruckner 8 Taf. 28a (2. Or.)	QW 1/1 S. 158 Nr. 338; Gfr. 51 S. 26 Nr. 51	2. Or.: Eng C (Bruckner: zum Engelberger Meister)	4, 7, 16, 41
154ᵏ	1232 VIII 28, Wesen	Hartmann IV. u. Hartmann V. v. Kiburg u. Vogt Rudolf v. Rapperswil	Kl. Pfäfers	Or.	Gal	ZUB 1 S. 352 Nr. 475		Pfä	277
155	(1232 XII 2, Hagenau)	Kg. Heinrich (VII.)	an Walther v. Hochdorf f. Kl. Engelberg	Or.	Eng	Gfr. 51 S. 27 Nr. 53	QW 1/1 S. 159 Nr. 341	Eng 3	15, 16, 17, 18
156	1232 — —, Predigerhofstatt in Zürich	Konrad Yrant, Bürger v. Zürich, u.s. Neffe Heinrich	Predigerkl. Zürich	Or.	Zür	ZUB 1 S. 354 Nr. 478		ZürDom 1 A	167, 169, 171, 172, 173, 174, 177, 179
157	1232 — —, —	Leutpriester W. zu Aesch	Kl. Kappel	Or.	Zür	ZUB 1 S. 353 Nr. 477	QW 1/1 S. 159 Nr. 340	Kap 1	42, 45, 47
158	1233 I 11, Gelnhausen	Kg. Heinrich (VII.)	an Walther v. Hochdorf f. Kl. Engelberg	Or.	Eng	Gfr. 51 S. 27 Nr. 53	QW 1/1 S. 159 Nr. 341	zu Eng C	4

Urk.Nr.	Datum	Aussteller/Urheber	Adressat/Empfänger	Überlfg.	Lagerort	Drucke/Faksimile, Teilabbildung	Regesten	Provenienz	Besprochen bzw. erwähnt auf S./Abb. Nr.
159^h	1233 I 25, Meienheim	Ulrich v. Pfirt	Kirche Basel	Or.	Col	Trouill. 1 S. 527 Nr. 354	RH 1 S. 39 Nr. 151	BasB 1	350, 352
160	(vor 1233 III 8), –	Rudolf, Vogt v. Rapperswil	Kl. Wettingen	Or.	Aar	ZUB 1 S. 355 Nr. 479		Wet 1	78
161	1233 III 8, Rapperswil	Rudolf v. Rapperswil	Stift Rüti	Or.	Zür	ZUB 1 S. 356 Nr. 481		Rüt 2	204, 205, 206, 208
162	1233 VIII 15, Basel	B. Heinrich v. Basel	Stift St. Peter i. Basel	Or.	Bas	Trouill. 1 S. 532 Nr. 358; BaUB 1 S. 89 Nr. 126		BasB 1	352, 353
163^k	1233 XII 19, Konstanz	B. Heinrich v. Konstanz	an Hartmann IV. v. Kiburg f. Kl. Töß	Or.	Zür	ZUB 1 S. 358 Nr. 484		ZürDom 1 A (S); KonB (D)	169, 171, 172, 173, 174, 175, 209, 211/Abb. 28
164	1233 XII 19, Konstanz	B. Heinrich v. Konstanz	Kl. Töß	Or.	Zür	ZUB 1 S. 359 Nr. 485		ZürDom 1 A (S); KonB (D)	169, 171, 172, 173, 174, 175, 209, 211
165	1233 XII –, Syrakus	K. Friedrich II.	Kl. Kappel	Or.	Zür	ZUB 1 S. 359 Nr. 486		Kgl (?)	42
165a	1233 (nach IV 29), Straßburg	B. Berchtold v. Straßburg	Kl. St. Stephan in Straßburg u. Marschall Egelolf	Or.	Str	StrUB 1 S. 186 Nr. 237		StrB (Gunter)	365
166	(1232 ? 1233 ?) – –, Konstanz	B. Heinrich v. Konstanz	Stift Kreuzlingen	2 Orr.	Frf	ThUB 2 S. 446 Nr. 130		Krz A	265
167	(1232 ? 1233 ?) – –, Konstanz	B. Heinrich v. Konstanz	Stift Kreuzlingen	2 Orr.	Frf	ThUB 2 S. 449 Nr. 131		Krz A	265
168	(1209–1233), –	Propstei Zürich	(Einkünfteverzeichnis)	Aufz.	Zür	ZUB 1 S. 244 Nr. 365		ZürPro 1 A	119, 120
169	1234 IV 9, Luzern, im Hof d. Leutpriesters	Arnold, Vogt v. Rotenburg	an B. Heinrich v. Konstanz f. Kl. Luzern	Or.	LuzSti	Gfr. 1 S. 174 Nr. 13	QW 1/1 S. 163 Nr. 348	Luz A	28, 30

Urk.Nr.	Datum	Aussteller/ Urheber	Adressat/ Empfänger	Üblfg.	Lagerort	Drucke/Faksimile, Teilabbildung	Regesten	Provenienz	Besprochen bzw. erwähnt auf S./ Abb. Nr.
170	1234 V 25, Luzern	Abt Hugo v. Murbach	Kl. Engelberg	Or.	Eng	FRB 2 S. 139 Nr. 129; Gfr. 14 S. 239 Nr. 7/ Bruckner 8 Taf. 28b	QW 1/1 S. 164 Nr. 351	Eng 3 A	7, 15, 17, 18, 27
171	1234 VI 4, Nürnberg	Kg. Heinrich (VII.)	an Stadt Zürich f. Kl. Kappel	Or.	Zür	ZUB 1 S. 362 Nr. 490		Kgl (?)	42
172	1234 VI 4, Nürnberg	Kg. Heinrich (VII.)	an Äbtissin v. Zürich f. Kl. Kappel	Or.	Zür	ZUB 1 S. 363 Nr. 491		Kgl (?)	42
173ʰ	1234 VII 4, Zürich	Albrecht IV. v. Habsburg	Kl. Kappel	Or.	Zür	ZUB 1 S. 363 Nr. 492	RH 1 S. 39 Nr. 152; QW 1/1 S. 165 Nr. 352	Kap 3	44, 45, 47, 50, 51, 278
174	1234 IX –, Luzern	B. Heinrich v. Konstanz	Abt Hugo v. Murbach	Or.	LuzSti	Gfr. 3 S. 223 Nr. 8	QW 1/1 S. 166 Nr. 355; ZUB 12 S. 55 Nr. 493b	Luz A	28, 29, 30
175	1234 – –, Adlisberg b. Zürich	Äbtissin Judenta v. Zürich	Stift St. Martin auf d. Zürichberg	Or.	Zür	ZUB 1 S. 365 Nr. 495			169, 171
176	1234 – –, Großdietwil, vor der Kirche	Die Dorfleute v. Bußwil	Kl. St. Urban	Or.	Luz	FRB 2 S. 142 Nr. 133	QW 1/1 S. 167 Nr. 359		313
177	1234 – –, Beromünster, in d. Kirche	Propst Werner u. d. Kapitel v. Beromünster	Arnold, Sohn d. Vatersbruders d. Ulrich v. Kerns	Kop.	Bmü	BeUB 1 S. 109 Nr. 35	QW 1/1 S. 168 Nr. 361	Bmü (?)	27
178ᵏ	1234 – –,	Hartmann IV. u. Hartmann V. v. Kiburg	Kl. Töß	Or.	Zür	ZUB 1 S. 366 Nr. 496		ZürDom 2	176, 177, 178, 180, 181, 190, 211/Abb. 30
179ʰ	1234 – –,	Rudolf III. v. Habsburg	Stift Beromünster	Or.	Bmü	Gfr. 24 S. 152 Nr. 2; BeUB 1 S. 111 Nr. 37	RH 1 S. 39 Nr. 153; QW 1/1 S. 169 Nr. 363; ZUB 12 S. 55 Nr. 495a		278, 286

Urk.Nr.	Datum	Aussteller/ Urheber	Adressat/ Empfänger	Ublfg.	Lagerort	Drucke/Faksimile, Teilabbildung	Regesten	Provenienz	Beschreiben bzw. erwähnt auf S./Abb. Nr.
180[k]	(um 1234), —	Hartmann IV. u. Hartmann V. v. Kiburg	Kl. Wettingen	Or.	Aar	ZUB 1 S. 368 Nr. 497		Wet 1	78
181	1235 I 16, —	Äbtissin Judenta v. Zürich	an B. Heinrich v. Konstanz f. Abt Heinrich v. Engelberg	Or.	Eng	ZUB 2 S. 1 Nr. 498; Gfr. 14 S. 240 Nr. 8	QW 1/1 S. 170 Nr. 366; Gfr 51 S. 30 Nr. 57		3
182[k]	1235 IV 10, Burg Baden	Hartmann IV. v. Kiburg	Kirche Kirchdorf	Kop.	Aar	ZUB 2 S. 2 Nr. 499	QW 1/1 S. 171 Nr. 367	KonUlr (D)	395, 396
183[k]	1235 IV 21, Muhen	Ulrich v. Büttikon	Kl. Engelberg	Or.	Eng	ZUB 2 S. 2 Nr. 500; Gfr. 14 S. 240 Nr. 9	QW 1/1 S. 171 Nr. 368; Gfr. 51 S. 30 Nr. 58	Eng 3 A	15, 17/Abb. 3
184	1235 IV 27, St. Gallen	Abt Konrad v. St. Gallen	Kirche St. Fiden b. St. Gallen	Or.	Gal	Gall. 3 S. 89 Nr. 874			273, 274
185	1235 VIII 28, —	Abt Thiemo v. Kappel	Kl. Hausen	Or.	Zür	ZUB 2 S. 3 Nr. 501		Kap 2	45, 47, 57
186	1235 IX 22, Twann	Abt u. Konvent v. Engelberg	Ulrich v. Ilfingen	Or.	Twa	FRB 2 S.154 Nr.141; Gfr. 51 S. 32 Nr. 60	QW 1/1 S. 174 Nr. 371		3
187	1235 XII 5, Konstanz	B. Heinrich v. Konstanz	Predigerkl. Basel	Or.	Bas	BaUB 1 S. 95 Nr. 133		BasPre	351
188[h]	1235 XII —, Hecken	Ulrich u. Albrecht v. Pfirt	Kl. Murbach	Or.	Col	Schöpf. 1 S. 372 Nr. 476	RH 1 S. 39 Nr. 155	Mur ?	362
189	1235 — —, —	Johannes v. Hildisrieden	Kl. Engelberg	Or.	Eng	Gfr. 51 S. 31 Nr. 59	QW 1/1 S. 174 Nr. 372	Eng 3 B	15, 17
190	1235 (?) ...	P. Gregor IX.	an Prior d. Predigermönche i. Zürich f. Kl. Töß	Or.	Zür		Sulzer S. 88	PP	210

Urk.Nr.	Datum	Aussteller/ Urheber	Adressat/ Empfänger	Ublfg.	Lagerort	Drucke/Faksimile, Teilabbildung	Regesten	Provenienz	Besprochen bzw. erwähnt auf S./ Abb. Nr.
191	(1236) III 28, Konstanz	B. Heinrich v. Konstanz	Kl. Engelberg	Or.	Eng	Gfr. 51 S. 49 Nr. 76	QW 1/1 S. 176 Nr. 375	KonB (?)	3
192ʰ	1236 VII 1, —	Rudolf III. v. Habsburg	Kl. Kappel	Or.	Zür	ZUB 2 S. 4 Nr. 503	RH 1 S. 40 Nr. 162; QW 1/1 S. 177 Nr. 376	Kap 2	44, 45, 46, 47, 51
193	1236 VII 11, Mauensee	Heinrich u. Markwart v. Grünenberg	Kl. Engelberg	Or.	Eng	Gfr. 51 S. 39 Nr. 62	QW 1/1 S. 177 Nr. 377	Eng 3 B	15, 17, 18
194	1236 VII 18, Einigen	Konrad v. Walkringen	Propstei Interlaken	Or.	Ber	FRB 2 S. 162 Nr. 150			295
195	1236 X 19, Emmenbrücke	Abt Heinrich u. Konvent v. Engelberg	Erben nach Berchtold v. Eschenbach	Or.	Eng	ZUB 2 S. 6 Nr. 505; Gfr. 51 S. 40 Nr. 63	QW 1/1 S. 178 Nr. 378	Eng 3 A	15, 17, 18, 27, 118
196ᵏ	1236 XII 10, Burgdorf	Hartmann IV. u. Hartmann V. v. Kiburg	Kirche v. Kappelen (b. Aarberg)	Or.	Ber	FRB 2 S. 165 Nr. 153		zu K 1	330, 374
197	1236 — —, Kreuzlingen	B. Heinrich v. Konstanz	Stift Kreuzlingen	Or.	Frf	ThUB 2 S. 476 Nr. 141		Krz A	265, 268
198	1236 — —, —	B. Heinrich v. Basel	Predigerkl. Basel	Or.	Bas	BaUB 1 S. 98 Nr. 141		BasPre	351
199	1237 III 4, Zürich u. Seeberg	Abt Hermann v. St. Blasien	Hermann v. Toggwil	Or.	Zür	ZUB 2 S. 8 Nr. 506		Bla 1 (lt. Müller Bla III)	118, 368
200	1237 VII 14, Disentis	Abt Konrad v. Disentis	Stift Rüti	Or.	Zür	ZUB 2 S. 9 Nr. 507			207

Urk.Nr.	Datum	Aussteller/ Urheber	Adressat/ Empfänger	Üblfg.	Lagerort	Drucke/Faksimile, Teilabbildung	Regesten	Provenienz	Besprochen bzw. erwähnt auf S./ Abb. Nr.
201	1237 VIII 3, —	Dekan H. v. Höchstetten u.a. entscheiden	zwischen Propstei Interlaken u. Werner v. Matten	2 Orr.	Ber	FRB 2 S. 169 Nr. 158			295
202h	1237 X 28, Basel	B. Heinrich v. Basel	Rudolf v. Froburg	Or.	Bas	BasLa 1 S. 26 Nr. 47	RH 1 S. 40 Nr. 166	BasB 1	350, 352, 353
203k	1237 — —, —	Hartmann IV. u. Hartmann V. v. Kiburg	Stift Beromünster	2 Orr.	Bmü	BeUB 1 S. 114 Nr. 41	QW 1/1 S. 181 Nr. 386; ZUB 12 S. 56 Nr. 510a	K 1 (S)	371, 373, 375
203a	1237 — —, „Miserach"	B. Heinrich v. Basel	Kl. Lützel	Or.	Pru	Trouill 1 S. 547 Nr. 370		Lüz	351
204	1238 III 17, im Hof Luzern	Pfleger Albrecht v. Murbach	Kl. Engelberg	Or.	Eng	Gfr. 2 S. 161 Nr. 1	QW 1/1 S. 184 Nr. 389; Gfr. 51 S. 42 Nr. 65	Eng 3 A	15, 18, 27
205k	1238 V 10, Dießenhofen, vor der Kirche	Hartmann IV. v. Kiburg	Heinrich v. Liebenberg u.s. Frau Berta	Or.	Zür	ZUB 2 S. 12 Nr. 511; ThUB 2 S. 479 Nr. 143		ZürDom 1 C	170, 172, 173, 174, 176, 190, 211, 217
206	1238 VII 6, Zürich	Äbtissin Judenta v. Zürich	drei Ritter v. Zürich u. d. Zöllner	Druck	——	ZUB 2 S. 14 Nr. 513			112
207h	1238 VII 22, Baldegg	Hartmann v. Baldegg	Kl. Engelberg	Or.	Eng	Gfr. 51 S. 43 Nr. 66	RH 1 S. 41 Nr. 168; QW 1/1 S. 185 Nr. 391	Eng 3 A	15, 17
208	1238 VIII 13, Malters	Walther v. Wolhusen	Kl. Engelberg	Or.	Eng	Gfr. 17 S. 67 Nr. 1	QW 1/1 S. 186 Nr. 392; Gfr. 51 S. 44 Nr. 67	Eng 3 B	15, 17, 18
209	1238 VIII 28, —	Propst u. Konvent v. Interlaken	Ulrich v. Schnabelburg (als Vormund)	Or.	Ber	FRB 2 S. 176 Nr. 166			295

Urk.Nr.	Datum	Aussteller/ Urheber	Adressat/ Empfänger	Übflg.	Lagerort	Drucke/Faksimile, Teilabbildung	Regesten	Provenienz	Besprochen bzw. erwähnt auf S./ Abb. Nr.
210	1238 (vor IX 24), —	Reinhard, Propst d. Straßburger Münsters u. Leutpriester v. Küßnacht	Stift Rüti	Or.	Zür	ZUB 2 S. 15 Nr. 514		ZürPro 2 A	117, 121, 124, 125, 203
211	1238 (vor IX 24), —	Äbtissin Judenta v. Zürich	Kl. Oetenbach	Or.	Zür	ZUB 2 S. 15 Nr. 515			189
212	1238 (vor X 28, Nimburg u. Riegel	Burkhard u. Rudolf v. Üsenberg	Kl. Wettingen	Kop.	Aar	BaUB 1 S. 104 Nr. 149		zu Wet (D)	81
212a	1238 XI 24, Bern	Schultheiß u. Bürger v. Bern	Kde Köniz	Or.	Stu	FRB 2 S. 177 Nr. 167			317
213ʰ	(vor 1239) XII 18, Hagenau	Albrecht IV. v. Habsburg	Anselm v. Rappoltstein	Or.	Col	Rapp. 1 S. 75 Nr. 70	RH 1 S. 41 Nr. 169	H 1	278, 389/ Abb. 103
214	1238 — —, —	Propst Ulrich u. Konvent v. Rüti	Leute zu Ferrach	Or.	Zür	ZUB 2 S. 16 Nr. 516; Corp. 1 S. 19 Nr. 5c/ ZUB 2 Taf. VII			204, 205, 353
215	1238 — —, —	Propst Ulrich u. Konvent v. Rüti	Leute zu Ferrach	2 Orr.	Zür	ZUB 2 S. 18 Nr. 517; Corp. 1 S. 18 Nr. 5a und 5b		Rüt 2	204, 225, 206, 208
216	(um 1238), —	s. (um 1247–1248, Konstanz)							
217	(um 1238), —	Leutpriester Ulrich v. Seedorf u.a. entscheiden	zw. Kl. Frienisberg u. Rudolf v. Thierstein	Or.	Ber	FRB 2 S. 180 Nr. 170; Trouill. 1 S. 520 Nr. 348; Soloth. 1 S. 221 Nr. 388			329

Urk. Nr.	Datum	Aussteller/ Urheber	Adressat/ Empfänger	Üblfg.	Lagerort	Drucke/Faksimile, Teilabbildung	Regesten	Provenienz	Besprochen bzw. erwähnt auf S./ Abb. Nr.
218	1239 I 20, Zürich	B. Heinrich v. Konstanz	Kl. Kappel	Or.	Zür	ZUB 2 S. 20 Nr. 519		KonB H 2 = E 1	41
219	1239 I 25, —	Abt Anshelm v. Einsiedeln	Kl. Kappel	Or.	Zür	ZUB 2 S. 21 Nr. 520; Gfr. 7 S. 157 Nr. 4	QW 1/1 S. 187 Nr. 395	Kap 2	34, 35, 45, 46, 47, 49, 50, 57
220	1239 I 25, —	Abt Heinrich v. Kappel	Kl. Einsiedeln	Kop.	Ein	ZUB 2 S. 22 Nr. 521	QW 1/1 S. 187 Nr. 396	Kap 2	35, 45, 46, 47, 49, 50, 57
221[h]	(1238 II 17 - 1239 III 23), —	Albrecht IV. u. Rudolf III. v. Habsburg	(Beschwörung d. Schiedsspruches zwischen ihnen)	Or.	Ber	Corp. 1 S. 20 Nr. 6; FRB 2 S. 181 Nr. 172; QW 1/1 S. 182 Nr. 388/Kopp. Gbll 1 S. 54	RH 1 S. 42 Nr. 171; ZUB 12 S. 56 Nr. 510b	zu BasB	350, 352, 353, 354
222	1239 III 30, Interlaken	Ulrich gen. Warnagel	Propstei Interlaken	Or.	Ber	FRB 2 S. 183 Nr. 173		Int A	294, 295
223	1239 IV 15, Mülhausen	Heinrich v. Wasserstelz	Kl. Wettingen	Or.	Bas	BaUB 1 S. 106 Nr. 152		Mül?	78
224	1239 V 7, Bern	Arnold v. Ried	Propstei Interlaken	Or.	Ber	FRB 2 S. 188 Nr. 178		Int A	294, 295
225	1239 V 23, Maschwanden	Abt Heinrich u. Konvent v. Engelberg	Erben nach Berchtold v. Eschenbach	Or.	Eng	ZUB 2 S. 27 Nr. 525; Gfr. 10 S. 256 Nr. 1	QW 1/1 S. 189 Nr. 402; Gfr. 51 S. 44 Nr. 68	Eng 4	16, 18, 27, 41
226	1239 VI 22, Gunten	Meister Ulrich v. Spiez, Chorherr v. Ansoltingen, u. Schultheiß Rudolf v. Thun	Propstei Interlaken	Or.	Ber	FRB 2 S. 189 Nr. 180		Int A	294, 295
227[h]	(vor 1239 VII), —	Albrecht IV. v. Habsburg	Kl. Olsberg	Or.	Aar	Trouill. 1 S. 236 Nr. 160/Herrg. 1 Taf. 17 Nr. 1	RH 1 S. 43 Nr. 172		278

Urk.Nr.	Datum	Aussteller/Urheber	Adressat/Empfänger	Ublfg.	Lagerort	Drucke/Faksimile, Teilabbildung	Regesten	Provenienz	Besprochen bzw. erwähnt auf S./Abb. Nr.
228h	(vor 1239 VII), —	Albrecht IV. v. Habsburg	Kl. St. Urban	Or.	Luz	Herrg. 2 S. 219 Nr. 268/Herrg. 1 Taf. 17 Nr. 4	RH 1 S. 43 Nr. 173	H 1	278, 311, 389/Abb. 104
229k	1239 X 31, Kiburg	Hartmann IV. u. Hartmann V. v. Kiburg	Kl. Zöß	Or.	Zür	ZUB 2 S. 28 Nr. 526		ZürDom 2	176, 177, 178, 179, 181, 183, 211, 398
230h	1239 XI 13, Brugg	Rudolf IV. v. Habsburg	Kl. St. Blasien	Druck	——	Herrg. 2 S. 254 Nr. 309	RH 1 S. 43 Nr. 175		368, 369
231	1239 — —, Oetenbach	Ulrich aus d. Münsterhof, Bürger v. Zürich	Kl. Oetenbach	Or.	Zür	ZUB 2 S. 30 Nr. 529		ZürDom 2	176, 177, 179, 188
232	1239 — —, —	Adelheid gen. v. Uri	Kl. St. Urban	Or.	Luz	FRB 2 S. 197 Nr. 188	QW 1/1 S. 191 Nr. 407		316
– –	1239 — —, Burg Tiefenstein	s. 1241 — —, Burg Tiefenstein							
233	1240 I 29, bei Dachstein	B. Heinrich v. Straßburg	Propst u. Domkapitel Straßburg	Or.	Str	Grand. 3 S. 365 Nr. 403	StrReg 2 S. 79 Nr. 1079	StrB	363
234	(1239 III 26 – 1240 II 10), Schloß Montenach	Gepa v. Montenach u. ihr Sohn Aimo	Propstei Interlaken	Or.	Ber	FRB 2 S. 199 Nr. 190	QW 1/1 S. 192 Nr. 410	AnsUlr	296
235	1240 II 10, Bern u. Muri	Gepa v. Montenach u. ihr Sohn Aimo	Propstei Interlaken	Or.	Ber	FRB 2 S. 200 Nr. 191			296
236	1240 III 10, Burg Wolhusen	Walther v. Wolhusen	Kl. Engelberg	Or.	Eng	Gfr. 51 S. 46 Nr. 73	QW 1/1 S. 192 Nr. 411	Eng 4	16, 17, 18, 27

Urk.Nr.	Datum	Aussteller/Urheber	Adressat/Empfänger	Üblfg.	Lagerort	Drucke/Faksimile, Teilabbildung	Regesten	Provenienz	Besprochen bzw. erwähnt auf S./Abb. Nr.
237[k]	1240 III 22, Burgdorf	Hartmann IV. u. Hartmann V. v. Kiburg	Propstei Interlaken	Or.	Ber	FRB 2 S. 202 Nr. 192	QW 1/1 S. 193 Nr. 412	Int A	294, 295, 296, 376, 395/Abb. 69
238	1240 III 23, —	B. Berchtold v. Straßburg	Thomaskirche i. Straßburg	Or.	StrSta	StrUB 1 S. 203 Nr. 263			364
239	1240 III —, —	B. Berchtold v. Straßburg	Kl. St. Mathie zu d. Hunden b. Straßburg	Or.	StrSta	StrUB 1 S. 204 Nr. 264			364
240[k]	1240 IV 4, —	Äbtissin u. Konvent v. Schännis	Kl. Kappel	Or.	Zür	ZUB 2 S. 32 Nr. 531	QW 1/1 S. 193 Nr. 413	Kap 2	45, 47, 48, 49, 50, 57
241[k]	1240 IV 4, —	Abt Werner v. Kappel	Kl. Schännis	Kop.	ZürBbl	ZUB 2 S. 34 Nr. 532	QW 1/1 S. 193 Nr. 414	Kap 2	45, 47, 48, 49, 50, 57
242[k]	1240 (zu IV 4), —	Hartmann IV. u. Hartmann V. v. Kiburg	Kl. Kappel	Or.	Zür	ZUB 2 S. 34 Nr. 533	QW 1/1 S. 194 Nr. 415	Kap 2	45, 47, 48, 49, 57
243[k]	1240 IV 11, bei Kiburg	Hartmann IV. u. Hartmann V. v. Kiburg	Abtei Zürich	Or.	Zür	ZUB 2 S. 35 Nr. 534		K 1	108, 111, 371, 372, 374, 375
244[h]	1240 IV 15—21, Schloß Limberg	Rudolf III. v. Habsburg	Kl. Olsberg	Or.	Aar	Herrg. 2 S. 259 Nr. 315	RH 1 S. 44 Nr. 177	Ols	278
245	1240 V 8, Zürich	Propst Konrad v. Embrach entscheidet	zwischen Propstei Zürich u. Heinrich Müllner, Ritter v. Zürich	Or.	Zür	ZUB 2 S. 36 Nr. 535		ZürPro 2 A	123, 124

Urk.Nr.	Datum	Aussteller/Urheber	Adressat/Empfänger	Ublfg.	Lagerort	Drucke/Faksimile, Teilabbildung	Regesten	Provenienz	Besprochen bzw. erwähnt auf S./Abb. Nr.
246	1240 (?) V 26, Weingarten (?)	Abt Anshelm u. Konvent v. Einsiedeln	Kl. Wettingen	Kop.	Aar	Gfr. 42 S. 132 Nr. 5	QW 1/1 S. 194 Nr. 416; ZUB 12 S. 58 Nr. 535a	Ein B	35, 37
247	1240 (?) VI 16, Konstanz	B. Heinrich v. Konstanz	an d. drei Leutpriester v. Zürich f. Propstei Zürich	Or.	ZürAnt	ZUB 2 S. 36 Nr. 536		zu KonB	175
248	1240 IX 5, Goldswil	Kuno, Vogt v. Brienz, u. s. Sohn	Propstei Interlaken	Or.	Ber	FRB 2 S. 211 Nr. 200		Int B	295, 296, 375
249	1240 (vor IX 24), —	Rudolf Manesse, Subdiakon d. Abtei Zürich	Abtei Zürich	Or.	ZürSta	ZUB 2 S. 42 Nr. 542		ZürAbt 2	111, 113, 118, 169
250ᵏ	1240 X 6, Kiburg	Ant Werner v. Kappel	Kl. Töß	Or.	Zür	ZUB 2 S. 40 Nr. 539		ZürDom 1 B (Arenga in Kappel entworfen)	41, 42, 48, 170, 173, 174, 175, 209, 211, 395, 396/ Abb. 29
251ʰ	1240 X 16, Brugg	Rudolf IV. u. Hartmann v. Habsburg	Kde Hitzkirch	Or.	Stu	Gfr. 20 S. 305 Nr. 4	RH 1 S. 45 Nr. 179; QW 1/1 S. 196 Nr. 419; ZUB 12 S. 59 Nr. 539a	K 1	371
252ᵏ	1240 X 19, —	Hartmann IV. u. Hartmann V. v. Kiburg	Kl. St. Georgen in Stein	Druck	— — —	ZUB 2 S. 41 Nr. 540			107
253	1240 XII 5, —	Konrad Ammann, Bürger v. Bern	Propstei Interlaken	Or.	Ber	FRB 2 S. 216 Nr. 205			295

Urk.Nr.	Datum	Aussteller/Urheber	Adressat/Empfänger	Ublfg.	Lagerort	Drucke/Faksimile, Teilabbildung	Regesten	Provenienz	Besprochen bzw. erwähnt auf S./Abb. Nr.
—	1240 (oder 1247?) XII 20, Zürich	s. (1247) XII 20, Zürich							
254	1240 — —, Cham, vor d. Kirche	Walther v. Hünenberg u.s. Sohn Peter	Kl. Engelberg	Or.	Eng	Gfr. 20 S. 303 Nr. 2; ZUB 2 S. 48 Nr. 547	QW 1/1 S. 199 Nr. 425; Gfr. 51 S. 44 Nr. 69	Eng 5 A	16, 17, 18, 19, 20, 41
255	1240 — —, Rapperswil	Rudolf v. Rapperswil	Kl. Engelberg	Or.	Eng	ZUB 2 S. 47 Nr. 546	QW 1/1 S. 200 Nr. 426; Gfr. 51 S. 45 Nr. 70	Eng 5 A	16, 17, 18, 19, 20, 41
256h	1240 — —, Rotenburg	Rudolf IV. (wohl nicht III.) v. Habsburg	Kl. Engelberg	Or.	Eng	Gfr. 12 S. 196 Nr. 1	RH 1 S. 46 Nr. 181; QW 1/1 S. 198 Nr. 423; Gfr. 51 S. 45 Nr. 71; ZUB 12 S. 59 Nr. 547a	Eng 4	16, 17, 18, 25, 27
257	1240 — —,	Walther u. Markwart v. Wolhusen	Kde Hohenrain	Or.	Luz	Gfr. 27 S. 288 Nr. 2	QW 1/1 S. 198 Nr. 424	Hoh A	287
258	1240 — —, (Konstanz)	B. Heinrich v. Konstanz	Stift Kreuzlingen	Or.	Frf	ThUB 2 S. 501 Nr. 149		Krz B	265, 268
259	1240 — —, —	B. Heinrich v. Konstanz	Propstei Zürich	Or.	Zür	ZUB 2 S. 43 Nr. 543		ZürPro 2 A	123, 124, 125
—	(um 1230), — sowie (um 1253), —								
260k	1241 II 5, —	Heinrich v. Heidegg	Kl. Oetenbach	Or.	Luz	Gfr. 11 S. 105 Nr. 1; ZUB 2 S. 49 Nr. 548	QW 1/1 S. 203 Nr. 431	ZürDom 3 A	178, 179, 188/Abb. 31

Urk. Nr.	Datum	Aussteller/ Urheber	Adressat/ Empfänger	Ublfg.	Lagerort	Drucke/Faksimile, Teilabbildung	Regesten	Provenienz	Besprochen bzw. erwähnt auf S./ Abb. Nr.
261	1241 II 23, Konstanz	B. Heinrich v. Konstanz	Kl. Frienisberg u. Leutpriester Ulrich v. Seedorf	Or.	Ber	FRB 2 S. 218 Nr. 208			329
262ᵏ	1241 III 3, Baden	Hartmann IV. u. Hartmann V. v. Kiburg	Propstei Interlaken	Or.	Ber	FRB 2 S. 219 Nr. 209	QW 1/1 S. 204 Nr. 433	K 1	294, 371, 374, 375, 395, 396/ Abb. 96
263	1241 III 4, Konstanz	B. Heinrich v. Konstanz	Stift Kreuzlingen	Or.	Frf	ThUB 2 S. 502 Nr. 150		Krz B	266, 268
264	1241 III 4, Konstanz	Propst u. Konvent v. Weißenau	Stift Kreuzlingen	Or.	Frf	ThUB 2 S. 505 Nr. 151		Krz B (?)	266, 268
265ᵏ	1241 V 15, —	Hartmann IV. u. Hartmann V. v. Kiburg	Kl. Frienisberg	Or.	Ber	FRB 2 S. 220 Nr. 211		Fri ?	329, 330
266ᵏ	1241 V 21, vor dem Tor von Rheinau	Rudolf Schad v. Radegg	Kl. Töß	Or.	Zür	ZUB 2 S. 50 Nr. 549		ZürDom 3 B	178, 179, 181, 209, 211
267	1241 V 22, Straßburg	Das Straßburger Domkapitel	Kirche v. (Schönen-) Werd	Vid.	Sol	StrUB 1 S. 210 Nr. 273; Soloth 1 S. 231 Nr. 404			364
268ᵏ	1241 V 28, Kiburg	Hartmann IV. v. Kiburg	Gattin Margarete v. Savoyen (Kiburg)	Or.	Tur	ZUB 2 S. 51 Nr. 550; FRB 2 S. 221 Nr. 212		K 1	268, 330, 371, 373, 374, 375, 382
269ᵏ	1241 VI 1, Kiburg	Hartmann V. v. Kiburg	Margarete v. Savoyen (Kiburg)	Or.	Tur	ZUB 2 S. 53 Nr. 552; FRB 2 S. 222 Nr. 213		K 1	268, 371, 374, 375, 382

Urk.Nr.	Datum	Aussteller/ Urheber	Adressat/ Empfänger	Üblfg.	Lagerort	Drucke/Faksimile, Teilabbildung	Regesten	Provenienz	Besprochen bzw. erwähnt auf S./ Abb. Nr.
270[h]	1241 VI 11, Zofingen	s. 1242 (?) VI 11, Zofingen (Jahresangabe wahrscheinlich unrichtig).							
271	1241 VI 23, Luzern	Arnold, Vogt v. Rotenburg	Schwestern v. Horw (Kl. Rathausen)	Or.	Luz	Gfr. 1 S. 29 Nr. 1	QW 1/1 S. 205 Nr. 437		26
272[kh]	1241 VII 9, Suhr	Hartmann IV. v. Kiburg	Gattin Margarete v. Savoyen (Kiburg)	Or.	Tur	ZUB 2 S. 54 Nr. 553; FRB 2 S. 224 Nr. 214A	RH 1 S. 47 Nr. 188; QW 1/1 S. 206 Nr. 438	K 1	268, 371, 373, 374, 375, 378, 382
273[kh]	1241 VII 9, Suhr	Hartmann V. v. Kiburg	Hartmann IV. v. Kiburg u.s. Gattin Margarete v. Savoyen (Kiburg)	Or.	Tur	ZUB 2 S. 56 Nr. 554; FRB 2 S. 225 Nr. 214B	RH 1 S. 47 Nr. 188; QW 1/1 S. 206 Nr. 438	K 1	268, 371, 374, 378, 382
274[kh]	1241 VII 9, Suhr	Hartmann IV. v. Kiburg	Gattin Margarete v. Savoyen (Kiburg)	2 Vid.	Tur	ZUB 2 S. 58 Nr. 555; FRB S. 226 Nr. 214C	RH 1 S. 47 Nr. 189	K 2	268, 377 378, 379, 382
275[kh]	1241 VII 9, Suhr	Hartmann V. v. Kiburg	Hartmann IV. v. Kiburg u.s. Gattin Margarete v. Savoyen (Kiburg)	Or.	Tur	ZUB 2 S. 59 Nr. 556; FRB 2 S. 228 Nr. 214D	RH 1 S. 47 Nr. 189	K 2	268, 377, 378, 379, 382
276[k]	(bald nach 1241 VII 15), –	s. (1251– 1257), –							
277	1241 VIII 25, Basel	Albrecht v. Pfirt durch B. Lütold v. Basel	Kl. Masmünster i.E.	Or.	Bas	Trouill. 2 S. 57 Nr. 41		BasB 1	352

Urk.Nr.	Datum	Aussteller/Urheber	Adressat/Empfänger	Ublfg.	Lagerort	Drucke/Faksimile, Teilabbildung	Regesten	Provenienz	Besprochen bzw. erwähnt auf S./Abb. Nr.
278	1241 X 17, —	Rüdeger Brotmeister u.s. Frau durch Domkapitel Basel	Arnold Fuchs	Or.	Bas	BaUB 1 S. 109 Nr. 158		BasB 1	352, 353
279	1241 XI 3, Basel	Dekan Konrad v. St. Peter i. Basel	Stift St. Peter i. Basel	Or.	Bas	BaUB 1 S. 110 Nr. 160		BasB 1	352, 353
280	1241 (nach X 14), Buochs	Ungenannte	Kl. Engelberg	dt. Übs.	Eng	Gfr. 51 S. 51 Nr. 79	QW 1/1 S. 206 Nr. 442		4, 27
281	1241 — —, Burg Tiefenstein	Hugo v. Tiefenstein	Kl. St. Blasien	Kop.	Aar	Gerb. 3 S. 144 Nr. 102			368
282ᵏ	1241 —, —	Hartmann IV. u. Hartmann V. v. Kiburg	Kl. Töß	Or.	Zür	ZUB 2 S. 65 Nr. 561		ZürDom 3 B	178. 179, 181, 211
283ᵏ	1241 —, —	Hartmann IV. u. Hartmann V. v. Kiburg	Kl. Wettingen	Or.	Aar	ZUB 2 S. 66 Nr. 562		Wet 2	79, 81, 82, 85, 87
284	1241 —, —	Schiedsgerichtlicher Entscheid	zwischen Kl. Pfäfers u. d. Söhnen d. Junta v. Ragaz	Or.	Gal		Wegelin S. 13 Nr. 74		277
285	1241 —, —	B. Berchtold v. Straßburg	Kleriker Petrus	Or.	Str	StrUB 1 S. 211 Nr. 275			364
——	(1235–1241) III 28, Konstanz	s. (1236) III 28, Konstanz							

Urk.Nr.	Datum	Aussteller/Urheber	Adressat/Empfänger	Ubl/g.	Lagerort	Druck/Faksimile, Teilabbildung	Regesten	Provenienz	Besprochen bzw. erwähnt auf S./Abb. Nr.
286	1242 I 21, Konstanz	B. Heinrich v. Konstanz	Kl. Kappel	2 Orr.	Zür	ZUB 2 S. 67 Nr. 564	QW 1/1 S. 209 Nr. 445	KonB H 2 = E 1	41
287	1242 II 11, Basel	B. Lütold v. Basel	Kl. Bellelay	Kop.	Pru	Trouill. 1 S. 559 Nr. 379			357
288[h]	1242 IV 23, Wildegg	Truchseß Arnold v. Habsburg	Kl. Engelberg	Or.	Eng	Gfr. 51 S. 53 Nr. 80	RH 1 S. 48 Nr. 191; QW 1/1 S. 209 Nr. 446; ZUB 12 S. 61 Nr. 565a	Eng 4	16, 18, 40, 41/ Abb. 4
289	1242 V 11, Schmitten	Propst u. Kapitel v. Interlaken im Streit	mit Walther v. Wediswil u. Genossen	Or.	Ber	FRB 2 S. 231 Nr. 217		Int B	296
290[kh]	1242 V —, —	Heinrich v. Schönenwerd	Kl. Kappel	Or.	Zür	Gfr. 19 S. 252 Nr. 5; ZUB 2 S. 69 Nr. 566	RH 1 S. 48 Nr. 193; QW 1/1 S. 210 Nr. 448	Kap 2	39, 44, 47, 48, 50, 57
291[h]	(1242?) VI 11, Kloster Zofingen	Ludwig v. Froburg	Kl. Engelberg	Kop.	Eng	Gfr. 51 S. 50 Nr. 78; Soloth. 1 S. 232 Nr. 405	RH 1 S. 47 Nr. 187; QW 1/1 S. 211 Nr. 449	zu Eng 3/4 (D)	16, 18, 25, 27
292[k]	1242 VII 15, Konstanz	Hartmann IV. u. Hartmann V. v. Kiburg	Kl. St. Katharinental	Or.	Frf	ZUB 2 S. 71 Nr. 567; ThUB 2 S. 507 Nr. 153		KonPre	255, 257
293	1242 VIII 14, Straßburg	Konrad v. Wasserstelz, Straßburger Domscholaster, schlichtet	zwischen Kl. St. Elisabeth i. Straßburg u. Dietrich v. Elgg	Or.	StrSpi	StrUB 1 S. 213 Nr. 279			364
294	1242 IX 3, Basel	Domherr Crafto v. Basel durch B. Lütold v. Basel	Stift St. Peter i. Basel	Or.	Bas	BaUB 1 S. 114 Nr. 165		BasB 1	352, 353

Urk. Nr.	Datum	Aussteller/Urheber	Adressat/Empfänger	Überlfg.	Lagerort	Drucke/Faksimile, Teilabbildung	Regesten	Provenienz	Bespr. o. bzw. erwähnt auf/S./Abb. Nr.
295ʰ	1242 (vor IX 24), —	Rudolf IV. u. Albrecht V. v. Habsburg	Kl. Kappel	Or.	Zür	ZUB 2 S. 78 Nr. 573	RH 1 S. 48 Nr. 194; QW 1/1 S. 211 Nr. 450	Kap 2	44, 47, 48, 49, 50, 56/ Abb. 10
296	1242 (vor IX 24), —	Rudolf v. Meckingen	Kl. Oetenbach	Or.	Zür	ZUB 2 S. 79 Nr. 574		ZürPro 2 B	123, 124, 125, 169, 188
297ᵏ	1242 XI 26, Burg Baden	Ulrich, Amtmann d. Grafen v. Kiburg	Kl. Wettingen	2 Orr.	Aar	ZUB 2 S. 73 Nr. 569		Wet 2	79, 81, 82, 87, 106, 395
298	1242 XI 30, —	Walther, Vogt zu Unspunnen	Propstei Interlaken	Or.	Ber	FRB 2 S. 233 Nr. 219		Int B	295, 296
299	1242 XII 6, Zofingen	Ludwig v. Froburg	Kl. Olsberg	Kop.	Pru	Trouill. 2 S. 58 Nr. 42		Ols	278
300ʰ	1242 XII 26, Basel (und Istein)	Albrecht V. v. Habsburg	Kl. Muri	2 Orr.	Aar	ZUB 2 S. 74 Nr. 570	RH 1 S. 48 Nr. 195; QW 1/1 S. 211 Nr. 451	ZürPro 3 A (D); Bas ? Mri ? (S)	126, 127
301ᵏ	1242 — —, Burgdorf	Hartmann IV, u. Hartmann V. v. Kiburg	Priorat d. Petersinsel i. Bieler See	Or.	Ber	FRB 2 S. 234 Nr. 220		K 2	377, 378, 395/Abb. 97
302	1242 — —, St. Gallen	Abt Walther v. St. Gallen	Heinrich v. Kuhboden	Or.	Gal	Gall. 3 S. 99 Nr. 884			* 273
303	1242 — —, Zürich	Konrad Yrant, Bürger v. Zürich, u.s. Neffe Heinrich	Predigerkl. Zürich	Or.	Zür	ZUB 2 S. 76 Nr. 571/ ZUB 2 Taf. 8		ZürDom 1 B	110, 118, 167, 170, 172, 173, 174, 179, 181
304ᵏ	1242 — —, —	Walther v. Liela	Kl. Kappel	Or.	Zür	Gfr. 7 S. 158 Nr. 5; ZUB 2 S. 77 Nr. 572	QW 1/1 S. 214 Nr. 457	Kap 2	44, 47, 48, 49, 57
305	1242 — —, —	Schultheiß v. Rheinfelden	Kl. Wettingen	Or.	Bas	BaUB 1 S. 116 Nr. 168		Wet 2	79, 81, 82, 106

Urk.Nr.	Datum	Aussteller/ Urheber	Adressat/ Empfänger	Ubl/fg.	Lagerort	Drucke/Faksimile, Teilabbildung	Regesten	Provenienz	Bezzeichen bzw. erwähnt auf S./ Abb. Nr.
306ʰ	1243 I 2, Bremgarten	Heinrich v. Schönenwerd	Kl. Wettingen	Or.	Aar	ZUB 2 S. 80 Nr. 575	RH 1 S. 49 Nr. 197	Wet 2	79, 80, 82, 106/Abb. 16
307	1243 II 13, —	Äbtissin Judenta v. Zürich	Kl. Oetenbach	Or.	Zür	ZUB 2 S. 81 Nr. 576		ZürPro 2 B	110, 123, 124, 125, 169, 188
308	1243 III 8, Reichenau	Abt Konrad v. Reichenau	Stift Kreuzlingen	Or.	Frf	ThUB 2 S. 518 Nr. 156		Krz B	266
309	1243 III 8, Konstanz	Heinrich, Vogt v. Friedingen	Stift Kreuzlingen	Or.	Frf	ThUB 2 S. 520 Nr. 157		Krz B	266
310	1243 III 8, Konstanz	B. Heinrich v. Konstanz	Stift Kreuzlingen	Or.	Frf	ThUB 2 S. 522 Nr. 158		Krz B	266
311	1243 III 8, Konstanz	Dompropst Pilgrim v. Konstanz	Stift Kreuzlingen	Or.	Frf	ThUB 2 S. 523 Nr. 159		Krz B	266
312	1243 III 8, Konstanz	B. Heinrich v. Konstanz	Stift Kreuzlingen	Or.	Frf	ThUB 2 S. 525 Nr. 160		Krz B	266, 268
313ᵏ	1243 III 10, bei Winterthur	Konrad v. Wartenberg u.s. Söhne Heinrich u. Egilolf	Hartmann IV., Hartmann V. u. Margarete v. Kiburg	Or.	Tur	ZUB 2 S. 83 Nr. 578		K 3	379, 380, 381, 395, 398
314	(1242 III 25 – 1243 III 24), —	Prior G. v. Cluny	Priorat d. Petersinsel i. Bieler See u. Ulrich v. Seedorf gen. Moser	Or.	Ber	FRB 2 S. 236 Nr. 222			321

Urk.Nr.	Datum	Aussteller/ Urheber	Adressat/ Empfänger	Ublfg.	Lagerort	Druck/Faksimile, Teilabbildung	Regesten	Provenienz	Bestmarken bzw. erwähnt auf S./ Abb. Nr.
315	1243 V 12, Konstanz	B. Heinrich v. Konstanz	Priorat d. Petersinsel i. Bieler See u. Ulrich v. Seedorf gen. Moser	Or.	Ber	FRB 2 S. 237 Nr. 224			321
316	1243 VI 14, Zürich	B. Heinrich v. Konstanz	Propstei Zürich	Or.	Zür	ZUB 2 S. 87 Nr. 581		ZürPro 3 A	125, 126, 132, 169, 188
317	1243 VI 20, (Zürich)	Jakob u. Burkhard v. Möringen	Abtei Zürich	Or.	Zür	ZUB 2 S. 88 Nr. 582		ZürPro 2 B	110, 123, 124, 125
318ʰ	1243 VI 23, Döttingen	Ulrich v. Liebenberg, Burggraf v. Rheinfelden	Kl. Wettingen	Or.	Aar	ZUB 2 S. 89 Nr. 584	RH 1 S. 49 Nr. 198	Wet 3	82, 86, 89, 90, 91, 94
319	1243 (vor VI 30), Zofingen	Diethelm v. Krenkingen	Kl. St. Urban	Kop.	Luz	Sol. Wbl 1824 S. 12	QW 1/1 S. 215 Nr. 459		26
320	1243 VI 30, —	Abt Th. v. Luxeuil, Administrator v. Murbach	B. Heinrich v. Konstanz	Kop.	FrBEB	ZUB 2 S. 88 Nr. 583	QW 1/1 S. 216 Nr. 460		27, 56
321ᵏ	1243 VII 13, Überlingen	Hartmann IV. u. Hartmann V. v. Kiburg	Kl. Salem	Or.	Krh	Sal. 1 S. 252 Nr. 220	ZUB 12 S. 62 Nr. 584a	K 2	377
322ʰ	1243 VIII 13, Waltrat	Rudolf III. v. Habsburg	Kl. Kappel	Or.	Baa	ZUB 2 S. 90 Nr. 585	RH 1 S. 49 Nr. 200; QW 1/1 S. 217 Nr. 462	zu Kap 4	49, 50, 52, 53, 56, 57, 312, 400
323	1243 VIII 18, —	Propstei Zürich	(in eigener Sache)	Or.	Zür	ZUB 2 S. 92 Nr. 586		ZürPro 2 B	123, 124

Urk.Nr.	Datum	Aussteller/ Urheber	Adressat/ Empfänger	Überlfg.	Lagerort	Drucke/Faksimile, Teilabbildung	Regesten	Provenienz	Besprochen bzw. erwähnt auf S./ Abb. Nr.
324	1243 VIII 24, Luzern, im Hof	Konrad v. Engelberg u.s. Familie	Kl. Engelberg	Or.	Eng	Gfr. 9 S. 202 Nr. 6 u. ebd. 51 S. 54 Nr. 81	QW 1/1 S. 217 Nr. 463	Eng 4	16, 18, 27
325	1243 (?) IX 15, Adlisberg	Stift St. Martin auf d. Zürichberg	(in eigener Sache)	Or.	Zür	ZUB 1 S. 329 Nr. 449		ZürPro 3 A	110, 125, 126
326	(1242 XII 25 – 1243 IX 23), Basel	Stift St. Peter i. Basel	Kl. Wettingen	Or.	Bas	BaUB 1 S. 115 Nr. 167		BasPet (?)	78
327[h]	1243 (vor IX 24), –	Berchtold, Schenk v. Habsburg, mit Frau u. Söhnen	Lazariterhaus zu Uri	Or.	ZürMus	Gfr. 12 S. 2 Nr. 1	RH 1 S. 50 Nr. 201; QW 1/1 S. 218 Nr. 464; ZUB 12 S. 62 Nr. 586a		358
328[h]	1243 XI 21, –	Rudolf IV. v. Habsburg	Kl. Töß	Druck	–––	ZUB 2 S. 94 Nr. 587	RH 1 S. 50 Nr. 202; QW 1/1 S. 219 Nr. 467		209
329	1243 XI 26, –	Ulrich v. Schnabelburg u.s. Söhne	C. u. W. v. Burschinun	Or.	Alt	ZUB 2 S. 94 Nr. 588	QW 1/1 S. 219 Nr. 468	Sna ?	76, 78, 81
330	1243 XI 29, –	B. Berchtold v. Straßburg	Stadt Straßburg	Or.	StrSta	StrUB 1 S. 216 Nr. 282			364
331[k]	(1243, kurz vor XII 1), –	Hartmann IV. v. Kiburg	an Abt Walther v. St. Gallen f. Stift Rüti	Or.	Zür	ZUB 2 S. 95 Nr. 589; Gall. 3 S. 102 Nr. 887		Rüt 3	202, 205, 206, 273/ Abb. 41
332[k]	1243 XII 1, St. Gallen	Abt Walther v. St. Gallen	Stift Rüti	Or.	Zür	ZUB 2 S. 96 Nr. 590; Gall. 3 S. 102 Nr. 888		Gal	202, 203, 206, 273, 274
333	1243 – –, Tiefenstein	Hugo v. Tiefenstein	Kl. St. Blasien	Kop.	Pau	Gerb. 3 S. 147 Nr. 105			368

Urk.Nr.	Datum	Aussteller/Urheber	Adressat/Empfänger	Ublfg.	Lagerort	Drucke/Faksimile, Teilabbildung	Regesten	Provenienz	Bestimmt bzw. erwähnt auf S./Abb. Nr.
334	1243 — —, Wettingen	Heinrich u. Markwart v. Grünenberg, Brüder	Kl. Wettingen	Or.	Aar	Arch. Wett. S. 849 Nr. 45	QW 1/1 S. 220 Nr. 469	Wet 2	79, 80, 81
335	1243 — —, Zürich	Konrad gen. Albus, Bürger v. Zürich	Kl. Pfäfers	Or.	Gal	ZUB 2 S. 98 Nr. 592			277
336	1243 — —, —	Lütold v. Regensberg	Kl. Wettingen	Or.	Aar	ZUB 2 S. 99 Nr. 593		Wet 2	79, 81, 82, 106
337	1243 — —, —	Abt Anshelm u. Konvent v. Einsiedeln u. Propst Ulrich u. Konvent v. Fahr	Kl. Wettingen	Or.	Aar	ZUB 2 S. 100 Nr. 594	QW 1/1 S. 220 Nr. 470	Wet 2	35, 79, 81, 82
338	(um 1243), —	Rudolf v. Thierstein	B. v. Straßburg	Or.	Aar	ZUB 2 S. 227 Nr. 755; Soloth. 1 S. 241 Nr. 422		Wet 2	79, 80
339	(1243 ?, Konstanz)	Abt u. Konvent v. Kreuzlingen	B. Heinrich v. Konstanz	Or.	Frf	ThUB 2 S. 526 Nr. 161/Bruckner 10 Taf. 4d		Krz A	265, 268
340	(1243 ?, Konstanz)	Abt u. Konvent v. Kreuzlingen	B. Heinrich v. Konstanz	Or.	Frf	ThUB 2 S. 527 Nr. 162		Krz A	265, 268
341ᵏ	(1243 ?), —	Abt Walther v. St. Gallen	Stift Rüti	Or.	Zür	ZUB 2 S. 97 Nr. 591; Gall. 3 S. 101 Nr. 886		Rüt 3	202, 205, 206, 208
342ᵏ	1244 II 15, Winterthur	Hartmann IV. v. Kiburg	Stift Kreuzlingen	Or.	Frf	ZUB 2 S. 101 Nr. 596; ThUB 2 S. 529 Nr. 163		Krz B	266, 268/Abb. 54

Urk.Nr.	Datum	Aussteller/ Urheber	Adressat/ Empfänger	Überlfg.	Lagerort	Drucke/Faksimile, Teilabbildung	Regesten	Provenienz	Beispielmarken bzw. erwähnt auf S./Abb. Nr.
343	1244 II 29, Konstanz	B. Heinrich v. Konstanz	Kl. Muri	Or.	Aar	ZUB 2 S. 103 Nr. 597		KonB (?)	110
344	1244 III 8, Konstanz	B. Heinrich v. Konstanz	Stift Rüti	Or.	Zür	ZUB 2 S. 104 Nr. 598		KonB H 2 – E 1	203
345	(1243 III 25 – 1244 III 24), –	Aimo v. Montenach	Peter gen. Rich. Bürger v. Freiburg i.Ü.	Vid.	FrÜ	FRB 2 S. 243 Nr. 230			343
346	1244 IV 3, St. Gallen	Abt Walther u. Konvent v. St. Gallen	Kl. Maggenau	Or.	Gal	Gall. 3 S. 103 Nr. 889			273, 274
347k	1244 IV 25, Herbolzheim	Hartmann IV. v. Kiburg	Bischöfliche Kirche Straßburg	1. Or. Kop.	Str Swz	ZUB 2 S. 105 Nr. 599	QW 1/1 S. 221 Nr. 472	Or. u. Kop.: K 1 (D) 1. Or.: StrB (S) Kop.: K 7 = H 4 (S)	219, 363, 364, 372, 374, 375, 376, 379, 384, 385, 395
348k	1244 IV 25, Herbolzheim	B. Berchtold v. Straßburg	Hartmann IV. v. Kiburg	Or.	Tur	ZUB 2 S. 107 Nr. 600	QW 1/1 S. 221 Nr. 473	StrB (S; daneben im D auch K 1 benützt)	219, 363, 364, 365, 395
349k	1244 IV 25, Herbolzheim	B. Berchtold v. Straßburg	Hartmann IV. v. Kiburg u.s. Frau Margarete	Or.	Tur	ZUB 2 S. 109 Nr. 601	QW 1/1 S. 221 Nr. 473	K 2	377, 378, 379
350	(1242 u.) 1244 V 24, Gloten	Diethelm u. Kraft v. Toggenburg	Stift Rüti	Or.	Zür	ZUB 2 S. 110 Nr. 602		Rüt 3	205, 206
351	1244 V –, –	Abt Walther u. Propst Burkhard v. St. Gallen	Kl. St. Gallen	Or.	Gal	Gall. 3 S. 105 Nr. 890	ZUB 2 S. 111 Nr. 603		273
352	1244 VI 14, Matten	Propstei Interlaken	Konrad v. Därligen	Or.	Ber	FRB 2 S. 251 Nr. 237	QW 1/1 S. 221 Nr. 474	Int B	296

Urk. Nr.	Datum	Aussteller/ Urheber	Adressat/ Empfänger	Übllfg.	Lagerort	Drucke/Faksimile, Teilabbildung	Regesten	Provenienz	Beßmerken bzw. erwähnt auf S./ Abb. Nr.
353	1244 VI 19, Konstanz	B. Heinrich v. Konstanz	Abtei Zürich	Or.	ZürSta	ZUB 2 S. 111 Nr. 604; Gfr. 8 S. 8 Nr. 6	QW 1/1 S. 222 Nr. 475	KonB (?)	110
354	1244 VII 8, (Konstanz)	B. Heinrich v. Konstanz	Abtei Zürich	Or.	ZürSta	ZUB 2 S. 113 Nr. 605; Gfr. 8 S. 10 Nr. 7	QW 1/1 S. 222 Nr. 476	KonB (?)	110
355kh	1244 VII 8, Luzern	Rudolf III. v. Habsburg u.a.	Stadt Luzern	Or.	Luz	Gfr. 1 S. 175 Nr. 14; QW 1/1 S. 223 Nr. 477	RH 1 S. 51 Nr. 206	Luz B	25, 28, 30/ Abb. 6
356	1244 IX 13, Konstanz	Martin, Prior d. Konstanzer Prediger u.a. entscheiden	zwischen Stift Kreuzlingen u. Konrad v. Schmaleneck	Or.	Frf	ThUB 2 S. 551 Nr. 168		Krz B	266, 268
357	(1243 XII 25 — 1244 IX 23), —	Heinrich, Dompropst v. Basel u. Pleban v. Riehen	Kl. Wettingen	Or.	Bas	BaUB 1 S. 119 Nr. 172		H. scriba i. Basel ?	78
358k	1244 (vor IX 24), Kiburg	Hartmann IV. v. Kiburg	Kl. St. Blasien	Kop.	Aar	ZUB 2 S. 114 Nr. 606		Bla ? (lt. Müller Bla IV)	368, 369
359h	1244 (vor IX 24), in der Burg Besserstein	Heilwig v. Habsburg	Kl. Kappel	Or.	Zür	ZUB 2 S. 115 Nr. 608	RH 1 S. 51 Nr. 207; QW 1/1 S. 225 Nr. 478	Kap 2	45, 49, 149
360	1244 (vor IX 24), Kloster Einsiedeln	Anton, Bürger v. Rapperswil	Kl. Einsiedeln	Or.	Ein	Gfr. 42 S. 133 Nr. 6; ZUB 2 S. 114 Nr. 607	QW 1/1 S. 225 Nr. 479	Ein B	35
361k	1244 IX 30, Konstanz	B. Heinrich v. Konstanz	Kl. Töß	Or.	Zür	ZUB 2 S. 117 Nr. 610		KonB H 1	209, 211, 279, 395, 396
362	1244 XI 4, Pfäfers u. Hurden	Abt Hugo u. Konvent v. Pfäfers	Propst Ulrich v. Fähr	Or.	Gal	ZUB 2 S. 118 Nr. 611	QW 1/1 S. 226 Nr. 480		34, 277

Urk.Nr.	Datum	Aussteller/ Urheber	Adressat/ Empfänger	Überlfg.	Lagerort	Drucke/Faksimile, Teilabbildung	Regesten	Provenienz	Besprochen bzw. erwähnt auf S./ Abb. Nr.
363ʰ	1244 XI 7, Abtei Zürich	Rudolf III. v. Habsburg	Abtei Zürich	Or.	Zür	Gfr. 12 S. 197 Nr. 2; ZUB 2 S. 120 Nr. 612	RH 1 S. 51 Nr. 208; QW 1/1 S. 226 Nr. 481	ZürAbt 2	108, 111, 113, 118/ Abb. 21
364	1244 (IX 24 – XII 24), Schopfheim	Ulrich v. Liebenberg	Kl. Wettingen	Or.	Bas	ZUB 2 S. 116 Nr. 609; BaUB 1 S. 121 Nr. 175		Wet 3	82, 86, 88, 91, 92, 93
365ᵏ	1244 —,—	Hartmann IV. u. Hartmann V. v. Kiburg	Kl. Oetenbach	Or.	Zür	ZUB 2 S. 122 Nr. 614		ZürDom 4 A	180, 181, 188/Abb. 32
366	1244 —,—	Abt Walther v. St. Gallen	Propst Burkhard v. St. Gallen	2 Orr.	Gal	Gall. 3 S. 108 Nr. 891			273
367	(1241 oder 1244),—	Äbtissin v. Zürich	Mehrere Bürger v. Zürich	Aufz.	ZürSta	ZUB 2 S. 64 Nr. 559		ZürAbt 2	112
—	(um 1241– 1244)	s. (1223–1245)							
368	1245 III 2, Einsiedeln	Abt Anshelm v. Einsiedeln	Kl. St. Johann i. Thurtal	Or.	Gal	ZUB 2 S. 122 Nr. 615; Gall 3 S. 110 Nr. 893	QW 1/1 S. 228 Nr. 484	Ein B	35, 37
369	1245 (zu III 2), Einsiedeln	Abt Anshelm v. Einsiedeln	Kl. St. Johann i. Thurtal	Or.	Gal	ZUB 2 S. 123 Nr. 616; Gall. 3 S. 110 Nr. 894	QW 1/1 S. 228 Nr. 484 Anm.	Ein B	35, 37, 273
370ᵏ	1245 III 12, Freiburg i.Ü. u. III 17, Bollingen	Aimo v. Montenach	Propstei Interlaken	Or.	Ber	FRB 2 S. 256 Nr. 243	QW 1/1 S. 229 Nr. 487	Int B	295, 296, 395/Abb. 70

Urk.Nr.	Datum	Aussteller/Urheber	Adressat/Empfänger	Übrlfg.	Lagerort	Drucke/Fakimile, Teilabbildung	Regesten	Provenienz	Bestimmen bzw. erwähnt auf S./Abb. Nr.
371ʰ	1245 IV 24, Basel	Rudolf IV. v. Habsburg	an (Konrad v. Schalken) Propst v. Embrach u.a. f. s. Bruder Albrecht V. v. Habsburg	Or.	Zür	ZUB 2 S. 124 Nr. 618	RH 1 S. 52 Nr. 210		108, 115
372	1245 IV 27, Lyon	P. Innozenz IV.	Chorherr Friedrich v. Beromünster	Kop.	Vat	APH 1 S. 160 Nr. 244		PP	395, 396
373ʰ	1245 V 13, Mellingen	Propst Otto v. St. Leonhard i. Basel u.a. entscheiden	zwischen Rudolf IV., Albrecht V. u. Hartmann v. Habsburg sowie d. Äbtissin Judenta v. Zürich	2 Orr.	Zür	ZUB 2 S. 125 Nr. 619/ZUB 2 Taf. IX	RH 1 S. 52 Nr. 211		108, 115, 357
—	1245 VII 12, Lyon	s. 1279 XII 13, —							
374ʰ	1245 VI 24, Wettingen u. VII 25, Meienheim	Rudolf IV., Albrecht V. u. Hartmann v. Habsburg	Kl. Wettingen	Or.	Aar	ZUB 2 S. 128 Nr. 622	RH 1 S. 52 Nr. 215	Wet 3	81, 82, 86, 89, 92, 93, 94
375	1245 IX 2, Lyon	P. Innozenz IV.	Kl. Töß	Or.	Zür	ZUB 2 S. 132 Nr. 626		PP	210
376	1245 IX 5, Lyon	P. Innozenz IV.	an Magister u. Prior d. Predigerordens i. Deutschland f. Kl. Töß	Or.	Zür	ZUB 2 S. 133 Nr. 627		PP	210
377	1245 IX 5, Burg Rüßegg	Walther v. Eschenbach	Kde Hohenrain	Or.	Luz	Gfr. 25 S. 117 Nr. 1; ZUB 2 S. 134 Nr. 628	QW 1/1 S. 231 Nr. 493	Hoh A	287

Urk.Nr.	Datum	Aussteller/ Urheber	Adressat/ Empfänger	Übtlg.	Lagerort	Druck/Faksimile, Teilabbildung	Regesten	Provenienz	Besprochen bzw. erwähnt auf S./ Abb. Nr.
378ᵏ	1245 (vor IX 24), Kiburg u. Wettingen	Jakob v. Wart	Kl. Wettingen	Or.	Aar	ZUB 2 S. 137 Nr. 630		Wet 3.	82, 88, 89, 90
379	1245 (nach VII 17), Ebikon, auf dem Kirchhof	Peter Schnyder v. Luzern	an Kl. Kappel f. Kl. Rathausen (Schwester i. Riedholz)	Or.	Luz	Gfr. 2 S. 42 Nr. 2; ZUB 2 S. 130 Nr. 624	QW 1/1 S. 232 Nr. 496	Luz C	28, 30, 41
380	1245 — —, vor d. Burg Wasserstelz	Rudolf v. Wasserstelz	Kl. Wettingen	Or.	Aar	ZUB 2 S. 140 Nr. 634		zu Wet 3	81, 83, 85
381	1245 — —, —	Die Deutschritter v. Hitzkirch	Kl. Kappel (Schwestern i. Riedholz, Kl. Rathausen)	Or.	Luz	Gfr. 2 S. 45 Nr. 4; ZUB 2 S. 138 Nr. 632	QW 1/1 S. 234 Nr. 498	zu Kap ?	47
382	(1223–1245),—	Abt Hugo u. Konvent v. Pfäfers	Konrad v. Valur	Aufz.	Gal	BUB 2 S. 275 Nr. 825			277
383	(um 1245), Solothurn	Hartmann v. Kilchen	Kl. Friensberg	Or.	BerSta	FRB 2 S. 270 Nr. 250; Soloth. 1 S. 257 Nr. 448			329
384	(vor 1246 I 30), —	Mechthild, Witwe d. Berchtold v. Ibach	Kde Hohenrain	Or.	Luz	Gfr. 20 S. 306 Nr. 5	QW 1/1 S. 236 Nr. 502	Wet 2	77, 79, 81
385	1246 I —, —	Der Erwählte Heinrich v. Straßburg	Kl. St. Arbogast	Kop.	StrSpi	StrUB 1 S. 226 Nr. 296			364
386	1246 III 14, —	Äbtissin Judenta v. Zürich	Kl. Oetenbach	Or.	Zür	ZUB 2 S. 141 Nr. 636		Oet 1	110, 118, 169, 181, 189, 190, 216

Urk.Nr.	Datum	Aussteller/Urheber	Adressat/Empfänger	Üblfg.	Lagerort	Drucke/Faksimile, Teilabbildung	Regesten	Provenienz	Besprochen bzw. erwähnt auf S./Abb. Nr.
387	1246 IV 4, –	Äbtissin Judenta v. Zürich	Kl. Oetenbach	Or.	Zür	ZUB 2 S. 142 Nr. 637		ZürDom 4 A	110, 180, 181, 188, 190
388ᵏ	1246 V 3, Metz	Utelhild v. Leiningen	Hartmann IV. v. Kiburg	Or.	Amo	Anz. 7 S. 73		K 2	377, 378
389ᵏ	1246 V 18, Kiburg	Hartmann IV. v. Kiburg	Kl. Wettingen	Kop.	Aar	ZUB 2 S. 143 Nr. 638		K 1	80, 372, 373, 374
390ᵏ	1246 V 21, vor d. Kirche Hohenrain	Walther v. Liela	Kl. Luzern	Or.	LuzSti	Gfr. 1 S. 177 Nr. 15	QW 1/1 S. 238 Nr. 507; ZUB 12 S. 64 Nr. 638a	Luz C	25, 28, 30/Abb. 7
391	1246 V 25, Rheinfelden	Konrad v. Öschgen	Kl. Wettingen	Kop.	Aar	BaUB 1 S. 132 Nr. 189		Wet 2	79, 80
392	1246 V –, vor d. Burg Sausenberg	Ulrich v. Liebenberg	Deutschorden (Kde Beuggen)	Or.	Krh	ZUB 2 S. 143 Nr. 639			138
393	1246 VI –, Kl. St. Gallen	Abt Berchtold v. St. Gallen	Burkhard v. Rheinegg	Or.	Gal	Gall. 3 S. 112 Nr. 896			274
394ᵏ	1246 VII 4, Burgdorf	Hartmann V. v. Kiburg	Kde Buchsee	Or.	Ber	FRB 2 S. 273 Nr. 254		K 4	290, 382, 383
395ᵏ	1246 VII –, Burgdorf	Hartmann IV. u. Hartmann V. v. Kiburg	Kl. Fraubrunnen	Or.	Ber	FRB 2 S. 274 Nr. 255	QW 1/1 S. 239 Nr. 508a	Wet 3	77, 82, 84, 85, 86, 88, 89, 90, 92, 93, 322, 395, 397
396	1246 VIII 22, Honegg	Konrad v. Wediswil	Kl. Engelberg	Or.	Eng	ZUB 2 S. 146 Nr. 641; FRB 2 S. 275 Nr. 256; Gfr. 3 S. 227	QW 1/1 S. 240 Nr. 510; Gfr. 51 S. 55 Nr. 83	Eng 3 A	15, 17, 18, 27
397ᵏ	1246 VIII 24, Kl. Töß	Chorherr Hermann v. Heiligenberg	Kl. Töß	Or.	Zür	ZUB 2 S. 147 Nr. 642		ZürDom 4 B	179, 180, 181, 209, 211, 229, 395/Abb. 33

Urk.Nr.	Datum	Aussteller/ Urheber	Adressat/ Empfänger	Üblfg.	Lagerort	Drucke/Faksimile, Teilabbildung	Regesten	Provenienz	Besprochen bzw. erwähnt auf S./ Abb. Nr.
398	1246 (vor IX 24), —	Die Schwestern bei St. Peter i. Zürich	Kl. Wettingen	Kop.	Aar	ZUB 2 S. 148 Nr. 643		Wet 3	84, 89
399	1246 (vor IX 24) (?), —	E., Dekan i. Roth	Kl. St. Urban	Or.	Luz	FRB 3 S. 762 Anh. Nr. 6	QW 1/1 S. 244 Nr. 518		314
400	1246 X 7, Gsteig	Walther, Vogt v. Unspunnen	Propstei Interlaken	Or.	Ber	FRB 2 S. 276 Nr. 257			295
401	1246 X 27, Fähr	Lütold d. Ä. v. Regensberg	Abtei Zürich	Or.	Zür	ZUB 2 S. 151 Nr. 647		ZürAbt 2	112, 113, 118
402ᵏ	1246 XI 9, St. Gallen	Abt Berchtold u. Konvent v. St. Gallen	Kl. St. Katharinental	Or.	Frf	Gall. 3 S. 113 Nr. 897 (Anm. S. 114); ThUB 2 S. 573 Nr. 178	ZUB 12 S. 64 Nr. 647a	Gal	257, 273, 274
403ᵏ	1246 XI 9, St. Gallen	Abt Berchtold u. Konvent v. St. Gallen	Kl. St. Katharinental	Or.	Frf	Gall. 3 S. 113 Nr. 897; ThUB 2 S. 575 Nr. 179		Gal	257, 273, 274, 275
404ʰ	1246 XI 30, Bremgarten	Rudolf IV., Albrecht V. u. Hartmann v. Habsburg	Kl. Wettingen	Kop.	Aar	Neug. CD 2 S. 184 Nr. 937	RH 1 S. 53 Nr. 218	Wet 3	84, 92
405	1246 (nach IX 24), Zürich	Jakob Müllner, Ritter v. Zürich	Abtei Zürich	Or.	Zür	ZUB 2 S. 149 Nr. 644		ZürAbt 2	112, 113
406	1246 (nach IX 24), —	Äbtissin Judenta v. Zürich	Kl. Frauenthal	Or.	Frt	ZUB 2 S. 150 Nr. 645		ZürAbt 2	74, 112, 113
407	1246 (nach IX 24), —	Äbtissin u. Konvent v. Frauenthal	Abtei Zürich	Or.	ZürSta	ZUB 2 S. 150 Nr. 646		ZürAbt 2	74, 112

Urk. Nr.	Datum	Aussteller/Urheber	Adressat/Empfänger	Üblfg.	Lagerort	Drucke/Faksimile, Teilabbildung	Regesten	Provenienz	Besprochen bzw. erwähnt auf S./Abb. Nr.
408	1246 — —, (Kl. St. Katharinental)	Kl. St. Katharinental	Stadt Dießenhofen	Or.	Frf	ThUB 2 S. 581 Nr. 183		KonPre	256, 257, 381, 398
409^k	1246 — —, St. Katharinental	Stadt Dießenhofen	Kl. St. Katharinental	Or.	Frf	ThUB 2 S. 583 Nr. 184		K 3	236, 257, 379, 380, 381, 382, 398/Abb. 98
410	1246 — —, Zofingen	Ulrich v. Schenkon u. Dietmar v. Olten	Kde Hohenrain	Or.	Luz	Gfr. 27 S. 288 Nr. 3	QW 1/1 S. 243 Nr. 517	Hoh B	287, 288
411	1246 — —, —	Ludwig d. Ä. u. Ludwig d. J. v. Froburg	Kl. St. Urban	Or.	Luz	FRB 2 S. 280 Nr. 261	QW 1/1 S. 243 Nr. 516	Urb A	311, 312, 314
—	s. 1246 (vor IX 24), —								
412^h	1247 I 16, Zürich	Hartmann v. Wile u. Verwandte	Kirche i. Goßlikon (Leutpriester Konrad v. Mure)	Or.	ZürAnt	ZUB 2 S. 152 Nr. 648	RH 1 S. 53 Nr. 219	ZürPro 3 A (D) ZürPro ? (S)	126, 127
413	1247 (?) I 17, —	Gerhard v. Rümlingen	Kl. Engelberg	Or.	Eng	FRB 2 S. 286 Nr. 268; Gfr. 20 S. 306 Nr. 6	QW 1/1 S. 245 Nr. 520		4
414^h	1247 I 25, —	Rudolf IV. v. Habsburg	Kl. Kappel	Or.	Zür	ZUB 2 S. 154 Nr. 650	RH 1 S. 53 Nr. 220; QW 1/1 S. 245 Nr. 521		4, 25, 27, 42, 56
415	1247 II 2, —	Äbtissin Judenta v. Zürich	Kl. Oetenbach	Or.	Zür	ZUB 2 S. 155 Nr. 651		Oet 1	110, 169, 189, 190
416	1247 III 15, Lunkhofen	Abt Rüdiger u. Konvent v. Muri	Kl. Engelberg	Or.	Eng	Gfr. 51 S. 56 Nr. 85; ZUB 2 S. 156 Nr. 652	QW 1/1 S. 246 Nr. 522		4

Urk.Nr.	Datum	Aussteller/ Urheber	Adressat/ Empfänger	Überlfg.	Lagerort	Drucke/Faksimile, Teilabbildung	Regesten	Provenienz	Besprochen bzw. erwähnt auf S./ Abb. Nr.
417	1247 III 16, Chorherrenstift Zürich	Propstei Zürich	Kl. Oetenbach	Or.	Zür	ZUB 2 S. 157 Nr. 653		ZürPro 2 A	123, 124, 125, 136, 169, 188
418	1247 III 17, Chorherrenstift Zürich	Heinrich, Leutpriester v. St. Peter i. Zürich	Propstei Zürich	Or.	Zür	ZUB 2 S. 159 Nr. 655		ZürPro 2 C	110, 123, 124, 125, 169, 188
419	1247 VII 12, Lyon	P. Innozenz IV.	Rudolf, Notar Hartmanns v. Kiburg	Kop.	Vat	APH 1 S. 229 Nr. 374; BellB 1 S. 125 Nr. 61	ZUB 2 S. 171 Nr. 670; QW 1/1 S. 251 Nr. 539	PP	397
420	1247 VII 13, Lyon	P. Innozenz IV.	an B. v. Straßburg f. Chorherrn Friedrich v. Beromünster, Notar Hartmanns v. Kiburg	Kop.	Vat	APH 1 S. 230 Nr. 375	ZUB 2 S. 171 Nr. 672; QW 1/1 S. 251 Nr. 540	PP	395, 396
421	1247 VII 13, Lyon	P. Innozenz IV.	an B. v. Straßburg f. Chorherrn Rudolf v. Beromünster, Notar Hartmanns v. Kiburg	Kop.	Vat	APH 1 S. 231 Nr. 376	ZUB 2 S. 171 Nr. 671; QW 1/1 S. 251 Nr. 541	PP	397
422	1247 VII 16, Lyon	P. Innozenz IV.	an Stift Beromünster f. Chorherrn Rudolf, Notar Hartmanns V. v. Kiburg	Kop.	Vat	APH 1 S. 233 Nr. 379; BellB 1 S. 127 Nr. 65	ZUB 2 S. 172 Nr. 674; QW 1/1 S. 251 Nr. 542	PP	397
423	1247 VII 16, Lyon	P. Innozenz IV.	an Abt. u. Konvent v. Einsiedeln f. Magister Werner, Kleriker d. Margarete v. Kiburg	Kop.	Vat	APH 1 S. 233 Nr. 380	ZUB 2 S. 172 Nr. 675; QW 1/1 S. 251 Nr. 543	PP	33

Urk.Nr.	Datum	Aussteller/ Urheber	Adressat/ Empfänger	Üblfg.	Lagerort	Drucke/Faksimile, Teilabbildung	Regesten	Provenienz	Besprochen bzw. erwähnt auf S./ Abb. Nr.
424	1247 VII 16, Lyon	P. Innozenz IV.	an B. v. Konstanz f. Chorherrn Friedrich v. Beromünster, Notar Hartmanns v. Kiburg	Kop.	Vat	APH 1 S. 234 Nr. 381	ZUB 2 S. 172 Nr. 676; QW 1/1 S. 252 Nr. 544	PP	395, 396
425	1247 VII 30, Lyon	P. Innozenz IV.	an Abt v. Engelberg (?) f. Chorherrn Rudolf v. Beromünster, Notar Hartmanns V. v. Kiburg	Kop.	Vat	APH 1 S. 238 Nr. 387	ZUB 2 S. 172 Nr. 678; QW 1/1 S. 252 Nr. 546	PP	397
426	1247 VIII 11, Lyon	P. Innozenz IV.	an Pfarrer v. Sursee f. Leutpriester Rudolf v. Gebistorf, Kleriker d. beiden Grafen v. Kiburg	Kop.	Vat	APH 1 S. 241 Nr. 391	ZUB 2 S. 173 Nr. 681; QW 1/1 S. 253 Nr. 549	PP	397
427ᵏ	1247 VIII –, Dießenhofen	Heinrich v. Randegg	Kl. Töß	Or.	Zür	ZUB 2 S. 174 Nr. 684		ZürDom 1 B	170, 173, 174, 176, 182, 211
428ᵏ	1247 IX 11, Kiburg	Hartmann IV. u. Hartmann V. v. Kiburg	Margarete v. Kiburg	Vid.	Tur	ZUB 2 S. 176 Nr. 687		K 3	379, 380, 381, 382
429	1247 IX 23, Lyon	P. Innozenz IV.	an Abt u. Konvent v. Einsiedeln f. Rudolf, Kleriker d. beiden Hartmann v. Kiburg	Kop.	Vat	APH 1 S. 245 Nr. 397	ZUB 2 S. 177 Nr. 688; QW 1/1 S. 255 Nr. 553	PP	33, 397

Urk.Nr.	Datum	Aussteller/ Urheber	Adressat/ Empfänger	Übtfg.	Lagerort	Drucke/Faksimile, Teilabbildung	Regesten	Provenienz	Besprochen bzw. erwähnt auf S./ Abb. Nr.
430	(1246 XII 25 – 1247 IX 23), –	Äbtissin u. Konvent v. Olsberg	Kl. Wettingen	Kop.	Aar	BaUB 1 S. 138 Nr. 193		Wet 3	84, 87, 89, 91
431	1247 (vor IX 24), Mellingen	Konrad gen. Maag u.s. Schwester Uticha	Kl. Wettingen	Or.	Aar	ZUB 2 S. 178 Nr. 690		Wet 3	79, 81, 82, 86, 87, 88, 89, 91, 92
432^k	1247 (vor IX 24), –	Hartmann IV. u. Hartmann V. v. Kiburg	Kl. Wettingen	Or.	Aar	ZUB 2 S. 177 Nr. 689		Wet 3	81, 82, 85, 87, 89, 91 92, 138
433	1247 (vor IX 24), –	C(onrad) v. Ötlikon, Chorherr v. Embrach	Kl. Wettingen	Kop.	Aar	ZUB 2 S. 179 Nr. 691		Wet 3	84, 87, 89, 91, 92, 94
434	1247 X 3, Lyon	P. Innozenz IV.	an Propst u. Kapitel Konstanz f. Chorherr Friedrich v. Beromünster, Notar u. Rat d. beiden Hartmann v. Kiburg	Kop.	Vat	APH 1 S. 247 Nr. 401	ZUB 2 S. 180 Nr. 694; QW 1/1 S. 255 Nr. 555	PP	395, 396
435	1247 X 7, Lyon	P. Innozenz IV.	an Stift Beromünster (?) f. Chorherrn Friedrich, Rat d. beiden Hartmann v. Kiburg	Kop.	Vat	APH 1 S. 249 Nr. 403	ZUB 2 S. 180 Nr. 695; QW 1/1 S. 256 Nr. 556	PP	395, 396

Urk.Nr.	Datum	Aussteller/ Urheber	Adressat/ Empfänger	Überlfg.	Lagerort	Druck/Faksimile, Teilabbildung	Regesten	Provenienz	Besprochen bzw. erwähnt auf S./ Abb. Nr.
436	1247 X 11, Lyon	P. Innozenz IV.	an Äbtissin u. Konvent v. Schännis f. Priester Rüdiger v. Thundorf, Neffen d. Chorherren Friedrich v. Beromünster	Kop.	Vat	APH 1 S. 252 Nr. 409; Epp. 2 S. 318 Nr. 441		PP	394, 395
437	1247 X 14, Lyon	P. Innozenz IV.	an d. Äbte v. Einsiedeln, Frienisberg u. St. Urban f. d. Kleriker Rudolf, Notar Hartmanns v. Kiburg	Kop.	Vat	APH 1 S. 254 Nr. 411	ZUB 2 S. 181 Nr. 697; QW 1/1 S. 256 Nr. 557	PP	33, 397
438	1247 X 17, Lyon	P. Innozenz IV.	an Dompropst u. Kapitel v. Chur f.d. Kanoniker Rudolf v. Beromünster, Notar d. beiden Hartmann v. Kiburg	Kop.	Vat	APH 1 S. 254 Nr. 412	ZUB 2 S. 181 Nr. 698; QW 1/1 S. 257 Nr. 558	PP	397
439	1247 XII 17, Straßburg	Konrad v. Wasserstelz, Scholastikus v. Straßburg	Kl. Wettingen	Kop.	Aar	ZUB 2 S. 186 Nr. 702		Str. ?	78, 85
440	1247 XII 17, Straßburg	Eberhard v. Wasserstelz, Kanonikus v. Straßburg	Kl. Wettingen	Kop.	Aar	ZUB 2 S. 187 Nr. 703		Str ?	78, 85

Urk.Nr.	Datum	Aussteller/Urheber	Adressat/Empfänger	Üblfg.	Lagerort	Drucke/Faksimile, Teilabbildung	Regesten	Provenienz	Besprochen bzw. erwähnt auf S./Abb. Nr.
441	(zu 1247 XII 17), —	Konrad v. Wasserstelz, Scholastikus v. Straßburg	Kl. Wettingen	Kop.	Aar	ZUB 2 S. 187 Nr. 704		Wet ?	85
442	(1247) XII 20, Zürich	Jakob Müllner, Ritter v. Zürich	Kl. Kappel	Or.	Zür	Gfr. 19 S. 252 Nr. 4; ZUB 2 S. 41 Nr. 541	QW 1/1 S. 257 Nr. 561	Kap 3	49, 50, 51, 57
443	1247 — —, bei d. Tößbrücke	Konrad v. Liebenberg	Kl. Töß	Or.	Zür	ZUB 2 S. 187 Nr. 705		ZürDom 1 C	170, 173, 174, 211, 217
444	1247 — —, —	Berchtold v. Neuenburg	Kl. Fontaine-André	Or.	Neu	Mon. Neu. 1 S. 106 Nr. 127			359
— —	s. 1247 (?) I 17, —								
445[h]	1248 I 28, Laufenburg	Rudolf III. v. Habsburg	Kl. Kappel	Or.	Aar	ZUB 2 S. 188 Nr. 706	RH 1 S. 54 Nr. 223; QW 1/1 S. 258 Nr. 564		42, 149
446[h]	1248 II 3, Laufenburg	Rudolf III. v. Habsburg	Volmar gen. Steheli, Bürger v. Winterthur	Or.	Zür	ZUB 2 S. 189 Nr. 707	RH 1 S. 55 Nr. 224	H 2	211, 389, 390/Abb. 105
447	1248 II 9, Meersburg	B. Heinrich v. Konstanz	Propst u. Klerus v. Zürich	Or.	Zür	ZUB 2 S. 193 Nr. 712		KonBH 4 = E 3	118
448	1248 II 16, Schattdorf	Konrad Niemirschin, Meier zu Schattdorf	Kl. Wettingen	Or.	Alt	Gfr. 9 S. 3 Nr. 1; ZUB 2 S. 201 Nr. 723; QW 1/1 S. 261 Nr. 575		Wet 3	82, 92, 94, 110
449	1248 III 11, Freiburg	B. Heinrich v. Straßburg	Kl. Wettingen	Or.	Aar	Arch. Wett. S. 849 Nr. 47	StrReg 2 S. 110 Nr. 1252	Str ?	48, 364

Urk. Nr.	Datum	Aussteller/ Urheber	Adressat/ Empfänger	Üblfg.	Lagerort	Drucke/Faksimile, Teilabbildung	Regesten	Provenienz	Besprochen bzw. erwähnt auf S./ Abb. Nr.
450	1248 III 25, Gravesande	Der erwählte Kg. Wilhelm	Kl. Kappel	Or.	Zür	ZUB 2 S. 205 Nr. 727		Kgl (?)	42, 54
451k	1248 (III oder IV), im Lager zu Urbach	B. Heinrich v. Straßburg	Margarete v. Kiburg	Or.	Tur	ZUB 2 S. 228 Nr. 756	vgl. StrReg 2 S. 113 Nr. 1261 u. Bem. ebd. S. 112 Nr. 1260	Str (D)	167, 364
452k	1248 IV 2, Kiburg	Hartmann V. v. Kiburg	Margarete v. Kiburg	Or.	Tur	ZUB 2 S. 205 Nr. 728		ZürDom 1 B	167, 170, 172, 176
453	1248 IV 10, Lyon	P. Innozenz IV.	an B. v. Konstanz f. Leutpriester Konrad v. Andelfingen, Kaplan Hartmanns V. v. Kiburg	Kop.	Vat	APH 1 S. 285 Nr. 469; ZUB 2 S. 206 Nr. 729	QW 1/1 S. 265 Nr. 580	PP	382
454	1248 IV 13, Lyon	P. Innozenz IV.	an Abt v. St. Urban f. Kleriker Rudolf, Notar Hartmanns V. v. Kiburg	Kop.	Vat	APH 1 S. 286 Nr. 472; Epp. 2 S. 376 Nr. 538 I; ZUB 2 S. 207 Nr. 730	QW 1/1 S. 265 Nr. 581	PP	397
455k	1248 IV 15, Straßburg	B. Heinrich v. Straßburg	Grafen f. Kiburg	Or.	Tur	ZUB 2 S. 209 Nr. 732		zu ZürDom 1	167, 171, 176
456k	1248 IV 30, Laufenburg	Rudolf III. v. Habsburg u.s. Söhne	Kde Bubikon	Or.	Aar	ZUB 2 S. 210 Nr. 734	RH 1 S. 55 Nr. 226	PP	400
457	1248 V 31, Wettingen	Abt Konrad v. Wettingen	Kl. St. Blasien	1. Or. 2. Or.	Krh Krh	——— Gerb. 3 S. 151 Nr. 109		1. Or.: Wet 3; 2. Or.: Bla?	78, 82, 84

Urk.Nr.	Datum	Aussteller/ Urheber	Adressat/ Empfänger	Ublfg.	Lagerort	Drucke/Faksimile, Teilabbildung	Regesten	Provenienz	Besprochen bzw. erwähnt auf S./ Abb. Nr.
458	1248 V 31, Wettingen	Abt Arnold u. Konvent v. St. Blasien	Kl. Wettingen	1. Or. 2. Or.	Bas Krh	BaUB 1 S. 156 Nr. 219 Neug. CD 2 S. 188 Nr. 940; ZUB 2 S. 211 Nr. 735		1. Or.: Wet 3; 2. Or.: Wet 4 A (S), Wet 3 (D)	82, 84, 86, 95, 96
459	(zu 1248 V 31), —	Abt Arnold v. St. Blasien	Kl. Wettingen	Or.	Bas	BaUB 1 S. 156 Nr. 218		Wet 3	82
460	1248 VI 2, Basel	B. Lütold v. Basel	Metzger v. Basel	Or.	Bas	BaUB 1 S. 158 Nr. 221; Trouill. 1 S. 574 Nr. 393		BasB 2	354
461ᵏ	1248 VI 13, Konstanz	B. Heinrich v. Konstanz	Kl. Wettingen	2 Orr.	Bas	BaUB 1 S. 159 Nr. 222		KonBH 3 = E 2	77, 279
462ʰ	1248 VI 17, Laufenburg	Rudolf III. v. Habsburg	Kde Beuggen	Kop.	Krh	ZGORh 28 S. 105 Nr. 15	RH 1 S. 55 Nr. 227		367
463	1248 VI 17, Rheinfelden	Burggraf Hermann v. Rheinfelden u.a.	Kde Beuggen	Or.	Krh	ZGORh 28 S. 106 Nr. 16			367
464	1248 VII 6, Konstanz u. VII 10, Meersburg	B. Heinrich v. Konstanz	Abtei Zürich	2 Orr.	ZürSta	Gfr. 9 S. 203 Nr. 7; ZUB 2 S. 213 Nr. 738	QW 1/1 S. 266 Nr. 585	1. Or.: ZürAbt 2; 2. Or.: unbest.	112
464a	1248 VII 22, Burg Altbüron	Ida, Gattin Heinrichs v. Balm	Kl. Einsiedeln	Or.	Ein	ZUB 2 S. 214 Nr. 739; Corp. 1 S. 22 Nr. 8 Soloth. 2 S. 21 Nr. 37	QW 1/1 S. 266 Nr. 586	Ein ?	36
465	1248 VII 28, Wettingen	B. Heinrich v. Konstanz	Kl. Wettingen	2 Orr.	Bas		REC 1 S. 196 Nr. 1718	Wet 3	82
466	1248 (vor IX 24), Mariaberg	Otto, Dekan v. Kilchberg	Schwestern v. Mariaberg (Kl. Wurmsbach)	Or.	Wur	ZUB 2 S. 217 Nr. 743		Kap 3	49, 50, 51, 71

Urk.Nr.	Datum	Aussteller/Urheber	Adressat/Empfänger	Überlfg.	Lagerort	Drucke/Faksimile, Teilabbildung	Regesten	Provenienz	Besprochen bzw. erwähnt auf S./Abb. Nr.
467	(1248, nach X 7), —	Der Erwählte Eberhard v. Konstanz	Klerus v. Zürich	Or.	Zür	ZUB 2 S. 219 Nr. 746		ZürPro 2 C	110, 123
468	1248 X 31, Klingnau	Propst Werner v. Zürich	Amtmann Rudolf v. Grüningen	Or.	Zür	ZUB 2 S. 222 Nr. 748		ZürPro 2 C	123, 124, 125
469	1248 XI 27, Kl. Wettingen u. XI 28, Mellingen	Konrad v. Otelfingen	Kl. Wettingen	Or.	Aar	ZUB 2 S. 226 Nr. 754		Wet 3	80, 82, 86, 87, 91, 92
470[k]	1248 — —, (Reichenau)	Abt Konrad v. Reichenau	Ulrich v. Erchingen u. Brüder	Druck	———	ThUB 2 S. 630 Nr. 227		Rei	262
471[h]	1248, Laufenburg	Johann gen. Kapeller	Kl. Lützel	Druck	———	Trouill. 2 S. 66 Nr. 47	RH 1 S. 55 Nr. 228		309, 310
472[k]	1248 — —, —	Ludwig v. Froburg u. 87 Freiherren u. Ritter	Margarete v. Savoyen (Kiburg)	Or.	Tur	ZUB 2 S. 229 Nr. 757; FRB 2 S. 292 Nr. 276	QW 1/1 S. 271 Nr. 597	ZürDom 1 B	167, 170, 172, 173, 174, 176, 382
—	1248 — —, im Lager zu Urbach	s. 1248 (III oder IV), im Lager zu Urbach							
473	(um 1247–1248, Konstanz)	Johann v. (Hohen-) Krähen	Stift Kreuzlingen	Or.	Frf	ThUB 2 S. 606 Nr. 207 = ThUB 2 S. 484 Nr. 145 (!)		Krz B (?)	266, 268
474	(1233–1248), —	B. Heinrich v. Konstanz	an die Prälaten s. Diözese f. Stift Rüti	Kop.	Zür	ZUB 1 S. 360 Nr. 488		KonB	175

Urk.Nr.	Datum	Aussteller/ Urheber	Adressat/ Empfänger	Üblfg.	Lagerort	Drucke/Faksimile, Teilabbildung	Regesten	Provenienz	Besprochen bzw. erwähnt auf S./ Abb. Nr.
475[k]	1249 I 5, auf d. Heiligenberg b. Winterthur	Hartmann IV. u. Hartmann V. v. Kiburg	Heinrich v. Schönenwerd	Or.	Aar	ZUB 2 S. 230 Nr. 758	QW 1/1 S. 271 Nr. 598	ZürDom 1 C	77, 167, 170, 172, 173, 174, 176, 217, 229, 376, 395
476	1249 II –, –	Thomas u. Petrus gen. de Cirkil, Bürger v. Freiburg, u. ihre Mutter Gisela	Kl. Alteryf	Or.	FrÜ Haut. 2e suppl. Nr. 19		zit. AD 16 S. 316 Anm. 348	FrÜSta 1	322, 338, 339
477	1249 III 1, Aarberg	Ulrich v. Aarberg entscheidet	zwischen Kl. Frienisberg u. Kuno gen. v. Kappelen	Or.	Ber	FRB 2 S. 295 Nr. 278/ AD 16 Taf. 2 Nr. 1	zit. AD 16 S. 249 Nr. 1	Fri B = D	88, 90, 321, 323, 324
478	1249 III 17, Winterthur	Propst Berchtold v. Ittingen	Witwe Ofimia v. Herten	Or.	Zür	ZUB 2 S. 233 Nr. 762; ThUB 2 S. 635 Nr. 232		ZürDom 4 B	179, 180, 181, 183, 211
479[k]	1249 III 18, Winterthur	Propst Berchtold v. Ittingen	Kl. Töß	Or.	Zür	ZUB 2 S. 234 Nr. 763; ThUB 2 S. 637 Nr. 233		ZürDom 5	182, 183, 209, 211
480[k]	1249 V 8, Burgdorf	Bucco, Schultheiß zu Oltingen	Kl. Frienisberg	Or.	Ber	FRB 2 S. 297 Nr. 280		Fri A	88, 322, 323
481[(h)]	1249 V 12, Kappel	Ulrich v. Schnabelburg	Kl. Kappel	Or.	Baa	Gfr. 24 S. 200 Nr. 3; ZUB 2 S. 235 Nr. 765	QW 1/1 S. 273 Nr. 606; vgl. Bezugnahme b. RH 1 S. 65 Nr. 271	Kap 4 A	34, 35, 44, 51, 53, 54, 55, 57, 62
482	1249 VI 3, –	Äbtissin Judenta v. Zürich	Kl. Kappel	Or.	Zür	ZUB 2 S. 237 Nr. 766		ZürAbt 2	41, 112, 113
483	1249 VI 15, Bülach	Konrad u. Heinrich v. Tengen	Kl. Wettingen	Or.	Aar	ZUB 2 S. 237 Nr. 767		Wet 3	83, 92, 93, 99

Urk.Nr.	Datum	Aussteller/Urheber	Adressat/Empfänger	Üblfg.	Lagerort	Drucke/Faksimile, Teilabbildung	Regesten	Provenienz	Besprochen bzw. erwähnt auf S./Abb. Nr.
484^k	1249 VI 28, Freiburg i.Ü.	Hartmann IV. u. Hartmann V. v. Kiburg	Stadt Freiburg	Or.	FrÜ	FRB 2 S. 298 Nr. 281 Steffens Taf. 93		FrÜSta 1	308, 331, 333, 335, 336, 337, 338, 341
485^h	1249 VI 29, Luzern	Heinrich v. Neuenburg, Propst d. Kirchen v. Münster u. Solothurn etc. u. Rudolf III. v. Habsburg	Kl. Murbach	Or.	Col	Gfr. 1 S. 179 Nr. 16b	RH 1 S. 56 Nr. 230; QW 1/1 S. 275 Nr. 610; ZUB 12 S. 67 Nr. 769a	Mur	25, 27, 350, 361
486^h	(vor 1249 VII 6), –	Rudolf III. v. Habsburg	Kl. Wettingen	Kop.	Aar	ZUB 2 S. 20 Nr. 518	RH 1 S. 56 Nr. 231		107
487^h	(vor 1249 VII 6), –	Rudolf III. v. Habsburg	Kl. Wettingen	Kop.	Aar		RH 1 S. 56 Nr. 232		107
488	1249 VII 6, Klingnau	Walther v. Klingen samt Brüdern u. Frau	Kl. Wettingen	Or.	Bas	BaUB 1 S. 169 Nr. 233		Wet 3	83, 84, 85, 86, 88, 89, 91, 92, 93, 94
489	1249 VII 20, Zürich	B. Eberhard v. Konstanz	Klerus v. Zürich	Kop.	Zür	ZUB 2 S. 240 Nr. 771			167, 169
490	1249 VII 25, Freiburg i.Br.	B. Berchtold v. Basel	Kl. Wettingen	Or.	Aar	ZUB 2 S. 241 Nr. 772		Wet 3	83, 86, 91
491^k	1249 (vor IX 24), Kiburg	Hartmann IV. v. Kiburg	Kl. Wettingen	Or.	Aar	ZUB 2 S. 243 Nr. 774	QW 1/1 S. 276 Nr. 614	Wet 3	81, 83, 86, 90, 91, 92, 169
492^k	1249 (vor IX 24), Burgdorf	Hartmann IV. u. Hartmann V. v. Kiburg	Kl. Fraubrunnen	Or.	Ber	FRB 2 S. 312 Nr. 284/ AD 16 Taf. 2 Nr. 2	zit. AD 16 S. 249 Nr. 2	Fri B = D	88, 90, 323, 324, 395, 397
493^k	1249 (vor IX 24), Burgdorf	Hartmann IV. u. Hartmann V. v. Kiburg	Kl. Frienisberg	Or.	Ber	FRB 2 S. 313 Nr. 285		Fri A	88, 322, 323, 395/Abb. 85

Urk.Nr.	Datum	Aussteller/ Urheber	Adressat/ Empfänger	Übl/fg.	Lagerort	Drucke/Faksimile, Teilabbildung	Regesten	Provenienz	Besprochen bzw. erwähnt auf S./ Abb. Nr.
494[k]	1249 (vor IX 24), -	Die Brüder Werner, Burkhard u. Rudolf v. Luternau	Kl. St. Urban	Or.	Luz	FRB 2 S. 314 Nr. 286	QW 1/1 S. 278 Nr. 618	Urb B	312, 313, 315, 316/Abb. 81
495	1249 (vor IX 24), -	Heinrich u. Markward v. Grünenberg entscheiden	zwischen ihren Eigenleuten gen. v. Bütz-berg u. Kl. St. Urban	Or.	Luz	FRB 2 S. 316 Nr. 287	QW 1/1 S. 277 Nr. 617		313, 314
496	1249 (vor IX 24), -	Heinrich v. Grünenberg	Kl. St. Urban	Or.	Luz	FRB 2 S. 317 Nr. 288	QW 1/1 S. 277 Nr. 616	Urb B	312, 313, 314, 316
497	1249 (vor IX 24), Einsiedeln	Abt Anshelm u. Konvent v. Einsiedeln	Kl. Frauenthal	Or.	Frt	ZUB 2 S. 244 Nr. 775; Gfr. 1 S. 365	QW 1/1 S. 277 Nr. 615	Kap 4 A	35, 51, 52, 53, 54, 55, 57, 62, 74
498	(1249) X 25, Köln	EB Konrad v. Köln, päpstl. Legat	Leutpriester u. Geistliche v. Abtei, Prop-stei u. St. Peter i. Zürich	Or.	Zür	ZUB 2 S. 245 Nr. 776	QW 1/1 S. 279 Nr. 619		169
499[k]	1249 X -, -	Hartmann IV. u. Hartmann V. v. Kiburg	Kl. Fontaine-André	Or.	Neu	FRB 2 S. 319 Nr. 292; Soloth. 2 S. 25 Nr. 44	ZUB 12 S. 67 Nr. 776a	Fon (?)	359
500	1249 - -, -	B. Berchtold v. Basel	Predigerorden	Or.	Bas	BaUB 1 S. 173 Nr. 237		BasPre	351
- - -	(1234-1249), -	s. (um 1270), -							
501[kh]	1250 I 3, Burg Neu-Regensberg	Lütold v. Regensberg	Kl. Töß	Or.	Zür	ZUB 2 S. 313 Nr. 854	RH 1 S. 59 Nr. 250	ZürDom 1 C	170, 173, 174, 175, 176, 209, 211

Urk.Nr.	Datum	Aussteller/ Urheber	Adressat/ Empfänger	Üblfg.	Lagerort	Drucke/Faksimile, Teilabbildung	Regesten	Provenienz	Besprochen bzw. erwähnt auf S./ Abb. Nr.
502ᵏ	1250 I 4, Burg Neu-Regensberg	Arnold v. Lägern	Kl. St. Katharinental	Or.	Frf	ZUB 2 S. 247 Nr. 779; ThUB S. 641 Nr. 237		ZürDom 1 C	170, 173, 174, 176, 211, 257
503	1250 I 17, Pfeffingen	Peter v. Sins	Burkhard Leysso, Diener R(udolfs) v. Thierstein	Or.	Luz	Gfr. 27 S. 290 Nr. 5	QW 1/1 S. 280 Nr. 622	Hoh C	288, 289
504	1250 I 17, Pfeffingen	Burkhard Leysso, Diener d. R(udolf) v. Thierstein	Kde Hohenrain	Or.	Luz	Gfr. 27 S. 290 Nr. 6	QW 1/1 S. 280 Nr. 623	Hoh C	288
505ᵏ	1250 II —, —	Peter v. Buchegg	Kl. Friensberg	Or.	Ber	FRB 2 S. 320 Nr. 294; Soloth. 2 S. 29 Nr. 50/ Soloth. 2 zu S. 29 Nr. 50; AD 16 Taf. 2 Nr. 3	zit. AD 16 S. 249 Nr. 3	Fri B = D	323, 324, 382, 394
506	1250 III 6, Zürich	Abt Werner u. Konvent v. Kappel	Meier H. v. Horgen	Or.	Zür	ZUB 2 S. 248 Nr. 780	QW 1/1 S. 281 Nr. 625	Kap 3	49, 50 51, 110, 118
507ᵏ	1250 IV 12, Thun	C. v. Kramburg u.a. entscheiden	zwischen Hartmann IV. u. Hartmann V. v. Kiburg einer- u. Rudolf v. Tanne anderseits	Or.	Ber	FRB 2 S. 322 Nr. 296			301
508	1250 V 25, Basel	Dompropst Heinrich v. Basel als Pleban d. Kirche Riehen	Walther, Vikar d. Kirche Riehen	Or.	Bas	BaUB 1 S. 176 Nr. 240		BasPra	77

Urk.Nr.	Datum	Aussteller/ Urheber	Adressat/ Empfänger	Üblfg.	Lagerort	Drucke/Faksimile, Teilabbildung	Regesten	Provenienz	Besprochen bzw. erwähnt auf S./ Abb. Nr.
509	1250 VII 6, Lyon	P. Innozenz IV.	an d. Provinzial d. Minoriten i. Deutschland f. Kl. Paradies	Kop.	Vat	APH 1 S. 322 Nr. 533; ThUB 2 S. 644 Nr. 240		PP	241
510	1250 (vor IX 24), —	Heinrich u. Markwart v. Grünenberg, Brüder, u. Heinrich v. Signau	Kl. St. Urban	Or.	Luz	FRB 2 S. 327 Nr. 301	QW 1/1 S. 283 Nr. 632	Urb B	312, 313, 315
511	1250 (vor IX 24), Kappel	Abt Werner v. Kappel	Kl. Frauenthal	Or.	Zür	ZUB 2 S. 254 Nr. 785	QW 1/1 S. 283 Nr. 633	Kap 4 A	44, 51, 52, 53, 54, 55, 57, 62, 73, 74
512	1250 IX 25, Oetenbach	Sophie, Witwe d. Johannes v. Winterthur	Kl. Oetenbach	Or.	Zür	ZUB 2 S. 255 Nr. 787		ZürAno B	110, 188, 199
513	1250 X 12 (oder 15?), i. d. Wasserkirche i. Zürich	Dekan Otto, Leutpriester v. Kilchberg	Schwestern v. Mariaberg a. Albis	Kop.	ZürBbl	ZUB 2 S. 258 Nr. 789	QW 1/1 S. 284 Nr. 634	ZürPro ?	71
514	1250 X 15, Konstanz	Hermann v. Sulgen, Bürger v. Konstanz	Kl. Paradies	Or.	KonSpi	ThUB 2 S. 650 Nr. 245		KonFra A	240, 241, 247, 248, 252
515	1250 X 15, (Konstanz)	Hermann v. Sulgen, Bürger v. Konstanz	Kl. Paradies	Or.	Sch	ThUB 2 S. 652 Nr. 246		KonFra B	240, 247, 248, 252
516kh	1250 X 25, Kiburg	Hartmann IV. v. Kiburg	Kl. Wettingen	Or.	Aar	ZUB 2 S. 259 Nr. 791	RH 1 S. 57 Nr. 236	Wet 3	41, 81, 83, 86, 88, 90, 91, 395/ Abb. 17
517	1250 XI 4, Lyon	P. Innozenz IV.	Kl. St. Katharinental	(Or. u.) gleichz. Kop.	Frf	ThUB 2 S. 654 Nr. 247		Kat D	259

Urk. Nr.	Datum	Aussteller/Urheber	Adressat/Empfänger	Übblfg.	Lagerort	Druck/Faksimile, Teilabbildung	Regesten	Provenienz	Besprochen bzw. erwähnt auf S./Abb. Nr.
518[k]	1250 XI 17, Konstanz	B. Eberhard v. Konstanz	Stift Beromünster	2 Orr.	Bmü	ThUB 2 S. 657 Nr. 248; BeUB 1 S. 132 Nr. 75	QW 1/1 S. 284 Nr. 635; ZUB 12 S. 67 Nr. 792a		286, 395
—	1250 XI 23, auf d. Kirchhof v. St. Peter	s. 1251 II 17, in H. Gnürsers Haus in Zürich							
—	1250 XI 28, Bremgarten	s. 1254 XII 1, Bremgarten							
519	1250 XII 13, Zürich	Otto, Dekan v. Kilchberg	Konrad Albus, Bürger v. Zürich	Or.	Zür	ZUB 2 S. 262 Nr. 794		ZürPro 3 A	40, 125
520[h]	1250 XII 28, Basel	B. Berchtold v. Basel	Kl. Wettingen	Or.	Bas	BaUB 1 S. 178 Nr. 244	RH 1 S. 57 Nr. 237	BasB 2	77, 350, 354, 355
521[k]	1250 — —, —	Propst u. Konvent v. Rüti	Hugo am Steg, Amtmann Hartmanns v. Kiburg	Or.	Zür	ZUB 2 S. 264 Nr. 795		Rüt 2	202, 204, 205/Abb. 40
522[k]	(um 1250), —	Heinrich u. Berta v. Hochdorf	Kl. Engelberg	Or.	Eng	Gfr. 51 S. 58 Nr. 87; ZUB 2 S. 266 Nr. 797	QW 1/1 S. 287 Nr. 642	Bmü B	4, 281, 282/Abb. 62
523[h]	(um 1250?), —	Rudolf IV. u. Albrecht V. v. Habsburg	Kl. Frauenthal	Or.	Frt	Herrg. 2 S. 301 Nr. 370	RH 1 S. 64 Nr. 269; QW 1/1 S. 288 Nr. 644	ZürDom 4 A (?)	74, 169, 180, 181
—	(1234–1250), —	s. (um 1270), —							
524	1251 I 10, —	Das Thomaskapitel zu Straßburg	B. Heinrich v. Straßburg	Or.	Str	StrUB 1 S. 256 Nr. 344			364

Urk.Nr.	Datum	Aussteller/Urheber	Adressat/Empfänger	Übtfg.	Lagerort	Drucke/Faksimile, Teilabbildung	Regesten	Provenienz	Besprochen bzw. erwähnt auf S./Abb. Nr.
525[k]	1251 I —, Burgdorf	Berchtold v. Aarwangen	Kl. St. Urban	Or.	Luz	FRB 2 S. 334 Nr. 309	QW 1/1 S. 290 Nr. 647	Urb C	312, 313, 314/Abb. 82
526[k]	1251 II 14, Kiburg	Hartmann IV. v. Kiburg	Kl. Töß	Or.	Zür	ZUB 2 S. 273 Nr. 806		ZürDom 5	182, 183, 211, 315/ Abb. 34
527	1250 XI 23, Kirchhof v. St. Peter u. 1251 II 17, i. H. Gnürsers Haus i. Zürich	Konrad Albus, Bürger v. Zürich	Dekan Otto v. Kilchberg	Or.	Zür	ZUB 2 S. 261 Nr. 793		ZürPro 3 A	40, 121, 125
528	1251 II 19, Zürich	B. Eberhard v. Konstanz	Kl. Oetenbach	Or.	Zür	ZUB 2 S. 273 Nr. 807			189
529	(nach 1251 IV 1), —	Hugo, Prior d. Predigerkl. Zürich	Kl. Töß (Vidimierung d. päpstl. Schutzauftrags ddo 1251 IV 1, Lyon)	Or.	Zür		ZUB 2 S. 277 Nr. 812	ZürDom 1 C	170, 174, 211
530	1251 V 15, —	Rudolf v. Thierstein	Kde Hohenrain	Or.	Luz	Gfr. 27 S. 292 Nr. 8	QW 1/1 S. 291 Nr. 654	Hoh C	288
531	1251 VI 12, Kappel	Walther v. Liela	Kl. Kappel	Or.	Zür	ZUB 2 S. 279 Nr. 816	QW 1/1 S. 292 Nr. 656	Kap 4 B	44, 51, 53, 54, 55, 56, 57
532	1251 VI 24, „Guotenburch"	Rudolf u. Rudolf v. „Heven"	Kl. St. Blasien	Or.	Krh	Gerb. 3 S. 156 Nr. 112			368
533	1251 VII 15, —	B. Berchtold v. Basel	Kl. St. Johann b. Colmar	2 Orr.	ColUnt	Kohler S. 87 Nr. 7		1. Or.:BasB 2	354, 355
534	1251 VII 31, Zürich	Rudolf Schwarz	Kl. Oetenbach	Or.	Zür	ZUB 2 S. 282 Nr. 819; Corp. 1 S. 28 Nr. 19		ZürAno B	188, 199

Urk.Nr.	Datum	Aussteller/Urheber	Adressat/Empfänger	Ublfg.	Lagerort	Drucke/Faksimile, Teilabbildung	Regesten	Provenienz	Besprochen bzw. erwähnt auf S./Abb. Nr.
535	1251 (vor IX 24), —	Rüdiger Manesse, Bürger v. Zürich	Abtei Zürich	Or.	Zür	ZUB 2 S. 283 Nr. 820	QW 1/1 S. 293 Nr. 658	ZürAno B	35, 110, 118, 199
536	1251 (vor IX 24), —	Abt Anselm u. Konvent v. Einsiedeln	Abtei Zürich	Or.	Zür	ZUB 2 S. 284 Nr. 821	QW 1/1 S. 293 Nr. 659	ZürAno B	35, 110, 118, 199
537	1251 (vor IX 24), bei d. Burg Zürich	Johann v. Bonstetten	Kl. St. Blasien	Or.	Zür	ZUB 2 S. 285 Nr. 822		ZürAno B	118, 199
538^h	1251 XI 17, —	Rudolf IV. v. Habsburg	Walther v. Meienberg	Or.	Zür	ZUB 2 S. 285 Nr. 823	RH 1 S. 57 Nr. 242; QW 1/1 S. 294 Nr. 660		25, 27
539	1251 XI 23, Aarberg	Ulrich v. Aarberg	Kl. Frienisberg	Or.	BerSta	FRB 2 S. 344 Nr. 320			325
540	1251 — —, Basel	B. Berchtold v. Basel	Predigerkl. Basel	Or.	Bas	BaUB 1 S. 184 Nr. 252		BasPre	351
541^k	1251 — —, Kiburg	Priorin Agathe v. Töß	Hedwig, Witwe d. H. v. Wornhausen	Or.	Zür	ZUB 2 S. 286 Nr. 824		ZürDom 5	182, 183, 211
542^k	1251 — —, Dießenhofen	Hartmann IV. v. Kiburg	Stadt Dießenhofen	Or.	Die	ZUB 2 S. 287 Nr. 825; ThUB 3 S. 9 Nr. 287		DieAno (u. Diktateinflüsse v. K. 3)	236, 237, 238, 379, 380, 381
543	1251 — —, Zofingen	Heinrich, Sohn d. Ammanns Ulrich, u. Konrad Ruodo, beide Bürger v. Zofingen	Kl. Engelberg	Or.	Eng	Gfr. 51 S. 59 Nr. 88	QW 1/1 S. 294 Nr. 661	Bmü A	4, 13, 281

Urk.Nr.	Datum	Aussteller/ Urheber	Adressat/ Empfänger	Üblfg.	Lagerort	Drucke/Faksimile, Teilabbildung	Regesten	Provenienz	Besprochen bzw. erwähnt auf S./ Abb. Nr.
544	1251 – –, (Stein)	Abt Heinrich u. Konvent v. Stein	Kl. St. Katharinental	Or.	Frf	ThUB 3 S. 8 Nr. 286		Kat D	259
545	1251 – –, –	Äbtissin Judenta v. Zürich	Rudolf Bucher u. Söhne	Or.	Zür	ZUB 2 S. 287 Nr. 826		ZürAbt 2	112,113, 118
546	1251 – –, –	B. Berchtold v. Basel	Kl. Wettingen	Or.	Bas	BaUB 1 S. 184 Nr. 253		BasB 2	354
547	1251 – –, –	Reinbold v. Eptingen	Kl. Lützel	Or.	Col	Trouill. 2 S. 68 Nr. 49; Soloth. 2 S. 33 Nr. 58			310
548[k]	1251 – –, –	Abt Konrad v. Reichenau	Kl. Heiligkreuztal	Or.	Stu	Wirtemb. 4 S. 233 Nr. 1165		Rei	262
549	1251 – –, –	Berchtold v. Sulz	Kl. Reichenau	Or.	Stu	Wirtemb. 4 S. 240 Nr. 1171		Rei	262
– –	(vor 1252), –	s. (um 1270), –							
550[k]	(Ende 1251 oder Anfang 1252), –	Hartmann IV. v. Kiburg u.s. Gattin Margarete	an Peter v. Savoyen f. Freiburger Bürger	Kop.	Tur	ZUB 2 S. 288 Nr. 827; FRB 2 S. 346 Nr. 322		K 1	372
551[h]	(vor oder in d. ersten Monaten 1252), –	Rudolf IV. u. Hartmann v. Habsburg	Kde Hohenrain	Or.	Luz		RH 1 S. 58 Nr. 244; QW 1/1 S. 295 Nr. 664	Hoh A	287/Abb. 65
551a	1252 I 26, –	Anton, Bürger v. Rapperswil	Abt Anshelm v. Einsiedeln	Kop.	Ein	Gfr. 42 S. 140 Nr. 13; ZUB 2 S. 290 Nr. 829	QW 1/1 S. 295 Nr. 665	Ein ?	36
552	1252 II 11, Zürich	Der Rat v. Zürich	Propstei Zürich	Or.	Zür	ZUB 2 S. 290 Nr. 830		ZürPro 3 A	125, 139
553	1252 II 16, Zürich	Heinrich Gnürser, Bürger v. Zürich	Predigerkl. Zürich	Or.	Zür	ZUB 2 S. 291 Nr. 831		ZürDom 1 B	110, 170, 172, 174

Urk.Nr.	Datum	Aussteller/ Urheber	Adressat/ Empfänger	Überlfg.	Lagerort	Drucke/Faksimile, Teilabbildung	Regesten	Provenienz	Besprochen bzw. erwähnt auf S./ Abb. Nr.
554	1252 II 22, St. Gallen	Abt Berchtold v. St. Gallen	Kl. Töß	Or.	Zür	ZUB 2 S. 292 Nr. 832; Gall. 3 S. 125 Nr. 918		ZürDom 1 C	170, 173, 174, 190, 211
555	1252 II 24, Straßburg, im Münster	Meister u. Rat d. Stadt Straßburg	Otto, Sohn d. Heinrich Marsilius, Bürger v. Straßburg, u. s. Frau Gertrud	Or.	StrSta	StrUB 1 S. 272 Nr. 358			364
556	1252 II 25, (Reichenau)	Abt Konrad v. Reichenau	Kl. St. Katharinental	Or.	Don	ThUB 3 S. 17 Nr. 293			256
557	1252 (vor V), Zürich, Kreuzgang d. Abtei	Ulrich v. Schnabelburg u.a. entscheiden	zwischen Diethelm v. Steinegg u. Kl. Kappel	2 Orr.	Zür	ZUB 2 S. 294 Nr. 834	QW 1/1 S. 304 Nr. 669a	Kap 4 B	51, 53, 54, 55, 110, 118, 169
558	1252 V 4, Luzern	Arnold u. s. Söhne, Vögte v. Rotenburg	Stadt Luzern	1. Or. (lat.) 2. u. 3. Or. (dt.)	Luz	Gfr. 1 S. 180 Nr. 17a; QW 1/1 S. 296 Nr. 667; Corp. 1 S. 46 Nr. 26			26
559ʰ	1252 V 10, auf d. Brücke b. Freudenau	Rudolf IV. u. Albrecht V. v. Habsburg	Kl. Wettingen	Or.	Aar	ZUB 2 S. 295 Nr. 835	RH 1 S. 58 Nr. 246; QW 1/1 S. 303 Nr. 668	Wet 3	83, 84, 85, 89, 91, 92, 94, 96
560	1252 V 13, Zürich	Propst Werner v. Zürich u.a. entscheiden	zwischen Kl. Wettingen u. Konrad v. Liebenberg	Or.	Aar	ZUB 2 S. 297 Nr. 836	QW 1/1 S. 303 Nr. 669	ZürPro 4 (?)	77, 110, 127, 128, 129, 130, 169
561	1252 V 13, —	Konrad v. Liebenberg	Kl. Wettingen	Or.	Aar	ZUB 2 S. 298 Nr. 837	QW 1/1 S. 303 Nr. 669	ZürPro 4	77, 110, 128, 129, 130
562ᵏ	1252 V —, Winterthur	Diethelm v. Steinegg	Kl. Kappel	Or.	Zür	ZUB 2 S. 298 Nr. 838		Kap 4 B	43, 51, 53, 54, 55, 118/ Abb. 12

Urk.Nr.	Datum	Aussteller/ Urheber	Adressat/ Empfänger	Überlfg.	Lagerort	Drucke/Faksimile, Teilabbildung	Regesten	Provenienz	Besprochen bzw. erwähnt auf S./ Abb. Nr.
563k	1252 VI 11, —	Hartmann IV. v. Kiburg	Kl. Töß	Or.	Zür	ZUB 2 S. 300 Nr. 839		Töß 1 A	212, 216, 217, 218, 223, 398
564	1252 VI 13, —	B. Heinrich v. Straßburg u. d. Domkapitel	Nikolaus Zorn u. Rulin, Söhne Hugo Ripelins	Kop.	Str	StrUB 1 S. 277 Nr. 364			364
565	1252 VII 4, —	Das Kapitel d. Großmünster-stifts Zürich	B. Eberhard v. Konstanz	Kop.	ZürBbl	ZUB 2 S. 300 Nr. 840		ZürPro 3 A	126, 127, 395
566k	(1252) VII 5, Konstanz	B. Eberhard v. Konstanz	an Propstei Zürich f. Notar v. Kiburg	Kop.	Zür	ZUB 2 S. 302 Nr. 841			395
567	1252 VII 16, Altenklingen	Kuno v. Feldbach	Kl. Feldbach (Schwestern v. Konstanz auf d. Brücke)	Or.	Frf	ThUB 3 S. 17 Nr. 294			270
568	1252 VII 24, Oberhofen	Ida v. Wedis-wil, Tochter d. Lukardis v. Unspunnen	Propstei Interlaken	Or.	Ber	FRB 2 S. 351 Nr. 326	QW 1/1 S. 304 Nr. 671		298
569	1252 VII 31, —	Ulrich v. Pfirt	Kl. Wettingen	Or.	ColLucelle cart. 107/2 pièce 84			BasB 2	354
570k	1252 VIII 28, Mörsburg	Hartmann IV. u. Margarete v. Kiburg	Kl. Wettingen	Or.	Aar	ZUB 2 S. 304 Nr. 844		K 3	77, 379, 380, 381, 382, 395, 398
571	1252 VIII 29, —	Jakob, der Meier, u. d. Bürger v. Biel	Kl. Frienisberg	Or.	BerSta	FRB 2 S. 354 Nr. 327/ AD 16 Taf. 3 Nr. 4	zit. AD 16 S. 249 Nr. 4	Fri B = D	324, 326, 327

Urk. Nr.	Datum	Aussteller/ Urheber	Adressat/ Empfänger	Übl/g.	Lagerort	Drucke/Faksimile, Teilabbildung	Regesten	Provenienz	Besprochen bzw. erwähnt auf S./Abb. Nr.
572ᵏ	1252 IX 14, Killwangen	Hartmann IV. v. Kiburg	Kl. Engelberg	Or.	Eng	Gfr. 51 S. 61 Nr. 91; ZUB 2 S. 305 Nr. 846	QW 1/1 S. 305 Nr. 673	ZürPro 4	1, 4, 128, 129/Abb. 22
573ᵏ	1252 (vor IX 24), —	Heinrich v. Stein u. Familie	Kl. St. Urban	Or.	Luz	FRB 2 S. 355 Nr. 328; Soloth. 2 S. 45 Nr. 75/ Soloth. 2 zu S. 45 Nr. 75	QW 1/1 S. 305 Nr. 674	Urb	312, 313, 314, 316
574	1252 IX 30, Perugia	P. Innozenz IV.	Kl. Feldbach (Schwestern auf d. Brücke in Konstanz)	Or.	Frf	ThUB 3 S. 21 Nr. 296		PP	270
575ᵏ	1252 X 14, Mörsburg	Hartmann V. v. Kiburg	Margarete v. Kiburg	Or.	Tur	ZUB 2 S. 306 Nr. 847		K 3	379, 380, 381, 382
576	1252 XI 9, —	Rüdiger Manesse u. s. Geschwister	Dekan Otto v. Kilchberg	Or.	Aar	ZUB 2 S. 307 Nr. 848; Corp. 1 S. 53 Nr. 27/ ZUB 2 Taf. Xa		ZürAno B	77, 199
577	1252 (um XI 11), —	Äbtissin Judenta v. Zürich	Kl. Oetenbach	Or.	Zür	ZUB 2 S. 308 Nr. 849		Oet 2	110, 190
578	1252 (?) XI 20, Konstanz	B. Eberhard v. Konstanz	an Propst v. Zürichberg f. Großmünster Zürich	Or.	Zür	ZUB 2 S. 309 Nr. 850		KonB E 12 = R 1	119
579	1252 XI 16, Luzern, auf d. Kapellbrücke u. XI 21, —	Philipp, Vogt v. Brienz	Heinrich Blasi	Or.	Eng	Gfr. 51 S. 62 Nr. 92	QW 1/1 S. 307 Nr. 676; ZUB 12 S. 69 Nr. 849a		4
580ᵏ	1252 XII 8, auf Liebenberg u. Mörsburg u. i. Chorherrenstift Zürich	Diethelm v. Liebenberg, Schenk v. Kiburg	Propstei Zürich	Kop.	Zür	ZUB 2 S. 310 Nr. 851	QW 1/1 S. 308 Nr. 678	ZürPro 5	130, 131, 132, 133, 134, 135, 138, 139, 398

Urk.Nr.	Datum	Aussteller/ Urheber	Adressat/ Empfänger	Überlfg.	Lagerort	Drucke/Faksimile, Teilabbildung	Regesten	Provenienz	Besprochen bzw. erwähnt auf S./ Abb. Nr.
581k	1252 XII 8, Mörsburg	Hartmann IV. u. Hartmann V. v. Kiburg	Propstei Zürich	Kop.	Zür	ZUB 2 S. 311 Nr. 852	QW 1/1 S. 308 Nr. 678 Anm.	ZürPro 5	130, 131, 132, 133, 134, 135, 136, 138, 139, 398
582h	1252 — —, Sarnen	Gottfried v. Habsburg	Heinrich gen. Blasi	Or.	Eng	Gfr. 51 S. 60 Nr. 90	RH 1 S. 59 Nr. 248; QW 1/1 S. 308 Nr. 679	H 2	3, 4, 389, 390
583	1252 — —,	Äbtissin Judenta v. Zürich	Predigerkl. Zürich	Or.	Zür	ZUB 2 S. 312 Nr. 853		ZürDom 1 C	110, 167, 170, 171, 172, 173, 174
584	(1240—1252),—	Der Leutpriester W. v. Stans u.a. Unterwaldner	an d. Rat v. Zürich f. Kl. Engelberg	Or.	Eng	Gfr. 51 S. 57 Nr. 86; ZUB 2 S. 266 Nr. 798; QW 1/1 S. 201 Nr. 429		zu Eng 1	6, 8
—	1253 I 5, Burg Neu-Regensberg	s. 1253 I 3, Burg Neu-Regensberg							
585k	1253 I 12, Zug	Hartmann V. v. Kiburg	Kl. Kappel	Or.	Zür	ZUB 2 S. 314 Nr. 855	QW 1/1 S. 310 Nr. 684	Kap 4 B	43, 51, 53, 54, 55
586k	1253 I 31, Reichenau	Abt Burkhard v. Reichenau	Kl. St. Katharinental	Or.	Frf	ThUB 3 S. 969 Nachtrag Nr. 1		Kat A	257, 258, 260/Abb. 52
587h	1253 III 1, —	Walther v. Horburg	Kl. Murbach	Or.	Col	Schöpf. 1 S. 408 Nr. 550	RH 1 S. 59 Nr. 252	Mur	361, 362
588h	1253 III 11, Mülhausen u. III 14, Säckingen	Rudolf IV. u. Albrecht V. v. Habsburg	Kl. Kappel	dt. Übs.	Zür	ZUB 2 S. 315 Nr. 856	RH 1 S. 60 Nr. 253; QW 1/1 S. 311 Nr. 686	Kap 4 C	52, 53, 55, 56
589	(1252 III 25 — 1253 III 24),—	Berchtold u. Jakob v. Rüeggisberg	Kl. Hautcrêt	Or.	FrÜ Hautcrêt Nr. 6		zit. AD 16 S. 316 Anm. 348	FrÜSta 1	333, 338, 339

Urk.Nr.	Datum	Aussteller/ Urheber	Adressat/ Empfänger	Übl/fg.	Lagerort	Drucke/Faksimile, Teilabbildung	Regesten	Provenienz	Besprochen bzw. erwähnt auf S./Abb. Nr.
590	1253 III 27, Zürich	Der Rat d. Burg Zürich	Propstei Zürich	Or.	Zür	ZUB 2 S. 317 Nr. 857		ZürPro 5	110, 130, 131, 132, 133, 135, 136, 137, 138, 139
591	1253 III 30, Konstanz	B. Eberhard v. Konstanz	Kl. Wettingen	2 Orr.	Aar	ZUB 2 S. 318 Nr. 858		1. Or.: unbest.; 2. Or.: Wet 3	83, 84, 85, 91
592	1253 IV 15, Konstanz	B. Eberhard v. Konstanz	Kl. Feldbach (Schwestern auf d. Brücke i. Konstanz)	Or.	Frf	ThUB 3 S. 25 Nr. 299			270
593ᵏ	1253 IV 21, Winterthur	Schultheiß R. u. d. Bürger v. Winterthur	Kl. Töß	Or.	Zür	ZUB 2 S. 320 Nr. 859		ZürDom 1 C	170, 173, 174, 176, 190, 211, 217
594ᵏ	1253 V 3, Zürich, vor d. Wasserkirche	Konrad v. Liebenberg	Kde Beuggen	Kop.	Krh	ZUB 2 S. 320 Nr. 860		ZürPro 5	130, 131, 132, 133, 134, 135, 136, 137, 138, 139, 169
595ᵏ	1253 V 31, im Kl. Wettingen	Hartmann V. v. Kiburg	Kl. Wettingen	Or.	Aar	ZUB 2 S. 322 Nr. 861	QW 1/1 S. 312 Nr. 687	Wet 3	81, 83, 84, 85, 87, 90, 91, 92, 93, 94, 101, 395, 397
596ʰ	1253 V –, –	Abt Theobald u. Konvent v. Murbach	Otto Schaler, Schultheiß v. Basel	Or.	Bas	BaUB 1 S. 192 Nr. 265 I	RH 1 S. 60 Nr. 254	BasPet	356
597ᵏ	1253 VI 4, auf d. Burg Lenzburg	Hartmann V. v. Kiburg	Kl. Wettingen	Or.	Alt	Gfr. 5 S. 227 Nr. 5; ZUB 2 S. 323 Nr. 862	QW 1/1 S. 313 Nr. 688	Wet 3	83, 87, 91, 92, 94
598ᵏ	1253 VII 2, Schaffhausen	Heinrich Barbo v. Winterthur	Kl. Paradies	Or.	Sch	ZUB 2 S. 324 Nr. 863; ThUB 3 S. 27 Nr. 301		SchFra 1 A	242, 247, 252/Abb. 50
599	1253 (kurz vor VII 4), –	Konrad v. Liebenberg	an Prior C. v. Rüti f. Eberhard v. Nellenburg	Or.	Zür	ZUB 2 S. 325 Nr. 864		Rüt 2	204, 205

Urk.Nr.	Datum	Aussteller/ Urheber	Adressat/ Empfänger	Üblfg.	Lagerort	Drucke/Faksimile, Teilabbildung	Regesten	Provenienz	Besprochen bzw. erwähnt auf S./ Abb. Nr.
600	1253 VII 4, Nellenburg	Eberhard v. Nellenburg u. s. Söhne	Kl. Schaffhausen	Or.	Zür	ZUB 2 S. 326 Nr. 865		Rüt 2	202, 204, 205, 206, 208
601	1253 VII 4, Stein	Konrad v. Liebenberg	Eberhard v. Nellenburg	Or.	Sch	ZUB 2 S. 327 Nr. 866			202
602	1253 VII 17, —	Abt Theobald v. Murbach u. B. Eberhard v. Konstanz	Kl. Luzern	Or.	LuzSti	Gfr. 1 S. 188 Nr. 18	QW 1/1 S. 313 Nr. 689	KonB E 5	27
603[h]	1253 VII 30, i. d. Kapelle zu Laufenburg	Gottfried v. Habsburg	Kl. Wettingen	Kop.	Aar	ZUB 2 S. 329 Nr. 869	RH 1 S. 60 Nr. 255	Wet 3	84, 85, 88, 89, 92, 93, 94
604[h]	1253 VII 30, Wettingen u. VII 31, Laufenburg	Gottfried u. Rudolf V. v. Habsburg	Kl. Wettingen	Or.	Aar	ZUB 2 S. 330 Nr. 870	RH 1 S. 61 Nr. 256	Wet 3	83, 85, 86, 87, 91, 92, 93, 94, 101, 400
605	1253 VII —, —	Walther v. Horburg	Kl. Murbach	Or.	Col Murb. 51, 6			Mur	361
606	1253 VII —, —	Walther v. Horburg	Kl. Murbach	Or.	Col Murb. 51, 7			Mur	361
607	1253 VIII 3, —	B. Eberhard v. Konstanz	Stift Kreuzlingen	Or.	Frf	ThUB 3 S. 31 Nr. 305		Krz C?	266
608	1253 VIII 23, Zürich	Der Rat v. Zürich	Spital Zürich	Kop.	Zür	ZUB 2 S. 332 Nr. 871		ZürPro 5	110, 130, 132, 133, 134, 135, 138, 139
609[h]	1253 VIII 29, —	Rudolf v. Usenberg	Kl. Wonnenthal	2 Orr.	Krh	ZGORh 8 S. 488 Nr. 7	RH 1 S. 61 Nr. 257		370

Urk.Nr.	*Datum*	*Aussteller/ Urheber*	*Adressat/ Empfänger*	*Üblfg.*	*Lagerort*	*Drucke/Faksimile, Teilabbildung*	*Regesten*	*Provenienz*	*Besprochen bzw. erwähnt auf S./ Abb. Nr.*
610	1253 IX 18, —	Walther u. Berchtold v. Eschenbach	Propstei Interlaken	Or.	Ber	FRB 2 S. 361 Nr. 335	QW 1/1 S. 315 Nr. 691	Int	27, 298
611	1253 IX 28, —	Burkhard v. Trostberg	Kl. Wettingen	Or.	Aar Wett. Nr. 88			Wet 4 B	95, 97
612h	1253 X 22, Klingnau	Walther v. Klingen u. s. Brüder	Kde Leuggern	Or.	Aar	Herrg. 2 S. 305 Nr. 375	RH 1 S. 61 Nr. 259	Wet 3	77, 83, 84, 86, 87, 91, 92, 94
613k	1253 (vor XI), —	Hugo v. Burgund	Kl. Altenryf	Or.	FrÜ	Rec. dipl. Frib. 1 S. 75 Nr. 11		Alt	347, 348
614	1253 XI 20, Tuggen	Rudolf v. Rapperswil	Kl. Pfäfers	Or.	Gal	Herrg. 2 S. 305 Nr. 376	QW 1/1 S. 315 Nr. 693		34
615	(1252 VII 29 — 1253 XI 22), —	B. Berchtold v. Basel	Kl. Lützel	Or.	Col	Kohler S. 90 Nr. 9		BasB 2	355
616	1253 XI 22, —	B. Berchtold v. Basel	Kl. Lützel	Kop.	Col	Trouill. 1 S. 597 Nr. 416		BasB 2	355
617	1253 XI 28, —	B. Berchtold v. Basel u. Ulrich v. Pfirt	Kl. Lützel	Or.	Col	Kohler S. 91 Nr. 10		BasB 2	355
618	1253 XI 29, —	Hugo u. Alix v. Burgund	Kl. Altenryf	Kop.	FrÜ	FRB 2 S. 363 Nr. 337	QW 1/1 S. 316 Nr. 694		349
619k	1253 XI —, —	Hartmann V. v. Kiburg	an Stadt Freiburg i. Ü. f. Kl. Altenryf	Or.	FrÜ	FRB 2 S. 363 Nr. 338		Alt	315, 347, 349
620k	1253 XII 2, Kiburg	Hartmann IV. v. Kiburg	Margarete v. Kiburg	Or.	Tur	ZUB 2 S. 335 Nr. 875		K 3 (D?)	379, 380, 381, 382 398

Urk.Nr.	Datum	Aussteller/ Urheber	Adressat/ Empfänger	Übl/fg.	Lagerort	Drucke/Faksimile, Teilabbildung	Regesten	Provenienz	Besprochen bzw. erwähmt auf S./ Abb. Nr.
621k	1253 XII 6, –	Hartmann IV. v. Kiburg	Kl. Paradies	Or.	Par	ThUB 3 S. 36 Nr. 309; vgl. Notiz ZUB 2 S. 337 zu Nr. 876		KonFra C	240, 241, 242, 245, 247, 249, 250, 252/Abb. 48
622k	1253 XII 6, –	Hartmann IV. u. Hartmann V. v. Kiburg	Kl. Paradies	Or.	Par	ThUB 3 S. 37 Nr. 310; vgl. Notiz ZUB 2 S. 337 zu Nr. 876		KonFra C	240, 241, 242, 245, 247, 249, 250, 252
623k	1253 XII 6, – (Schaffhausen)	Hartmann IV. v. Kiburg	Kl. Paradies	Or.	Sch	ZUB 2 S. 336 Nr. 876; ThUB 3 S. 38 Nr. 311		KonFra D	240, 241, 242, 245, 247, 248, 249, 250, 251, 252, 395/ Abb. 49
624k	1253 XII 15, Landshut u. Neudorf	Hartmann V. v. Kiburg	Kde Köniz	Or.	Ber	FRB 2 S. 364 Nr. 339	QW 1/1 S. 316 Nr. 695	K 1 (D)	317, 395, 396, 398
625	1253 XII 28, auf d. Schnabelburg	Ulrich v. Schnabelburg	Kl. Kappel	Or.	Baa	ZUB 2 S. 338 Nr. 877	QW 1/1 S. 316 Nr. 696		169
626h	1253 (nach IX 23), Bremgarten	Rudolf IV. v. Habsburg	Kl. Frauenthal	Or.	Frt	ZUB 2 S. 333 Nr. 873	RH 1 S. 61 Nr. 258; QW 1/1 S. 315 Nr. 692	Kap 3	42, 49, 50, 74/Abb. 11
627k	1253 (nach IX 23), Kiburg	Hartmann IV. v. Kiburg	Söhne nach Lütold d. Ä. v. Regensberg	Or.	Gal	ZUB 2 S. 334 Nr. 874; Gall. 3 S. 130 Nr. 924		K 3	379, 380, 381, 382, 395
628k	1253 (nach IX 23), Dießenhofen	Heinrich v. Güttingen	Kl. St. Katharinental	Kop.	Frf	ThUB 3 S. 33 Nr. 307			236, 238, 263, 264
629	1253 – –, Citeaux	Die Äbte v. Charlieu, Friensberg u. Bebenhausen	Abt v. Kappel	Or.	Frt	Müller, Frt. S. 83 Nr. 1; ZUB 12 S. 70 Nr. 877a	QW 1/1 S. 317 Nr. 699		40, 73
630k	(zu 1253), –	Hartmann V. v. Kiburg	Kl. Altenryf	Or.	FrÜ	Rec. dipl. Frib. 1 S. 76 Nr. 12		Alt	347, 348

Urk. Nr.	Datum	Aussteller/Urheber	Adressat/Empfänger	Übl fg.	Lagerort	Drucke/Faksimile, Teilabbildung	Regesten	Provenienz	Besprochen bzw. erwähnt auf S./Abb. Nr.
631ʰ	(um 1253), —	Rudolf IV. u. Albrecht V. v. Habsburg	Kl. Engelberg	Or.	Eng	Gfr. 51 S. 50 Nr. 77	RH 1 S. 65 Nr. 270; QW 1/1 S. 318 Nr. 700		4, 23
——	(1253?, Schaffhausen)	s. (um 1275, Schaffhausen)							
632	1254 I 1, —	Rudolf v. Usenberg	Berchtold Wibeler	Or.	Krh	ZGORh 8 S. 488 Nr. 8		Won	370
633ᵏ	1254 I 27, —	Hartmann V. v. Kiburg	Hugo u. Alix v. Burgund	Kop. (Or. unauffindbar)	Bes	FRB 2 S. 372 Nr. 346		Bgd?	359
634	1254 II 21, auf d. Reichsstraße b. Eglisau	Rudolf v. Kaiserstuhl u. s. Frau Adelheid	Kl. Wettingen	2 Orr.	Aar	ZUB 2 S. 341 Nr. 882		Wet 4 A (S); Wet 3 (D)	84, 85, 86, 87, 91, 92, 95, 96, 97
635ʰ	1254 III 8, Wettingen	Truchseß Arnold v. Habsburg	Kl. Wettingen	Or.	Aar		RH 1 S. 62 Nr. 261; QW 1/1 S. 320 Nr. 707; ZUB 12 S. 71 Nr. 884a	Wet 3	83, 86, 92, 94
636	1254 III 18, Klingnau	Walther, Ulrich u. Ulrich Walther v. Klingen	Kde Leuggern	Or.	Aar	Herrg. 2 S. 310 Nr. 379		zu Wet 3?	85
637	1254 III 19, Zürich, auf d. Münsterhof	Äbtissin Judenta v. Zürich	Kl. Wettingen	Or.	Aar	ZUB 2 S. 344 Nr. 885		Wet 3	83, 86, 87, 88, 89, 91, 92, 93, 110
638ᵏ	(1253 III 25 – 1254 III 24), —	Hartmann V. v. Kiburg	an Stadt Freiburg i. Ü. f. Kl. Altenryf	Or.	FrÜ	FRB 2 S. 365 Nr. 340		Alt	347, 348, 349/Abb. 91

Urk.Nr.	Datum	Aussteller/ Urheber	Adressat/ Empfänger	Ubl/fg.	Lagerort	Drucke/Faksimile, Teilabbildung	Regesten	Provenienz	Besprochen bzw. erwähnt auf S./ Abb. Nr.
639^k	(1253 III 25 – 1254 III 24), –	Hartmann V. v. Kiburg	Stadt Freiburg i. Ü.	Or.	FrÜ	FRB 2 S. 366 Nr. 341	zit. AD 16 S. 316 Anm. 348	FrÜSta 1	332, 333, 338, 339, 342, 343
640^h	1254 (vor IV 1), Laufenburg	Gertrud v. Habsburg	Deutschordensbrüder d. Provinz Elsaß u. Burgund	Kop.	Krh	ZGORh 28 S. 115 Nr. 26	RH 1 S. 62 Nr. 262	Beu	367
641^h	1254 IV 1, Basel	Gottfried v. Habsburg	Deutschordensbrüder d. Provinz Elsaß u. Burgund	Kop.	Krh	ZGORh 28 S. 114 Nr. 25	RH 1 S. 62 Nr. 263	Beu	367
642^h	1254 IV 13, Beuggen	Gottfried v. Habsburg	Kde Beuggen	Kop. (dt., Übs. ?)	Krh	ZGORh 28 S. 116 Nr. 27	RH 1 S. 62 Nr. 264		367
643	(1254, vor IV 20), –	Magister Heinrich, Leutpriester v. St. Peter i. Zürich u. a. entscheiden	zwischen Abtei Zürich u. Burkhard v. Hottingen samt s. Neffen Ulrich	Or.	ZürSta	ZUB 2 S. 348 Nr. 888		ZürAbt 2	112, 113, 118
644	(1254, vor IV 20), –	Elisabeth v. Gerzensee, Gattin Burkhards v. Belp	Abtei Zürich	Or.	ZürSta	ZUB 2 S. 350 Nr. 889; FRB 2 S. 377 Nr. 352; Gfr. 9 S. 204 Nr. 9	QW 1/1 S. 320 Nr. 709	ZürAbt 2	112
645	1254 IV 20, –	Äbtissin Judenta v. Zürich	Abtei Zürich	Or.	ZürSta	ZUB 2 S. 350 Nr. 890		ZürAbt 2	112
646	1254 IV 20, –	Äbtissin Judenta v. Zürich	Abtei Zürich	Or.	Zür	ZUB 2 S. 351 Nr. 891		ZürAbt 2	112, 118
647	1254 IV 24 (8?), Zürich, im Richthaus	Der Rat v. Zürich	Sieche a.d. Sihl	Or.	ZürSta	ZUB 2 S. 353 Nr. 893; Corp. 1 S. 61 Nr. 31/ ZUB 2 Taf. Xb		ZürAno E	201

Urk.Nr.	Datum	Aussteller/ Urheber	Adressat/ Empfänger	Übllfg.	Lagerort	Drucke/Faksimile, Teilabbildung	Regesten	Provenienz	Besprochen bzw. erwähnt auf S./ Abb. Nr.
648	1254 V 17, (Schaffhausen)	Heinrich Barbo v. Winterthur u. s. Frau	Kl. Paradies	Or.	Sch	ZUB 2 S. 359 Nr. 898; ThUB 3 S. 53 Nr. 318			247, 248, 252
649	1254 V 21, Zürich	Abt Berchtold v. St. Gallen	Adelheid, Tochter d. Heinrich v. Werdegg, Frau d. Heinrich v. Schönenwerd	Or.	Aar	ZUB 2 S. 359 Nr. 899; Gall. 3 S. 707 Anhang Nr. 27		Gal ?	77, 78
650ᵏ	1254 V 25, Bussnang	Rudolf v. Matzingen	Kl. Töß	Or.	Zür	ZUB 2 S. 360 Nr. 900		ZürDom 1 C	170, 173, 174, 176, 190, 209, 211, 217
651ᵏ	1254 VI 5, Kiburg	Hartmann IV. v. Kiburg	Margarete v. Kiburg	Vid.	Tur	ZUB 2 S. 362 Nr. 902		K 1	372, 374, 375, 395
652ʰ	1254 VI 16, Zofingen	Gertrud v. Habsburg	Deutschorden in Elsaß u. Burgund	Or.	Pfy	Gfr. 4 S. 270 Nr. 9	RH 1 S. 64 Nr. 266; QW 1/1 S. 322 Nr. 715; ZUB 12 S. 72 Nr. 902a	Zof	367
653	1254 VII 13, Zürich	H.u.H.v.Lunkhofen u.a.	Kl. Engelberg	Or.	Eng	Gfr. 51 S. 68 Nr. 95; ZUB 2 S. 363 Nr. 903	QW 1/1 S. 323 Nr. 716	ZürPro 4	4, 128, 129, 130
654ᵏ	1254 VIII 29, Burg Baden	Hartmann IV. v. Kiburg, Lütold v. Regensberg u. Konrad v. Tengen	Kl. Wettingen	Or.	Aar	ZUB 2 S. 365 Nr. 906		Wet 3	83, 91, 92, 395, 398
655	1254 VIII — u. IX 5, Rheinfelden	Johannes gen. Bellize v. Rheinfelden	Kl. Wettingen	Or.	Bas	BaUB 1 S. 199 Nr. 275		Wet 3	83, 86, 89, 92, 94

Urk.Nr.	Datum	Aussteller/Urheber	Adressat/Empfänger	Übrlfg.	Lagerort	Drucke/Faksimile, Teilabbildung	Regesten	Provenienz	Besprochen bzw. erwähnt auf S./Abb. Nr.
656	1254 IX 10, Oberwinterthur	Rudolf, d. Meier v. Neuburg	Kl. Töß	Or.	Zür	ZUB 2 S. 367 Nr. 907		Kat A (S; auch D?)	211, 213, 217, 218, 256, 257, 258, 260
657	1254 IX 12, Konstanz	B. Eberhard v. Konstanz	Kl. St. Katharinental	2 Orr.	Frf	ThUB 3 S. 57 Nr. 322		Kat A	258, 260
658[h]	1254 IX 16, Basel	Gerhard Vogt v. Gösgen	Kl. Olsberg	Or.	Aar	BasLa 1 S. 42 Nr. 68; Soloth. 2 S. 57 Nr. 97/ Soloth. 2 zu S. 57 Nr. 97			278
659	1254 (vor IX 24), –	Konrad v. Tengen	s. Tochter H. u. s. Schwiegersohn Egelolf v. Hasli	Or.	Aar	ZUB 2 S. 367 Nr. 908			77
660	1254 IX 26, –	Abt Berchtold v. St. Gallen	Stift Rüti	Kop.	Zür	ZUB 2 S. 368 Nr. 909; Gall. 3 S. 135 Nr. 929			275
– –	(vor 1254 IX 28), –	s. (um 1250?), –	sowie (um 1253), –						
661[h]	1254 IX 28, Basel	Rudolf IV. u. Albrecht V. v. Habsburg	Kl. Kappel	2 Orr.	Baa	ZUB 2 S. 369 Nr. 910	RH 1 S. 65 Nr. 271; QW 1/1 S. 325 Nr. 722	Kap 4 C	44, 52, 53, 54, 55, 56, 57
662	1254 X 12, St. Amarin	Johannes, Dekan v. Murbach, u.a. entscheiden	zwischen Kl. Murbach u. Propstei St. Amarin	Or.	Col	Schöpf. 1 S. 410 Nr. 553	QW 1/1 S. 325 Nr. 723	Mur	27, 361
663	1254 X 19, Konstanz	B. Eberhard v. Konstanz	Propstei Zürich	Or.	Zür	ZUB 2 S. 371 Nr. 911		KonB E 7	118
664	1254 XI 13, –	Konrad v. Röteln durch B. Berchtold v. Basel	Kl. Wettingen	Or.	Bas	BaUB 1 S. 202 Nr. 278		BasB 2	355

Urk.Nr.	Datum	Aussteller/Urheber	Adressat/Empfänger	Ublfg.	Lagerort	Drucke/Faksimile, Teilabbildung	Regesten	Provenienz	Besprochen bzw. erwähnt auf S./Abb. Nr.
665h	1254 XII 1, Bremgarten (oder 1250 XI 28?)	Rudolf IV. v. Habsburg	Kl. Kappel	Or.	Aar	ZUB 2 S. 373 Nr. 914	RH 1 S. 65 Nr. 272; QW 1/1 S. 326 Nr. 725		42
666	(1254) XII 9, Winterthur	B. Eberhard v. Konstanz	an Abt u. Prior v. St. Urban u. Dekan v. Risch f. Kl. Kappel	Or.	Zür	ZUB 2 S. 373 Nr. 915	QW 1/1 S. 326 Nr. 726	KonB E 7	41
667h	1254 — —, —	Gottfried v. Habsburg	Kl. Frauenthal	Or.	Frt	ZUB 2 S. 374 Nr. 916	RH 1 S. 65 Nr. 274; QW 1/1 S. 327 Nr. 727	zu Kap 4	42, 52, 57, 74
668	1254 (nach VIII 18), —	Abt u. Konvent v. St. Urban	Heinrich v. Balm	Or.	Luz	FRB 2 S. 384 Nr. 359; Gfr. 9 S. 205 Nr. 10; Soloth. 2 S. 55 Nr. 95	QW 1/1 S. 327 Nr. 728	Urb D	312, 314, 315
669	(1251–1254), —	Ulrich, Schultheiß v. Zürich	Schwester Adelheid v. Konstanz (i. Zürich)	Or.	Eng	Gfr. 51 S. 59 Nr. 89; ZUB 2 S. 269 Nr. 801; Corp. 1 S. 25 Nr. 14			3, 4
670	(1251–1254), –	Äbtissin u. Konvent v. Schännis	Schwestern v. Bollingen (Kl. Wurmsbach)	Or.	Wur	ZUB 2 S. 271 Nr. 803; Corp. 1 S. 25 Nr. 15			71, 72
671	(1251–1254), –	Kraft v. Toggenburg	Schwestern v. Bollingen (Kl. Wurmsbach)	Or.	Wur	ZUB 2 S. 271 Nr. 804; Corp. 1 S. 25 Nr. 16			71, 72
672	1255 I 18, St. Gallen	Abt Berchtold u. Konvent v. St. Gallen	Herdegen v. Heidelberg	Or.	Frf	ThUB 3 S. 60 Nr. 325		Gal	257
673	1255 I 23, Konstanz	B. Eberhard v. Konstanz	Kl. St. Katharinental	Or.	Frf	ThUB 3 S. 63 Nr. 327		KonB E 4	257

Urk.Nr.	Datum	Aussteller/ Urheber	Adressat/ Empfänger	Üblfg.	Lagerort	Drucke/Faksimile, Teilabbildung	Regesten	Provenienz	Besprochen bzw. erwähnt auf S./ Abb. Nr.
674[k]	1255 I 26, Kiburg	Berchtold v. Baumgarten	Kl. Töß	Or.	Zür	ZUB 3 S. 1 Nr. 917		ZürDom 1 B	170, 173, 174, 176, 211
675	1255 I 27, (Konstanz)	B. Eberhard v. Konstanz entscheidet	zwischen Stift Kreuzlingen u. d. Stadt Konstanz	Or.	Frf	ThUB 3 S. 65 Nr. 329		Krz C	266
676	1255 II 20, –	Ludwig d. Ä. v. Froburg	Kl. St. Urban	Or.	Luz	FRB 2 S. 389 Nr. 365	QW 1/1 S. 329 Nr. 731	Urb D	312, 314, 315, 316
677	1255 II 25, Konstanz, i. Minoritenkl.	Werner v. Raderach, gen. Gnifting	Stift Kreuzlingen	Or.	Frf	ThUB 3 S. 71 Nr. 334		Krz D ?	267, 268
678	1255 II 25, –	Dekan B(urkhard) u. Konvent d. Thomaskirche i. Straßburg	Kl. Eckbolsheim	Or.	Str	StrUB 1 S. 292 Nr. 386			365
679	1255 II 27, Kloten u. III 18, Mettmenstetten	Berchtold v. Schnabelburg	Kl. Kappel	Or.	Baa	ZUB 3 S. 5 Nr. 921	QW 1/1 S. 330 Nr. 732	Kap 4 C	52, 53, 54, 55, 56, 57, 60
680	1255 III 23, Kappel	Peter v. Hünenberg	Kl. Kappel	Or.	Zür	ZUB 3 S. 8 Nr. 923	QW 1/1 S. 332 Nr. 735	Kap 6	67, 68
681[k]	(1254 III 25 – 1255 III 24), –	Hartmann V. v. Kiburg	Stadt Freiburg i. Ü.	Or.	FrÜ	Rec. dipl. Frib. 1 S. 82 Nr. 16	zit. AD 16 S. 317 Anm. 348	FrÜSta 1	332, 333, 338, 339, 342, 343
682[k]	(1254 III 25 – 1255 III 24), Freiburg i. Ü.	Hartmann V. v. Kiburg	Kl. Rüeggisberg	Or.	Ber	FRB 2 S. 386 Nr. 362	zit. AD 16 S. 316 Anm. 348	FrÜSta 1	333, 338, 339, 343/ Abb. 89
683	1255 III –, –	B. Heinrich v. Straßburg	Kl. St. Arbogast	Or.	StrSpi	StrUB 1 S. 294 Nr. 391			364

Urk.Nr.	Datum	Aussteller/ Urheber	Adressat/ Empfänger	Ublfg.	Lagerort	Drucke/Faksimile, Teilabbildung	Regesten	Provenienz	Besprochen bzw. erwähnt auf S./ Abb. Nr.
684	1255 IV 17, Zürich	Abt Walther u. Konvent v. Engelberg	Hugo v. Lunkhofen	Or.	Eng	Gfr. 51 S. 68 Nr. 96; ZUB 3 S. 11 Nr. 927	QW 1/1 S. 333 Nr. 740	ZürSta 1	4, 21, 110, 118, 197
685	1255 IV 19, Zürich	Abt Walther u. Konvent v. Engelberg	Witwe Adelheid	Or.	Eng	Gfr. 51 S. 70 Nr. 97; ZUB 3 S. 12 Nr. 928	QW 1/1 S. 333 Nr. 741	ZürSta 1	4, 110, 118, 197
686	1255 IV 20, Zürich	Rudolf v. Thurn u. s. Frau Emma	Kl. Wettingen	Or.	Aar	ZUB 3 S. 14 Nr. 929		Wet 4 A (D: Zür ?)	95, 96, 97, 110
687	(zu 1255 IV 20), —	Abt (Konrad) u. Konvent v. Wettingen	Kl. Engelberg	Or.	Eng	Gfr. 51 S. 72 Nr. 98; ZUB 3 S. 15 Nr. 930	QW 1/1 S. 334 Nr. 742	Wet 4 A (D unbest.)	4, 95, 96
688	1255 IV 21, Niederhaslach	B. Heinrich v. Straßburg	Kl. Neuweiler	Or.	Str		StrReg 2 S. 152 Nr. 1468		365
---	1255 IV 29, Kiburg	s. 1258 V 1, Kiburg							
689ᵏ	1255 V 15, Kiburg	Hartmann IV. u. Hartmann V. v. Kiburg	Propstei Zürich	Kop.	Zür	ZUB 3 S. 17 Nr. 933		ZürPro 5	130, 131, 132, 133, 134, 135, 136, 137, 139
690ᵏ	1255 V 15, Kiburg	Heinrich v. Humlikon u. Diethelm (v. Liebenberg), Schenk v. Kiburg, samt Söhnen	Propstei Zürich	Kop.	Zür	ZUB 3 S. 18 Nr. 934		ZürPro 5	130, 131, 132, 133, 134, 136, 137, 138, 139
691ᵏ	(1255) V 21, Konstanz	B. Eberhard v. Konstanz	Stift Beromünster	Or.	Bmü	Gfr. 28 S. 318 Nr. 2; ZUB 3 S. 20 Nr. 935; BeUB 1 S. 140 Nr. 83	QW 1/1 S. 335 Nr. 746		280, 286, 394

Urk.Nr.	Datum	Aussteller/ Urheber	Adressat/ Empfänger	Üblfg.	Lagerort	Drucke/Faksimile, Teilabbildung	Regesten	Provenienz	Besprochen bzw. erwähnt auf S./ Abb. Nr.
692^k	1255 V 27, Kiburg	Hartmann IV. v. Kiburg	Hugo v. Burgund u. s. Frau Alix	Kop. (Or. unauffindbar)	Bes	FRB 2 S. 395 Nr. 373	ZUB 3 S. 21 Nr. 936	K 1 (D) ?	372, 376, 396
693	1255 VI 11, —	Abt Ulrich u. Konvent v. Frienisberg	Kl. St. Urban	Or.	Luz	FRB 2 S. 398 Nr. 375/ AD 16 Taf. 3 Nr. 5	QW 1/1 S. 341 Nr. 749; zit. AD 16 S. 249 Nr. 5	Fri B = D	327
694^h	(1255) VI 21, Zürich	Berchtold v. Schnabelburg u. s. Brüder	an Rudolf IV. u. Gottfried v. Habsburg f. Kl. Wettingen	Or.	Aar	ZUB 3 S. 21 Nr. 937	RH 1 S. 66 Nr. 275	ZürAno B (?)	77, 200
695	1255 VI 23, Zürich	Konrad v. Affoltern	Kl. St. Blasien	Or.	Zür	ZUB 3 S. 21 Nr. 938		Bla ?	41, 118, 368
696^h	1255 VI 26, Breisach	B. Berchtold v. Basel	Stadt Breisach	Or.	Bch		RH 1 S. 66 Nr. 276		350
697	1255 VI 28, Klingnau	Walther v. Klingen	Deutschorden i. Elsaß u. Burgund (Kde Beuggen)	Or.	Krh	ZGORh 28 S. 117 Nr. 29			367
698	vacat								
699	1255 VIII 2, Zürich, Chorherrenstift	Jakob Müllner v. Zürich	Propstei Zürich	Or.	Zür	ZUB 3 S. 23 Nr. 940; Corp. 1 S. 62 Nr. 32		ZürAno B	118, 199
700^k	1255 VIII 3, Winterthur	Hartmann IV. v. Kiburg	Kl. St. Katharinental	Or.	Frf	ZUB 3 S. 24 Nr. 941; ThUB 3 S. 75 Nr. 337		Jak 1 = K 6	213, 222, 229, 230, 231, 232, 234, 235, 255, 257, 395
701^k	1255 VIII 3, Winterthur	Hartmann V. v. Kiburg	Kl. St. Katharinental	Or.	Frf	ThUB 3 S. 77 Nr. 338		Jak 1 = K 6	213, 222, 229, 230, 231, 232, 234, 235, 257, 395

Urk.Nr.	Datum	Aussteller/ Urheber	Adressat/ Empfänger	Übflg.	Lagerort	Druck/Faksimile, Teilabbildung	Regesten	Provenienz	Besprochen bzw. erwähnt auf S./ Abb. Nr.
702	1255 VIII 10, —	Die Äbte v. Schuttern u. Gengenbach	Kl. Stein am Rhein	Or.	Zür	ZUB 12 S. 72f. Nr. 921a und ergänzend 942a		ZürPro 3 A	125
703	1255 VIII 10, —	Rudolf v. Thierstein	Kl. Kappel	Or.	Zür	ZUB 3 S. 26 Nr. 942		BasPet	41, 356
704ᵏ	1255 VIII 12, Tägerwilen	B. Eberhard v. Konstanz entscheidet	zwischen Hartmann V. v. Kiburg u. Arnold, Vogt v. Richensee einer- u. Stift Beromünster andererseits	Or.	Bmü	Gfr. 4 S. 271 Nr. 10; ZUB 3 S. 27 Nr. 943; BeUB 1 S. 147 Nr. 86	QW 1/1 S. 343 Nr. 753	KonB E 5	279, 280
705ᵏ	(1255 V 21 – VIII 12), —	Verzeichnis v. Schädigungen durch Hartmann V. v. Kiburg u. Arnold, Vogt v. Richensee	angetan dem Stift Beromünster	Or.	Bmü	QW 1/1 S. 336 Nr. 747; BeUB 1 S. 142 Nr. 84		Bmü A	280, 281, 282, 396/ Abb. 60
706ᵏ	(1255 V 21 – VIII 12), —	Protokoll v. Zeugenaussagen über Schädigungen durch Arnold, Vogt v. Richensee	angetan dem Stift Beromünster	Or.	Bmü	QW 1/1 S. 339 Nr. 748; BeUB 1 S. 145 Nr. 85		Bmü B (u. 2 andere Hände)	280, 281, 282/Abb. 61
707	1255 VIII 13, b. d. Burgkapelle Neu-Regensberg	Lütold u. Ulrich v. Regensberg	Ulrich Trembilli, Bürger v. Zürich	Or.	Aar	ZUB 3 S. 29 Nr. 945		ZürPro 3 A	77, 110, 125, 139, 141

Urk.Nr.	Datum	Aussteller/ Urheber	Adressat/ Empfänger	Ublfg.	Lagerort	Drucke/Faksimile, Teilabbildung	Regesten	Provenienz	Besprochen bzw. erwähnt auf S./ Abb. Nr.
708[h]	1255 VIII 22,—	Propst Rudolf v. Beromünster u. Rudolf V. v. Habsburg, Domherr zu Basel	Kl. Murbach	Or.	Col	Gfr. 1 S. 32 Nr. 5	RH 1 S. 66 Nr. 277; QW 1/1 S. 343 Nr. 754		25, 27, 286
709	1255 VIII 23, Freiburg i. Br.	Albrecht v. Umkirch gen. Trösche	Kl. Tennenbach	Or.	Krh-	FrUB 1 S. 122 Nr. 147		Ten? (FrBSta ?)	370
710	1255 VIII 31, Bern	Burkhard v. Egerdon	Kde Buchsee	Or.	Ber	FRB 2 S. 400 Nr. 378		BerBur	319, 320
711	1255 IX 14, Bern	Herr Frieso u. s. Brüder, Bürger v. Bern	Kde Buchsee	Or.	Ber	FRB 2 S. 402 Nr. 380		BerBur	319, 320
712	1255 (vor IX 24), —	Clementa, Gattin d. Berchtold v. Pieterlen	Kl. St. Urban	Or.	Luz	FRB 2 S. 402 Nr. 381; Soloth. 2 S. 59 Nr. 99	QW 1/1 S. 344 Nr. 756	Urb D	312, 314, 316
713	1255 IX 26, Reichenau, i. Atrium vor d. Kl.	Abt Burkhard v. Reichenau	Kl. Feldbach	Or.	Frf	ThUB 3 S. 81 Nr. 342			271
714	1255 X 25, —	Werner v. Raderach	Stift Kreuzlingen	Or.	Frf	ThUB 3 S. 82 Nr. 343			268
715	1255 XI 16, Konstanz	Rudolf v. Güttingen	Kl. Salem	Or.	KonSpi	ThUB 3 S. 969 Nachtrag Nr. 2		Sal (? D)	263
716	1255 XI 24, Kl. Wettingen	Rudolf v. Kaiserstuhl u. s. Gattin Adelheid	Kl. Wettingen	Or.	Aar	ZUB 3 S. 36 Nr. 952		Wet 4 A (S); Wet 3 (D)	84, 85, 86, 87, 92, 95, 96, 97

Urk.Nr.	Datum	Aussteller/ Urheber	Adressat/ Empfänger	Überlfg.	Lagerort	Drucke/Faksimile, Teilabbildung	Regesten	Provenienz	Besprochen bzw. erwähnt auf/ S./ Abb. Nr.
717	1255 XII 2, Abtei Zürich	Äbtissin Mechthild v. Zürich	Werner Brosima, Bürger v. Zürich	Or.	Zür	ZUB 3 S. 37 Nr. 953		ZürPro 3 A	110, 125
718	1255 XII 22, Brunnau	Ulrich v. Regensberg	Kl. Wettingen	Or.	Aar	ZUB 3 S. 39 Nr. 954		Wet 4 A (S); Wet 3 (? D)	84, 85, 95, 96, 97, 167, 169
– –	1255 (nach IX 23), Dürnten	s. 1260 (nach IX 23), Dürnten							
719	1255 – –, Citeaux	Abt Bernhard u. Konvent v. Citeaux	Kl. Kappel	Or.	Frt	Müller, Frt. S. 83 Nr. 2; ZUB 12 S. 73 Nr. 954a	QW 1/1 S. 347 Nr. 765		40, 73
720	1256 I 8, –	Heinrich v. Alwandingen	Kde Köniz	Or.	Ber	FRB 2 S. 411 Nr. 392		BerBur	317, 319
721	1256 I 22, Rotenburg	Konrad u. Walther v. Lunkhofen	Kl. Engelberg	Or.	Eng	Gfr. 2 S. 163; ZUB 3 S. 41 Nr. 956	QW 1/1 S. 348 Nr. 767; Gfr. 51 S. 73 Nr. 99	zu Eng 5	19, 20, 21
– –	1256 II 10, Gundoldingen	s. 1256 IX 14, auf d. Brücke i. Luzern							
722ʰ	1256 II 10, Gundoldingen	Walther u. Berchtold v. Eschenbach	Kl. Engelberg	Or.	Eng	Gfr. 51 S. 76 Nr. 102	RH 1 S. 66 Nr. 278; QW 1/1 S. 348 Nr. 768	Eng 5 B	19, 20, 21/ Abb. 5
723	1256 III 1, i. Kapitel d. Abtei Zürich	Mechthild, erwählte Äbtissin, u. Konvent d. Abtei Zürich	Werner Strohmeier u. s. Frau Adelheid	Or.	ZürSta	ZUB 3 S. 41 Nr. 957		Zür Abt 2 ?	112
724ᵏ	1256 III 11, Kiburg	Hartmann IV. v. Kiburg	an C. v. Rüti f. Propstei Interlaken	Or.	Ber	FRB 2 S. 411 Nr. 393	QW 1/1 S. 349 Nr. 769	Int C	294, 296, 297/Abb. 71
725ᵏ	(um 1256 III 11), –	Hartmann IV. v. Kiburg	Propstei Interlaken	Or.	Ber	FRB 2 S. 412 Nr. 394		K 3	294, 297, 379, 381

Urk.Nr.	Datum	Aussteller/ Urheber	Adressat/ Empfänger	Überlfg.	Lagerort	Drucke/Faksimile, Teilabbildung	Regesten	Provenienz	Besprochen bzw. erwähnt auf S./ Abb. Nr.
726^k	(um 1256 III 11), –	Hartmann V. v. Kiburg	an Rudolf, Vogt v. Brienz f. Propstei Interlaken	Or.	Ber	FRB 2 S. 413 Nr. 395		Int C	294, 296, 297
– –	1256 III 14, Winterthur	s. 1256 IV 6, Kiburg							
– –	1256 III 15, Wettingen	s. 1256 IV 6, Kiburg							
727	1256 III 18, –	Markward v. Schellenberg	Stift Kreuzlingen	Or.	Frf	ThUB 3 S. 95 Nr. 350			267, 268
728^h	1256 III 19, Beromünster	Gottfried v. Habsburg	Kde Hohenrain	Or.	Luz	Gfr. 27 S. 293 Nr. 10	RH 1 S. 66 Nr. 279; QW 1/1 S. 350 Nr. 770		289
– –	1256 III 19, Chorherren- stift (Zürich)	s. 1256 IV 20, am Staad							
729^k	1256 III 30, Thun	Hartmann V. v. Kiburg	Stadt Thun	Or.	Thu	FRB 2 S. 414 Nr. 396		K 5 (? D)	301, 302, 383, 384
730^k	1256 III 14, Winterthur, III 15, Wettingen u. IV 6, Kiburg	Hartmann IV. u. Hartmann V. v. Kiburg	Propstei Zürich	Kop.	Zür	ZUB 3 S. 42 Nr. 958		ZürPro 5	77, 130, 131, 132, 133, 134, 136, 137, 138, 139, 395, 396
731^k	1256 III 19, Chorherren- stift (Zürich) u. IV 20, am Staad	Burkhard u. Ulrich v. Hottingen	Propstei Zürich	Kop.	Zür	ZUB 3 S. 44 Nr. 959		ZürPro 5	110, 130, 131, 132, 133, 134, 136, 137, 139
732	1256 (vor IV 23), –	Berchtold v. Schnabelburg	Kl. Frauenthal	1. Or. 2. Or.	Zür Frt	ZUB 3 S. 46 Nr. 960	QW 1/1 S. 351 Nr. 772	ZürAno B (?)	73, 74, 110, 200

Urk.Nr.	Datum	Aussteller/Urheber	Adressat/Empfänger	Üblfg.	Lagerort	Drucke/Faksimile, Teilabbildung	Regesten	Provenienz	Besprochen bzw. erwähnt auf S./Abb. Nr.
733	1256 (vor IV 23), —	Walther u. Berchtold v. Eschenbach	Kl. Frauenthal	1. Or. 2. Or.	Zür Frt	ZUB 3 S. 47 Nr. 961	QW 1/1 S. 350 Nr. 771	ZürAno B (?)	73, 74, 110, 200
734	1256 IV 28, Zofingen	Abt v. Kappel, Dekan v. Basel u. Scholastikus Konrad v. Zürich i. päpstl. Auftrag	an Propst v. Fahr bzw. Heinrich u. Johannes v. Schönenwerd f. Stift Rheinfelden	Or.	Aar	ZUB 3 S. 49 Nr. 963			77
735	1256 IV 28, i. d. Kirche Langenthal	Konrad, Leutpriester v. Wynau	Kl. St. Urban	2 Orr.	Luz	FRB 2 S. 415 Nr. 398	QW 1/1 S. 352 Nr. 774; ZUB 12 S. 74 Nr. 963a		40, 314
736	1256 V 1, Zürich	Propst Werner v. Zürich	Propstei Zürich	Or.	Zür	ZUB 3 S. 50 Nr. 964		ZürPro 3 B	126, 127
737ᵏ	1256 V 22, auf d. Landgericht zu Hafneren	Diethelm (v. Liebenberg)	Propstei Zürich	Kop.	Zür	ZUB 3 S. 51 Nr. 965	QW 1/1 S. 353 Nr. 776	ZürPro 5	130, 131, 132, 133, 134, 136, 137, 138
738ᵏ	1256 (vor V 24), —	Heinrich u. Hugo v. Kriegstetten, Brüder	Kl. St. Urban	Or.	Luz	FRB 2 S. 434 Nr. 414a; Soloth. 2 S. 69 Nr. 113/ Soloth. 2 zu S. 69 Nr. 113	QW 1/1 S. 353 Nr. 777	Urb D	314, 315, 316
739ᵏ	1256 (vor V 24), —	Hugo v. Kriegstetten	Kl. St. Urban	Or.	Luz	FRB 2 S. 434 Nr. 414b; Soloth. 2 S. 69 Nr. 114	QW 1/1 S. 354 Nr. 778; ZUB 12 S. 74 Nr. 965a	Urb D	40, 41, 314, 315, 316
740	1256 V 29. Dießenhoten	Wolfram v. Veringen	Stift Rüti	Or.	Zür	ZUB 3 S. 52 Nr. 966; ThUB 3 S. 102 Nr. 354		Rüt (? D)	208
741ᵏ	1256 VI 1, Burg Thun	Elisabeth v. Kiburg	Propstei Zürich	Kop.	Zür	ZUB 3 S. 52 Nr. 967		ZürPro 5	130, 131, 132, 133, 134, 136, 137

Urk.Nr.	Datum	Aussteller/ Urheber	Adressat/ Empfänger	Ubl/g.	Lagerort	Drucke/Faksimile, Teilabbildung	Regesten	Provenienz	Besprochen bzw. erwähnt auf 'S./ Abb. Nr.
742	1256 VI 4, —	Rudolf u. Hesso v. Usenberg	Kl. Wonnenthal	Or.	Krh	ZGORh 8 S. 492 Nr. 10		Won	370
743	1256 VI 6, Konstanz	B. Eberhard v. Konstanz	Kl. Kappel	Or.	Baa	ZUB 3 S. 53 Nr. 968	QW 1/1 S. 354 Nr. 779	Kap 4 C	52, 53, 54, 56
744	1256 VI 19, Zürich	Lütold v. Regensberg i.S. seines Bruders	Ulrich Trembilli (Trenbelli), Bürger v. Zürich	Or.	Frt	ZUB 3 S. 54 Nr. 969		ZürPro 6 A	74, 140, 141
745	1256 VI —, (Zürich)	Konrad v. Wiler aus d. Tal Schwyz u. s. Frau	Kl. Mariaberg (Wurmsbach)	Or.	Wur	Gfr. 30 S. 186 Nr. 1; ZUB 3 S. 55 Nr. 970	QW 1/1 S. 354 Nr. 780	ZürAno B	72, 118, 199
746	1256 VII 2, Rotenburg	Arnold, Vogt v. Rotenburg, samt Söhnen	Kl. Engelberg	Or.	Eng	Gfr. 51 S. 77 Nr. 103; ZUB 3 S. 56 Nr. 971	QW 1/1 S. 355 Nr. 781	Eng 5 B	19, 21
747	1256 VII 4, —	B. Heinrich v. Straßburg u. Domkapitel	Domkapitel Straßburg	Or.	Str	StrUB 1 S. 302 Nr. 402			366
748k	1256 VII 9, Bern	H. v. Schüpfen durch Hartmann V. v. Kiburg	Hans v. Dorlikon	Or.	Ber	FRB 2 S. 417 Nr. 399; ZUB 3 S. 57 Nr. 972		K 7 = H 4 (S)	384, 385, 386
749h	1256 VIII 6, —	Gottfried v. Habsburg	Kde Hohenrain	Or.	Luz	ZUB 12 S. 75 Nr. 972a; QW 1/1 S. 355 Nr. 782	RH 1 S. 67 Nr. 280	Hoh B	288, 289/ Abb. 66
750	1256 VIII 8, Basel, i. Hof d. Kantors	Heinrich v. Neuenburg, Archidiakon v. Basel, u.a. entscheiden	zwischen Stift Säckingen u. Diethelm, Meier v. Windeck	Or.	Krh	ZGORh 7 S. 304 Nr. 2			401

Urk.Nr.	Datum	Aussteller/ Urheber	Adressat/ Empfänger	Ubflg.	Lagerort	Drucke/Faksimile, Teilabbildung	Regesten	Provenienz	Besprochen bzw. erwähnt auf S./ Abb. Nr.
751[k]	1256 VIII 9, Winterthur	Kl. St. Katharinental	(i.eig. Sache)	Or.	Frf	ThUB 3 S. 105 Nr. 357		Kat B	258, 262, 263/Abb. 53
752[k]	1256 VIII 18, Weißenburg i. E.	Abt Friedrich v. Weißenburg	an Hartmann V. v. Kiburg btr. Kde Köniz	Or.	Ber	FRB 2 S. 420 Nr. 401			317
753	1256(?) IX 1, —	Äbtissin Mechthild u. Konvent d. Abtei Zürich	H. Henzi	Or.	Alt	ZUB 3 S. 60 Nr. 975	QW 1/1 S. 356 Nr. 784	ZürAbt 2 ?	112
754	1256 IX 4, Hof zum fallenden Brunnen (i. Zürich)	Ulrich v. Regensberg	Ulrich Trembilli, Bürger v. Zürich	Or.	Frt	ZUB 3 S. 61 Nr. 976		ZürPro 6 A	74, 110, 139, 140, 141
755[h]	1256 II 10, Gundoldingen u. IX 14, auf d. Brücke i. Luzern	Walther, Berchtold u. Konrad v. Eschenbach	Kl. Engelberg	Or.	Eng	Gfr. 51 S. 74 Nr. 101	RH 1 S. 66 Nr. 278; QW 1/1 S. 357 Nr. 785	Eng 5 B	19, 20, 21, 22
756	1256 (vor IX 24), Brienz	Adelheid, Tochter Kunos, Vogtes v. Brienz	Propstei Interlaken	Or.	Ber	FRB 2 S. 421 Nr. 402	QW 1/1 S. 358 Nr. 788	Int C	297
757	1256 (vor IX 24), im Hof Luzern	Walther v. Liela	Kl. Luzern	Or.	LuzSti	ZUB 3 S. 63 Nr. 978	QW 1/1 S. 358 Nr. 787	Luz D	28
758	1256 (vor IX 24), —	Hartmann v. Baldegg	Kde Hohenrain	Or.	Luz	Gfr. 5 S. 229 Nr. 756	QW 1/1 S. 358 Nr. 786	Hoh D	289
759	1256 (vor IX 24), —	Ludwig v. Froburg	Kl. Frienisberg	Or.	Ber	FRB 2 S. 422 Nr. 403; Soloth. 2 S. 70 Nr. 115/ AD 16 Taf. 3 Nr. 6	zit. AD 16 S. 250 Nr. 6	Fri D = B	325, 326, 327

Urk.Nr.	Datum	Aussteller/ Urheber	Adressat/ Empfänger	Ublfg.	Lagerort	Drucke/Faksimile, Teilabbildung	Regesten	Provenienz	Besprochen bzw. erwähnt auf S./ Abb. Nr.
760[k]	1256 IX 27, Stein am Rhein	Propst Markwart v. Ittingen	Kl. Feldbach	Or.	Frf	ThUB 3 S. 111 Nr. 362		Fel A	270, 271, 272/Abb. 57
761	1256 IX 27, Stein am Rhein	Ulrich v. Hohenklingen	Kl. Feldbach	Or.	Frf	ThUB 3 S. 112 Nr. 363		Fel A	270, 271, 272
762	1256 X 14, Konstanz	B. Eberhard v. Konstanz	Kl. St. Urban	1. u. 2. Or. 3. Or.	Luz Ber	Gfr. 4 S. 170 Nr. 58; FRB 2 S. 423 Nr. 404	QW 1/1 S. 359 Nr. 789	1. u. 2. Or.: Wet 4 A (S. D. unbest.); 3. Or. unbest.	77, 95, 96
763[k]	1256 X 16, Hitzkirch	Hartmann V. v. Kiburg	Deutschordensbrüder i. Elsaß, Breisgau u. Burgund	Or.	Bür	FRB 2 S. 424 Nr. 405	QW 1/1 S. 359 Nr. 790	K 5 (?D)	383, 384, 395, 396, 398
—	1256 X 23, Zürich	s. 1258 XI 18, Burg Rapperswil							
764[k]	1256 XI 9, Hallwil	Walther v. Hallwil	Kl. Kappel	Or.	BerHal	ZUB 3 S. 65 Nr. 981		zu Kap 4	52, 57, 169
765	1256 XI 26, Griessenberg	Heinrich v. Griessenberg	Kl. Töß	Kop.	Mgd	ZUB 3 S. 68 Nr. 983; ThUB 3 S. 113 Nr. 364		Jak 1 = K 6	229, 230, 231, 232, 234, 235
766[h]	1256 XII 5, auf d. Habsburg	Rudolf IV., Gottfried u. Eberhard v. Habsburg	Kl. Wettingen	Or.	Aar	ZUB 3 S. 69 Nr. 984	RH 1 S. 67 Nr. 281	Wet 4 A (S); Wet 3 (? D)	84, 85, 87, 94, 95, 96, 97/Abb. 18
767[k]	1256 XII 6, Kiburg	Hartmann IV. v. Kiburg	Kl. Feldbach	Or.	Frf	ThUB 3 S. 114 Nr. 365		Fel A	270, 271
768[k]	1256 XII 7, —	Der Priorat d. Petersinsel i. Bieler See	Kde Buchsee	Or.	Ber	FRB 2 S. 427 Nr. 408		BerBur	319, 321

Urk. Nr.	Datum	Aussteller/ Urheber	Adressat/ Empfänger	Ublfg.	Lagerort	Drucke/Faksimile, Teilabbildung	Regesten	Provenienz	Besprochen bzw. erwähnt auf S./ Abb. Nr.
769ᵏ	1256 XII 7, –	Ulrich gen. Moser u. s. Familie	Kde Buchsee	Or.	Ber	FRB 2 S. 428 Nr. 409		BerBur	319, 321
770ᵏ	1256 XII 7, –	Ulrich gen. Moser u. s. Familie	Kde Buchsee	Or.	Ber	FRB 2 S. 429 Nr. 410			321
771	1256 XII 10, i. Hof d. Abtei Zürich	Äbtissin Mechthild v. Zürich	Kl. St. Blasien	Or.	Aar	ZUB 3 S. 70 Nr. 986		Bla ?	110, 118
772	1256 XII 13, –	Der Rat v. Zürich	(i. S. Überbauung einer Straße)	Or.	Zür	ZUB 3 S. 73 Nr. 988		ZürPro 3 A	125
773	1256 XII 14, Bern	Ulrich v. Wippingen, Vogt, Schultheiß, Räte u. Bürger v. Bern	Propstei Interlaken	Or.	Ber	Frb 2 S. 431 Nr. 411		Int C	297
774	1256 XII 25, –	Heinrich v. Signau	Kl. St. Urban	Or.	Luz	FRB 2 S. 432 Nr. 412	QW 1/1 S. 361 Nr. 793	Urb A	312, 315, 316
775	1256 – –, (Einsiedeln)	Abt Anshelm v. Einsiedeln	Elisabeth, Frau d. Konrad Heiden	Or.	Wur	ZUB 3 S. 74 Nr. 989	QW 1/1 S. 361 Nr. 794	Ein C	36, 37, 71, 72
776ᵏ	1256 – –, Wikon	Hartmann V. v. Kiburg	Kl. St. Urban	Or.	Luz	FRB 2 S. 433 Nr. 413	QW 1/1 S. 362 Nr. 795	Urb D	314, 315, 316/Abb. 83
777	1256 – –, –	Rudolf u. Hesso v. Üsenberg	Kl. Einsiedeln	Or.	Ein	Gfr. 42 S. 130 Nr. 3	QW 1/1 S. 362 Nr. 796	Ein D	36, 37
778	1256 – –, –	Ludwig d. Ä. v. Froburg	Kl. Engelberg	Or.	Eng	Gfr. 51 S. 74 Nr. 100	QW 1/1 S. 364 Nr. 799	Bmü A	4, 281

Urk.Nr.	Datum	Aussteller/Urheber	Adressat/Empfänger	Übrlfg.	Lagerort	Drucke/Faksimile, Teilabbildung	Regesten	Provenienz	Besprochen bzw. erwähnt auf S./Abb. Nr.
– –	1256 – –, –	s. 1256 (vor V 24), –							
– –	(1256), –	s. (1250–1265), –							
779k	1256(?) – –, –	Hartmann V. v. Kiburg	Kl. St. Urban	Or.	Luz	Herrg. 2 S. 330 Nr. 405	QW 1/1 S. 364 Nr. 800; ZUB 12 S. 77 Nr. 989b	Urb D	311, 314, 315, 316
780k	1257 I 12, Zürich	Hartmann IV. v. Kiburg	Kl. Töß	Or.	Zür	ZUB 3 S. 76 Nr. 991; ThUB 3 S. 117 Nr. 368		Töß 1 A	169, 212, 213, 214, 216, 218, 219, 222, 223
781k	1257 I 12, i. d. Burg Zürich	Hartmann V. v. Kiburg	Kl. Töß	Or.	Zür	ZUB 3 S. 75 Nr. 990; ThUB 3 S. 118 Nr. 369		Töß 1 A	169, 212, 213, 214, 216, 217, 218 219, 222/Abb. 42
782k	1257 (zu I 12), Zürich	Hartmann IV. u. Hartmann V. v. Kiburg	an B. Heinrich v. Straßburg f. Kl. Töß	Or.	Str	ZUB 3 S. 76 Nr. 992		Töß 1 A	212, 217, 218, 219, 220, 221, 222
783h	1257 I 20, Zürich i. Rathaus	Rat u. Bürger v. Zürich	(Beurkundung i. eig. Sache)	Or.	Aar	ZUB 3 S. 78 Nr. 994; Corp. 1 S. 67 Nr. 36	RH 1 S. 67 Nr. 282	ZürAno B	77, 199, 200/ Abb. 38
784k	1257 I 25, Konstanz	B. Eberhard v. Konstanz	Kirche v. Sursee	Kop.	Aar (Or. in Sur unauffindbar)	Herrg. 2 S. 330 Nr. 406	ZUB 3 S. 79 Nr. 996; QW 1/1 S. 365 Nr. 804	K 1 (D, aber nur tlw.)	372, 375, 376, 394, 395, 396
785k	1257 I 26, Winterthur	Heinrich Wolfhart, Chorherr v. St. Jakob auf d. Heiligenberg	(i. eig. Sache)	Or.	Win	Gfr. 13 S. 239 Nr. 1; ZUB 3 S. 80 Nr. 997		Jak 1 – K 6	229, 230, 231, 232
786	1257 I 26, Klingnau, i. d. Kapelle d. Johanniter	Walther v. Klingen	Kde Leuggern	Or.	Aar Leugg. Nr. 10			Wet 3	77, 83, 84, 86, 91, 92, 93

Urk.Nr.	Datum	Aussteller/ Urheber	Adressat/ Empfänger	Ublfg.	Lagerort	Drucke/Faksimile, Teilabbildung	Regesten	Provenienz	Besprochen bzw. erwähnt auf S./ Abb. Nr.
787	1257 I 29, Zürich	Äbtissin Mechthild u. Konvent d. Abtei Zürich	Kl. Oetenbach	Or.	Zür	ZUB 3 S. 80 Nr. 998		ZürAno B	110, 118, 169, 188, 200
788	1257 II 1, Ebikon	Konrad v. Eschenbach	Kl. Engelberg	Or.	Eng	Gfr. 51 S. 79 Nr. 105	QW 1/1 S. 366 Nr. 805	Eng 5 B	19, 21
789ᵏ	1257 II 3, Kl. Töß	Abt Burkhard v. Reichenau	Kde Bubikon	Or.	Zür	ZUB 3 S. 81 Nr. 999		Jak 1 = K 6	211, 229, 230, 231, 232
790ᵏ	1257 (vor II 6), —	Hartmann IV. u. Hartmann V. v. Kiburg	an B. Heinrich u. Kapitel v. Straßburg f. d. Kll. Töß u. St. Katharinental	1. Kop. 2. Kop.	Str Aar	ZUB 3 S. 82 Nr. 1000 aus Grand. 3 S. 402 Nr. 480; ebenso ThUB 3 S. 119 Nr. 370	StrReg 2 S. 160 Nr. 1508	Töß ?	209, 218, 219, 220 221, 223
791ᵏ	1257 (nicht 1256) II 6, Straßburg	B. Heinrich v. Straßburg	Kl. Töß	1. Or. 2. Or.	Zür Str	ZUB 3 S. 83 Nr. 1001	StrReg 2 S. 160 Nr. 1509		209, 218, 219, 220, 221, 222
792ᵏ	1257 (nicht 1256) II 6, Straßburg	B. Heinrich v. Straßburg	Kl. Töß	Or.	Zür	ZUB 3 S. 84 Nr. 1002	StrReg 2 S. 160 Nr. 1511	Töß 1 A	212, 217, 218, 219, 220, 221, 222
793ᵏ	1257 II 6, Straßburg	B. Heinrich v. Straßburg	Kl. St. Katharinental	1. Or. 2. Or.	Str Frf	ThUB 3 S. 119 Nr. 371	ZUB 3 S. 86 Nr. 1003; StrReg 2 S. 160 Nr. 1510	1. Or.: StrB; 2. Or.: StrB ?	218, 219, 220, 221, 258, 365
794ᵏ	1257 II 6, Thun	Hartmann V. v. Kiburg	Männer- u. Frauenkonvent Interlaken	Or.	Ber	FRB 2 S. 441 Nr. 422		K 8	386, 387
795ᵏ	1257 (zu II 6), auf d. Heiligenberg b. Winterthur	Hartmann V. v. Kiburg	Kl. Töß	Or.	Zür	ZUB 3 S. 86 Nr. 1004	QW 1/1 S. 366 Nr. 806	Töß 1 A (S); Jak 1 = K 6(?D)	212, 213, 216, 218, 219, 220, 222, 228, 229, 230, 231, 395

Urk.Nr.	Datum	Aussteller/ Urheber	Adressat/ Empfänger	Üblfg.	Lagerort	Drucke/Faksimile, Teilabbildung	Regesten	Provenienz	Besprochen bzw. erwähnt auf S./ Abb. Nr.
796[k]	1257 III 24, Kiburg	Hartmann V. v. Kiburg	Margarete v. Kiburg	Or.	Tur	ZUB 3 S. 89 Nr. 1007; FRB 2 S. 443 Nr. 424	QW 1/1 S. 370 Nr. 809		382
797	1257 III 24, Konstanz	B. Eberhard v. Konstanz	Stift Rüti	Or.	Zür	ZUB 3 S. 88 Nr. 1006		KonB E 4	203
798	1257 II 24, Luzern	Arnold, Vogt v. Rotenburg	Kl. Luzern	2 Orr.	LuzSti	Gfr. 1 S. 190 Nr. 20; QW 1/1 S. 367 Nr. 808		Luz E	28
799	(1256 III 25 – 1257 III 24), –	Abt Ulrich v. Friensberg u. Jocelin v. Pont, Kastellan v. Murten	Priorat Peterlingen	Druck	–—	FRB 2 S. 437 Nr. 417			325, 326
800	1257 III 25, –	B. Berchtold v. Basel	Konrad d. Zöllner	2 Orr.	Bas	BaUB 1 S. 234 Nr. 322		BasB 2	355
801	1257 IV 5, Basel	B. Berchtold v. Basel	Predigerkl. Basel	Or.	Bas	BaUB 1 S. 236 Nr. 325		BasPre	351
802	1257 IV 18, Zürich, i. Chor d. Propstei	Magister Konrad v. Mure als päpstl. delegierter Richter protokolliert	im Streit zwischen Ida, Witwe d. C. v. Andwil u. Burkhard v. Hottingen	2 Orr.	Zür	ZUB 3 S. 90 Nr. 1008; ThUB 3 S. 122 Nr. 374		ZürPro 3 A(S, D) außer 2. Or.: ZürPro 6 B(S)	40, 125, 126, 127, 140
803[h]	1257 IV 22, –	Rudolf IV. v. Habsburg	Stift Beromünster	Or.	Bmü	BeUB 1 S. 152 Nr. 92	RH 1 S. 67 Nr. 284; QW 1/1 S. 371 Nr. 810	Bmü C	282, 286/ Abb. 63
804[k]	1257 IV 23, Ittingen	Propst u. Konvent v. Ittingen	Abtei Zürich	Or.	Zür	ZUB 3 S. 93 Nr. 1009; ThUB 3 S. 124 Nr. 375		Jak 1 = K 6	108, 111, 229, 231, 232, 234, 235
805	1257 V 1, Chorherrenstift Zürich	Propst Werner u. d. Kapitel v. Zürich	Lazariter im Gfenn	Or.	Zür	ZUB 3 S. 93 Nr. 1010		ZürPro 2 C	123

Urk.Nr.	Datum	Aussteller/Urheber	Adressat/Empfänger	Üblfg.	Lagerort	Drucke/Faksimile, Teilabbildung	Regesten	Provenienz	Besprochen bzw. erwähnt auf S./Abb. Nr.
806	1257 V 1, Zürich	Magister Konrad v. Mure	an d. Leutpriester v. Wuppenau	Or.	Zür	ZUB 3 S. 94 Nr. 1011; ThUB 3 S. 125 Nr. 376		ZürPro 6 B (S); ZürPro 3 A (? D)	40, 127, 140, 348
807	1257 V 8 (?), Luzern, Kapellbrücke	Walther u. Konrad v. Eschenbach	Kl. Engelberg	Or.	Eng	Gfr. 51 S. 80 Nr. 106	QW 1/1 S. 371 Nr. 811	Bmü A	4, 281
808	1257 V 11, am Altar d. Großmünsterkirche i. Zürich	Magister Konrad v. Mure, Chorherr v. Zürich, als päpsl. delegierter Richter protokolliert	Verhör d. Zeugen d. Burkhard v. Hottingen i. S. des Streites um das Patronat d. Kirche Kilchberg	Or.	Zür	ZUB 3 S. 95 Nr. 1012; ThUB 3 S. 126 Nr. 377		ZürPro 6 B (S); ZürPro 3 A (? D)	40, 110, 126, 139, 140, 141
809	1257 V 21, Konstanz	Abt u. Konvent v. St. Blasien	B., Schultheiß, Räte u. Bürger v. Zürich	Or.	ZürAnt	ZUB 3 S. 98 Nr. 1014		Bla ?	118
810ᵏ	1257 V –, Winterthur	Konrad v. Schalken	Kl. Töß	Or.	Zür	ZUB 3 S. 99 Nr. 1015		ZürDom 1 C	170, 173, 174, 176, 190, 211
811	1257 VI 6, Gottlieben	B. Eberhard v. Konstanz	Kl. Kappel	Or.	Aar	ZUB 3 S. 101 Nr. 1017	QW 1/1 S. 373 Nr. 815	KonB H 4 = E 3	41
812	1257 VI 9, St. Gallen	Abt Berchtold u. Konvent v. St. Gallen	Stift Rüti	Or.	Zür	ZUB 3 S. 102 Nr. 1018; Gall 3 S. 140 Nr. 936		Rüt 2 (S); Gal (? D)	204, 205, 206, 208, 275
813	1257 VI 11, Zürich	Hemma, Tochter Heinrich Goldschmids, Gattin Rudolfs v. Thurn	Abtei u. Propstei Zürich	Or.	Zür	ZUB 3 S. 102 Nr. 1019		ZürSta 1 (?)	110, 118, 196
814	1257 VI –, –	Walther u. Markwart v. Wolhusen	Meister Heinrich v. Kerns	Or.	Eng	Gfr. 51 S. 80 Nr. 107	QW 1/1 S. 373 Nr. 816	Luz F	3, 4, 28, 31, 32

Urk.Nr.	Datum	Aussteller/Urheber	Adressat/Empfänger	Übllfg.	Lagerort	Drucke/Faksimile, Teilabbildung	Regesten	Provenienz	Besprochen bzw. erwähnt auf S./Abb. Nr.
815	1257 VIII 4, Maschwanden	Walther v. Iberg u. s. Familie	Kl. Frauenthal	Or.	Frt	Gfr. 1 S. 371 Nr. 15	QW 1/1 S. 374 Nr. 819; ZUB 12 S. 78 Nr. 1022a		40
816	1257 VIII 19, –	Hesso v. Üsenberg	Kl. Tennenbach	Or.	Krh 24/30b			Ten ? (FrBSta ?)	370
– – –	1257 VIII 23, –	s. 1257 XI 9, Burgdorf							
817ᵏ	1257 (vor IX 24), Güttingen	Heinrich v. Güttingen	Kl. St. Katharinental	Druck	– – –	ZUB 3 S. 107 Nr. 1023; ThUB 3 S. 134 Nr. 382			263, 264
818ᵏ	1257 (vor IX 24), –	Hartmann V. v. Kiburg	Kde Hohenrain	Or.	Luz		QW 1/1 S. 375 Nr. 820		289
819	1257 (vor IX 24), –	Berchtold v. Bach	Ulrich gen. Weibel (Propstei Interlaken)	Or.	Ber	FRB 2 S. 451 Nr. 429		Int C	297
820ʰ	1257 X 3, Luzern	Gottfried, Rudolf V. u. Eberhard v. Habsburg	Rudolf, d. Ammann v. Sarnen, sowie Konrad u. Walther v. Margumetlon	Or.	Eng	Gfr. 14 S. 242 Nr. 11	RH 1 S. 68 Nr. 288; QW 1/1 S. 375 Nr. 821; Gfr. 51 S. 82 Nr. 108; ZUB 12 S. 78 Nr. 1023a	Luz F	3, 4, 25, 29, 31, 32
821ʰ	(1257 X 3), –	Gottfried, Rudolf V. u. Eberhard v. Habsburg	Ulrich Haseler v. Alpnach u.a.	Or.	Eng	Gfr. 51 S. 82 Nr. 109	RH 1 S. 68 Nr. 289; QW 1/1 S. 375 Nr. 822	Luz F	3, 4, 25, 29, 31, 32/ Abb. 8
822	1257 X 13, Bern	Heinrich v. Schüpfen	Burkhard v. Herzwil	Or.	Ber	FRB 2 S. 453 Nr. 430		BerBur ? (D)	319
823	1257 X 20 (oder 21?), im Riedholz	Abt Rudolf v. Kappel	Kl. Rathausen	Or.	Luz	Gfr. 2 S. 49 Nr. 10; ZUB 3 S. 108 Nr. 1024	QW 1/1 S. 376 Nr. 823	Kap 5 A	59, 60, 62
824ᵏ	1257 XI 8, Burgdorf	Hartmann V. v. Kiburg	Burkhard v. Herzwil	Or.	Ber	FRB 2 S. 454 Nr. 432		K 8	386, 387

Urk.Nr.	Datum	Aussteller/ Urheber	Adressat/ Empfänger	Üblfg.	Lagerort	Drucke/Faksimile, Teilabbildung	Regesten	Provenienz	Besprochen bzw. erwähnt auf S./ Abb. Nr.
825^k	1257 VIII 23 u. XI 9, Burgdorf	Berchtold gen. Moser u. s. Frau Gertrud	Kde Buchsee	Or.	Ber	FRB 2 S. 449 Nr. 428		BerBur	319, 321
826^k	1257 XI 20, Schaffhausen	Friedrich v. Randenburg	Kl. Paradies	Or.	Sch	ZUB 3 S. 109 Nr. 1025; ThUB 3 S. 136 Nr. 383		SchFra 1 B	242, 245, 246, 247, 248, 249
827^k	1257 XI 20, Schaffhausen	Äbtissin u. Konvent v. Paradies	Friedrich v. Randenburg	Or.	Sch	ThUB 3 S. 138 Nr. 384	ZUB 12 S. 79 Nr. 1025a	SchFra 1 B	242, 245, 246, 247, 248, 249
828	1257 XI 27, Zug	Dekan Arnold v. Risch entscheidet	zwischen Kl. Kappel u. d. Pfarrgenossen v. Baar	Or.	Baa	ZUB 3 S. 111 Nr. 1026	QW 1/1 S. 377 Nr. 824	Kap 5 A	59, 60, 63, 118
829	1257 XII 9, Burg Gottlieben	B. Eberhard v. Konstanz	Kl. Paradies	Or.	Sch	ZUB 3 S. 111 Nr. 1027; ThUB 3 S. 141 Nr. 385		KonFra D	240, 249
830^h	1257 XII 21, –	Rudolf IV. v. Habsburg	Stift Beromünster	Or.	Bmü	BeUB 1 S. 153 Nr. 94	RH 1 S. 69 Nr. 291	Bmü C	282
831^k	1257 (zwischen XII 14 u. 25), –	Hartmann IV. v. Kiburg	Kl. Paradies	1. Or. 2. Or.	Par Frf	ZUB 3 S. 112 Nr. 1028; ThUB 3 S. 142 Nr. 386	enthalten in RH 1 S. 69 Nr. 290	SchFra 1 B	242, 245, 246, 247, 248, 250, 251, 252
832	1257 XII 28, Jegistorf	Clementa v. Schwanden	Kde Buchsee	Or.	Ber	FRB 2 S. 454 Nr. 433		BerBur	319, 321
833^k	1257 – –, Kasteln (?)	Hartmann IV. v. Kiburg u. Notar Friedrich v. Kiburg	Hugo v. Burgund	Or.	Bes (unauffindbar)	FRB 2 S. 456 Nr. 434			372, 376, 377, 396
834^k	1257 – –, Burgdorf	Hartmann V. v. Kiburg	Kde Buchsee	Or.	Ber	FRB 2 S. 457 Nr. 436		BerBur	320, 321

Urk.Nr.	Datum	Aussteller/ Urheber	Adressat/ Empfänger	Übrlfg.	Lagerort	Drucke/Faksimile, Teilabbildung	Regesten	Provenienz	Besprochen bzw. erwähnt auf S./ Abb. Nr.
835	vacat								
836	1257 — —, —	Abt Ulrich u. Konvent v. Frienisberg	Kl. St. Urban	Or.	Luz	FRB 2 S. 458 Nr. 437/ AD 16 Taf. 3 Nr. 7	QW 1/1 S. 381 Nr. 830; zit. AD 16 S. 250 Nr. 7	Fri B = D	325, 326, 327
837[k]	1257 — —, —	Kuno v. Rüti u.a. schlichten	zwischen Kl. St. Urban u. Werner v. Luternau	Or.	Luz	FRB 2 S. 460 Nr. 439	QW 1/1 S. 381 Nr. 829	Urb D	314, 315, 316
838[k]	(1251—1257),—	Vogt, Rat u. Bürger v. Freiburg i. Ü.	Margarete v. Kiburg	Or.	Tur	ZUB 2 S. 269 Nr. 802; FRB 2 S. 229 Nr. 215		K 4	331, 382
——	1258 I 3, Flaach	s. 1259 VII 15, —							
839	1258 I 10, Kappel	Berchtold u. Walther v. Schnabelburg	Kl. Kappel	Or.	Zür	ZUB 3 S. 115 Nr. 1030		Kap 5 A	59, 60
840	1258 I 26, —	Ulrich v. Mettlen	St. Peterskirche i. Köniz	Or.	Ber	FRB 2 S. 467 Nr. 445		FrÜSta 2	343, 345
841	1258 I 28, Basel	Propst Heinrich v. Basel u.a. vermitteln	zwischen Kl. Luzern u. Walther uzerm Mose, Bürger v. Meienberg	Or.	Zür	ZUB 3 S. 116 Nr. 1031	QW 1/1 S. 381 Nr. 831		27
842	1258 II 10, Klingnau, im Haus d. Johanniter	Walther v. Klingen	Kde Leuggern	Or.	Aar		REC 1 S. 224 Nr. 1972	Wet 3	77, 83, 84, 86, 89

Urk.Nr.	Datum	Aussteller/ Urheber	Adressat/ Empfänger	Ublfg.	Lagerort	Drucke/Faksimile, Teilabbildung	Regesten	Provenienz	Bestmerken bzw. erwähnt auf S./ Abb. Nr.
843^h	1258 III 16, Freiburg i. Br.	Rudolf IV. v. Habsburg u.a. entscheiden	zwischen Kl. Tennenbach u. Johannes u. Hermann v. Weisweil	Or.	Krh	FrUB 1 S. 138 Nr. 167	RH 1 S.70 Nr. 294	Ten ? (FrBSta ?)	370
844	(1257 III 25 – 1258 III 24), –	Berchtold v. Neuenburg u.s. Sohn Rudolf	Kl. Frienisberg	Or.	Ber	FRB 2 S. 465 Nr. 443			89, 325
845	1258 III 26, Kl. Stein	Kuno u.a. gen. die Schollen	Kl. Töß	Or.	Zür	ZUB 3 S. 117 Nr. 1032		Töß 1 A	212, 216
846	1258 III 26, Kappel	Werner u. Heinrich v. Ebnet, Brüder	Kl. Kappel	Or.	Zür	ZUB 3 S. 118 Nr. 1033	QW 1/1 S. 382 Nr. 832	Kap 5 A	59, 60, 62, 63, 110
847	1258 V 1, Gottlieben	Ulrich v. Klingenberg	Stift Kreuzlingen	Or.	Frf	ThUB 3 S. 150 Nr. 390			268
848^k	1258 V 1, Kiburg	Hartmann IV. v. Kiburg	s. Gattin Margarete v. Kiburg	Or.	Tur	ZUB 3 S. 15 Nr. 931		K 3	264, 379, 380, 381
849^h	1258 V 20, Altdorf, unter d. Linde	Rudolf IV. v. Habsburg	Abtei Zürich	Or.	ZürSta	ZUB 3 S. 119 Nr. 1034; QW 1/1 S. 382 Nr. 833	RH 1 S. 70 Nr. 295		108, 115, 291, 292, 293
850^h	1258 V 24, Sempach	Abt Walther v. Engelberg	Gottfried v. Habsburg u.s. Brüder	Or.	Eng	Gfr. 51 S. 83 Nr. 110	RH 1 S. 70 Nr. 296; QW 1/1 S. 384 Nr. 834	Eng 5 B	19, 21
851	1258 V 28, Wettingen	Rudolf v. Strätlingen	Kl. Wettingen	Or.	Aar	Herrg. 2 S. 339 Nr. 417		Wet 3	83, 86
852^k	1258 VI 17, i.d. Kirche v. St. Katharinental	Konrad v. Tengen	Kl. St. Katharinental	2 Orr.	Zür	ZUB 3 S. 121 Nr. 1036		1. Or.: Jak 1 = K 6; 2. Or.: unbest.	169, 229, 230, 231, 232, 257

Urk. Nr.	Datum	Aussteller/ Urheber	Adressat/ Empfänger	Übtfg.	Lagerort	Drucke/Faksimile, Teilabbildung	Regesten	Provenienz	Besprochen bzw. erwähnt auf S./ Abb. Nr.
853[k]	1258 VI 25, Baden	Johannes v. Baden	Kl. St. Blasien	Or.	Aar	ZUB 3 S. 122 Nr. 1037		Bla A (lt. Müller Bla VII)	368
854[k]	1258 VI 26, —	Hartmann V. v. Kiburg	Peter Gruber, Bürger v. Bern	Or.	Ber	FRB 2 S. 474 Nr. 453		BerBur	320, 321
855	1258 VI 30, —	B. Berchtold v. Basel	Kl. Wettingen	Or.	Bas	BaUB 1 S. 247 Nr. 340		BasB 2	355
856[k]	1258 VII 9, Kasteln	Hartmann V. v. Kiburg	Kde Hohenrain	Or.	Luz		QW 1/1 S. 384 Nr. 835a; ZUB 12 S. 80 Nr. 1037a	K 8	289, 386/ Abb. 101
857[h]	1258 VII 15, —	Ulrich, Vogt v. Ensisheim	Kde Hohenrain	Or.	Luz		RH 1 S. 70 Nr. 297; QW 1/1 S. 384 Nr. 835b		289
858	1258 VII 23, Zürich	Äbtissin Mechthild v. Zürich	Kl. Frauenthal	Or.	Frt	Gfr. 1 S. 372 Nr. 16; ZUB 3 S. 123 Nr. 1038	QW 1/1 S. 385 Nr. 836	ZürSta 1	74, 110, 197
859	1258 IX 18, Schnabelburg	Berchtold v. Schnabelburg u. s. Brüder	Kl. Frauenthal	Kop.	Frt	ZUB 3 S. 124 Nr. 1039	QW 1/1 S. 385 Nr. 837	Kap 5 A	59, 60, 62, 74
860	1258 IX 20, (Wetzikon u.) Zürich	Hermann v. Bonstetten	Propstei Zürich	Or.	Zür	ZUB 3 S. 125 Nr. 1040		ZürPro 3 A	121, 125, 139
861	1258 (vor IX 24), Wettingen	Adelheid v. Tengen	Kl. St. Katharinental	Or.	Don	ZUB 3 S. 126 Nr. 1041; ThUB 3 S. 154 Nr. 394			77, 256
862[k]	1258 (vor IX 24), Gottlieben	Heinrich v. Güttingen	Kl. St. Katharinental	Druck	——	ZUB 3 S. 127 Nr. 1042; ThUB 3 S. 155 Nr. 395			263, 264

Urk. Nr.	Datum	Aussteller/ Urheber	Adressat/ Empfänger	Ublfg.	Lagerort	Drucke/Faksimile, Teilabbildung	Regesten	Provenienz	Besprochen bzw. erwähnt auf S./ Abb. Nr.
863ᵏ	1258 (nach IX 23, Dießenhofen)	Stadt Dießenhofen	Kl. St. Katharinental (u. i. eig. Sache)	Or.	Die	ThUB 3 S. 156 Nr. 396		DieAno	236, 237, 238, 256, 257, 263, 264/Abb. 47
864ᵏ	1258 X 6, St. Gallen	Abt Berchtold v. St. Gallen	Heinrich, Truchseß v. Kiburg, Bürger v. Dießenhofen	Or.	Frf	ZUB 3 S. 129 Nr. 1044; Gall. 3 S. 147 Nr.944; ThUB 3 S. 160 Nr. 399		Gal?	255, 257, 273, 275
865	1258 X 18, Maschwanden	Walther v. Schnabelburg	Kl. Kappel	Or.	Baa	ZUB 3 S. 130 Nr. 1046	QW 1/1 S. 386 Nr. 839	Kap 5	66
866	1258 X 27, —	Konrad v. Herblingen, Pfarrer zu Schwarza	Kl. Paradies	Or.	Sch	ThUB 3 S. 161 Nr. 400		SchFra 2	245, 247, 248, 252, 398
867ʰ	1258 XI 8, —	Rudolf IV. v. Habsburg	B. Heinrich v. Straßburg u. Kapitel	Or.	Str	Rapp. 1 S. 92 Nr. 93	RH 1 S. 70 Nr. 298		366
868ʰ	1258 XI 11, —	B. Berchtold v. Basel	Marschall Gottfried v. Staufen	Or.	Krh	Trouill. 1 S. 654 Nr. 461	RH 1 S. 71 Nr. 299	BasB 2	350
869	1258 XI 17, —	B. Eberhard v. Konstanz	Kl. Paradies	Or.	Sch	ThUB 3 S. 163 Nr. 401		SchFra 2	245, 247, 248, 252, 398
870	1256 X 23, Zürich u. 1258 XI 18, Burg Rapperswil	Äbtissin Mechthild u. Konvent d. Abtei Zürich	Kl. Kappel	Or.	Zür	ZUB 3 S. 64 Nr. 979		zu Kap 4	52, 110, 118
871	1258 XI 26, —	Konrad v. Herblingen, Pfarrer v. Schwarza	Kl. Paradies	1. Or. 2. Or.	Par Sch	ThUB 3 S. 165 Nr. 402 (1. Or.)	SchUR 1 S. 18 Nr. 138a	1. Or.: SchFra 2; 2. Or.: SchFra 1 D	239, 242, 243, 245, 248, 398

Urk.Nr.	Datum	Aussteller/ Urheber	Adressat/ Empfänger	Übrlfg.	Lagerort	Drucke/Faksimile, Teilabbildung	Regesten	Provenienz	Besprochen bzw. erwähnt auf S./ Abb. Nr.
872	1258 XI 26, —	Äbtissin u. Konvent v. Paradies	Konrad v. Herblingen, Pfarrer v. Schwarza	Or.	Sch		SchUR 1 S. 18 Nr. 138	SchFra 2	239, 245
873[h]	(1245–1258), —	Rudolf IV. v. Habsburg	Stadt Bremgarten	Or.	Bgt	Slg. schw. RQ 16/1/4 S. 8 Nr. 3/Slg. schw. RQ 16/1/4	RH 1 S. 71 Nr. 300		291, 292, 293
874	(1251–1258), —	Propst Werner v. Zürich u. Rudolf v. Rapperswil	an d. bischöfl. delegierten Richter, Magister Her., f. d. Schwestern v. Bollingen (Kl. Wurmsbach)	Or.	Wur	ZUB 2 S. 268 Nr. 800			71, 72
875	1259 I 3, Zürich	Äbtissin Mechthild v. Zürich	Kl. Engelberg	Or.	Eng	Gfr. 51 S. 84 Nr. 111; ZUB 3 S. 132 Nr. 1048	QW 1/1 S. 386 Nr. 840	ZürAno E	4, 110, 118, 201
—	1259 I 24, Freiburg i. Ü.	s. 1260 I 24, Freiburg i. Ü.							
876[k]	1259 II 1, Kasteln	Hartmann V. v. Kiburg	Elisabeth, Frau d. Marschalls Ulrich v. Mellingen	Or.	Aar	ZUB 3 S. 133 Nr. 1049		K 8	77, 386, 387
877[k]	1259 II 1, Kl. Paradies	Hartmann IV. v. Kiburg	Kl. Paradies	2 Orr. (lat.) 1 Vid. (dt.)	Sch Sch	ZUB 3 S. 134 Nr. 1050 (nach 2. Or.); ThUB 3 S. 169 Nr. 404		SchFra 1 E	242, 243, 248, 251, 252, 403/ Abb. 51
878	1259 II 11, Pfäffikon am Zürichsee	Rudolf v. Wediswil	Kl. Einsiedeln	Or.	Ein	ZUB 3 S. 135 Nr. 1051	QW 1/1 S. 387 Nr. 841	Ein C	36, 37

Urk. Nr.	Datum	Aussteller/ Urheber	Adressat/ Empfänger	Ublfg.	Lagerort	Drucke/Faksimile, Teilabbildung	Regesten	Provenienz	Besprochen bzw. erwähnt auf S./Abb. Nr.
879[h]	1259 II 13, Schloß Besserstein	Gottfried v. Habsburg u.s. Brüder	Kl. Muri	Or.	Frt	Herrg. 2 S. 346 Nr. 426	RH 1 S. 72 Nr. 302; QW 1/1 S. 387 Nr. 843	H 3	74, 390, 391
880[h]	1259 II 13, Schloß Besserstein	Rudolf IV. v. Habsburg	Kl. Muri	Or.	Frt	Herrg. 2 S. 346 Nr. 425	RH 1 S. 72 Nr. 303; QW 1/1 S. 387 Nr. 842	H 3	74, 390, 391
881	1259 II 17, Maschwanden	Abt Walther u. Konvent v. Muri	Kl. Frauenthal	Or.	Frt	Herrg. 2 S. 347 Nr. 427	QW 1/1 S. 388 Nr. 844; ZUB 12 S. 81 Nr. 1051a		40
882[k]	1259 II 24, Kl. Töß	Egilolf v. Hasli	Adelheid, Frau d. Beringer v. Landenberg	Or.	Aar	ZUB 3 S. 136 Nr. 1052		K 1	77, 211, 371, 373, 374, 375, 376, 405
883	1259 II 25, Zürich, i. Kreuzgang d. Abtei	Äbtissin Mechthild u. Konvent d. Abtei Zürich	Kl. Oetenbach	Or.	Zür	ZUB 3 S. 138 Nr. 1053		Oet 2	110, 118, 169, 190
884[h]	1259 III 2, Sempach	Gottfried v. Habsburg	Kl. Neuenkirch	Or.	Luz	Kopp. Urk. 1 S. 12 Nr. 7	RH 1 S. 72 Nr. 304; QW 1/1 S. 388 Nr. 845	Hoh C	288, 289/ Abb. 67
885	vacat								
886[k]	1259 III 13, Winterthur	Priorin Mechthild v. Töß u. Chorherr H. v. Heiligenberg	Konrad Borlanc, Bürger v. Winterthur	Or.	Zür	ZUB 3 S. 141 Nr. 1055		Jak 1 = K 6	211, 229, 230, 231, 232, 394/ Abb. 45
887[k]	1259 III 14, Winterthur	Hartmann IV. v. Kiburg	Kl. St. Katharinental	Or.	Frf	ZUB 3 S. 142 Nr. 1056; ThUB 3 S. 173 Nr. 405		Jak 1 = K 6	229, 230, 231, 232, 257, 398
888	1259 III 20, (Einsiedeln?)	Abt Anshelm v. Einsiedeln	Kl. Töß	Or.	Zür	ZUB 3 S. 142 Nr. 1057	QW 1/1 S. 389 Nr. 847	zu Töß 1	35, 213, 217

Urk.Nr.	Datum	Aussteller/ Urheber	Adressat/ Empfänger	Üblfg.	Lagerort	Drucke/Faksimile, Teilabbildung	Regesten	Provenienz	Besprochen bzw. erwähnt auf S./ Abb. Nr.
889	(1258 III 25 – 1259 III 24), Freiburg i.Ü.	Peter gen. Walko, Bürger v. Freiburg i.Ü.	s. Schwiegersohn Jakob gen. Ciegiler, Bürger v. Freiburg i.Ü. bzw. dessen Frau Gisela	Or.	FrÜ		Freib. Gbll. 18 S. 4 Nr. 4	FrÜSta 2	343
890	1259 III 24, –	Stadt Freiburg i.Ü.	Johanniter i. Freiburg i.Ü.	Or.	FrÜ	Rec. dipl. Frib. 1 S. 93 Nr. 23		FrÜSta 2	343
——	1259 IV 6, Basel	s. 1260 IV 22, Basel							
——	1259 IV 14, Winterthur	s. 1262 III 26, Winterthur							
891^kh	1259 IV 14, Besserstein u. IV 18, Mörsburg	Berchtold v. Henggart	Kl. Töß	Or.	Zür	ZUB 3 S. 145 Nr. 1060	RH 1 S. 72 Nr. 305	Jak 1 = K 6	211, 229, 230, 231, 232
892	1259 IV 22, Klingnau	Ulrich v. Klingen	Kl. Kappel	2 Orr.	Men	ZUB 3 S. 146 Nr. 1061	QW 1/1 S. 390 Nr. 851	Kap 5	66, 118
893	1259 IV 25, i Kreuzgang d. Abtei Zürich	Konrad d. Ammann d. Abtei i. Zürich	Abtei Zürich	Or.	ZürSta	ZUB 3 S. 147 Nr. 1062		ZürAbt 3 ?	114, 115
894^h	1259 IV 27, –	Rudolf IV. u. Gottfried v. Habsburg	Kl. Murbach	Or.	Col	Schöpf. 1 S. 426 Nr. 580	RH 1 S. 72 Nr. 306	Mur	361, 362
895	1259 IV 30, –	B. Heinrich v. Straßburg u. d. Kapitel	(Absetzbarkeit d. Straßburger Schultheißen u. Richter)	2 Orr.	Str	StrUB 1 S. 329 Nr. 436			366

Urk.Nr.	Datum	Aussteller/ Urheber	Adressat/ Empfänger	Üblfg.	Lagerort	Drucke/Faksimile, Teilabbildung	Regesten	Provenienz	Besprochen bzw. erwähnt auf S./ Abb. Nr.
896	1259 V 1, Konstanz	B. Eberhard v. Konstanz	Propstei Zürich	Or.	Zür	ZUB 3 S. 149 Nr. 1063/Bruckner 4 Taf. 35		ZürPro 3 A	126
897	1259 V 1, Konstanz	B. Eberhard v. Konstanz entscheidet	zwischen Stift Kreuzlingen u. d. Stadt Konstanz	Or.	Frf	ThUB 3 S. 175 Nr. 408			268
898	1259 V 1, —	Der Johanniter Heinrich v. Bubikon	Stadt Freiburg i. Ü.	Or.	FrÜ	Rec. dipl. Frib. 1 S. 95 Nr. 24		FrÜSta 2	343
899	1259 V 11, Schloß Arbon	Rudolf v. Bodman	Stift Kreuzlingen	Or.	Frf	ThUB 3 S. 178 Nr. 409			268
900	1259 V 28, —	Mechthild gen. Nünhaupt v. Burgdorf, Witwe	Kde Buchsee	Or.	Ber	FRB 2 S. 484 Nr. 465		BerBur ? (D)	319
901[h]	1259 V —, —	Rudolf IV. u. Gottfried v. Habsburg	Kl. Murbach	2 Orr.	Col	Schöpf. 1 S. 426	RH 1 S. 73 Nr. 307	BasKon	357
902	1259 VI 1, Konstanz	B. Eberhard v. Konstanz	Stift Kreuzlingen	Or.	Frf	ThUB 3 S. 179 Nr. 410		Krz D	267, 268
903	1259 VI 16, —	B. Heinrich v. Straßburg u. d. Kapitel	St. Peterskirche i. Straßburg	Or.	Str	StrUB 1 S. 331 Nr. 439		StrB ?	220, 365
904	1259 VI 18, Klingnau	Abt Arnold u. Konvent v. St. Blasien	Ulrich u.s. Brüder v. Gippingen	Or.	Krh		Huber S. 10	Bla A (lt. Müller Bla VII)	368

Urk.Nr.	Datum	Aussteller/ Urheber	Adressat/ Empfänger	Überlfg.	Lagerort	Drucke/Faksimile, Teilabbildung	Regesten	Provenienz	Besprochen bzw. erwähnt auf S./ Abb. Nr.
905kh	1259 VI 29, Elgg	B. Eberhard v. Konstanz u. Abt Berchtold v. St. Gallen	Hartmann IV. u. s. Gattin Margarete v. Kiburg	Or.	Tur	Gfr. 4 S. 273 Nr. 12; ZUB 3 S. 153 Nr.1067; FRB 2 S. 485 Nr. 466; Gall. 3 S. 148 Nr. 945; ThUB 3 S. 180 Nr. 411	RH 1 S. 73 Nr. 308		279
906	1259 VI 30, Zürich	Berchtold, Walther, Ulrich u. Johann v. Schnabelburg	Kl. Selnau	Or.	Zür	ZUB 3 S. 154 Nr. 1068		Wet 4 A (S) ZürPro 5 (D)	61, 77, 95, 96, 118, 131, 138, 139
—	1259 VII 6, Mörsburg	s. 1262 III, 26, Winterthur							
907	1259 VII 10, Zürich	Äbtissin Mechthild u. Konvent d. Abtei Zürich	Kl. Rathausen	Or.	Luz	Gfr. 2 S. 53 Nr. 15; ZUB 3 S. 157 Nr.1070	QW 1/1 S. 392 Nr. 856	Wet 4 A (S) ZürPro 5 (D)	76, 77, 95, 96, 110, 118, 131, 138, 139
908	1258 I 3, Flaach u. 1259 VII 15, —	Kuno v. Teufen	Kl. Töß	Or.	Zür	ZUB 3 S. 158 Nr. 1071		Töß 2 A	223, 224
909	1259 VII 28, Ebikon	Heinrich v. Heidegg u. s. Söhne sowie d. Einwohner v. Ebikon	Kl. Kappel u. Kl. Rathausen	2 Orr.	Luz	Gfr. 2 S. 54 Nr. 16; ZUB 3 S. 159 Nr. 1072	QW 1/1 S. 392 Nr. 857		26
910	1259 VIII 2, Freiburg i. Ü.	Konrad v. Maggenberg	Kl. Altenryf	Or.	FrÜ		Gumy S. 197 Nr. 527	FrÜSta 2	343, 345
911h	1259 VIII —, —	Rudolf IV. u. Gottfried v. Habsburg	Kl. Murbach	Kop.	Col	Schöpf. 1 S. 427 Nr. 583	RH 1 S. 74 Nr. 310; QW 1/1 S. 393 Nr. 858	Mur	25, 27, 31, 361
912	1259 IX 9, Basel	Das Baseler Domkapitel	Kl. St. Blasien	Or.	Krh	Trouill. 2 S. 720 Nr. 545		Bla A (lt. Müller Bla VII)	368

Urk.Nr.	Datum	Aussteller/ Urheber	Adressat/ Empfänger	Ublfg.	Lagerort	Drucke/Faksimile, Teilabbildung	Regesten	Provenienz	Besprochen bzw. erwähnt auf S./ Abb. Nr.
913ᵏ	1259 IX 12, Mörsburg	Hartmann IV. v. Kiburg	Stift Kreuzlingen	Or.	Frf	ZUB 3 S. 161 Nr. 1074; ThUB 3 S. 187 Nr. 414		Krz C	266, 267, 268, 269/ Abb. 55
914	1259 (vor IX 24), St. Gallen	Abt Berchtold u. Konvent v. St. Gallen	Stift Rüti	Or.	Zür	ZUB 3 S. 164 Nr. 1077; Gall. 3 S. 150 Nr. 947		Rüt 4 A (S); Gal ? (D)	206, 275
915ʰ	1259 X 8, Schloß Besserstein	Rudolf IV. v. Habsburg	Kde Hohenrain	Or.	Luz		RH 1 S. 74 Nr. 311; QW 1/1 S. 394 Nr. 862	H 3	390, 391
—	1259 X 12, Wurmsbach	s. 1259 XII 7, Burg Rapperswil							
916ᵏʰ	1259 X 17, Zürich	Rudolf IV., Rudolf V., Gottfried u. Eberhard v. Habsburg	Kl. Wettingen	2 Orr.	Aar	ZUB 3 S. 166 Nr. 1079	RH 1 S. 74 Nr. 312	Wet 4 A (S); ZürPro 5 (D)	61, 77, 94, 95, 96, 97, 99, 118, 130, 138, 139
917ᵏ	1259 X 28, —	Hartmann V. v. Kiburg	Kl. Frienisberg	Or.	Ber	ZUB 3 S. 173 Nr. 1080; FRB 2 S. 491 Nr. 472		K 8	324, 325, 386, 387
—	1259 X 1, —	s. 1259 XII 7, Burg Rapperswil							
918ʰ	1259 XI 1, Schloß Glanzenberg	Hugo, Prior d. Züricher Prediger u.a. entscheiden	zwischen Rudolf V. v. Habsburg, Kirchherrn zu Dietikon, u. Propst Eberhard v. Fahr	Or.	Ein	ZUB 3 S. 173 Nr. 1081	RH 1 S. 75 Nr. 313	ZürAno E	33, 34, 35, 167, 169, 201/Abb. 39

Urk.Nr.	Datum	Aussteller/Urheber	Adressat/Empfänger	Überlfg.	Lagerort	Drucke/Faksimile, Teilabbildung	Regesten	Provenienz	Besprochen bzw. erwähnt auf S./Abb. Nr.
919ʰ	1259 XI 4, Aarau	Rudolf IV. v. Habsburg	Stift Beromünster	Or.	Bmü	BeUB 1 S. 154 Nr. 96	RH 1 S. 75 Nr. 314; QW 1/1 S. 395 Nr. 864		286
920ʰ	1259 XI 11, Bremgarten	Rudolf IV. v. Habsburg	Kl. St. Blasien	Or.	Zür	ZUB 3 S. 175 Nr. 1082	RH 1 S. 75 Nr. 315	Bla (lt. Müller Bla VI)	291, 292, 293, 368, 369
921	1259 XI 22, –	B. Eberhard v. Konstanz	Stift Kreuzlingen	Or.	Frf	ThUB 3 S. 188 Nr. 415		Krz D	267
922ʰ	1259 X 12, Wurmsbach, XI 11, – u. XII 7, Burg Rapperswil	Rudolf v. Rapperswil	Kl. Wurmsbach	2 Orr.	Wur	ZUB 3 S. 178 Nr. 1085	RH 1 S. 76 Nr. 316; QW 1/1 S. 395 Nr. 865	1. Or.: Kap 5 B (S); 2. Or.: Kap 5 C (S); 1. u. 2. Or.: zu ZürPro 5 (D)	34, 35, 41, 42, 60, 61, 71, 110, 118, 131, 138, 139
923	(zu 1259 XII 7), –	Rudolf v. Rapperswil	Kl. Wurmsbach	Or.	Swz		QW 1/1 S. 396 Nr. 866		34, 40, 71
924	1259 XII 9, Rapperswil	Rudolf v. Rapperswil	Kl. Bollingen (Wurmsbach)	Or.	Wur	ZUB 3 S. 180 Nr. 1086		Rüt 4 A	71, 72, 169, 206, 207
– –	1259 XII 12, –	s. 1260 I 26, Chorherrenstift Zürich							
925ʰ	1259 XII 13, Corbigny	Gottfried v. Habsburg	Kl. Wettingen	Or.	Aar	ZUB 3 S. 187 Nr. 1089	RH 1 S. 76 Nr. 317	Wet 4 A	95, 96
926	1259 – –, Zürich	Rudolf, Leutpriester v. Rümlang, als Kirchherr v. St. Stephan	Kl. Selnau	Or.	Zür	ZUB 3 S. 188 Nr. 1090		ZürAno D	110, 118, 200
927ᵏ	1259 – –, (Dießenhofen)	Der Kirchherr i. Hinwil u. s. Bruder Walther v. Hinwil	Witwe des Herrn v. Radegg	Or.	Frf	ZUB 3 S. 189 Nr. 1091; ThUB 3 S. 190 Nr. 417			256, 264

Urk.Nr.	Datum	Aussteller/Urheber	Adressat/Empfänger	Überlfg.	Lagerort	Drucke/Faksimile, Teilabbildung	Regesten	Provenienz	Besprochen bzw. erwähnt auf S./Abb. Nr.
928	1259 – –, Schaffhausen	Schultheiß v. Schaffhausen	Heinrich am Stad, gen. Brumesi	2 Orr.	Sch		SchUR 1 S. 19 Nr. 143	SchFra 1 C	242, 243
929	(1252–1259), –	B(urkhard), Komtur v. Hohenrain	Heinrich Sartor v. Luzern	Or.	Luz		QW 1/1 S. 309 Nr. 683a		289
930ᵏ	1260 I 24, Freiburg i. Ü.	Hartmann V. v. Kiburg	Kl. Magerau	Or.	FrÜ	Rec. dipl. Frib. 1 S. 91 Nr. 22		Mag (?)	358
931ᵏ	1260 I 24, Freiburg i. Ü.	Berta v. Rheinfelden	Kl. Magerau	Or.	FrÜ	FRB 2 S. 497 Nr. 479		Mag (?)	358
932	1259 XII 12, – u. 1260 I 26, Chorherrenstift Zürich	Propstei Zürich	(i. eig. Sache)	Or.	Zür	ZUB 3 S. 183 Nr. 1088		ZürPro 7	141
933ᵏ	1260 I 30, Winterthur	Hartmann IV. v. Kiburg	Kl. Töß	Or.	Zür	ZUB 3 S. 190 Nr. 1092		Töß 1 A	212, 216, 217, 218, 220
934	1260 I 31, St. Gallen	Abt Berchtold u. Konvent v. St. Gallen	Kl. Tänikon	Or.	Frf	Gall. 3 S. 151 Nr. 948; ThUB 3 S. 201 Nr. 420	ZUB 12 S. 83 Nr. 1092a	Kap 5 D	40, 62
935	1260 II 4, Zürich, i. Kreuzgang d. Propstei	Konrad v. Mure u. zwei weitere Chorherren v. Zürich entscheiden	zwischen Abtei Zürich u. d. Leutpriester v. Horgen	Or.	ZürSta	ZUB 3 S. 190 Nr. 1093		ZürAno D	110,118, 200
936	1260 III 12, Wil (oder 1264 III 15?)	Abt Berchtold v. St. Gallen	Kl. Tänikon	Or.	Zür	ZUB 3 S. 192 Nr. 1094; ThUB 3 S. 205 Nr. 422		Kap 5 D	60, 62, 63, 169
936a	(1259 III 25 – 1260 III 24), –	Rudolf v. Strädlingen	Propstei Interlaken	Or.	Ber	FRB 2 S. 496 Nr. 478		Int C	296, 298

Urk. Nr.	Datum	Aussteller/ Urheber	Adressat/ Empfänger	Üblfg.	Lagerort	Drucke/Faksimile, Teilabbildung	Regesten	Provenienz	Besprochen bzw. erwähnt auf S./ Abb. Nr.
937[h]	1260 IV 8, Murbach	Walther Simon v. Horburg	Rudolf IV. u. Gottfried v. Habsburg (f. Kl. Murbach)	Or.	Col	Schöpf. 1 S. 429 Nr. 588	RH 1 S. 76 Nr. 320	Mur	361, 362
938[h]	1260 IV 8, —	Simon v. Geroldseck	Rudolf IV. u. Gottfried v. Habsburg (f. Kl. Murbach)	Or.	Col		RH 1 S. 76 Nr. 321	Mur	361, 362
939	1260 IV 21, Konstanz	Abt Albrecht u. Konvent v. Reichenau	Kl. St. Katharinental	Or.	Frf	ThUB 3 S. 207 Nr. 423		Kat A	258
940	1259 IV 6, Basel u. 1260 IV 22, Basel	B. Berchtold v. Basel	Wetzel d. Kellner	Or.	Bas	BaUB 1 S. 264 Nr. 359		BasPet	356
941	1260 IV 23 oder 24, —	Hartmann v. Froburg	Kl. St. Urban	Or.	Luz	FRB 2 S. 499 Nr. 480; Soloth. 2 S. 100 Nr. 165	QW 1/1 S. 397 Nr. 869	Luz	316
942	1260 IV 26, Kappel	Heinrich, Dekan v. Sarnen, u. Johannes v. Buochs, Brüder	Kl. Kappel	Or.	Aar	ZUB 3 S. 195 Nr. 1097	QW 1/1 S. 397 Nr. 870	Kap 5 B	60, 63, 76, 77
943	1260 IV 28, —	Propst Gerung u. Konvent v. Zürichberg	Propstei Zürich	Or.	Zür	ZUB 3 S. 196 Nr. 1098		ZürPro 8	142
944	1260 IV 28, Zürich	Propst Heinrich u. Kapitel v. Zürich	Stift (St. Martin) auf d. Zürichberg	Kop.	Zür	ZUB 3 S. 197 Nr. 1099		ZürPro 8	142
945	1260 IV 28, Zürich, i. Rathaus	Mechthild Geschüwin, Witwe eines Züricher Bürgers	Schwestern v. Konstanz i. Zürich	Or.	Zür	ZUB 3 S. 197 Nr. 1100		Oet 3 A	118, 188, 191, 193

Urk. Nr.	Datum	Aussteller/ Urheber	Adressat/ Empfänger	Ublfg.	Lagerort	Drucke/Faksimile, Teilabbildung	Regesten	Provenienz	Besprochen bzw. erwähnt auf S./ Abb. Nr.
946	1260 IV 29, Zürich	Leutpriester Burkhard v. Altdorf u.a. entscheiden	zwischen Abtei Zürich u. Meier Heinrich i. Maur	Or.	ZürSta	ZUB 3 S. 199 Nr. 1101		ZürAno D	110, 118, 201
947	1260 V 13, Kappel	Abt Rudolf u. Konvent v. Kappel	Rudolf Cenagal u. s. Söhne	Or.	Zür	ZUB 3 S. 201 Nr. 1102	QW 1/1 S. 398 Nr. 871	Kap 6	67
948	1260 V 20, —	Die Markgenossenschaft zu Schwarza	Kl. St. Katharinental u. Kl. Paradies	2 Orr.	Frf	ThUB 3 S. 211 Nr. 425; Corp. 1 S. 77 Nr. 49		Par ?	239, 253
949	1260 VI 25, Oetenbach	Mechthild, Gattin Heinrichs v. Zollikon	Kl. Oetenbach	Or.	Zür	ZUB 3 S. 203 Nr. 1105		Oet 3 A	118, 169, 191
950ʰ	1260 VI —, —	Abt Theobald u. Konvent v. Murbach	Rudolf IV. u. Gottfried v. Habsburg	Or.	Col		RH 1 S. 76 Nr. 322	Mur	361/Abb. 93
951ʰ	1260 VII 6, Kappel	Abt Walther v. Muri	Kl. Kappel	Or.	Zür	ZUB 3 S. 204 Nr. 1106	RH 1 S. 76 Nr. 323	Kap 5 D	53, 55, 60, 62, 63, 118/ Abb. 13
952ʰ	1260 VII 6, Muri	Abt Walther v. Muri	Kl. Kappel	Or.	Zür	ZUB 3 S. 205 Nr. 1107	RH 1 S. 77 Nr. 324	Kap 4 B	51, 53, 54, 55, 63, 118
953ᵏʰ	1260 VII 7, Ettenheim	B. Walther v. Straßburg	Margarete v. Kiburg	Or.	Tur	ZUB 3 S. 206 Nr. 1108	RH 1 S. 77 Nr. 325		365, 398
954ᵏ	1260 VII 16, Straßburg	B. Walther v. Straßburg	an Hartmann IV. v. Kiburg	Kop.	Str	ZUB 3 S. 208 Nr. 1110	StrReg 2 S. 182 Nr. 1599	StrB ?	365
955ᵏ	1260 VII 16, i. Turm bei Winterthur	Hartmann IV. v. Kiburg	Kl. Töß	Or.	Zür	ZUB 3 S. 209 Nr. 1111		Töß 1 A	212, 216, 217, 218, 219, 222

Urk.Nr.	Datum	Aussteller/ Urheber	Adressat/ Empfänger	Ublfg.	Lagerort	Drucke/Faksimile, Teilabbildung	Regesten	Provenienz	Besprochen bzw. erwähnt auf S./ Abb. Nr.
956	1260 VII 20, St. Gallen	Abt Berchtold v. St. Gallen	Stift Rüti	Or.	Zür	ZUB 3 S. 209 Nr. 1112; Gall. 3 S. 155 Nr. 952		Rüt? Gal?	204, 208, 276
957	1260 VII 23, —	Abt Rudolf u. Konvent v. Kappel	Kl. Frauenthal	Or.	Frt	Gfr. 1 S. 368 Nr. 9; ZUB 3 S. 210 Nr. 1113	QW 1/1 S. 399 Nr. 874	Kap 5 D	62, 74
958	1260 VII 24, Zürich	Hermann v. Bonstetten	Propstei Zürich	Or.	Zür	ZUB 3 S. 211 Nr. 1114		ZürPro 7	139, 141, 142
959k	1260 VII 25, auf d. Mörsburg	Hartmann IV. v. Kiburg	Kl. Töß	Or.	Zür	ZUB 3 S. 212 Nr. 1115		Töß 1 A	212, 216, 217, 218
960	1260 VII 28, Bern	Adelheid, Frau d. Rudolf gen. Nünhoupt v. Burgdorf	Kde Buchsee	Or.	Ber	FRB 2 S. 505 Nr. 483		BerBur	320
961k	1260 VII —, —	Hartmann V. v. Kiburg	Kl. Frienisberg	Or.	Ber	FRB 2 S. 505 Nr. 484; Soloth. 2 S. 102 Nr. 169/Soloth. 2 zu S. 102 Nr. 169		Fri C	324, 325, 326
962k	1260 VIII 2, Mörsburg	Hartmann IV. v. Kiburg	B. Walther u. Domkapitel v. Straßburg	Or.	Str	StrUB 4/1 S. 215 Nr. 66; ZUB 3 S. 213 Nr. 1116		K 4	364, 382, 383/Abb. 99
——	1260 VIII 9, Wohlenswil	s. 1269 IX 26, Klingnau							
963	1260 VIII 11, Basel	Dompropst Heinrich v. Basel	Müller Ulrich zu Brüglingen	Kop.	Bas	BaUB 1 S. 286 Nr. 383			401
964	1260 VIII 10, Muri u. VIII 12, Zürich	Abt Walther u. Konvent v. Muri	Kl. Kappel	Or.	Zür	ZUB 3 S. 214 Nr. 1118		Kap 5 C	61, 62, 63

Urk.Nr.	Datum	Aussteller/Urheber	Adressat/Empfänger	Üblfg.	Lagerort	Drucke/Faksimile, Teilabbildung	Regesten	Provenienz	Besprochen bzw. erwähnt auf S./Abb. Nr.
965[k]	1260 VIII 13, Konstanz	B. Eberhard v. Konstanz	Kl. Töß	Or.	Zür	ZUB 3 S. 215 Nr. 1119		KonBH4=E3	211, 218, 279
966	1260 VIII 23, Zürich	Äbtissin Mechthild v. Zürich	Kl. Oetenbach	Or.	Zür	ZUB 3 S. 216 Nr. 1120		Oet 3 B	110, 191, 193
967[k]	1260 VIII –, Kl. Dießenhofen	Kl. St. Katharinental	Konrad v. Salenstein (i. eig. Sache)	2 Orr.	Frf Kath. Nr. 29b u. 29c	ZUB 3 S. 217 Nr. 1121; ThUB 3 S. 216 Nr. 430		1. Or.: Kat C; 2. Or.: Kat B	218, 256, 258, 259, 261, 262, 398
968	1260 IX 1, Zürich	Ulrich v. Hottingen u. s. Schwester Margarete	Kl. Oetenbach	Or.	Zür	ZUB 3 S. 220 Nr. 1123		ZürAno C	110, 118, 189, 200
969	1260 IX 1, i. Kl. Zürich	Burkhard v. Hottingen	Kl. Oetenbach	Or.	Zür	ZUB 3 S. 221 Nr. 1124		ZürAno C	110, 118, 189, 200
970	1260 IX 5, Selnau	Äbtissin Adelheid u. Konvent v. Selnau	Johannes v. Rutzingen, Bürger v. Rheinfelden	Kop.	Aar	ZUB 3 S. 222 Nr. 1125			76, 138
– –	1260 IX 7, Reichenau, im Kapitel	s. 1261 VI 27, Üßlingen, vor d. Kirche							
971	1260 (vor IX 24), –	Lütold v. Regensberg u. s. Söhne	Stift Rüti	Or.	Zür	ZUB 3 S. 223 Nr. 1126		Rüt 4 B	207
972	1260 (vor IX 24), Winterthur	Kl. St. Katharinental	Schwestern v. Winterthur	Or.	Zür	ZUB 3 S. 224 Nr. 1127; ThUB 3 S. 224 Nr. 432		Win ?	258
973	1260 (vor IX 24) (?), –	Heinrich v. Oltingen u. s. Frau	Kl. St. Urban	Or.	Luz	FRB 2 S. 515 Nr. 491	QW 1/1 S. 403 Nr. 884	Urb D	312, 314, 316

Urk.Nr.	Datum	Aussteller/Urheber	Adressat/Empfänger	Übl/fg.	Lagerort	Drucke/Faksimile, Teilabbildung	Regesten	Provenienz	Besprochen bzw. erwähnt auf S./Abb. Nr.
974[k]	1260 (vor IX 24), Thun	Jordan gen. v. Thun, Dienstmann Hartmanns V. v. Kiburg	Propstei Interlaken	2 Orr.	Ber	FRB 2 S. 516 Nr. 492		Int	297, 298
975	1260 X 5, Konstanz	B. Eberhard v. Konstanz	Kl. Feldbach	Or.	Frf	ThUB 3 S. 225 Nr. 433			271
—	1260 X 14, Tänikon	s. 1262 X 15, Tänikon							
976	1260 X 24, i. d. Kirche Bollingen	Propst, Priorin Adelheid u. Konvent v. Bollingen	Kl. Wurmsbach	Or.	Wur	ZUB 3 S. 226 Nr. 1129		Kap 6	67, 68, 69, 71, 167, 169, 202, 203
977	1260 XI 8, —	Kde Thunstetten	Kl. St. Urban	Kop.	Luz	FRB 2 S. 520 Nr. 495	QW 1/1 S. 401 Nr. 877		313, 315, 316
978	1260 XI 29, —	Priorin Ida u. d. Konvent v. Oetenbach	(i. eig. Sache)	Kop.	Zür	ZUB 3 S. 228 Nr. 1131			189
979	1260 XII 1, Zürich	Drei Predigermönche u. drei Chorherren aus Zürich entscheiden	zwischen d. Propstei Zürich u. Kl. Oetenbach	Or.	Zür	ZUB 3 S. 228 Nr. 1132		Oet 3 A	118, 167, 169, 191
980	1260 XII 1, —	B. Walther v. Straßburg beurkundet Vergleich	zwischen d. Franziskanerinnenkl. i. Straßburg u. Geschwistern d. Susanna v. Landsberg	Or.	StrSpi	StrUB 1 S. 345 Nr. 459			365

Urk. Nr.	Datum	Aussteller/ Urheber	Adressat/ Empfänger	Ublfg.	Lagerort	Drucke/Faksimile, Teilabbildung	Regesten	Provenienz	Besprochen bzw. erwähnt auf S./ Abb. Nr.
981	1260 XII 6, —	Schultheiß u. Bürger v. Biel	Kl. St. Urban	Or.	Luz	FRB 2 S. 521 Nr. 496; Soloth. 2 S. 104 Nr. 173/Soloth. 2 zu S. 104 Nr. 173	QW 1/1 S. 402 Nr. 879		315, 316
982	1260 (nach IX 23), Dürnten	W. Meyer v. Dürnten	Abt Berchtold v. St. Gallen	Kop.	Zür	ZUB 3 S. 225 Nr. 1128; Gall. 3 S. 138 Nr. 933		Rüt ? Gal ?	202, 206, 208, 276
983	1260 XII 12, Meersburg	B. Eberhard v. Konstanz bestätigt e. Schiedspruch	zwischen d. Propstei Zürich u. Kl. Oetenbach	Or.	Zür	ZUB 3 S. 230 Nr. 1133		KonB E 5	118, 169, 189
984^kh	1260 — —, bei d. Mörsburg	Hartmann IV. v. Kiburg	Stadt Dießenhofen	Or.	Die	ThUB 3 S. 191 Nr. 418; Welti S. 129	RH 1 S. 121 Nr. 548; ZUB 3 S. 230 Nr. 1134	DieAno	236, 237, 238, 263, 264
985^k	1260 — —, —	Hartmann (V.) v. Kiburg	Kl. St. Urban	Or.	Luz	FRB 2 S. 522 Nr. 497	QW 1/1 S. 402 Nr. 882	Urb A	312, 314/ Abb. 80
986	1260 — —, —	Rudolf gen. v. Wil, Chorherr i. Zofingen	Kl. St. Urban	Or.	Luz	FRB 2 S. 522 Nr. 498a; Soloth. 2 S. 98 Nr. 162/Soloth. 2 zu S. 98 Nr. 162	QW 1/1 S. 402 Nr. 880		314
987	1260 — —, —	Abt Werner v. Lützel u. Abt Ulrich v. St. Urban	Rudolf gen. v. Wil, Chorherr i. Zofingen	Or.	Luz	FRB 2 S. 523 Nr. 498b; Soloth. 2 S. 98 Nr. 163	QW 1/1 S. 402 Nr. 881		314
988	1260 — —, —	Breviarium chori Turicensis		Aufz.	ZürBbl			fol. 1—30b: ZürPro 8	142
989	vacat								

Urk.Nr.	Datum	Aussteller/Urheber	Adressat/Empfänger	Übflg.	Lagerort	Drucke/Faksimile, Teilabbildung	Regesten	Provenienz	Besprochen bzw. erwähnt auf S./Abb. Nr.
990	(um 1260), –	Heinrich Schad v. Radegg u. s. Söhne Rudolf u. Heinrich	Kl. St. Katharinental	Or.	Frf	ThUB 3 S. 805 Nr. 837; ZUB 3 S. 231 Nr. 1135		Kat C	257, 259
991	1261 I 7, –	Walther v. Eschenbach	Propstei Interlaken	Or.	Ber	FRB 2 S. 525 Nr. 501		Int C	296, 297
992	1261 I 10, Rapperswil	Rudolf v. Rapperswil	Kl. Einsiedeln	Or.	Ein	ZUB 3 S. 231 Nr. 1136	QW 1/1 S. 404 Nr. 886	Ein C	36, 37
993	1261 I 19, Glanzenberg	Ulrich v. Regensberg	Kl. Frauenthal	Or.	Frt	ZUB 3 S. 233 Nr. 1137	QW 1/1 S. 405 Nr. 888	ZürSta 1	74, 197
994	1261 I 21, Burg Montfort	Rudolf u. Ulrich v. Montfort, Brüder	Kl. St. Johann i. Thurtal	Or.	Gal	Gall. 3 S. 156 Nr. 954			276
995	1261 II 5, Abtei Zürich	Burkhard Bruehund, Bürger v. Zürich	Kl. Oetenbach	Or.	Zür	ZUB 3 S. 234 Nr. 1139		ZürDom 6	110, 118, 183, 184, 185, 186, 188, 190, 216
996	1261 II 5, Abtei Zürich	Äbtissin Mechthild v. Zürich	Kl. Oetenbach	Or.	Zür	ZUB 3 S. 235 Nr. 1140		ZürDom 6	110, 183, 184, 185, 186, 188, 193
997	(zu 1261 II 5), –	Äbtissin Mechthild u. Konvent v. Zürich	Kl. Oetenbach	Or.	Zür	ZUB 3 S. 236 Nr. 1141			188, 189
– – –	1261 II 20, –	s. 1261 IX 18, –							
998	1261 III 18, –	C. v. Steinmaur	Kl. St. Blasien	Kop.	Aar	ZUB 3 S. 236 Nr. 1143		zu ZürPro 10 A (D)	151
999	(1260 III 25 – 1261 III 24), –	Das Spital zum hl. Geist i. Bern	Kde Buchsee	Druck	– – –	FRB 2 S. 525 Nr. 500		BerBur ? (D)	319

Urk.Nr.	Datum	Aussteller/Urheber	Adressat/Empfänger	Ublfg.	Lagerort	Drucke/Faksimile, Teilabbildung	Regesten	Provenienz	Besprochen bzw. erwähnt auf S./Abb. Nr.
1000	1261 III 30, Gottlieben	B. Eberhard v. Konstanz	Kl. Feldbach	Or.	Frf	ThUB 3 S. 230 Nr. 437		Fel (D); Fel ? (S)	271, 272
1001	1261 IV 7, Hurden	Friedrich v. Toggenburg	Kl. Einsiedeln	Or.	Ein	Gfr. 42 S. 131 Nr. 4	QW 1/1 S. 406 Nr. 891	Ein C	36, 37
1002^k	1261 IV 12, Schloß Kasteln	Hartmann V. u. Elisabeth v. Kiburg	Kl. Altenryf	Or.	FrÜ	FRB 2 S. 526 Nr. 502	ZUB 12 S. 83 Nr. 1143a		347, 349
1003^k	1261 IV 26, Luzern	Hartmann V. v. Kiburg	Kl. Rathausen	Or.	Luz	Gfr 1 S. 305 Nr. 1	ZUB 3 S. 237 Nr. 1144; QW 1/1 S. 406 Nr. 892		26
1004^h	1261 V 4, Galfingen	Propst Otto v. Oelenberg u.a. entscheiden	zwischen Johannes v. Schlierbach u. d. Stift St. Leonhard i. Basel	Kop.	Bas	Trouill. 2 S. 111 Nr. 78	RH 1 S. 78 Nr. 330		357
1005	1261 V 8, Zürich	Heinrich, Leutpriester v. St. Peter u. Chorherr v. Zürich, entscheidet	zwischen d. Abtei Zürich u. Burkhard v. Hottingen	Or.	Zür	ZUB 3 S. 238 Nr. 1146		ZürPro 9	110, 143, 145, 146, 147, 148
1006	1261 V 20, Konstanz	B. Eberhard v. Konstanz	an Propstei Zürich f. Predigerkl. Zürich	Or.	Zür	ZUB 3 S. 239 Nr. 1147			169
1007	1261 V 28, Beromünster	Werner v. Attinghausen	Stift Beromünster	Kop.	Bmü	Gfr. 22 S. 273 Nr. 1 u. ebd. 41 S. 22 Nr. 25; BeUB 1 S. 157 Nr. 100	QW 1/1 S. 407 Nr. 893; ZUB 12 S. 84 Nr. 1147a		285, 286
1008	1261 VI 11, Zürich	Abt Heinrich u. Konvent v. Wettingen	Ulrich Trembilli u. s. Frau Judenta, Bürger v. Zürich	Or.	Aar	ZUB 3 S. 241 Nr. 1148		Wet 4 B (S); zu ZürPro 9 (? D)	66, 77, 95, 97, 110, 118, 144, 145, 169

Urk.Nr.	Datum	Aussteller/ Urheber	Adressat/ Empfänger	Ubflg.	Lagerort	Drucke/Faksimile, Teilabbildung	Regesten	Provenienz	Besprochen bzw. erwähnt auf [S./ Abb. Nr.]
1009	1261 (vor VI 9), –	Ulrich v. Hohenklingen u. Ulrich v. Altenklingen	Kl. Feldbach	Or.	Frf	ThUB 3 S. 235 Nr. 440		Fel B	271, 272
1010	1261 VI 9, Kl. St. Gallen	Abt Berchtold u. Konvent v. St. Gallen	Kl. Feldbach	Or.	Frf	Gall. 3 S. 157 Nr. 955; ThUB 3 S. 236 Nr. 441			272
1011	1261 VI 20, Zürich, i. d. Wasserkirche	Propst Heinrich v. Zürich u. Kantor Konrad entscheiden	zwischen Abtei Zürich u. Leutpriester Rudolf v. Rümlang	Or.	ZürSta	ZUB 3 S. 243 Nr. 1149		ZürAbt 3	113
1012[k]	(1260 IX 7 – 1261 VI 27), –	Berchtold u. Eberhard v. Lupfen	an Hartmann IV. v. Kiburg f. Kl. St. Katharinental	Or.	Frf	ZUB 3 S. 279 Nr.1189; ThUB 3 S. 237 Nr. 442 = ThUB 3 S. 970 Nachtrag Nr. 3		Rei (?)	256, 257, 261, 262, 272
1013[k]	1260 IX 7, Reichenau, i. Kapitel u. 1261 VI 27, Üßlingen, vor d. Kirche	Abt Albrecht u. Konvent v. Reichenau	Kl. St. Katharinental	2 Orr.	Frf	ZUB 3 S. 244 Nr. 1150; ThUB 3 S. 219 Nr. 431			256, 261, 262, 272, 398
1014[k]	1261 VII 3, Üßlingen, bei d. Kirche	Hartmann IV. v. Kiburg	Kl. Feldbach	Or.	Frf	ZUB 3 S. 248 Nr. 1151; ThUB 3 S. 238 Nr. 443		Fel B	271, 272/ Abb. 58
1015	1261 VII 8, i. Weinberg an d. Gebreiten	Der Rat v. Zürich entscheidet	zwischen d. Abtei Zürich u. Otto zum Thor, Bürger v. Zürich	Or.	Zür	ZUB 3 S. 248 Nr. 1152		ZürPro 10 A	110, 150, 152, 153

Urk. Nr.	Datum	Aussteller/ Urheber	Adressat/ Empfänger	Üblfg.	Lagerort	Drucke/Faksimile, Teilabbildung	Regesten	Provenienz	Besprochen bzw. erwähnt auf S./ Abb. Nr.
1016	1261 VII 22, i. d. Pfarrkirche (Kilchberg) bei Schaffhausen	Lütold, Dekan v. Oberwinterthur, u.a. entscheiden	zwischen d. Schulmeister Berchtold v. Schaffhausen u. d. Priorin v. St. Katharinental	Or.	Frf	ThUB 3 S. 239 Nr. 444	ZUB 3 S. 249 Nr. 1153		262
1017	1261 VII 31, Burg Grüningen	Heinrich v. Kempten	Kl. St. Johann i. Thurtal	Or.	Gal	ZUB 3 S. 250 Nr. 1154; Gall. 3 S. 158 Nr. 956		KalRud	278
1018ᵏ	(zu 1261 VII 31), —	Heinrich v. Kempten	an B. Eberhard v. Konstanz u. d. Landgrafen v. Kiburg f. Kl. St. Johann i. Thurtal	Or.	Gal	ZUB 3 S. 251 Nr. 1155; Gall. 3 S. 158 Nr. 956a		KalRud (?)	278
1019ᵏʰ	1261 VIII 2, —	Rudolf IV. v. Habsburg	Elisabeth v. Kiburg	Vid.	Bes	ZUB 3 S. 251 Nr. 1156; FRB 2 S. 528 Nr. 504	RH 1 S. 78 Nr. 332	K 1 (D ?)	372, 377
1020	1261 VIII 11, St. Trudpert	Der Abt v. St. Trudpert u.a. entscheiden	zwischen Kl. St. Blasien u. Rudolf v. Wileir	Or.	Krh St. Blasien 11/390			Bla A (lt. Müller Bla VII)	368
1021ʰ	1261 VIII 25, Muri	Rudolf IV. v. Habsburg	Kl. Engelberg	Or.	Eng	Gfr. 51 S. 86 Nr. 114	RH 1 S. 79 Nr. 333; QW 1/1 S. 407 Nr. 895	H 3	4, 390, 391/ Abb. 106
1022	1261 VIII 26, Konstanz	Domherr Heinrich v. Klingenberg, Kirchherr v. Homburg	Kl. Feldbach	Or.	Frf	ThUB 3 S. 243 Nr. 446		Fel B	271, 272

Urk.Nr.	Datum	Aussteller/ Urheber	Adressat/ Empfänger	Ublfg.	Lagerort	Drucke/Faktsimile, Teilabbildung	Regesten	Provenienz	Besprochen bzw. erwähnt auf S./ Abb. Nr.
1023	1261 VIII 27, —	Die Witwe Werners v. Ifenthal (mit Bewilligung Ludwigs v. Froburg)	Stift Beromünster	Or.	Bmü	BeUB 1 S. 158 Nr. 101; Soloth. 2 S. 108 Nr. 180/Soloth. 2 zu S. 108 Nr. 180	QW 1/1 S. 408 Nr. 896	Bmü D	283, 286
1024	1261 IX 12, Sitzenkirch	Abt Arnold v. St. Blasien vergleicht	zwischen Kl. Sitzenkirch u. Propstei Bürgeln	Or.	Krh St. Blasien 11/334			Bla A (lt. Müller Bla VII)	368
1025ʰ	1261 IX 13, Basel	Rudolf IV. v. Habsburg	(Vollmacht i. eig. Sache)	Kop.	StrSta	StrUB 1 S. 359 Nr. 474	RH 1 S. 79 Nr. 334		366, 401
1026ʰ	1261 IX 18, —	Heinrich v. Neuenburg, Dompropst v. Basel, Rudolf IV. v. Habsburg u.a.	Stadt Straßburg	Kop.	StrSta	StrUB 1 S. 359 Nr. 475; Trouill. 2 S. 109 Nr. 77	RH 1 S. 79 Nr. 335		350, 366
1027	1261 IX 21, Luzern	Propst Wilhelm u. Konvent v. Luzern	an d. Pfarrgemeinden Stans u. Buochs f. Berchtold v. Wolfenschießen	Or.	LuzSti	Gfr. 1 S. 59 Nr. 2	QW 1/1 S. 408 Nr. 897		27
1028	1261 IX 23, Zofingen	Hartmann v. Froburg	Stift Beromünster	Or.	Bmü	BeUB 1 S. 159 Nr. 102	QW 1/1 S. 408 Nr. 898	Bmü D	283
1029	1261 (vor IX 24), —	Propst u. Konvent v. Interlaken	Kl. Engelberg	Or.	Eng	Gfr. 20 S. 308 Nr. 9; FRB 2 S. 529 Nr. 505a	QW 1/1 S. 409 Nr. 900	Int C	4, 296
1030	1261 (vor IX 24), —	Abt u. Konvent v. Engelberg	Propstei Interlaken	Or.	Ber	Gfr. 20 S. 308 Nr. 8; FRB 2 S. 529 Nr. 505b	QW 1/1 S. 409 Nr. 899	Int C	4, 296

Urk. Nr.	Datum	Aussteller/Urheber	Adressat/Empfänger	Ublfg.	Lagerort	Drucke/Faksimile, Teilabbildung	Regesten	Provenienz	Besprochen bzw. erwähnt auf S./Abb. Nr.
1031	1261 IX 28, St. Blasien	Abt Arnold v. St. Blasien	Kl. Sitzenkirch	Or.	Krh St. Blasien 11/465			Bla A (lt. Müller Bla VII)	368
1032k	1261 IX 29, Heiligenberg	Friedrich, Notar d. Grafen v. Kiburg, Kirchherr v. Winterthur	Kl. Töß	Or.	Zür	ZUB 3 S. 252 Nr. 1158		Oet 3 B	187, 188, 191, 193, 211, 229, 395, 396/ Abb. 36
1033	1261 IX 29, Kirche auf d. Zürichberg	Propst u. Konvent v. Zürichberg	Kl. Oetenbach	Or.	Zür	ZUB 3 S. 254 Nr. 1159		Oet 3 A	191
1034	1261 IX 29, Oetenbach	Priorin Ida u. Konvent v. Oetenbach	Stift St. Martin auf d. Zürichberg	Or.	Zür	ZUB 3 S. 254 Nr. 1160		Oet 3 A	191
1035	1261 X 2, Luzern	Peter Schnyder, Bürger v. Luzern	Schwestern i. Riedholz (Kl. Rathausen)	Or.	Luz	Gfr. 2 S. 56 Nr. 18	ZUB 3 S. 255 Nr. 1162; QW 1/1 S. 410 Nr. 902		27
1036	1261 X 3, –	Propst Heinrich v. Zürich	Kl. Oetenbach	Or.	Zür	ZUB 3 S. 256 Nr. 1163		ZürAno B	118, 169, 188, 200
1037	1261 X 3, –	Priorin Ida u. Konvent v. Oetenbach	Propst Heinrich v. Zürich	Or.	Zür	ZUB 3 S. 257 Nr. 1164		Oet 3 C	118, 192
1038	1261 X 17, Schaffhausen	Berchtold, Bernolds Sohn	seine drei natürlichen Kinder	Or.	SchSta	Rüeger S. 399	SchUR 1 S. 20 Nr. 149	SchFra 1 D	242, 244
1039k	1261 XI 18, –	Hartmann V. v. Kiburg	Kl. Frienisberg	Or.	Ber	FRB 2 S. 530 Nr. 506		Fri C	324, 325, 326/Abb. 86
1040	1261 XI 20, –	Ulrich u. Kuno v. Rinach	Kl. Engelberg	Or.	Eng	Gfr. 51 S. 88 Nr. 117	QW 1/1 S. 411 Nr. 904	Erl (?)	4, 22, 23, 359

Urk. Nr.	Datum	Aussteller/Urheber	Adressat/Empfänger	Ublfg.	Lagerort	Drucke/Faksimile, Teilabbildung	Regesten	Provenienz	Besprochen bzw. erwähnt auf S./Abb. Nr.
1041	1261 XI 28, Zürich, Chorherrenstift	Heinrich, Leutpriester v. St. Peter u. Chorherr v. Zürich, entscheidet	zwischen Kl. Oetenbach u. Ulrich Wolfleipsch, Chorherrn v. Zürich	Or.	Zür	ZUB 3 S. 258 Nr. 1166		ZürAno B	110, 118, 169, 188, 200
1042	1261 — —, Oberhofen	Walther v. Eschenbach	Propstei Interlaken	Or.	Ber	FRB 2 S. 531 Nr. 508			298
1043	1261 — —, —	Burkhard v. Schwanden u. s. Frau	Kl. Frauenkappelen	Or.	Ber	FRB 2 S. 533 Nr. 510			358
1044	(um 1261), —	Berchtold v. Wolfenschießen	Kl. Engelberg	Kop.	Eng	Gfr. 51 S. 86 Nr. 113	QW 1/1 S. 413 Nr. 909		4, 14
1045	1262 I 3, Hugstein	Abt Berchtold u. Konvent v. Murbach	Stadt Luzern	Or.	Luz	QW 1/1 S. 414 Nr. 911			27
1046	1262 I 3, Abtei Zürich	Heinrich d. Meier v. Cham	Kl. Frauenthal	Or.	Frt	Gfr. 3 S. 120 Nr. 3; ZUB 3 S. 260 Nr. 1168	QW 1/1 S. 415 Nr. 912	Frt ?	73, 110
1047	1262 I 3, Abtei Zürich	Äbtissin Mechthild u. Konvent v. Zürich	Kl. Frauenthal	Or.	Frt	Gfr. 3 S. 119 Nr. 2; ZUB 3 S. 261 Nr. 1169	QW 1/1 S. 415 Nr. 913	Frt ? (S); ZürAbt 2 ? (D)	73, 110, 112
1048	1262 I 7, Bern	Philipp, Vogt v. Ringgenberg, u. s. Bruder Rudolf	Kde Buchsee	Or.	Ber	FRB 2 S. 544 Nr. 512		BerBur	320
1049	1262 I 9, Mett, i. d. Kirche	Propst Heinrich V. Ansoltingen, Leutpriester v. Mett	Kl. St. Urban	Or.	Luz	FRB 2 S. 545 Nr. 513a	QW 1/1 S. 416 Nr. 914	BerBur ? (D)	319

Urk. Nr.	Datum	Aussteller/Urheber	Adressat/Empfänger	Überlfg.	Lagerort	Drucke/Faksimile, Teilabbildung	Regesten	Provenienz	Besprochen bzw. erwähnt auf S./Abb. Nr.
1050	1262 I 9, —	Abt Ulrich u. Konvent v. St. Urban	Propst Heinrich v. Ansoltingen, Leutpriester v. Mett	Or.	Luz	FRB 2 S. 546 Nr. 513b	QW 1/1 S. 416 Nr. 915	BerBur ? (D)	319
1051	1262 I 21, Kapelle d. hl. Jungfrau (zu St. Gallen)	Dekan Manegold u. Konvent v. St. Gallen	(i. eig. Sache)	Druck	– – –	Gall. 3 S. 161 Nr. 959			276
1052^k	1262 I 25, —	Hartmann IV. v. Kiburg	Kl. Töß	Or.	Zür	ZUB 3 S. 262 Nr. 1170		ZürDom 1 D	171, 173, 176, 398
1053^k	1262 I —, —	Jakob v. Besingen u. s. Schwester, Witwe Berta v. Gurbrü	Kl. Frauenkappelen	Or.	Ber	FRB 2 S. 547 Nr. 514		Frk	358
—	1262 II 9, Gottlieben	s. 1266 (1262?) II 9, Gottlieben							
1054	126(2) II 19, Hugstein	Abt Berchtold u. Konvent v. Murbach	Johannes v. Buochs u.a.	Kop.	StaKir	Gfr. 24 S. 326 Nr. 3	QW 1/1 S. 417 Nr. 917		27
1055	1262 II 21, —	B. Walther v. Straßburg u. Otto v. Eberstein bzw. Konrad v. Landsberg u. Burggraf Gunther v. Ergersheim	Stadt Straßburg	2 Orr.	StrSta	StrUB 1 S. 366 Nr. 484 u. Nr. 485	StrReg 2 S. 203 Nr. 1663	StrSta A	366
1056	1262 II 28, Propsteihof Zürich	Propst Heinrich v. Zürich	Priorin u. Schwestern v. Konstanz i. Zürich	Or.	Zür	ZUB 3 S. 263 Nr. 1171	QW 1/1 S. 418 Nr. 918		169

Urk.Nr.	Datum	Aussteller/ Urheber	Adressat/ Empfänger	Übl/g.	Lagerort	Drucke/Faksimile, Teilabbildung	Regesten	Provenienz	Besprochen bzw. erwähnt auf S./ Abb. Nr.
1057ʰ	1262 III 17, —	B. Walther v. Straßburg u. s. Verbündeten	Rudolf IV. u. Gottfried v. Habsburg u. Verbündete	Or.	StrSta	StrUB 1 S. 367 Nr. 486; Trouill. 2 S. 120 Nr. 83; Corp. 5 S. 8 Nr. N 10 B (59 b)	RH 1 S. 80 Nr. 341	StrSta A	350, 366
1058	1262 III 24, Zürich, Groß- münster	Propst Heinrich v. Zürich u.a. entscheiden	zwischen Stift Rüti u. Berta Schek v. Zürich einer- u. Kl. Oetenbach andererseits	Or.	Zür	ZUB 3 S. 266 Nr. 1175		Oet 3 A	110, 118, 169, 191, 203
1059	1262 III 24, Zürich, Groß- münster	Abt Heinrich u. Konvent v. Rüti u. Berta v. Liebenberg, Tochter d. Schek, Bürgers v. Zürich	Kl. Oetenbach	Or.	Zür	ZUB 3 S. 267 Nr. 1176		Oet 3 C	118, 169, 192, 203
1060ᵏ	1259 IV 14, Winterthur, VII 6, Mörsburg u. 1262 III 26, Winterthur	Jakob u. Peter v. Goldenberg, Brüder	Kl. Töß	Or.	Zür	ZUB 3 S. 144 Nr. 1059		ZürDom 1 D	171, 174, 176, 211
1061ʰ	1262 III 27, Basel	Johannes v. Schlierbach	Stift St. Leonhard i. Basel	Kop.	Bas	Trouill. 2 S. 119 Nr. 82	RH 1 S. 81 Nr. 342		357
1062	(1262) IV 1, Stift Rüti	Abt Heinrich u. Konvent v. Rüti sowie Berta Schek v. Zürich	an B. Eberhard v. Konstanz f. Kl. Oetenbach	Or.	Zür	ZUB 3 S. 269 Nr. 1177		Rüt ? ZürAbt 2 ?	112, 188, 189, 208
1063ʰ	1262 IV 16, —	Die Stadt Straßburg	B. Walther v. Straßburg	Or.	StrSta	StrUB 1 S. 368 Nr. 487; Corp. 5 S. 10 Nr. N 11 (59c)	RH 1 S. 81 Nr. 343	StrSta A	366

Urk. Nr.	Datum	Aussteller/ Urheber	Adressat/ Empfänger	Übl/g.	Lagerort	Drucke/Faksimile, Teilabbildung	Regesten	Provenienz	Besprochen bzw. erwähnt auf S./ Abb. Nr.
1064ʰ	1262 IV 18, —	Rudolf IV. u. Gottfried v. Habsburg u. Verbündete	B. Walther v. Straßburg u. Verbündete	Or.	StrSta	StrUB 1 S. 369 Nr. 488; Corp. 5 S. 11 Nr. N 12 (59d)	RH 1 S. 81 Nr. 344	StrSta A	366
1065	1262 IV 23, Konstanz	B. Eberhard v. Konstanz	Kl. Oetenbach	Or.	Zür	ZUB 3 S. 269 Nr. 1178		KonB E 9	118, 189, 202, 203
1066	1262 IV 25, Konstanz	B. Eberhard v. Konstanz	Kl. Frauenthal	Or.	Frt	ZUB 3 S. 271 Nr. 1180; Gfr. 3 S. 126	QW 1/1 S. 419 Nr. 923	KonB E 6	74, 110
—	1262 V 19, Zürich, Großmünster	s. 1263 I 5, Mörsburg							
1067	1262 V 23, —	Berchtold v. Geispolsheim u.a. sowie d. Gemeinde Geispolsheim	Stadt Straßburg	Or.	StrSta	StrUB 1 S. 371 Nr. 491; Corp. 5 S. 11 Nr. N 13 (59e)		StrSta A	366
1068ʰ	1262 V 29, Basel	Abt Friedrich v. Marbach	Heinrich Tantz, Bürger v. Basel	Kop.	Krh	ZGORh 28 S. 121 Nr. 34	RH 1 S. 81 Nr. 345		357
1069	(1262 I—V), —	B. Eberhard v. Konstanz	Werner Brosema, Bürger v. Zürich	Or.	Zür	ZUB 3 S. 259 Nr. 1167		ZürPro 9	110, 143, 145, 147
1070ᵏ	1262 VI 7, Reichenau	Abt Albrecht u. Konvent v. Reichenau	Kl. Feldbach	Or.	Frf	ThUB 3 S. 247 Nr. 451	ZUB 3 S. 272 Nr. 1181	Fel B	271, 272
1071ᵏ	1262 VI 9, Sursee	Diethelm v. Zug	Kl. Engelberg	Or.	Eng	Gfr. 51 S. 88 Nr. 118; ZUB 3 S. 272 Nr. 1182	QW 1/1 S. 420 Nr. 926	Eng	4, 22, 23

Urk.Nr.	Datum	Aussteller/Urheber	Adressat/Empfänger	Überlfg.	Lagerort	Drucke/Faksimile, Teilabbildung	Regesten	Provenienz	Besprochen bzw. erwähnt auf S./Abb. Nr.
1072	1262 VI 14, Neuburg	Eberhard gen. Tumb, Domherr v. Chur, entscheidet	zwischen Stift Kreuzlingen u. Markwart v. Schellenberg	2 Orr.	Frf	ThUB 3 S. 249 Nr. 452		Krz C	266, 267, 268, 269
1073	1262 VI 30, Mellingen	Konrad gen. Maag	Kl. Wettingen	Or.	Aar Wett. Nr. 113			Wet 3	83, 85, 86, 88
1074h	1262 VII 9, St. Arbogast bei Straßburg	B. Walther v. Straßburg	Stadt Straßburg u.a., besonders d. Grafen v. Habsburg	Or.	StrSta	StrUB 1 S. 373 Nr. 493; Corp. 5 S. 12 Nr. N 14 (61a)	RH 1 S. 81 Nr. 347	zu StrSta B	366
1075	1262 VII 9, Zürich	Äbtissin Mechthild v. Zürich	Kl. Kappel	Or.	Zür	ZUB 3 S. 273 Nr. 1183		Kap 5 C	61, 62, 110
1076h	1262 VII 11, —	B. Walther v. Straßburg u. Verbündete	Rudolf IV. u. Gottfried v. Habsburg u. Verbündete	Or.	StrSta	StrUB 1 S. 375 Nr. 494; Corp. 5 S. 14 Nr. N 15 (61b)	RH 1 S. 82 Nr. 348	StrSta A	366/Abb. 94
1077	1262 VII 15, Schännis	Äbtissin Ofimia v. Schännis	Kl. Bollingen	Or.	Wur	ZUB 3 S. 274 Nr. 1184		Rüt 4 A	71, 72, 169, 202, 206, 208
1078h	1262 VII 16, —	Eberhard v. Andlau u.a.	Rudolf IV. u. Gottfried v. Habsburg u.a.	Or.	StrSta	StrUB 1 S. 376 Nr. 496; Corp. 5 S. 15 Nr. N 17 (61d)	RH 1 S. 82 Nr. 349	StrSta A	366
1079h	1262 VII 16, —	Heinrich Siegbrecht v. Werd	Rudolf IV. u. Gottfried v. Habsburg u.a.	Or.	StrSta	StrUB 1 S. 377 Nr. 497; Corp. 5 S. 15 Nr. N 18 (61e)	RH 1 S. 82 Nr. 350	StrSta A	366
1080	1262 VII 22, —	Kuno u. Johannes v. Murten, Brüder	Kl. Frienisberg	Or.	Ber	FRB 2 S. 560 Nr. 522/AD 16 Taf. 4 Nr. 8	zit. AD 16 S. 250 Nr. 8	Fri D = B	325, 326, 327

Urk.Nr.	Datum	Aussteller/ Urheber	Adressat/ Empfänger	Ublfg.	Lagerort	Drucke/Faksimile, Teilabbildung	Regesten	Provenienz	Besprochen bzw. erwähnt auf S./ Abb. Nr.
1081	1262 VII 29, —	Rudolf v. Uttenheim u.a.	Bürger v. Straßburg	Or.	StrSta	StrUB 1 S. 378 Nr. 498; Corp. 5 S. 16 Nr. N 19 (61f)		StrSta A	366
1082ʰ	1262 VIII 24, —	Rudolf v. Thierstein u. s. Sohn Rudolf	Rudolf IV. u. Gottfried v. Habsburg u.a.	Kop.	StrSta	StrUB 1 S. 382 Nr. 505; Soloth. 2 S. 115 Nr. 191	RH 1 S. 82 Nr. 351		366
1083ʰ	1262 VIII 24, —	Philipp v. Reichenberg	Rudolf IV. u. Gottfried v. Habsburg u.a.	Or.	StrSta	StrUB 1 S. 381 Nr. 504; Corp. 5 S. 18 Nr. N 24 (61k)	RH 1 S. 82 Nr. 352	StrSta A	366
1084ʰ	1262 IX 8, —	B. Walther v. Straßburg u. (s. Vater) Walther v. Geroldseck	Stadt Straßburg u. ihre Verbündeten	Or.	StrSta	StrUB 1 S. 383 Nr. 506; Corp. 5 S. 18 Nr. N 25 (61l)	RH 1 S. 83 Nr. 354	StrSta A	366
1085	1262 IX 17, bei d. Paradiesmühle	Konrad (v. Mure), Kantor, u. Hugo Bockli, Chorherren v. Zürich, entscheiden	zwischen Stift St. Martin auf d. Zürichberg u. Kl. St. Blasien	Or.	Zür	ZUB 3 S. 277 Nr. 1187		Bla A (lt. Müller Bla VII)	118, 368
1086ᵏ	1262 IX 29, Zürich	Hartmann V. v. Kiburg	Kl. Wettingen	Or.	Aar	ZUB 3 S. 278 Nr. 1188		K 7 = H 4	77, 384, 386, 387
1087	1262 IX —, Reichenau	Abt Albrecht v. Reichenau	Kl. Heiligkreuzthal	Or.	Stu	Wirtemb. 6 S. 76 Nr. 1675		Rei	262
—	(vor 1262 X 7), —	s. (1260 IX 7 – 1261 VI 27), —							
1088ᵏ	1262 X 7, Winterthur	Hartmann V. v. Kiburg	Kl. St. Katharinental	Or.	Frf	ZUB 3 S. 280 Nr. 1190; ThUB 3 S. 252 Nr. 455		Töß 1 A (fremdes D ? etwa Kat, KonPre, Rei)	212, 213, 214, 216, 218, 257, 261

Urk.Nr.	Datum	Aussteller/Urheber	Adressat/Empfänger	Übrlfg.	Lagerort	Drucke/Faksimile, Teilabbildung	Regesten	Provenienz	Besprochen bzw. erwähnt auf S./Abb. Nr.
1089	1262 X 15 (1260 X 14 ?), Tänikon	Meisterin Emma u. Konvent v. Tänikon	Kl. Kappel	Or.	Zür	ZUB 3 S. 281 Nr. 1191; ThUB 3 S. 254 Nr. 456		Kap 5 A	59, 60
1090k	1262 X 17, Heiligenberg	Berchtold (v. Liebenberg), Schenk v. Kiburg	Kl. Töß	Or.	Zür	ZUB 3 S. 282 Nr. 1192		ZürDom 1 D	171, 174, 176, 211, 229
1091	1262 X 21, Kappel	Abt Martin u. Konvent v. Kappel	Kde Hohenrain	Or.	Luz	ZUB 3 S. 282 Nr. 1193	QW 1/1 S. 421 Nr. 928	Kap 5	66
1092	1262 X —, —	Abt Ulrich u. Konvent v. Frienisberg	Peter Gruber, Bürger v. Bern	Or.	Ber	FRB 2 S. 562 Nr. 524		BerBur	320
1093h	1262 XI 5, Schlettstadt	Kg. Richard	Kirche v. Basel	Kop.	Bas	Trouill. 2 S. 126 Nr. 88	RH 1 S. 83 Nr. 356		350
1094k	1262 XI 7, Kastein	Hartmann V. v. Kiburg	Alix v. Burgund	Or.	Bes	ZUB 3 S. 283 Nr. 1194; FRB 2 S. 563 Nr. 525		K 7 = H 4	384, 386, 387
1095	1262 XI 18, Hagenau	Kg. Richard	Abtei, Propstei u. Stadt Zürich	Or.	Zür	ZUB 3 S. 283 Nr. 1195	QW 1/1 S. 422 Nr. 930		161
1096k	1262 XI 27, Mörsburg	Hartmann IV. v. Kiburg	Kl. Paradies	Or.	Sch	ZUB 3 S. 286 Nr. 1197; ThUB 3 S. 255 Nr. 457			244, 250, 254
1097	1262 XII 4, —	Kl. Wettingen	Stadt Basel	Or.	Bas	BaUB 1 S. 306 Nr. 412		BasBur	77
1098	1262 XII 4, Basel	Vogt, Schultheiß u. Räte v. Basel	Kl. Wettingen	Or.	Aar Wett. Nr. 115			BasPet	77, 356

Urk.Nr.	Datum	Aussteller/ Urheber	Adressat/ Empfänger	Übllfg.	Lagerort	Drucke/Faksimile, Teilabbildung	Regesten	Provenienz	Besprochen bzw. erwähnt auf S./ Abb. Nr.
——	1262 XII 28, Burgdorf	s. 1263 XII 28, Burgdorf							
1099	(um 1262), —	Abt Berchtold v. St. Gallen	an d. Äbte v. Lützel, Frienisberg, St. Urban u. Wettingen f. Kl. Wurmsbach	Or.	Wur	ZUB 3 S. 289 Nr. 1203		zu Wet?	72, 106
1100^k	1262 V 19, Zürich, Großmünster u. 1263 I 5, Mörsburg	Hartmann IV. v. Kiburg	Propstei Zürich	Or.	ZürAnt	ZUB 3 S. 290 Nr. 1204		ZürPro 9	137, 139, 143, 145, 146, 147, 148, 149, 396/Abb. 23
1101	1263 I 18, Thalwil	Walther v. Klingen u.a. entscheiden	zwischen Berchtold u. Walther v. Schnabelburg u. d. Abtei Zürich	Or.	ZürSta	ZUB 3 S. 292 Nr. 1205; Corp. 1 S. 102 Nr. 65	QW 1/1 S. 424 Nr. 937	ZürPro 10 A	110, 150, 151, 153
1102	1263 (1264?) I 19, Zürich, i. Chor d. Großmünsters	Heinrich Terrer, Bürger v. Zürich	Siechenhaus St. Jakob u. Spital v. Zürich	Kop.	ZürSta	ZUB 3 S. 293 Nr. 1206		zu ZürPro 7 (?)	110, 141
1103	1263 I 31, Zollikon	Abt Martin v. Kappel u. Konrad v. Tengen	Propst v. Embrach u.a. (Nennung als Schiedsleute)	Or.	Zür	ZUB 3 S. 294 Nr. 1207		ZürPro 9	41, 139, 143, 145, 146, 147, 148, 149
——	1263 I —, Greifensee	s. 1264 I —, Greifensee							
1104	1263 II 5, Konstanz	B. Eberhard v. Konstanz	an P. Urban IV. f. Kl. Tänikon (Kl. Kappel)	Or.	Zür	ZUB 3 S. 296 Nr. 1208		KonB E 9	41

Urk.Nr.	Datum	Aussteller/Urheber	Adressat/Empfänger	Üblfg.	Lagerort	Drucke/Faksimile, Teilabbildung	Regesten	Provenienz	Besprochen bzw. erwähnt auf S./ Abb. Nr.
1105	1263 II 8, Aarau	Ludwig v. Liebegg	Kl. Wettingen	Or.	Aar	ZUB 3 S. 297 Nr. 1210		K 7 = H 4	77, 384, 386, 387
1106ᵏ	1263 II 12, Mörsburg	Hartmann IV. v. Kiburg	Kl. St. Johann i. Thurtal	Or.	Gal	ZUB 3 S. 298 Nr. 1212; Gall. 3 S. 159 Nr. 956c		K 4	382, 383
1107ᵏ	1263 II 17, Heiligenberg	Schultheiß Rudolf, Rat u. Gemeinde v. Winterthur	C. v. Bassersdorf, Chorherr auf d. Heiligenberg	Or.	Win	ZUB 3 S. 299 Nr. 1213		Jak 1 = K 6 (D)	229, 230, 231, 232, 396
1108	1263 II 23, —	Lütold gen. v. Spitzenberg	Kl. St. Urban	Or.	Luz	FRB 2 S. 533 Nr. 533	QW 1/1 S. 425 Nr. 938		315, 316
1109	1263 II 26, —	Wilhelm v. Endlisberg	Berchtold gen. Buni u. Werner gen. Münzer	Or.	Stu	FRB 2 S. 572 Nr. 534		BerBur ?	317
1110	1263 III 4, (Reichenau)	Abt Albrecht u. Konvent v. Reichenau	Kl. St. Katharinental	Or.	Don	ThUB 3 S. 258 Nr. 460			226
1111	1263 III (1–15), —	Heinrich u. Werner v. Kien, Brüder, u. d. Talleute v. Frutigen	mehrere Juden i. Bern	Or.	Val	FRB 2 S. 573 Nr. 535	QW 1/1 S. 425 Nr. 939	BerBur ? (D)	319
1112	1263 IV 14, Burgdorf	Propst u. Konvent v. Interlaken	Rudolf v. Steffisburg, Bürger v. Burgdorf	Or.	Ber	FRB 2 S. 574 Nr. 536		Bur A	301, 302, 305
1113	1263 IV 16, Einsiedeln, i. Kreuzgang d. Kl.	Priorin u. Konvent v. Oetenbach	Kl. Einsiedeln	Or.	Zür	ZUB 3 S. 300 Nr. 1214	QW 1/1 S. 425 Nr. 940	ZürDom 6	34, 35, 183, 184, 188

Urk.Nr.	Datum	Aussteller/Urheber	Adressat/Empfänger	Üblfg.	Lagerort	Drucke/Faksimile, Teilabbildung	Regesten	Provenienz	Besprochen bzw. erwähnt auf S./Abb. Nr.
1114^k	1263 IV 18, Mörsburg	Hartmann IV. v. Kiburg	Kl. St. Katharinental	Or.	Frf	ZUB 3 S. 300 Nr. 1215; ThUB 3 S. 259 Nr. 462			264
1115^k	1263 IV 23, –	Hartmann IV. v. Kiburg	Stift Kreuzlingen	Or.	Frf	ZUB 3 S. 301 Nr. 1216; ThUB 3 S. 260 Nr. 463		Krz D	267, 268, 269
1116^k	1263 IV 24, Frauenfeld	Hartmann IV. v. Kiburg	Stift Kreuzlingen	Or.	Frf	ZUB 3 S. 301 Nr. 1217; ThUB 3 S. 261 Nr. 464		Krz C	266, 267, 269, 398
1117	1263 V 13, Burg Elgg	Walther v. Elgg	Kl. Töß	Or.	Zür	ZUB 3 S. 303 Nr. 1219		Töß 1 A	212, 216, 217
1118	1263 V 18, Zürich, Chorherrenstift u. Wasserkirche	Propst Heinrich u. Kapitel v. Zürich	(i. eig. Sache)	Or.	Zür	ZUB 3 S. 303 Nr. 1220		ZürPro 9	110, 143, 145, 146, 147, 148
1119^k	1263 V 27, Baden	Hartmann IV. u. Hartmann V. v. Kiburg	Kl. Wettingen	Or.	Aar	ZUB 3 S. 305 Nr. 1221		K 7 = H 4	217, 384, 386, 387
1120	1263 V 27, –	Wolfrad v. Veringen	Stift Kreuzlingen	Or.	Frf	ThUB 3 S. 264 Nr. 467		Krz D	267, 268, 269
1121^k	1263 VI 11, Winterthur	Rudolf v. Wart	Kl. Töß	2 Orr.	Zür	ZUB 3 S. 306 Nr. 1222		Töß 1 A (S); Jak (? D)	209, 211, 212, 213, 216, 218, 228, 234, 235
1122	1263 VI 23, Belp	Aimo v. Montenach	Kl. Fraubrunnen	Or.	Ber	FRB 2 S. 576 Nr. 539; Soloth. 2 S. 122 Nr. 202			315
1123	1263 VI 25, –	Richard v. Corbières, Bürger v. Freiburg i. Ü.	Thomas v. Cirgilon, Bürger v. Freiburg i. Ü.	Or.	FrÜ Maigrauge XXVII/1			FrÜSta 2	344, 345

Urk. Nr.	Datum	Aussteller/ Urheber	Adressat/ Empfänger	Übllfg.	Lagerort	Drucke/Faksimile, Teilabbildung	Regesten	Provenienz	Besprochen bzw. erwähnt auf S./ Abb. Nr.
1124	1263 VII 23, —	Die Deutschordensbrüder v. Köniz u. Bern	Ulrich gen. v. Schoz u. s. Frau	Vid.	Ber	FRB 2 S. 576 Nr. 540		BerBur ?	317, 319
1125	1263 VII 24, Bern	Burkhard v. Egerdon als Vogt d. Kinder d. Hans v. Egerdon	Kde Köniz	Or.	Ber	FRB 2 S. 577 Nr. 541		BerBur ? Kön ?	317, 319
1126ᵏ	1263 VIII 7, Konstanz	B. Eberhard v. Konstanz	Kl. St. Katharinental	Or.	Frf	ThUB 3 S. 265 Nr. 468	ZUB 12 S. 85 Nr. 1224a	KonB E 10	256, 257
1127	1263 VIII 7, Konstanz	Kl. St. Katharinental	(i. eig. Sache)	Or.	Frf	ThUB 3 S. 267 Nr. 469		Kat C	259
1128ᵏ	1263 VIII 17, Mörsburg	Hartmann IV. v. Kiburg	Stift Kreuzlingen	Or.	Frf	ZUB 3 S. 308 Nr. 1225; ThUB 3 S. 268 Nr. 470		Krz D	267, 269, 398, 399
1129	1263 VIII 31, —	Berchtold gen. v. Kalnach	Kde Buchsee	Or.	Ber	FRB 2 S. 578 Nr. 542		BerBur ? (D)	319
1130ᵏ	1263 IX 5, Frauenfeld	Hartmann IV. v. Kiburg	Kl. Paradies.	Or.	Sch	ZUB 3 S. 311 Nr. 1229; ThUB 3 S. 269 Nr. 471		Wet 5	77, 97, 98, 100, 101
1131ʰ	1263 IX 4, Wettingen u. IX 6, Mellingen	Rudolf IV. u. Gottfried v. Habsburg	Kl. Wettingen	Or.	Zür	ZUB 3 S. 310 Nr. 1228	RH 1 S. 83 Nr. 359	Wet 3	83, 85, 87, 91, 94, 101
1132	1263 IX 11, Wil	Abt. Berchtold v. St. Gallen	Kl. St. Johann i. Thurtal	Or.	Gal	Gall. 3 S. 163 Nr. 962			276
1133ᵏ	1263 IX 29, Laupen	Elisabeth v. Kiburg	Kde Köniz	Or.	Ber	FRB 2 S. 581 Nr. 546		Kön?	318

Urk. Nr.	Datum	Aussteller/Urheber	Adressat/Empfänger	Überlfg.	Lagerort	Drucke/Faksimile, Teilabbildung	Regesten	Provenienz	Besprochen bzw. erwähnt auf S./Abb. Nr.
1134[k]	1263 X 9, Burgdorf	Elisabeth v. Kiburg	Stadt Thun	Or.	Thu	FRB 2 S. 581 Nr. 547		K 7 = H 4	301, 384, 386
1135[h]	1263 X 13, Zürich	Rudolf IV. v. Habsburg	Kl. Kappel	Or.	Men	ZUB 3 S. 313 Nr. 1233	RH 1 S. 84 Nr. 360; QW 1/1 S. 427 Nr. 942	ZürPro 9	41, 42, 110, 139, 143, 144, 146, 147, 148, 149
1136[h]	1263 X 15, Freudenau	Gottfried u. Eberhard v. Habsburg	Kl. Kappel	Or.	Men	ZUB 3 S. 315 Nr. 1234	RH 1 S. 84 Nr. 361; QW 1/1 S. 427 Nr. 943	ZürPro 9	41, 42, 143, 144, 146, 147, 149
1137	1263 XI 11, —	Hug Walch	Stadt Straßburg	Or.	StrSta	StrUB 1 S. 410 Nr. 538		StrSta B	366
1138	1263 XI 12, Zürich	Äbtissin Mechthild u. Konvent v. Zürich	(i. eig. Sache)	Or.	Zür	ZUB 3 S. 318 Nr. 1236		ZürPro 9	66, 110, 143, 145, 146, 147
1139	1236 XII 12, Zürich	Äbtissin Mechthild u. Konvent v. Zürich	Meier zu Horgen	Or.	Zür	ZUB 3 S. 319 Nr. 1237		ZürPro 9	110, 139, 143, 145, 146, 147
1140[h]	1263 XII 6, Ruffach	Ritter u. Bürger d. Mundat zu Ruffach	B. (Heinrich) v. Straßburg u. Graf v. Habsburg	Or.	Col	Corp. 1 S. 117 Nr. 77	RH 1 S. 84 Nr. 362	zu StrSta A	366
1141	1263 XII 12, Zürich	Hugo Bockli, Chorherr v. Zürich, u.a. entscheiden	zwischen Kl. St. Blasien u. Hermann v. Bonstetten	Or.	Zür	ZUB 3 S. 320 Nr. 1238		Bla A (lt. Müller Bla VII)	118, 368
1142	1263 XII 13, Burg Küßnacht	Rudolf u. Johannes v. Küßnacht	Kl. Frauenthal	Or.	Frt	ZUB 3 S. 321 Nr. 1239		Kap 6	67, 74

Urk. Nr.	Datum	Aussteller/ Urheber	Adressat/ Empfänger	Üblfg.	Lagerort	Drucke/Faksimile, Teilabbildung	Regesten	Provenienz	Besprochen bzw. erwähnt auf S./ Abb. Nr.
1143[h]	1263 XII 13, —	Walther v. Geroldseck u. s. Verbündeten	B. Heinrich v. Straßburg, Stadt Straßburg, Rudolf IV. u. Gottfried v. Habsburg u.a.	Or.	StrSta	StrUB 1 S. 411 Nr. 540; Corp. 5 S. 35 Nr. N 49 (77a)	RH 1 S. 85 Nr. 363	StrSta B	366/Abb. 95
1144[k]	1263 XII 28, Burgdorf	Berchtold v. Rüti, Domherr v. Basel, u. a., Prokuratoren d. Elisabeth v. Kiburg u. ihrer Tochter Anna	Kl. Frienisberg	Or.	Ber	FRB 2 S. 566 Nr. 528	QW 1/1 S. 429 Nr. 947	Fri C	69, 324, 325, 326
1145[k]	1263 XII 28, Burgdorf	Elisabeth v. Kiburg	Kl. Frienisberg	Vid.	Ber	FRB 2 S. 564 Nr. 527	QW 1/1 S. 429 Nr. 947		69, 324, 325, 326
1146[k]	1264 I 7, Burgdorf	Elisabeth v. Kiburg	Kl. Frienisberg	Or.	Ber	FRB 2 S. 589 Nr. 555/ AD 16 Taf. 4 Nr. 9	zit. AD 16 S. 250 Nr. 9	Fri D = B	326, 327
1147a[kh]	1264 I 16, —	Stadt Freiburg i. Ü.	Rudolf IV. v. Habsburg	Lat. Or.	FrÜ	FRB 2 S. 589 Nr. 556A	RH 1 S. 85 Nr. 368	FrÜSta 2	253, 332, 336, 341, 342, 344, 345, 346
1147b[kh]	1264 I 16, —	Stadt Freiburg i. Ü.	Rudolf IV. v. Habsburg	Dt. Or.	FrÜ	FRB 2 S. 591 Nr. 556B	RH 1 S. 86 Nr. 368	FrÜSta 2	253, 332, 341, 342, 344, 345, 346
——	1264 I 19, Zürich, i. Chor d. Großmünsters	s. 1263 (1264?) I 19, Zürich, i. Chor d. Großmünsters							
1148[k]	1264 I —, Greifensee	Hugo v. Werdenberg als Vogt d. Anna v. Kiburg	Kl. Frienisberg	Vid.	Ber	FRB 2 S. 570 Nr. 532			69, 324, 325, 326

Urk.Nr.	Datum	Aussteller/ Urheber	Adressat/ Empfänger	Üblfg.	Lagerort	Drucke/Faksimile, Teilabbildung	Regesten	Provenienz	Besprochen bzw. erwähnt auf S./ Abb. Nr.
1149	1264 II 1, Rottenburg a.N.	Albrecht v. Rotenburg	Stift Kreuzlingen	Or.	Frf	ThUB 3 S. 271 Nr. 472			267, 268
1150	1264 II 11, Zürich, i. Hof Rudolfs v. Bürglen	Magister Kuno, Altoffizial v. Konstanz, entscheidet	zwischen Kl. Wettingen u. d. Propstei Zürich	Kop.	Zür	ZUB 3 S. 325 Nr. 1246		zu ZürPro 9	77,144,145, 167,169
1151	1264 II 11, Zürich, i. Hof Rudolfs v. Bürglen	Kl. Wettingen	Propstei Zürich	Kop.	Zür	ZUB 3 S. 327 Nr. 1247		ZürPro	77, 167, 169
1152ᵏ	1264 III 12, Burgdorf	Elisabeth v. Kiburg	Stadt Thun	Or.	Thu	FRB 2 S. 592 Nr. 557	zit. AD 16 S. 317 Anm. 348	Bur A	301, 302/ Abb. 75
1153	1264 III 19, St. Katharinental	Kl. St. Katharinental	(i. eig. Sache)	Or.	Frf	ThUB 3 S. 274 Nr. 475		Kat B	258, 262
1154	(1263 III 25 – 1264 III 24), –	Richenza, Witwe d. Rudolf v. Neuenburg	Kl. Erlach	Or.	Ber	FRB 2 S. 587 Nr. 553			359
1155	(1263 III 25 – 1264 III 24), –	Rudolf v. Neuenburg (!)	Kl. Erlach	Druck	–––	FRB 2 S. 588 Nr. 554			359
1156	1264 III 26, Zug	Äbtissin Ida u. Konvent v. Frauenthal	Emma u. Jakob, Witwe u. Sohn d. Cementarius v. Zug	Or.	Frt	Gfr. 3 S. 122 Nr. 6; ZUB 3 S. 330 Nr. 1250	QW1/1 S. 431 Nr. 952	Kap 5 A	59, 60, 63, 74, 118
–––	1264 III (25– 31), Freiburg i.Ü.	s. 1265 III (1– 24), Freiburg i.Ü.							
1157	1264 IV 1, –	Abt Riwin u. Konvent v. Kreuzlingen	Witwe u. Kinder d. Albrecht v. Hofe	Or.	Frf	ThUB 3 S. 275 Nr. 476		Krz C	266

Urk.Nr.	Datum	Aussteller/ Urheber	Adressat/ Empfänger	Ubl/g.	Lagerort	Drucke/Faksimile, Teilabbildung	Regesten	Provenienz	Besprochen bzw. erwähnt auf S./ Abb. Nr.
1158^k	1264 IV 1, Konstanz	B. Eberhard v. Konstanz	Kl. St. Katharinental	2 Orr.	Frf	ZUB 3 S. 331 Nr. 1252; ThUB 3 S. 277 Nr. 477		1. Or.: KonB E 5	256, 257, 261, 279, 395
1159	(zu 1264 IV 1), —	Die Priorin v. St. Katharinental	Kde Bubikon	Or.	Zür	ZUB 3 S. 332 Nr. 1253; ThUB 3 S. 279 Nr. 479; Corp. 1 S. 124 Nr. 82			256
1160^h	1264 IV 6 (nicht IV 7), —	Meister Bonman u. d. Johanniter v. Hohenrain	Hartmann u. Markwart v. Baldegg, Brüder	Or.	Luz	Gfr. 9 S. 208 Nr. 13	RH 1 S. 86 Nr. 369; QW1/1 S. 432 Nr. 953		289
1161	1264 IV 26, Zürich	Propst Heinrich u. Kapitel v. Zürich	Meier Rüdiger v. Albisrieden	Or.	Zür	ZUB 3 S. 334 Nr. 1255		ZürPro 9	66, 143, 145, 146, 147, 148, 149
1162	1264 IV —, Nidau	Abt Haimo u. Propst Johannes v. Erlach	Ulrich v. Ulvingen	Or.	Ber	FRB 2 S. 608 Nr. 561		Erl (?)	23, 359
1163	1264 V 3, —	Burkhard gen. Reber u. s. Söhne	Kde Buchsee	Or.	Ber	FRB 2 S. 609 Nr. 562		BerBur	320
1164	1264 V 5, Abtei Zürich	Äbtissin Mechthild u. Konvent v. Zürich	gewesener Ammann Konrad u. s. Frau	Or.	Zür	ZUB 3 S. 337 Nr. 1257		ZürPro 9	110, 143, 146, 147, 148
1165	1264 V 8, —	Rudolf Dietwi, Münzmeister zu Bern	Kde Buchsee	Or.	Ber	FRB 2 S. 610 Nr. 563		BerBur	320
1166	1264 V 11, Zürichberg	Propst u. Konvent v. (St. Martin auf d.) Zürichberg	Berchtold v. Dietlikon, Bürger v. Zürich	Or.	Zür	ZUB 3 S. 338 Nr. 1258		ZürPro 10 A	150, 153, 155

Urk.Nr.	Datum	Aussteller/ Urheber	Adressat/ Empfänger	Üblfg.	Lagerort	Drucke/Faksimile, Teilabbildung	Regesten	Provenienz	Besprochen bzw. erwähnt auf S./ Abb. Nr.
1167ʰ	1264 V 28, Zürich	Rudolf IV. v. Habsburg	Propstei Zürich	Kop.	ZürBbl	ZUB 3 S. 339 Nr. 1260	RH 1 S. 86 Nr. 370	ZürPro 9	144, 149
1168ᵏʰ	1264 VI 18, Konstanz	Schiedsgerichtlicher Entscheid	zwischen B. Eberhard v. Konstanz u. Rudolf IV. v. Habsburg	Or.	Krh	ZUB 3 S. 344 Nr. 1266	RH 1 S. 87 Nr. 372; QW1/1 S. 433 Nr. 956		279, 395
1169	1264 VI 21, Konstanz	B. Eberhard v. Konstanz	Propstei Zürich	Or.	Zür	ZUB 3 S. 346 Nr. 1267		KonB E 6	118
1170ʰ	1264 VI 22, —	Rudolf IV. v. Habsburg	Stadt Winterthur	Or.	Win	ZUB 3 S. 347 Nr. 1268/Geilfus S. 20	RH 1 S. 87 Nr. 373	Jak	233, 234, 235
1171ʰ	1264 VI 23, —	Schultheiß, Rat u. Bürger v. Breisach	Bischöfl. Kirche Basel	Kop.	Ber	Trouill. 2 S. 142 Nr. 102	RH 1 S. 88 Nr. 374		350
1172ᵏ	1264 VI 24, —	Heinrich v. Schüpfen u. s. Frau Ida	Kl. Frienisberg	Or.	Ber	FRB 2 S. 611 Nr. 565		Fri E	326, 327, 328
1173	1264 VII 1, Zürich	Der Rat v. Zürich	Kl. Wurmsbach	Or.	Wur	ZUB 3 S. 349 Nr. 1270		ZürSta 1	72, 197
1174	1264 VII 1, Zürich	Äbtissin Mechthild v. Zürich	Kl. Wurmsbach	Or.	Wur	ZUB 3 S. 349 Nr. 1271		ZürSta 1	72, 110, 197
1175	1264 VII 2, Zürich, i. Chor d. Propstei	Ulrich v. Jestetten	Kl. Wettingen	Or.	Aar	ZUB 3 S. 350 Nr. 1272		Wet 5	97, 99, 100, 101, 102 110, 118
1176ᵏ	1264 VII 23, —	Kl. Wettingen	Werner gen. Woltin	2 Orr.	Aar Wett. Nr. 122		zit. ZUB 3 S. 354 Anm. 4	Wet 5	97, 98, 101, 103

Urk.Nr.	Datum	Aussteller/ Urheber	Adressat/ Empfänger	Ublfg.	Lagerort	Drucke/Faksimile, Teilabbildung	Regesten	Provenienz	Besprochen bzw. erwähnt auf S./ Abb. Nr.
1177	1264 VII 26, —	Ulrich v. Regensberg	an Propstei Zürich f. Kl. St. Gallen	Or.	Zür	ZUB 3 S. 351 Nr. 1273		ZürPro 10 A	150, 152, 153, 154
1178kh	1264 VII 28, Mörsburg	Hartmann IV. v. Kiburg	Stift St. Jakob auf d. Heiligenberg	Or.	Zür	ZUB 3 S. 351 Nr. 1274	RH 1 S. 88 Nr. 375		235, 251, 252
1179k	1264 (zu VII 28), —	Hartmann IV. v. Kiburg	Kl. Paradies	dt. Übs.	Zür	ZUB 3 S. 353 Nr. 1275; ThUB 3 S. 281 Nr. 482			245, 251, 252
1180	1264 VIII 17, i. d. Pfalz d. Abts v. St. Gallen	Rudolf v. Hagenwil, Dienstmann d. Kl. St. Gallen	Kl. St. Gallen	Druck	– – –	Gall. 3 S. 165 Nr. 965			276
1181	1264 VIII 28, Boswil	Walther v. Eschenbach	Abtei Zürich	Or.	Zür	ZUB 3 S. 353 Nr. 1276; Corp. 1 S. 127 Nr. 84		ZürAbt 3	113
1182kh	1264 IX 2, Mellingen	Elisabeth v. Kiburg u. ihre Tochter Anna	Kl. Wettingen	Or.	Aar	ZUB 3 S. 354 Nr. 1277	RH 1 S. 88 Nr. 376; QW1/1 S. 434 Nr. 957	Wet 5	97, 100, 101, 103
1183	1264 IX 6, Eglisau	Konrad u. Heinrich v. Tengen	Kl. Wettingen	Or.	Aar	ZUB 3 S. 355 Nr. 1278		Wet 5	97, 99, 103

Urk.Nr.	Datum	Aussteller/ Urheber	Adressat/ Empfänger	Ublfg.	Lagerort	Drucke/Faksimile, Teilabbildung	Regesten	Provenienz	Besprochen bzw. erwähnt auf S./ Abb. Nr.
1184	1264 IX 17, i.d. Großmünsterkirche i. Zürich	Hugo Bockli u.a. entscheiden	zwischen Kl. St. Blasien u. Kl. Wettingen einer- sowie d. Züricher Bürgern Werner Schwerter u. Dietrich Schneider samt d. freien Bauern zu Oetwil andererseits	Or.	Zür	ZUB 3 S. 356 Nr. 1279		Bla A (lt. Müller Bla VII)	118, 368
1185h	1264 (vor IX 24), –	Gottfried u. Eberhard v. Habsburg	Kl. Selnau	Or.	Zür	ZUB 3 S. 358 Nr. 1280	RH 1 S. 88 Nr. 377	ZürPro 11	155, 156
1186h	1264 (vor IX 24), –	Gottfried v. Habsburg	Kl. Selnau	Or.	Zür	ZUB 3 S. 359 Nr. 1281	RH 1 S. 89 Nr. 378	ZürPro 11	155 156/ Abb. 26
1187k	1264 X 2, Burgdorf	Burkhard, Bruno, Johannes u. Berchtold gen. d. Reichen v. Solothurn	Kl. Erlach	Or.	Ber	FRB 2 S. 612 Nr. 567; Soloth. 2 S. 133 Nr. 218/Soloth. 2 zu S. 133 Nr. 218		Erl	359
——	1264 XI 5, Steckborn	s. 1264 XI 14, Reichenau							
1188h	(1264) X 10, Heiligenberg	Rudolf IV. v. Habsburg	an Abt Berchtold v. St. Gallen	Vid.	Gal	MIÖG 25 S. 323 Nr. 1	RH 1 S. 89 Nr. 379; ZUB 12 S. 89 Nr. 1281a	Gal?	273, 275
1189	1264 X 19 (nicht X 29), an dem Boll	Werner v. Attinghausen	Kl. Wettingen	Or.	Aar	Anz. 3 S. 421 Nr. 1	QW1/1 S. 434 Nr. 958	Wet?	72

Urk.Nr.	Datum	Aussteller/ Urheber	Adressat/ Empfänger	Überlfg.	Lagerort	Drucke/Faksimile, Teilabbildung	Regesten	Provenienz	Besprochen bzw. erwähnt auf S./ Abb. Nr.
1190	1264 X —, St. Johann b. Erlach	Sibilla v. Neuenburg	Kl. Erlach	Druck	— — —	FRB 2 S. 614 Nr. 568			359
1191	1264 XI 4, (Konstanz)	Burkhard v. Hewen, Domherr v. Konstanz	Kl. St. Katharinental	Or.	Frf	ThUB 3 S. 285 Nr. 485			261, 263
1192	1264 X 5, Steckborn u. XI 14, Reichenau	Abt Albrecht u. Konvent v. Reichenau	Kl. Feldbach	Or.	Frf	ThUB 3 S. 284 Nr. 484		Fel B	271, 272
1193h	1264 XII 9, St. Blasien	Gottfried v. Habsburg vermittelt	zwischen Kl. St. Blasien u. Heinrich v. Krenkingen	Or.	Krh	Herrg. 2 S. 387 Nr. 469	RH 1 S. 90 Nr. 381	Bla A (lt. Müller Bla VII)	368
1194	1264 XII 14, Gottlieben u. XII 22, Schopfeln auf Reichenau	Abt Albrecht u. Konvent v. Reichenau	Kl. Salem	Or.	Krh	Sal. 1 S. 446 Nr. 399			106
1195	1264 XII 25, —	Rudolf Frieso u.s. Frau Berta	Kde Buchsee	Or.	Ber	FRB 2 S. 616 Nr. 571		BerBur	320
1196	1264 — —, i. Kl. Muri	Abt A. (Heinrich?) v. Muri	Kl. Oetenbach	Or.	Zür	ZUB 3 S. 359 Nr. 1282		Oet 4 A	193
1197k	1264 — —, Wiggiswil	Meister P. u. d. Brüder d. Kde Buchsee	Edle v. Wiggiswil	Or.	Ber	FRB 2 S. 617 Nr. 572		Bur A	290, 301, 302, 305/ Abb. 76
1198	1264 — —, —	Luchardis, Gattin d. Burkhard gen. v. Richensheim (Rixheim), Bürgers v. Mülhausen	Kl. Lützel	Kop.	Pru	Trouill. 2 S. 150 Nr. 111			310

Urk.Nr.	Datum	Aussteller/ Urheber	Adressat/ Empfänger	Ubßg.	Lagerort	Drucke/Faksimile, Teilabbildung	Regesten	Provenienz	Besprochen bzw. erwähnt auf S./ Abb. Nr.
1199	1264 — —, (Wettingen)	Kl. Wettingen	(Urbarialaufzeichnung)	Aufz.	Aar Wett. Nr. 119			Wet	106
1200	1265 I 3, auf d. Kirchhof v. Villingen	Hugo v. Kirneck u. s. drei Brüder, Vögte v. Schwenningen	Propstei Zürich	Or.	ZürBbl	ZUB 4 S. 1 Nr. 1283		zu ZürPro 10 A ?	151
1201[h]	1265 (Anfang), Ortenberg i.E.	Rudolf IV. v. Habsburg	an Stadt Straßburg f. s. Eigenmann Konrad Keppi	Druck	——————	StrUB 1 S. 456 Nr. 604	RH 1 S. 90 Nr. 382		366
1202[h]	1265 (Anfang), —	Rudolf IV. v. Habsburg	Kl. Lützel	Or.	Col	Trouill. 2 S. 160 Nr. 118	RH 1 S. 90 Nr. 383		309, 310
1203[h]	1265 I 15, —	B. Heinrich v. Basel	an Stadt Mülhausen f. B. Heinrich v. Straßburg	2 Orr.	Str	Mulh. 1 S. 16 Nr. 22	RH 1 S. 90 Nr. 384		350
1204	1265 I 18, —	Burkhard, Bruno, Johannes u. Berchtold, Brüder, gen. d. Reichen v. Solothurn	Kl. Frienisberg	Or.	BerSta	FRB 2 S. 621 Nr. 576/AD 16 Taf. 4 Nr. 10	zit. AD 16 S. 250 Nr. 10	Fri D = B	326, 327
1205	1265 I 25, Chorherrenstube (Zürich)	Propst Heinrich u. Kapitel v. Zürich	Abteichorherr Heinrich Manesse u.s. Mutter Judenta	Kop.	Zür	ZUB 4 S. 4 Nr. 1285		zu ZürPro 11 (?)	110, 155
1206	1265 I 25, —	Propst Heinrich u. Kapitel v. Zürich	Abteichorherr Heinrich Manesse u.s. Mutter Judenta	Or.	Zür	ZUB 4 S. 2 Nr. 1284		ZürPro 11	155, 156

Urk.Nr.	Datum	Aussteller/ Urheber	Adressat/ Empfänger	Überlfg.	Lagerort	Drucke/Faksimile, Teilabbildung	Regesten	Provenienz	Besprochen bzw. erwähnt auf S./ Abb. Nr.
1207	1265 I 30, Kreuzlingen	B. Eberhard v. Konstanz	Stift Kreuzlingen	Or.	Frf	ThUB 3 S. 3 S. 286 Nr. 486		Krz D	267
1208ᵏ	1265 II 7, Burgdorf	Elisabeth v. Kiburg	Propstei Interlaken	Or.	Ber	FRB 2 S. 623 Nr. 578		Int D	294, 298
1209	1265 (zwischen II 2 u. 9), Frienisberg	Hugo v. Jegistorf, Chorherr v. Beromünster	Kl. Frienisberg	Or.	Ber	FRB 2 S. 622 Nr. 577	QW1/1 S. 436 Nr. 962	Fri F	326, 328
1210	1265 II 12, Luzern	Nögger, Sohn d. weil. Walther v. Littau	Petrus, Kämmerer zu Luzern	Or.	LuzSti	Gfr. 1 S. 193 Nr. 21	QW1/1 S. 436 Nr. 963	Luz G	29
1211	1265 II 15, Regensberg	Ulrich v. Regensberg d.J.	Kl. Wettingen	Or.	Aar	ZUB 4 S. 4 Nr. 1286		Wet 5	97, 100, 103
1212	1265 III 7, Wettingen	Konrad v. Oetlikon, Chorherr v. Embrach	Kl. Wettingen	Or.	Aar	ZUB 4 S. 5 Nr. 1287		Wet 5	41, 97, 100, 101, 102
1213ʰ	1265 III 13, Basel	Eberhard v. Habsburg	(Bischöfl.) Kirche Basel u. Stift St. Leonhard i. Basel	Kop.	Bas	Trouill. 2 S. 152 Nr. 113	RH 1 S. 91 Nr. 385; QW1/1 S. 437 Nr. 964		357
1214	1265 III (1 – 24), Freiburg i. Ü.	Ulrich v. Dietersberg	Kl. Hautcrêt	Or.	Ber	FRB 2 S. 605 Nr. 558	zit. AD 16 S. 316 Anm. 348	FrÜSta 1	333, 338, 339
1215	1265 III 24, Zürich, Kreuzgang d. Propstei	Konrad v. Baumgarten u. s. Söhne	Kl. Selnau	Or.	Zür	ZUB 4 S. 6 Nr. 1288		ZürPro 10 A	139, 150, 152, 153, 154, 155
1216	1265 III 26, Zürich, vor d. Wasserkirche	Jakob Müllner, Bürger v. Zürich	Kl. Kappel	Or.	Zür	ZUB 4 S. 7 Nr. 1289		ZürPro 10 B	41, 110, 151, 152, 153, 154

Urk.Nr.	Datum	Aussteller/ Urheber	Adressat/ Empfänger	Überlfg.	Lagerort	Drucke/Faksimile, Teilabbildung	Regesten	Provenienz	Bestmchen bzw. erwähnt auf S./ Abb. Nr.
1217[h]	1265 III 31, Embrach, i. d. Kirche	Propst Heinrich u. Kapitel v. Embrach	Kl. Selnau	Or.	Zür	ZUB 4 S. 8 Nr. 1290	vgl. RH 1 S. 91 Nr. 386	ZürPro 9	143, 145, 146, 147, 148, 150
1218	1265 III —, —	Abt Ulrich u. Konvent v. Frienisberg	Stephan gen. v. Praping	Or.	BerSta	FRB 2 S. 626 Nr. 581/AD 16 Taf. 4 Nr. 11	zit. AD 16 S. 250 Nr. 11	Fri B = D	327
1219	1265 III —, —	Der Rat v. Zürich	Abtei Zürich	Or.	ZürSta	ZUB 4 S. 9 Nr. 1291; Corp. 1 S. 130 Nr. 88		ZürAbt 3	113, 115
1220[k]	1265 IV 1, Konstanz	B. Eberhard v. Konstanz	Kl. St. Katharinental	Or.	Frf	ThUB 3 S. 289 Nr. 488		KonB E 10	257, 279, 395
1221[h]	1265 IV 7, Embrach	Konrad v. Embrach u. s. Söhne	an Gottfried u. Eberhard v. Habsburg f. Kl. Selnau	Or.	Zür	ZUB 4 S. 10 Nr. 1292	RH 1 S. 91 Nr. 386	ZürPro 9	143, 145, 146, 149, 150
1222	1265 IV 19, Mellingen	Gertrud, Frau d. Burgunder	Kl. Wettingen	Or.	Aar		BaUB 1 S. 326 Nr. 448	Wet 5	97
1223	1265 V 28, Schaffhausen	Friedrich v. Randenburg	Kl. Paradies	Or.	Sch	ThUB 3 S. 294 Nr. 492			244, 248, 249, 252
——	**1265 VI 11, Oberhofen**	s. 1266 II 19, Thun							
1224	1265 VI 24, —	Wolfrad d. J. v. Veringen	Kl. Heiligkreuzthal	Or.	Stu	Wirtemb. 6 S. 212 Nr. 1818		Rei	262
1225[h]	1265 VI 27, —	Rudolf IV. v. Habsburg	Stift Kreuzlingen	Or.	Frf	ZUB 4 S. 12 Nr. 1297; ThUB 3 S. 296 Nr. 493	RH 1 S. 91 Nr. 388	Krz D	267/Abb. 56
1226	1265 VII 1, Abtei Zürich	Äbtissin Mechthild v. Zürich	Kl. Oetenbach	Or.	Zür	ZUB 4 S. 13 Nr. 1298		Oet 4 A	110, 193

Urk.Nr.	Datum	Aussteller/ Urheber	Adressat/ Empfänger	Ublfg.	Lagerort	Drucke/Faksimile, Teilabbildung	Regesten	Provenienz	Besprochen bzw. erwähnt auf S./ Abb. Nr.
1227	1265 VII 3, Konstanz	B. Eberhard v. Konstanz	Kl. Salem	Or.	Krh	Sal. 1 S. 459 Nr. 410			106
1228	1265 VII 5 (nicht 13), Dießenhofen	Otwin, Bürger v. Dießenhofen	Kl. St. Katharinental	Or.	Frf	ThUB 3 S. 297 Nr. 494		Kat C	256, 259, 261
1229	1265 VII 16, St. Gallen	Abt Berchtold u. Konvent v. St. Gallen	Kl. Feldbach	Kop.	Gal	Gall. 3 S. 167 Nr. 967; ThUB 3 S. 298 Nr. 495			276
1230	1265 VII 25, Abtei Zürich	Jakob Müllner	Abtei Zürich	Or.	Zür	ZUB 4 S. 13 Nr. 1299; Corp. 1 S. 132 Nr. 92		ZürAbt 3	114
1231	1265 VII 28, Zürich	Magister Rudolf v. Bürglen u.a. Chorherren v. Zürich entscheiden	zwischen Propstei Zürich u. Stift (St. Martin auf d.) Zürichberg	Or.	Zür	ZUB 4 S. 15 Nr. 1301	QW1/1 S. 437 Nr. 966	ZürPro 9	143, 145, 147, 148, 149, 169
1232	1265 VII —, —	B. Heinrich v. Basel	Kl. Erlach	Or.	Ber	FRB 2 S. 629 Nr. 585		Erl	351
1233	1265 VIII 19, —	Burkhard, Bürger v. Freiburg i.Ü.	Kl. Altenryf	Or.	FrÜ		Gumy S. 209 Nr. 557	FrÜSta 2	344, 345
1234h	1265 VIII 29, Brugg	Rudolf IV. v. Habsburg	Kl. Weesen	Or.	Wee	Herrg. 2 S. 390 Nr. 473	RH 1 S. 92 Nr. 390; ZUB 12 S. 90 Nr. 1301a	ZürDom 6	183, 186
1235	1265 IX 3, —	Berchtold v. Rüti, Propst v. Solothurn	Propstei Interlaken	Or.	Ber	FRB 2 S. 631 Nr. 587		Int E	299

Urk.Nr.	Datum	Aussteller/Urheber	Adressat/Empfänger	Üblfg.	Lagerort	Drucke/Faksimile, Teilabbildung	Regesten	Provenienz	Besprochen bzw. erwähnt auf S./Abb. Nr.
1236	1265 IX 7, —	Magister Johannes, gewesener Scholaster v. St. Peter i. Basel	(Testament)	2 Orr.	Bas	BaUB 1 S. 332 Nr. 458		BasPet (lt. BaUB 2. Ausf. v. anderer Hand)	356
1237ᵏ	1265 X 9, Chillon	Margarete v. Kiburg	Kl. Wettingen	Or.	Aar	ZUB 4 S. 17 Nr. 1302			107
1238	1265 (1266?) XI 7, Liebegg	Ludwig v. Liebegg	Kl. Wettingen	Or.	Aar	ZUB 4 S. 19 Nr. 1305		Wet 5	98, 102, 103
1239	1265 XI 13, beim Kl. Töß	Mechthild v. Wart	Kl. Töß	2 Orr.	Zür	ZUB 4 S. 20 Nr. 1306; ThUB 3 S. 300 Nr. 497		ZürDom 1 D außer 1. Or.: Töß 1 B (S)	169, 171, 174, 211, 212, 213
1240	(zu 1265 XI 13), —	M(echthild v. Wart)	Kl. Töß	Or.	Zür	ZUB 4 S. 22 Nr. 1307		Töß 2 C	224
1241	1265 XII 1, Luzern, auf d. Kapellbrücke	Werner, Diethelm u. Markwart v. Wolhusen, Brüder	Kl. Engelberg	Or.	Eng	Gfr. 51 S. 90 Nr. 120	QW1/1 S. 438 Nr. 967	Luz G	4, 29
1242ʰ	1265 — —, —	Rudolf IV. v. Habsburg	Stadt Straßburg	Kop.	StrSta	StrUB 1 S. 456 Nr. 605	RH 1 S. 92 Nr. 394		366
1243	(1250—1265),—	Markwart v. Wolhusen	Kl. Engelberg	Or.	Eng	Gfr. 51 S. 78 Nr. 104	QW1/1 S. 289 Nr. 645	Eng 5 B	19, 21
1244	1266 I 14, Murbach	Abt Berchtold v. Murbach	Kl. Rathausen	Or.	Luz	Gfr. 1 S. 194 Nr. 22	QW1/1 S. 439 Nr. 969	Luz G	29
1245	1266 (1262?) II 9, Gottlieben	B. Eberhard v. Konstanz	Kl. Töß	Or.	Zür	ZUB 4 S. 24 Nr. 1310		Oet 3 B	191, 192, 211

Urk.Nr.	Datum	Aussteller/ Urheber	Adressat/ Empfänger	Üblfg.	Lagerort	Drucke/Faksimile, Teilabbildung	Regesten	Provenienz	Besprochen bzw. erwähnt auf S./ Abb. Nr.
1246	1265 VI 11, Oberhofen u. 1266 II 19, Thun	Burkhard, gewesener Propst v. Interlaken, u.a. entscheiden	zwischen Stift Ansoltingen u. Walther v. Eschenbach	Or.	Ber	FRB 2 S. 638 Nr. 594			301
1247	1266 II 26, Konstanz	B. Eberhard v. Konstanz	Kl. Rathausen	Or.	Luz	Neug. CD 2 S. 258 Nr. 992; Verbess. Gfr. 2 S. 62 Nr. 21 Anm.	QW1/1 S. 439 Nr. 970		27
1248ʰ	1266 III 5, Thun	Walther v. Eschenbach	Propstei Interlaken	Or.	Ber	FRB 2 S. 641 Nr. 595	RH 1 S. 93 Nr. 396		300
1249	1266 III 7, St. Gallen	Abt Berchtold u. Konvent St. Gallen	Berchtold v. Dielsdorf, Chorherr v. Bischofszell	Or.	Aar	ZUB 4 S. 25 Nr. 1311; Gall. 3 S. 714 Anhang Nr. 35			77
1250ᵏʰ	1266 III 16, —	Rudolf IV. v. Habsburg u. Hugo v. Werdenberg anstelle Annas v. Kiburg	Berchtold, Leutpriester v. Säckingen, Chorherr v. Beromünster	Or.	Luz	BeUB 1 S. 367 Nr. 113b	RH 1 S. 93 Nr. 397; ZUB 4 S. 27 Nr. 1313; QW1/1 S. 440 Nr. 971	Bmü D	283/Abb. 64
1251	1266 (zu III 16), —	Ulrich v. Roggliswil	Berchtold, Leutpriester v. Säckingen, Chorherr v. Beromünster	Or.	Luz	BeUB 1 S. 368 Nr. 114b	QW1/1 S. 440 Nr. 972	Bmü D	283
1252ʰ	1266 III 17, Wettingen	Rudolf IV., Gottfried u. Eberhard v. Habsburg	Kl. Wettingen	Or.	Aar	ZUB 4 S. 27 Nr. 1314	RH 1 S. 93 Nr. 398	Wet 5	98, 101, 103
1253	1266 III 20, Konstanz	B. Eberhard v. Konstanz	Kl. St. Katharinental	Or.	Don	ThUB 3 S. 305 Nr. 501		KonB E 8	257

Urk.Nr.	Datum	Aussteller/ Urheber	Adressat/ Empfänger	Üblfg.	Lagerort	Drucke/Faksimile, Teilabbildung	Regesten	Provenienz	Besprochen bzw. erwähnt auf S./ Abb. Nr.
1254	1266 III 23, St. Gallen	Abt Berchtold v. St. Gallen	Kl. Tänikon	Or.	Frf	ThUB 3 S. 306 Nr. 502; Gall. 3 S. 170 Nr. 971			275
1255	1266 IV 1, Bregenz	Abt Ulrich u. Konvent v. Bregenz (Mehrerau)	Abt Berchtold v. St. Gallen	Or.	Gal	Gall. 3 S. 171 Nr. 973			276
1256ʰ	1266 IV 5, Laufenburg	Rudolf IV. v. Habsburg	Frankinus u. dessen Bruder, Bürger v. Laufenburg	Druck	——	Herrg. 2 S. 394 Nr. 479	RH 1 S. 94 Nr. 401	K 7 = H 4	385
1257ʰ	1266 IV 6, —	Schultheiß u. Räte v. Mülhausen	Stadtscholaster Johannes	Vid.	Str	Mulh. 1 S. 25 Nr. 33	RH 1 S. 94 Nr. 402	Mül	350, 370
1258	1266 IV 10, —	Burkhard, Ulrich, Konrad u. Nikolaus, Söhne d. ermordeten Burkhard v. Bächtelen	Kde Köniz	Or.	Stu	FRB 2 S. 642 Nr. 597		BerBur ? Kön ?	317
1259	1266 IV 28, Abtei Zürich	Rudolf v. Bürglen, Chorherr u. Diakon a. d. Propsteikirche Zürich	Abtei Zürich	Or.	ZürSta	ZUB 4 S. 29 Nr. 1316		ZürPro 9 (?)	110, 143, 144, 145, 146
1260	1266 IV 30, Chorherrenstube i. Zürich	Heinrich u. Rüdiger v. Werdegg	Propstei Zürich	Kop.	Zür	ZUB 4 S. 30 Nr. 1317		zu ZürPro 9 (D)	144, 145
1261ʰ	1266 V 16, Kl. Muri	Rudolf IV. v. Habsburg	Kl. Einsiedeln	Or.	Ein	Gfr. 42 S. 145 Nr. 18; ZUB 4 S. 31 Nr. 1318	RH 1 S. 94 Nr. 404; QW1/1 S. 441 Nr. 975	Mri (?)	33, 35, 38

Urk.Nr.	Datum	Aussteller/ Urheber	Adressat/ Empfänger	Übrfg.	Lagerort	Drucke/Faksimile, Teilabbildung	Regesten	Provenienz	Besprochen bzw. erwähnt auf S./ Abb. Nr.
1262	1266 V 17, Müllheim	Berchtold v. Baden	Kl. Sitzenkirch	Or.	Krh	ZGORh 9 S. 441		Bla A (lt. Müller Bla VII)	368
1263	1266 V 20, Bern	Berchtold v. Rüti, Propst v. Solothurn, u. Kuno v. Kramburg	Kde Buchsee	Or.	Ber	FRB 2 S. 645 Nr. 599		BerBur	320
1264	1266 V 30, i. d. Kammer d. Äbtissin v. Zürich	Äbtissin Mechthild v. Zürich	Kl. Kappel	Or.	Zür	ZUB 4 S. 32 Nr. 1319		ZürPro 9 (S); Kap 5 E (D)	41, 63, 64, 69, 110, 118, 144, 145, 146, 147
1265	1266 VII 11, Mülhausen	Schultheiß, Räte u. Stadt Mülhausen	an päpstl. delegierte Richter (Vollmacht f. Prokurator Konrad)	Or.	Str	Mulh. 1 S. 33 Nr. 40			370
1266	1266 VI 16, Zürich	Äbtissin Mechthild, Propst Heinrich u. d. ganze Klerus v. Zürich	an B. Eberhard v. Konstanz	Or.	Zür	ZUB 4 S. 34 Nr. 1321		ZürPro 12 ?	157
1267	1266 VII 1, Abtei Zürich	Äbtissin Mechthild v. Zürich	Kl. Oetenbach	Or.	Zür	ZUB 4 S. 35 Nr. 1322		ZürAno B	110, 118, 188, 200
1268	1266 VII 6, (Hitzkirch u.) Kl. Oetenbach	Konrad v. Heidegg	Kl. Oetenbach	Or.	Zür	Gfr. 11 S. 105 Nr. 2; ZUB 4 S. 36 Nr. 1323	QW1/1 S. 442 Nr. 977	Oet 3 A	169, 191
——	1266 VII 11, —	s. 1266 VII 23,—							
1269h	1266 VII 13, Tiengen	Heinrich v. Krenkingen	Kl. St. Blasien	Or.	Krh		RH 1 S. 95 Nr. 405; ZGORh 6 S. 229	Bla B (lt. Müller Bla VIII)	368, 369

Urk.Nr.	Datum	Aussteller/ Urheber	Adressat/ Empfänger	Üblfg.	Lagerort	Drucke/Faksimile, Teilabbildung	Regesten	Provenienz	Besprochen bzw. erwähnt auf S./ Abb. Nr.
1270	1266 VII 14, —	Abt Anshelm u. Konvent v. Einsiedeln	Kl. Wettingen	Or.	Aar	ZUB 4 S. 37 Nr. 1325	QW1/1 S. 443 Nr. 979	Ein D	36, 37, 77
1271	1266 VII 15, Murbach	Abt Berchtold v. Murbach	Bürger v. Luzern	Or.	Luz	Gfr. 1 S. 195 Nr. 23; QW1/1 S. 443 Nr. 980		Luz G	29
1272ᵏ	1266 VII 11, — u. s. VII 23, —	Johann v. Ried u. s. Frau Hemma	Kl. Einsiedeln	Kop.	Ein	Gfr. 42 S. 145 Nr. 19	QW1/1 S. 442 Nr. 978	Ein D	33, 36, 37
1273ʰ	1266 VII 23, Kappel a. Rhein	B. Heinrich v. Straßburg beurkundet d. Sühne zwischen	Walther v. Geroldseck u. Helfer einer- u. Rudolf IV. u. Gottfried v. Habsburg u. Helfer anderer- seits	Or.	StrSta	Trouill. 2 S. 163 Nr. 121; StrUB 1 S. 463 Nr. 615; Corp. 5 S. 57 Nr. N 81 (100a)	RH 1 S. 95 Nr. 406	StrSta B	366
1274	1266 VII 26, —	Abt Ulrich u. Konvent v. Frienisberg	Rudolf sel. gen. Truphet (Erben)	Or.	BerSta	FRB 2 S. 646 Nr. 600			325, 327, 328
1275	1266 VII 27, Zug, i. d. Kapelle	Abt Walther u. Konvent v. Engelberg	Peter u. Johann v. Cham	Or.	Eng	Gfr. 51 S. 91 Nr. 121; ZUB 4 S. 38 Nr. 1326	QW1/1 S. 444 Nr. 982	Kap 6	4, 67, 69
1276	1266 VIII 19, —	Äbtissin Mecht- hild v. Zürich	Kl. Wettingen	Or.	Aar	ZUB 4 S. 40 Nr. 1328		ZürPro 12	77, 110, 156, 158
1277	1266 VIII 24, Bremgarten	Johannes, Vize- leutpriester v. Sarmenstorf	Kl. Frauenthal	Or.	Frt		QW1/1 S. 445 Nr. 983; ZUB 12 S. 91 Nr. 1328a	Kap 6	67, 74
1278	1266 IX 1, Abtei Zürich	Äbtissin Mecht- hild v. Zürich	Kl. Oetenbach	Or.	Zür	ZUB 4 S. 41 Nr. 1329		ZürAno B	110, 188, 200

Urk.Nr.	Datum	Aussteller/ Urheber	Adressat/ Empfänger	Üblfg.	Lagerort	Druck/Faksimile, Teilabbildung	Regesten	Provenienz	Besprochen bzw. erwähnt auf S./ Abb. Nr.
1279	1266 IX 8, —	Arnold, d. Subkustos v. Basel	Kl. St. Urban	Or.	Luz	FRB 2 S. 647 Nr. 601	QW1/1 S. 445 Nr. 984		316
1280	1266 IX 18, Zürich	Äbtissin Mechthild v. Zürich	Kl. Frauenthal	Or.	Frt	Gfr. 3 S. 123 Nr. 7; ZUB 4 S. 42 Nr. 1330	QW1/1 S. 446 Nr. 986	ZürPro 9	41, 74, 110, 144, 146, 147, 148, 149
1281h	1266 (vor IX 25), —	Stadt Mülhausen	an päpstl. delegierte Richter	Ins.	Str	Mulh. 1 S. 39 Nr. 49	RH 1 S. 95 Nr. 408	Mül?	350
1282	1266 X 10, Fluntern	Heinrich, Leutpriester v. St. Peter i. Zürich, u.a. entscheiden	zwischen Stift St. Martin auf d. Zürichberg u. d. Brüdern Rudolf u. Heinrich Murer	Or.	Zür	ZUB 4 S. 44 Nr. 1332		ZürPro 10 A	150, 153, 155
1283k	1266 X 15, i. Chorherrenstift Zürich	Propst Heinrich v. Zürich	Notar Friedrich v. Kiburg, Domherr zu Konstanz u. Chorherr v. Zürich, u. Kl. Wettingen	Or.	Aar	ZUB 4 S. 45 Nr. 1333		Wet 5	98, 100, 101, 103, 118, 395, 396
1284h	1266 X 21, i. d. Vorburg d. Kiburg	Rudolf IV. v. Habsburg	Kl. Wettingen	Or.	Aar	ZUB 4 S. 46 Nr. 1334	RH 1 S. 96 Nr. 411	K 7 = H 4	77, 384, 385, 386, 387
—	s.1265 (1266?) XI 7, Liebegg								
1285h	1266 XI 8, Basel	Gottfried u. Eberhard v. Habsburg	Kl. Wettingen	Or.	Aar	ZUB 4 S. 47 Nr. 1335	RH 1 S. 96 Nr. 413	Wet 5	98, 102, 103
—	1266 (zu XI 8), Zürich	s.1266 (nach IX 24), Zürich							

Urk.Nr.	Datum	Aussteller/Urheber	Adressat/Empfänger	Üblfg.	Lagerort	Drucke/Faksimile, Teilabbildung	Regesten	Provenienz	Besprochen bzw. erwähnt auf S./Abb. Nr.
1286	1266 XI 9, Chorherrenstift Zürich	Abt Konrad u. Konvent v. Wettingen	Hedwig Fink u. ihre Kinder	Or.	Aar	ZUB 4 S. 49 Nr. 1337		ZürPro 12	77,110,156, 157,158
1287	1266 XI 14, Zürich	Propst Heinrich v. Zürich	Kl. Oetenbach	Or.	Zür	ZUB 4 S. 50 Nr. 1338		Oet 4 B	118,193
1288	1266 XI 25, i.d. Burg Klingnau	Walther v. Klingen	Kde Leuggern	Or.	Aar		REC 1 S. 245 Nr. 2142	Wet 3	77, 83, 84, 85, 91, 96
1289	1266 XI —, Burgdorf	Gertrud, Witwe v. Balmegg	Kl. Fraubrunnen	Or.	Ber	FRB 2 S. 653 Nr. 606		Bur B	306, 307
1290	1266 XII 21, Dällikon	Ulrich v. Regensberg	Konstanzer Schwestern i. Zürich	Or.	Zür	ZUB 4 S. 51 Nr. 1340		ZürDom 1 D	171, 174, 190, 216
1291^h	1266 (nicht 1267) XII 25, —	Walther v. Eschenbach	Kl. Rathausen	Reg.	LuzBbl	Gfr. 2 S. 63 Nr. 22	RH 1 S. 102 Nr. 439; QW1/1 S. 447 Nr. 988; ZUB 12 S. 91 Nr. 1340a		26
1292^h	1266 (nach IX 23), Zürich	Rudolf V. v. Habsburg, Dompropst v. Basel, u. Eberhard v. Habsburg	Kl. Wettingen	Or.	Zür	ZUB 4 S. 48 Nr. 1336	RH 1 S. 95 Nr. 407		107
1293^k	1266 — —, —	Hugo v. Werdenberg	Kl. St. Urban	Kop.	Luz	FRB 2 S. 654 Nr. 607a	QW1/1 S. 448 Nr. 991		316
1294^kh	1266 — —, —	Rudolf IV. v. Habsburg	Kl. St. Urban	Kop.	Luz	FRB 2 S. 654 Nr. 607b	RH 1 S. 97 Nr. 416; QW1/1 S. 448 Nr. 991		316

Urk. Nr.	Datum	Aussteller/ Urheber	Adressat/ Empfänger	Ublfg.	Lagerort	Drucke/Faksimile, Teilabbildung	Regesten	Provenienz	Besprochen bzw. erwähnt auf S./ Abb. Nr.
1295	(um 1266), —	Rudolf v. Nidau, Sohn d. Rudolf v. Neuenburg	Bürger v. Erlach	Vid.	Erl	FRB 2 S. 655 Nr. 608			308
1296[h]	1267 I 8, Basel	Rudolf V. v. Habsburg, Dompropst v. Basel, Gottfried u. Eberhard v. Habsburg	Kde Hohenrain	Or.	Luz	Neug. CD 2 S. 259 Nr. 993	RH 1 S. 98 Nr. 418; QW1/1 S. 449 Nr. 994; ZUB 12 S. 92 Nr. 1340b	ZürPro 10 A	150, 152, 153, 154/ Abb. 25
1297[kh]	1267 I 25, Aarau	Rudolf IV., Gottfried u. Eberhard v. Habsburg	Bürger v. Aarau	Or.	AarSta	FRB 2 S. 675 Nr. 615; Aar. 1 Nr. 1	RH 1 S. 98 Nr. 420; QW1/1 S. 450 Nr. 996	K 7 = H 4	384, 386, 387
1298	1267 I 25, Schaffhausen	Abt Konrad u. Konvent v. Schaffhausen	Kl. St. Katharinental	Or.	Frf	ThUB 3 S. 314 Nr. 508			261
1299	1267 I 25, —	Wilhelm, Sohn d. Berchtold v. Riggisberg, Bürger v. Freiburg i. Ü.	Johanniter v. Freiburg i. Ü.	Or.	FrÜ	FRB 2 S. 674 Nr. 614		FrÜSta 2	336, 344, 345
1300	1267 I 28, Konstanz	Konrad(in), Hg. v. Schwaben, Kg. v. Sizilien u. Jerusalem	Stift Kreuzlingen	Or. u. Vid.	Frf	ThUB 2 S. 442 Nr. 129 u. ebd. 3 S. 316 Nr. 510		Vid.: Krz D	267
1301	(1267 II 1), Schaffhausen, Klosterlaube	Abt Konrad u. Konvent v. Schaffhausen	Kl. St. Katharinental	Or.	Frf	ThUB 3 S. 315 Nr. 509; Corp. 1 S. 151 Nr. 103		Kat D	256, 259, 261

Urk.Nr.	Datum	Aussteller/ Urheber	Adressat/ Empfänger	Ublfg.	Lagerort	Drucke/Faksimile, Teilabbildung	Regesten	Provenienz	Besprochen bzw. erwähnt auf S./ Abb. Nr.
1302ᵏʰ	1267 II 18, Burgdorf	Elisabeth v. Kiburg	Kl. Wettingen	Or.	Aar	ZUB 4 S. 52 Nr. 1342; FRB 2 S. 676 Nr. 616	RH 1 S. 98 Nr. 421	Wet 5	98, 100, 102, 103
1303ʰ	1267 III 6, Laupen	Rudolf IV. v. Habsburg	Ulrich v. Maggenberg, Bürger v. Freiburg i. Ü.	Or.	SchPri	FRB 2 S. 704 Nr. 642	RH 1 S. 98 Nr. 422	K 7 = H 4	385
1304	1267 III 7, (Konstanz)	B. Eberhard v. Konstanz	Stift Kreuzlingen	Or.	Frf	ThUB 3 S. 320 Nr. 512		Krz D	267
1305ʰ	1267 III 19, Zürich	Walther v. Vatz anstatt Rudolfs v. Rapperswil	Lazariter im Gfenn	Or.	Zür	ZUB 4 S. 53 Nr. 1343	RH 1 S. 99 Nr. 423; QW1/1 S. 450 Nr. 998	ZürPro 10 A	151, 152, 153, 154, 155
1306ʰ	1267 III 20, Zürich u. Glanzenberg	Berthold u. Johannes v. Schnabelburg, Brüder	Kl. Kappel	Or.	Zür	ZUB 4 S. 54 Nr. 1344	QW1/1 S. 451 Nr. 999	Kap 5 E	63, 64, 65, 66, 118
1307ʰ	1267 III 20, Zürich u. Glanzenberg	Rudolf V. v. Habsburg, Dompropst v. Basel, Rudolf IV., Gottfried u. Eberhard v. Habsburg	Kl. Kappel	Or.	Zür	ZUB 4 S. 56 Nr. 1345	RH 1 S. 99 Nr. 424; QW1/1 S. 451 Nr. 999	ZürPro 9 (S); Kap 5 E u. ZürPro 9 (D)	41, 63, 64, 65, 66, 118, 144, 145, 146, 147, 150
1308ʰ	1267 III 20, Zürich, i. Haus d. Chorherrn Heinrich Schlüsseli	Rudolf IV. v. Habsburg	Kl. Kappel	Or.	Zür	ZUB 4 S. 59 Nr. 1347	RH 1 S. 99 Nr. 425	ZürPro 9 (S); Kap 5 E (D)	41, 63, 64, 65, 66, 118, 144, 146, 150

Urk.Nr.	Datum	Aussteller/ Urheber	Adressat/ Empfänger	Übsfg.	Lagerort	Drucke/Faksimile, Teilabbildung	Regesten	Provenienz	Besprochen bzw. erwähnt auf S./ Abb. Nr.
1309h	1267 III 20, Glanzenberg	Rudolf V. v. Habsburg, Dompropst v. Basel, Gottfried u. Eberhard v. Habsburg	Kl. Kappel	Or.	Zür	ZUB 4 S. 59 Nr. 1348	RH 1 S. 99 Nr. 426	ZürPro 9 (S); Kap 5 E (D)	41, 63, 64, 65, 66, 118, 144, 146, 150/Abb. 24
1310h	1267 III 20, Zürich	Rudolf IV. v. Habsburg	Heinrich Tabernarius gen. v. Göhrwil	Kop.	Etz	ZUB 4 S. 57 Nr. 1346	RH 1 S. 99 Nr. 427		66
1311	(1266 III 25 – 1267 III 24), Boveresse	Jakob de Prato u. s. Angehörigen	Kl. Erlach	Or.	Ber	FRB 2 S. 669 Nr. 609			359
– – –	1267 III –, Burgdorf	s. 1267 VIII 28, Aarau							
1312	1267 IV 1, Schopfeln	Abt Albrecht u. Konvent v. Reichenau	Kl. Heiligkreuzthal	Or.	Stu	Wirtemb. 6 S. 307 Nr. 1916		Rei	262
1313h	1267 IV 12, Baden	Rudolf IV. v. Habsburg	Kl. Wettingen	Or.	Wil	Schöpf. 1 S. 457 Nr. 642	RH 1 S. 100 Nr. 429	K 7 = H 4	77, 384, 385
1314	1267 IV 26, Töß	Mechthild v. Wart, Gattin d. Meiers Diethelm v. Windegg	Kl. Töß	Or.	Zür	ZUB 4 S. 60 Nr. 1349; ThUB 3 S. 323 Nr. 516		Oet 3 C	169, 192, 211
1315	1267 IV 30, Reichenau, i. Palast d. Abtes	Abt Albrecht v. Reichenau	Kl. St. Katharinental	Or.	Frf	ThUB 3 S. 325 Nr. 517			263
1316h	1267 V 8, Wurmsbach u. V 11, Zürich	Rudolf IV. v. Habsburg u. Walther v. Yatz anstatt Rudolfs v. Rapperswil	Kl. Wurmsbach	2 Orr.	Wur	ZUB 4 S. 61 Nr. 1350	RH 1 S. 100 Nr. 432; QW 1/1 S. 452 Nr. 1001	ZürPro 10 A	71, 151, 153, 154, 155

Urk. Nr.	Datum	Aussteller/Urheber	Adressat/Empfänger	Üblfg.	Lagerort	Druck/Faksimile, Teilabbildung	Regesten	Provenienz	Besprochen bzw. erwähnt auf S./Abb. Nr.
1317	1267 V 23, —	Heinrich Wizo u. s. Frau Itina	Kde Köniz	Or.	Ber	FRB 2 S. 683 Nr. 622		BerBur ?	317
1318ᵏʰ	1267 VI 3, Burgdorf	Walther v. Aarwangen u.a.	Kl. Fraubrunnen	Or.	Ber	FRB 2 S. 684 Nr. 623; Soloth. 2 S. 156 Nr. 249/Soloth. 2 zu S. 156 Nr. 249	RH 1 S. 101 Nr. 433		330
1319	1267 VI 10, Winterthur	Kl. Töß u. d. Pfründner C. (Konrad) v. Heiligenberg	R. Scherer v. Winterthur	Or.	Zür	ZUB 4 S. 64 Nr. 1351		Töß 1 B (S); Jak (? D)	211, 212, 213, 228, 230, 234, 235
1320	1267 VI 22, Zürich	Welcho, Leutpriester d Propstei Zürich, u.a. entscheiden	zwischen Stift (St. Martin) auf d. Zürichberg u. Heinrich Maurer v. Fluntern	Or.	Zür	ZUB 4 S. 65 Nr. 1352		ZürPro 10 A	151, 152, 153, 154, 155
1321	1267 VI 27, Embrach	Propst Heinrich u. Kapitel v. Embrach	Guta, Witwe Eberhards d. Maurers v. Fluntern	Or.	Zür	ZUB 4 S. 66 Nr. 1353		ZürPro 10 A	139, 151, 152, 153, 154
1322	1267 VI —, —	Abt Ulrich u. Konvent v. Frienisberg	Heinrich v. Seedorf, Bürger v. Bern, u. s. Frau Mechthild	Or.	Berlns	FRB 2 S. 686 Nr. 625			326, 328
1323	1267 VII 5, Reichenau	Abt Albrecht u. Konvent v. Reichenau	Kl. St. Katharinental	Or.	Frf	ZUB 4 S. 67 Nr. 1354; ThUB 3 S. 327 Nr. 518			261
1324	1267 VII 6, Reichenau	Abt Albrecht u. Konvent v. Reichenau	an P. Clemens IV. f. Kl. St. Katharinental	Or.	Frf	ThUB 3 S. 331 Nr. 520; ZUB 12 S. 94 Nr. 1355a			261

Urk.Nr.	Datum	Aussteller/Urheber	Adressat/Empfänger	Ublfg.	Lagerort	Drucke/Faksimile, Teilabbildung	Regesten	Provenienz	Besprochen bzw. erwähnt auf S./Abb. Nr.
1325	1267 VII 6, Reichenau	Abt Albrecht u. Konvent v. Reichenau	an P. Clemens IV. f. Kl. St. Katharinental	Or.	Frf	ThUB 3 S. 332 Nr. 521; ZUB 4 S. 68 Nr. 1355			261
1326	1267 VII 8, —	Walther u. Konrad v. Wolfenschießen	Kl. Engelberg	Kop.	Eng	Gfr. 51 S. 94 Nr. 123	QW1/1 S. 452 Nr. 1002		4
1327	1267 VII 20, Zürich	Abt Konrad u. Konvent v. Wettingen	Kl. Oetenbach	Or.	Zür	ZUB 4 S. 69 Nr. 1356		ZürPro 10 A	77, 110, 151, 152, 153, 188
1328ᵏ	1267 VIII 23, Burgdorf	Hugo v. Werdenberg anstatt Annas v. Kiburg	Bürger v. Burgdorf	Or.	Bur	FRB 2 S. 686 Nr. 626		K 7 = H 4	384, 387
1329ᵏ	1267 VIII 23, Burgdorf	Hugo v. Werdenberg anstatt Annas v. Kiburg	Heinrich v. Schüpfen	Or.	Ber	FRB 2 S. 687 Nr. 627		K 7 = H 4	384, 387
1330ᵏʰ	1267 III —, Burgdorf u. VIII 28, Aarau	Rudolf IV. v. Habsburg anstatt Elisabeths u. Annas v. Kiburg	Kl. Wettingen	Or.	Aar	ZUB 4 S. 70 Nr. 1357; FRB 2 S. 688 Nr. 628	RH 1 S. 100 Nr. 428	Wet 5	98, 99, 100, 102, 103
1331ᵏʰ	1267 IX 8, Löwenberg bei Murten	Rudolf IV. v. Habsburg	Margarete v. Kiburg	Or.	Wie	ZUB 4 S. 72 Nr. 1358; FRB 2 S. 689 Nr. 629	RH 1 S. 101 Nr. 435; QW1/1 S. 453 Nr. 1004	K 7 = H 4	384, 387
1332ᵏʰ	1267 IX 11, Burgdorf	Rudolf IV. v. Habsburg u. Hugo v. Werdenberg	Kl. Fraubrunnen	Or.	Ber	FRB 2 S. 691 Nr. 630	RH 1 S. 102 Nr. 436; QW 1/3 S. 811 Nr. N 18	Bur B	306, 307/ Abb. 77
1333	1267 (vor IX 24), —	Hugo v. Montfort u. s. Frau Mechthild	Stift Rüti	Or.	Zür	ZUB 4 S. 74 Nr. 1359		Rüt 5	207

Urk. Nr.	Datum	Aussteller/ Urheber	Adressat/ Empfänger	Überlfg.	Lagerort	Drucke/Faksimile, Teilabbildung	Regesten	Provenienz	Besprochen bzw. erwähnt auf S./ Abb. Nr.
1334ʰ	1267 X 5, Kiburg	Rudolf IV. v. Habsburg	Kl. Wettingen	Or.	Aar	ZUB 4 S. 74 Nr. 1360	RH 1 S. 102 Nr. 437	K 7 = H 4	77, 384, 387
1335	1267 XI 11, Schloß Nidau	Richenza v. Neuenburg	Kl. Erlach	Or.	Ber	FRB 2 S. 698 Nr. 635		Erl (?)	23, 359
1336	1267 XI 11, —	Kde Köniz	Söhne d. Burkhard v. Bächtelen sel.	Or.	Ber	FRB 2 S. 699 Nr. 636		BerBur	317, 320
1337	1267 XI 12, Gottlieben	B. Eberhard v. Konstanz	Augustinerinnen i. Konstanz	Or.	Krh		REC 1 S. 248 Nr. 2171	Krz D	267
1338	1267 XI 16, Nidau	Richenza v. Nidau, Witwe Rudolfs v. Neuenburg	Kl. Frienisberg	Or.	Ber	FRB 2 S. 700 Nr. 637			326
1339	1267 XI 23, Feldbach	Rudolf, Leutpriester i. Schaffhausen	Kl. Feldbach	Or.	Frf	ThUB 3 S. 336 Nr. 525			271, 272
—	1267 XI 26, Frauenthal	s. 1268 V 24, —							
1340	1267 XII 1, Stein a. Rhein	Kl. Stein am Rhein	Kl. Feldbach	Or.	Frf	ThUB 3 S. 338 Nr. 526		Fel B	271, 272
—	1267 XII 25, —	s. 1266 XII 25, —							
1341	1267 XII 31, Kappel	Johannes v. Schnabelburg	Kl. Kappel	Or.	Zür	ZUB 4 S. 77 Nr. 1363		Kap 5 E	63, 64, 65, 66, 69
1342	1267 XII 31, Kappel	Johannes v. Schnabelburg	Kl. Kappel	Or.	Zür	ZUB 4 S. 78 Nr. 1364		Kap 5 E	63, 64, 69

Urk.Nr.	Datum	Aussteller/ Urheber	Adressat/ Empfänger	Üblfg.	Lagerort	Drucke/Faksimile, Teilabbildung	Regesten	Provenienz	Besprochen bzw. erwähnt auf S./ Abb. Nr.
1343[h]	1267 — —, Laufenburg	Gertrud, Witwe Friedrichs v. Teufen	Kl. Engelberg	2 Orr.	Eng	Gfr. 51 S. 93 Nr. 122; ZUB 4 S. 80 Nr. 1365	RH 1 S. 102 Nr. 440; QW1/1 S. 454 Nr. 1006; ZUB 12 S. 95 Nr. 1365a		4, 23
1344	1267 — —, Reichenau, Burg Schopfeln	Abt Albrecht v. Reichenau	(in Klostersachen)	Or.	Frf	ThUB 3 S. 340 Nr. 528		Rei	262
1345[h]	(1267) — —, —	Gottfried v. Habsburg	Kl. Wettingen	Or.	einst BerEff	Neug. Ep. Const. 1 S. 547 Nr. 25	RH 1 S. 100 Nr. 430		107
—	(1267) — —, —	s. (1268–1276), —							
1346	1268 I 6, Mülhausen	Schultheiß, Räte u. Gemeinde v. Mülhausen	an päpstl. delegierte Richter (Vollmacht f. Prokurator Konrad)	Vid.	Str	Mulh. 1 S. 52 Nr. 59			370
1347	1268 I 9, auf d. Schnabelburg	Johannes v. Schnabelburg	Kl. Kappel	Or.	Baa	ZUB 4 S. 80 Nr. 1366	QW1/1 S. 455 Nr. 1009	Kap 5 E	63, 64, 66, 69, 100
1348[k]	1268 II 23, Konstanz	B. Eberhard v. Konstanz u. d. Kapitel	Kl. Wettingen	Or.	Aar	ZUB 4 S. 83 Nr. 1368		Wet 5	98, 100, 102, 103, 395, 396, 404
—	1268 II 26, Laupen	s. 1267 III 6, Laupen							
1349	1268 III 19, Viterbo	P. Clemens IV.	Kl. St. Katharinental	2 Orr.	Frf	ZUB 4 S. 85 Nr. 1370; ThUB 3 S. 343 Nr. 530			261
1350	1268 III 19, —	Der Rat v. Zürich	Heinrich u. C. Sulzelin	Or.	Zür	ZUB 4 S. 84 Nr. 1369		ZürSta 1	197

Urk.Nr.	Datum	Aussteller/ Urheber	Adressat/ Empfänger	Üblfg.	Lagerort	Drucke/Faksimile, Teilabbildung	Regesten	Provenienz	Besprochen bzw. erwähnt auf S./ Abb. Nr.
1351	1268 IV 2, a. d. Reuß	Johannes v. Schnabelburg	s. Schwester Udelhild, Äbtissin v. Frauenthal	Or.	Frt	ZUB 4 S. 86 Nr. 1372	QW1/1 S. 455 Nr. 1010	Kap 6	67, 69, 70, 74, 118
1352	1268 IV 16, —	Rudolf v. Schwanden u. s. Sohn Burkhard, Bürger v. Bern	Kde Köniz	Or.	Ber	FRB 2 S. 706 Nr. 645		BerBur	317, 320
1353	1268 IV 21, Reichenau, i. d. Abtwohnung	Abt Albrecht u. Konvent v. Reichenau	Kl. Feldbach	Or.	Frf	ThUB 3 S. 346 Nr. 532		Fel B	271
1354	1268 IV 25, (Ravensburg)	Konrad gen. v. Rüti	Stift Kreuzlingen	Or.	Frf	ThUB 3 S. 349 Nr. 534		Krz D	267
1355	1268 IV 28, Mülhausen	Schultheiß, Räte u. Gemeinde v. Mülhausen	an päpstl. delegierte Richter (Vollmacht f. Meister Konrad)	Or.	Str	Mulh. 1 S. 56 Nr. 63			370
1356	1268 V 3, Überlingen	Werner, Schultheiß v. Überlingen, entscheidet	zwischen Kl. Salem u. Alwig v. Herbertingen	Or.	Krh	Sal. 2 S. 22 Nr. 441			106
—	1268 V 11, i. d. Burg Uster	s. 1268 VI 18, Konstanz							
1357	1268 V 13, vor d. Kl. Oetenbach	Heinrich v. Zollikon	Kl. Oetenbach	Or.	Zür	ZUB 4 S. 94 Nr. 1379		ZürDom 1 D	171, 174, 188, 217
1358	1267 XI 26, Frauenthal u. 1268 V 24, —	Johannes v. Schnabelburg	Kl. Frauenthal	Or.	Frt	Gfr. 3 S. 124 Nr. 9; ZUB 4 S. 76 Nr. 1362	QW1/1 S. 453 Nr. 1005	Kap 5 E	63, 64, 66, 69, 74

Urk.Nr.	Datum	Aussteller/ Urheber	Adressat/ Empfänger	Üblfg.	Lagerort	Drucke/Faksimile, Teilabbildung	Regesten	Provenienz	Besprochen bzw. erwähnt auf S./ Abb. Nr.
1359	1268 V 31, Mülhausen	Schultheiß, Räte u. Gemeinde v. Mülhausen	an päpstl. delegierte Richter (Vollmacht f. Meister Konrad)	Or.	Str	Mulh. 1 S. 57 Nr. 66			370
1360k	1268 V —, —	Philipp v. Savoyen u. Burgund	Margarete v. Kiburg	Vid.	Aar	ZUB 4 S. 90 Nr. 1376	RH 1 S. 103 Nr. 442	Wet 5	77, 98
1361h	1268 VI 7, Kiburg	Rudolf IV. v. Habsburg	Kl. Töß	Or.	Zür	ZUB 4 S. 95 Nr. 1381	RH 1 S. 103 Nr. 443	Töß 1 C	212, 216, 223/Abb. 43
1362	1268 VI 12, Bern	Rudolf v. Schwanden u. s. Sohn Burkhard	Kde Köniz	Or.	Ber	FRB 2 S. 708 Nr. 648		BerBur ? Kön ?	317
1363h	1268 VI 13, Winterthur, i. Haus d. Schultheißen	Rudolf IV. v. Habsburg	Stift (St. Jakob) auf d. Heiligenberg	Or.	Zür	ZUB 4 S. 96 Nr. 1382	RH 1 S. 103 Nr. 444		230, 235
1364	1268 VI 15, Burg Uster	Ida, Frau d. Johann v. Wetzikon	Kl. Töß	Or.	Zür	ZUB 4 S. 97 Nr. 1383; ThUB 3 S. 351 Nr. 535		ZürDom 6	118, 183, 184, 185, 186, 211
1365	1268 (zu VI 15), —	Jakob v. Wart	Kl. Töß	Or.	Zür	ZUB 4 S. 98 Nr. 1384; ThUB 3 S. 353 Nr. 536		Töß 1 C	213
1366	1268 (zu VI 15), —	Kuno v. Teufen	Kl. Töß	Or.	Zür	ZUB 4 S. 98 Nr. 1385		Töß 1 C	213, 216
1367h	1268 VI 11, i. d. Burg Uster u. VI 18, Konstanz	Ida, Tochter d. Hugo v. Teufen, Gattin d. Johannes v. Wetzikon	Kl. Kappel	Or.	Zür	ZUB 4 S. 91 Nr. 1377	RH 1 S. 102 Nr. 441	zu ZürPro 12 (D)	42, 157

Urk.Nr.	Datum	Aussteller/ Urheber	Adressat/ Empfänger	Übl/g.	Lagerort	Drucke/Faksimile, Teilabbildung	Regesten	Provenienz	Besprochen bzw. erwähnt auf S./ Abb. Nr.
1368	1268 VII, 17, Mülhausen	Schultheiß, Räte u. Gemeinde v. Mülhausen	an päpstl. delegierte Richter (Vollmacht f. Meister Konrad)	Or.	Str	Mulh. 1 S. 61 Nr. 72	·		370
1369	1268 VII, 19, –	Äbtissin Mechthild v. Zürich	Kl. Engelberg	1. Or. 2. Or.	Zür Eng	Gfr. 51 S. 95 Nr. 124; ZUB 4 S. 99 Nr. 1386	QW 1/1 S. 457 Nr. 1013		4, 40
– –	1268 VIII 24, Zürich	s. 1269 (I 6–IV 30), Rathaus Zürich							
1370	1268 VIII –, –	Johannes v. Schnabelburg	Kl. Kappel	Or.	Zür	ZUB 4 S. 102 Nr. 1388		Kap 6	67, 69
1371	1268 IX 29, auf d. Burg Wädenswil	Rudolf v. Wädenswil	Äbtissin Mechthild v. Zürich u. d. Chorherren d. Abtei	Or.	ZürAnt	ZUB 4 S. 104 Nr. 1390		ZürAbt 3 ?	115
1372ᵏ	1268 X 4, Burg Monthey	Margarete v. Kiburg	Kl. Wettingen	Cr.	Aar	ZUB 4 S. 104 Nr. 1391		K 9	77, 387, 388/ Abb. 102
1373	1268 X 15, Zürich	Äbtissin Mechthild v. Zürich	Kl. Oetenbach	Or.	Zür	ZUB 4 S. 105 Nr. 1392		Oet 4 C	110, 194
1374	1268 X 15, Zürich	Rüdiger u. Johannes Manesse, Bürger v. Zürich	Johannes Schafli, Bürger v. Zürich	Or.	Zür	ZUB 4 S. 106 Nr. 1393		ZürPro 3 A	126
– –	1268 X 18, Konstanz	s. 1268 X 31, Gottlieben							
1375ᵏ	1268 X 19, –	Margarete v. Kiburg	Kl. Wettingen	Or. u. 2 Vid.	Aar	ZUB 4 S. 107 Nr. 1395		Or.: K 9; 2 Vid.: Wet 5	77, 98, 388
1376	1268 X 21, vor d. Tor d. Kirchhofs v. Zollikon	Heinrich v. Zollikon	Kl. Oetenbach	Or.	Zür	ZUB 4 S. 108 Nr. 1396		ZürDom 1 D	118, 171, 173, 174, 188

Urk.Nr.	Datum	Aussteller/ Urheber	Adressat/ Empfänger	Überlfg.	Lagerort	Drucke/Faksimile, Teilabbildung	Regesten	Provenienz	Besprochen bzw. erwähnt auf S./ Abb. Nr.
1377^k	1268 X 18, Konstanz u. X 31, Gottlieben	B. Eberhard v. Konstanz	Kl. Wettingen	Or.	Aar	ZUB 4 S. 106 Nr. 1394		Sal 8	77, 106, 395, 396, 404
1378	1268 XI 2, Abtei Zürich	Äbtissin Mechthild u. Konvent v. Zürich	Heinrich v. Rüti, ihr Schreiber	Or.	Wur	ZUB 4 S. 110 Nr. 1398		ZürAbt 3	41, 71, 72, 114, 115
1379	1268 XI 18, –	Äbtissin Mechthild v. Zürich	Kl. Oetenbach	Or.	Zür	ZUB 4 S. 112 Nr. 1400		Oet 4 C	110, 194
1380	1268 XI 24, Winterthur	Rudolf v. Winterberg	Kl. Tänikon	Or.	Frf	ZUB 4 S. 112 Nr. 1401; ThUB 3 S. 357 Nr. 539		Kap 5 E	63
1381	1268 XI 27, Zürich	Heinrich v. Tengen	Hugo Manesse u. s. Sohn Rudolf, Bürger v. Zürich	Or.	Zür	ZUB 4 S. 113 Nr. 1402		ZürPro 3 A	126
1382^h	1268 XII 1, Freiburg i. Ü.	Rudolf IV. v. Habsburg	Abt Johann v. St. Urban	Or.	Luz	FRB 2 S. 713 Nr. 654	RH 1 S. 103 Nr. 446; QW1/1 S. 458 Nr. 1017	FrÜSta 2	332, 344, 345, 346
1383	1268 XII –, –	Abt Ulrich u. Konvent v. Frienisberg	Kde Köniz	Or.	Ber	FRB 2 S. 716 Nr. 658		BerBur(Kön?)	317, 319, 320, 326
1384	1268 – –, –	Stift Beromünster	Familie Geiler	Kop.	Bmü	BeUB 1 S. 166 Nr. 119			285
1385	1268 – –, –	Otto v. Bottenstein	Kl. Einsiedeln	Or.	Ein		QW1/1 S. 459 Nr. 1018	Win (?)	35, 258
1386	(1256–1268), –	Der Rat v. Zürich	Abtei Zürich	Kop.	Zür	ZUB 3 S. 40 Nr. 955		ZürPro 10 A ?	110, 151

Urk.Nr.	Datum	Aussteller/Urheber	Adressat/Empfänger	Ublfg.	Lagerort	Drucke/Faksimile, Teilabbildung	Regesten	Provenienz	Besprochen bzw. erwähnt auf S./Abb. Nr.
1387	1269 I 5, —	Ulrich v. Freiburg i. Ü.	Kl. Altenryf	Or.	FrÜ		Gumy S. 217 Nr. 579	FrÜSta 2	344, 345
1388	1269 II 2, —	Wilhelm u. Heinrich v. Montenach, Brüder	Ulrich Welf u. s. Frau Hemma	Or.	Ber	FRB 2 S. 717 Nr. 659		BerBur ? (D)	319
1389^h	1269 II 13, Straßburg	Konrad, Hermann u. Eberhard gen. Waldner, Brüder	B. (Heinrich) v. Straßburg	Druck	———	Schöpf. 1 S. 462 Nr. 652	RH 1 S. 104 Nr. 450		366
1390	1269 II 27, Zürich	Propst Heinrich v. Zürich u.a. entscheiden	zwischen Kl. Wurmsbach u. d. Leutpriester v. Unterbollingen	Or.	Wur	ZUB 4 S. 115 Nr. 1404		ZürPro 12	71, 156, 158, 159
1391	1269 III 1, Zürich, vor d. Wasserkirche	Propst Heinrich v. Zürich	Drei Chorherren d. Abtei Zürich	Or.	ZürSta	ZUB 4 S. 117 Nr. 1405		zu ZürPro 10 A ?	110, 151
1392	1269 III 4, Einsiedeln u. Greifenberg	Abt Ulrich v. Einsiedeln	Kl. Wurmsbach	Or.	Wur	ZUB 4 S. 117 Nr. 1406	QW1/1 S. 460 Nr. 1023	ZürPro 12	35, 71, 157, 158, 159, 202, 203
1393^k	1269 III —, —	Heinrich v. Schüpfen	Kl. Frienisberg	Or.	Ber	FRB 2 S. 720 Nr. 663		Fri F	328/Abb. 88
1394	1269 IV 10, Klingnau	W. v. Klingen	Kl. St. Blasien	Or.	Aar	Neug. CD 2 S. 266 Nr. 999		Bla A (lt. Müller Bla VII)	368
1395^h	1269 IV 17, Konstanz	B. Eberhard v. Konstanz	Kl. St. Katharinental	Or.	Frf	ThUB 3 S. 360 Nr. 541	RH 1 S. 104 Nr. 451	KonB E 11	257

Urk. Nr.	Datum	Aussteller/ Urheber	Adressat/ Empfänger	Ublfg.	Lagerort	Drucke/Faksimile, Teilabbildung	Regesten	Provenienz	Besprochen bzw. erwähnt auf S./ Abb. Nr.
1396^k	1269 IV 18, Konstanz	B. Eberhard v. Konstanz u. Abt Eberhard v. Salem entscheiden	zwischen d. Domstift Konstanz u. Kl. Wettingen	Or.	Aar		ZUB 4 S. 121 Nr. 1410	Sal 8	77, 106, 396, 404
1397^h	1269 IV 19, beim Kl. Rheinau	Kuno v. Teufen	Kl. St. Katharinental	Or.	Zür	ZUB 4 S. 121 Nr. 1411	RH 1 S. 104 Nr. 452	KonB E 11	256, 257
1398	1269 IV 20, —	Walther v. Eschenbach	Stift Beromünster	Or.	Bmü	BeUB 1 S. 167 Nr. 121	QW1/1 S. 461 Nr. 1025	Bmü 2	284
1399	1268 VIII 24, Zürich u. 1269 (I 6—IV 30), Rathaus Zürich	Propst Heinrich v. Zürich	Predigerkl. Zürich u. Kl. Oetenbach	Or.	Oet	ZUB 4 S. 100 Nr. 1387		Oet 4 C	118, 167, 169, 194
1400^h	1269 VI 14, Straßburg	B. Heinrich v. Straßburg, Propst, Dekan u. Kapitel	Rudolf IV. v. Habsburg	Kop.	Krh	Herrg. 2 S. 414 Nr. 502; Schöpf. 1 S. 463 Nr. 655	RH 1 S. 104 Nr. 454		366
1401	1269 VI 18, —	Schultheiß, Räte u. Bürger v. Bern	Kde Köniz	Or.	Ber	FRB 2 S. 721 Nr. 664		BerBur? Kön?	317
1402	1269 VII 1, Basel	Rudolf v. Thierstein	Kl. Frienisberg	Or.	Ber	FRB 2 S. 722 Nr. 665; Soloth. 2 S. 173 Nr. 269			328
1403	1269 VII 10, —	Schultheiß, Räte u. Bürger v. Bern	an B. Johannes v. Lausanne f. Kde Köniz	Or.	Ber	FRB 2 S. 722 Nr. 666		BerBur?	317, 319
1404^h	1269 VIII 14, Kiburg	Rudolf IV. v. Habsburg	Lazariter im Gfenn	Kop.	Zür	ZUB 4 S. 124 Nr. 1415	RH 1 S. 105 Nr. 457		358

Urk. Nr.	Datum	Aussteller/ Urheber	Adressat/ Empfänger	Ublfg.	Lagerort	Drucke/Faksimile, Teilabbildung	Regesten	Provenienz	Besprochen bzw. erwähnt auf S./ Abb. Nr.
1405	1269 VIII —, —	Rudolf v. Neuenburg	Kl. Erlach	Or.	Ber	FRB 2 S. 729 Nr. 671		Erl	351, 359
1406	1269 (vor IX 24), —	Abt Heinrich u. Konvent v. Muri	Kl. Wettingen	Or.	Aar	ZUB 4 S. 125 Nr. 1417		Wet 5	41, 98, 99, 103, 118, 154
1407	1269 IX 25, Klingnau	B. Eberhard v. Konstanz	Kl. Kappel	Or.	Zür	ZUB 4 S. 129 Nr. 1423		KonB E 15	41, 119
1408ᵏʰ	1260 VIII 9, Wohlenswil u. 1269 IX 26, Klingnau	Walther u. Ulrich v. Altenklingen	Kl. Kappel	Or.	Zür	ZUB 3 S. 213 Nr. 1117	RH 1 S. 77 Nr. 327; QW 1/1 S. 399 Nr. 875	Kap 5 E	63, 65, 118/ Abb. 14
1409	1269 XI 25, Frauenthal	Kuno v. Villmergen	Kl. Frauenthal	Or.	Frt	Gfr. 3 S. 125 Nr. 10; ZUB 4 S. 132 Nr. 1425	QW1/1 S. 464 Nr. 1033	Kap 6	67, 68, 70, 74
1410ʰ	1269 XII 7, Basel	Johannes u. Heinrich v. Butenheim, Brüder	B. Heinrich v. Basel	Or.	Ber?	Schöpf. 1 S. 465 Nr. 659	RH 1 S. 106 Nr. 458		350
1411ʰ	1269 XII 16, Laufenburg	Heinrich v. Wangen	Kde Hohenrain	Or.	Luz		RH 1 S. 106 Nr. 459; QW1/1 S. 465 Nr. 1034	Ols	278
1412	1269 XII 21, —	Ulrich v. Marli	Ulrich d. Reiche v. Freiburg i. Ü.	Or.	FrÜ		Gumy S. 218 Nr. 583	FrÜSta 2	344, 345
1413	1269 XII 22, Luzern	Abt Berchtold v. Murbach	Walther v. Hochdorf, Chorherr v. Beromünster	Or.	LuzSti	Gfr. 3 S. 170 Nr. 1	QW1/1 S. 465 Nr. 1035	Luz H	29

Urk.Nr.	Datum	Aussteller/Urheber	Adressat/Empfänger	Überlfg.	Lagerort	Drucke/Faksimile, Teilabbildung	Regesten	Provenienz	Besprochen bzw. erwähnt auf S./Abb. Nr.
1414	1269 (nach IX 24), Luzern	Abt Berchtold v. Murbach beurkundet d. Vergleich	zwischen Kl. Murbach u. Kl. Luzern einerseits sowie d. Minderbrüdern u. d. Bürgern v. Luzern andererseits	Kop.	Luz	Gfr. 3 S. 171 Nr. 2	QW1/1 S. 463 Nr. 1028		27
1415	1269 (nach IX 23), Embrach	Ulrich v. Hinwil, Thesaurar d. Stifts Embrach	Stift (St. Martin) auf d. Zürichberg	Or.	Zür	ZUB 4 S. 129 Nr. 1422		ZürPro 10 A	151, 152, 153, 154
1416	1269 (nach IX 23), Schliengen	Walther v. Eschenbach u. Johannes v. Schnabelburg	Abt Berchtold v. St. Gallen	Vid.	Gal	ZUB 4 S. 128 Nr. 1421; Gall. 3 S. 182 in Nr. 984			276
1417	1269 — , —	Markwart v. Hasle gen. v. Bottigen	Kl. Engelberg	Kop.	Eng	Gfr. 51 S. 96 Nr. 125	QW1/1 S. 466 Nr. 1037		4
1418	(um 1269), —	Heinrich v. Kerns	Kl. Engelberg	Kop.	Eng	Gfr. 51 S. 97 Nr. 126			4
1419	(um 1269), —	Konrad, Bürger v. Bern	Kl. Engelberg	Kop.	Eng	Gfr. 51 S. 97 Nr. 127			4
1420[h]	1270 I 14, Freiburg i. Ü.	Rudolf IV. v. Habsburg	Perreta, Gattin Kunos v. Helfenstein, u. Töchter	Or.	Stu	FRB 2 S. 735 Nr. 678	RH 1 S. 106 Nr. 465	FrÜSta 2	332, 344, 345, 346
1421[h]	1270 I 14, Freiburg i. Ü.	Rudolf IV. v. Habsburg	Kl. Frauenkappelen	Or.	Ber	FRB 2 S. 736 Nr. 679	RH 1 S. 107 Nr. 466	K 7 = H 4	332, 385, 387/Abb.100

Urk. Nr.	Datum	Aussteller/ Urheber	Adressat/ Empfänger	Ublfg.	Lagerort	Drucke/Faksimile, Teilabbildung	Regesten	Provenienz	Besprochen bzw. erwähnt auf S./ Abb. Nr.
1422ʰ	1270 I 26, Brugg i. A.	Rudolf IV. v. Habsburg	Kl. Wettingen	Or.	Aar	Neug. CD 2 S. 279 Nr. 1005	RH 1 S. 107 Nr. 467	Wet 5	98, 101, 103, 104/Abb. 19
1423	1270 I 28, Wil	Eberhard, Truchseß v. Bichelsee	Kl. Tänikon	Or.	Frf	Gall. 3 S. 183 Nr. 985; ThUB 3 S. 376 Nr. 550			40
———	1270 I 28, Wettingen	s. 1271 I 28, Wettingen							
1424	1270 II 4, —	R., Landkomtur d. dt. Ritterordens v. Elsaß u. Burgund	Heinrich gen. v. Wildenstein u. s. Sohn Heinrich	Or.	Ber	FRB 2 S. 737 Nr. 681		BerBur?	317
1425	1270 II 6, —	Äbtissin E. u. Konvent v. Paradies	Kl. Wurmsbach	Or.	Wur	ZUB 4 S. 134 Nr. 1429		ZürPro 10 A	71, 110, 151, 153, 154, 155, 239
1426	1270 II 15, —	Wilhelm v. Hattenberg u. s. Söhne	Kl. Frienisberg	Or.	Ber	FRB 2 S. 738 Nr. 682		FrÜSta 2	344, 345, 346
1427	1270 II 22, Zürich, vor dem Rat	Der Rat v. Zürich	Augustinereremiten v. Zürich	Or.	Zür	ZUB 4 S. 136 Nr. 1431		ZürSta 1	110, 197
1428	1270 II 26, Aarau	Die Stadt Aarau	Schwestern v. Schännis i. Aarau	Or.	AarSta	Aar. S. 2 Nr. 2		ZürDom 6	183, 184, 185, 186
1429	1270 II 26, Aarau	Die Stadt Aarau	Schwestern v. Schännis i. Aarau	Or.	AarSta	Aar. S. 3 Nr. 3		ZürDom 6	183, 184, 185
1430	1270 III 19, Burg Neu-Toggenburg	Friedrich u. Diethelm v. Toggenburg u.a.	Kl. St. Katharinental	Or.	Gal	Gall. 3 S. 842 Anhang Nr. 3; ThUB 3 S. 382 Nr. 554			264

Urk. Nr.	Datum	Aussteller/ Urheber	Adressat/ Empfänger	Ublfg.	Lagerort	Drucke/Faksimile, Teilabbildung	Regesten	Provenienz	Besprochen bzw. erwähnt auf S./ Abb. Nr.
1431	1270 III 21, Zürich	Jakob Müllner v. Zürich	Kl. Selnau	Or.	Zür	ZUB 4 S. 138 Nr. 1433		ZürSta 1	110, 197
1432	1270 III 25, Aarau	Die Stadt Aarau	Schwestern v. Schännis i. Aarau	Or.	AarSta	Aar. S. 3 Nr. 4		ZürDom 6	183, 184, 185
1433[h]	1270 IV 1, Burgdorf	Rudolf IV. v. Habsburg	Bürger v. Burgdorf	Or.	Bur	FRB 2 S. 740 Nr. 685	RH 1 S. 107 Nr. 469	Bur B	306, 307
1434	1270 V 16, —	Dietrich v. Hallwil, Kustos v. Beromünster	Stift Beromünster	Or.	Bmü	BeUB 1 S. 171 Nr. 126	QW1/1 S. 467 Nr. 1040	Bmü 2	285
1435	1270 V 17, Liebegg	Heinrich v. Iberg	Kl. Frauenthal	Or.	Frt	Gfr. 3 S. 125 Nr. 11	QW1/1 S. 468 Nr. 1041	Kap 6	67, 74
1436[h]	1270 VI 2, Winterthur	Rudolf IV. v. Habsburg	Kl. Fischingen	Druck	— — —	ZUB 4 S. 142 Nr. 1436	RH 1 S. 107 Nr. 471	K 7 = H 4	385
1437	1270 VI 2, Bern	Ulrich gen. v. Maggenberg, Kastellan v. Laupen	Kde Köniz	Or.	Ber	FRB 2 S. 742 Nr. 688		Kön ? BerBur ?	317, 319
1438[k]	1270 VII 15, Trachselwald	Elisabeth v. Kiburg	Schwestern v. Schännis i. Aarau	Or.	AarSta	Aar. S. 4 Nr. 5		ZürDom 6	183, 184, 186
1439	1270 VIII 14, Bern	Burkhard gen. v. Schwanden	Kde Köniz	Or.	Ber	FRB 2 S. 744 Nr. 690		BerBur ?	317, 319
1440	1270 VIII 14, —	Rudolf u. Nikolaus gen. d. Friesen, Bürger v. Bern	Kde Köniz	Or.	Ber	FRB 2 S. 745 Nr. 691		BerBur ?	317, 319

Urk.Nr.	Datum	Aussteller/ Urheber	Adressat/ Empfänger	Ublfg.	Lagerort	Drucke/Faksimile, Teilabbildung	Regesten	Provenienz	Besprochen bzw. erwähnt auf S./ Abb. Nr.
1441	1270 VIII 17, Basel	Dietrich Schnewlin v. Freiburg i. Br.	B. Heinrich v. Basel	Kop.	Pru	Trouill. 2 S. 203 Nr. 155			77
1442	1270 VIII 26, Zürich u. VIII 31, Konstanz	B. Eberhard v. Konstanz	Abtei Zürich	Or.	ZürSta	ZUB 4 S. 144 Nr. 1439		ZürAbt 3 ? ZürPro 12 ?	115, 157
1443	1270 VIII 31, bei d. Kirche Wädenswil	Rudolf v. Wädenswil	Kl. Wettingen	Or.	Aar	ZUB 4 S. 146 Nr. 1440		ZürPro 12 ?	157
1444	1270 VIII —, Beromünster	Propst Rudolf u. Kapitel v. Beromünster	Gottfried v. Pfeffikon, Chorherr v. Beromünster	Ins. (Kop.)	Bmü	BeUB 1 S. 172 Nr. 127	QW1/1 S. 469 Nr. 1043	Bmü 2	285
1445	1270 IX 7, —	Propst Heinrich v. Zürich	Kl. Oetenbach	Or.	Zür	ZUB 4 S. 147 Nr. 1441			169, 189
1446	1270 IX 13, Zürich, Fraumünsterkirche	Äbtissin Elisabeth u. Konvent v. Zürich	Augustinereremiten v. Zürich	Or.	Zür	ZUB 4 S. 148 Nr. 1442		ZürPro 12	110, 157, 158
1447	1270 IX 15, —	Thomas v. Schaffis u. s. Brüder, Bürger v. Freiburg i. Ü.	(i. eig. Sache)	Or.	FrÜ	Sol. Wbl. 1829 S. 328 Nr. 3	Diesb. S. 115	FrÜSta 2	344
1448	1270 (vor IX 24), Utznach	Friedrich u. Wilhelm v. Toggenburg	Stift Rüti	Or.	Zür	ZUB 4 S. 149 Nr. 1443		Rüt 6	208
1449h	1270 (vor IX 24), —	Gottfried v. Habsburg	Kl. Wettingen	Or.	Aar		RH 1 S. 108 Nr. 475	Wet 5	98, 101, 103

Urk.Nr.	Datum	Aussteller/Urheber	Adressat/Empfänger	Üblfg.	Lagerort	Drucke/Faksimile, Teilabbildung	Regesten	Provenienz	Besprochen bzw. erwähnt auf S./Abb. Nr.
1450h	1270 (vor IX 24)	Stift Beromünster	Elisabeth v. Liela, Gattin d. Hartmann v. Baldegg	Or.	Bmü	BeUB 1 S. 173 Nr. 128	RH 1 S. 108 Nr. 476; QW1/1 S. 469 Nr. 1044	Bmü 2	284, 285
1451kh	1270 IX 29, Freiburg i. Ü.	Rudolf IV. v. Habsburg	Kl. Friensberg	Or.	Ber	FRB 2 S. 746 Nr. 692	RH 1 S. 108 Nr. 477	Kap 6	40, 42, 67, 69, 70, 324, 325, 326, 332, 400/ Abb. 15
1452	1270 X 1, Schöftland	Ludwig v. Liebegg	Kl. Einsiedeln	Or.	Ein		QW1/1 S. 470 Nr. 1045	Ein D	34, 36, 37
1453	1270 X 4, —	Ulrich v. Schwanden	Kde Köniz	Or.	Ber	FRB 2 S. 748 Nr. 693		BerBur? Kön?	317, 319
1454	1270 X 4, —	Vogt Philipp v. Brienz	Lazariter in Uri (Seedorf)	Or.	See	Gfr. 12 S.14 Nr. 14 u. ebd. 41 S. 26 Nr. 34; FRB 2 S. 749 Nr. 694	QW1/1 S. 470 Nr. 1046		27
1455	1270 X 15, Rheinfelden	Schultheiß Konrad u. d. Räte v. Rheinfelden	Kl. Olsberg	Or.	Aar Olsberg Nr. 67			Ols	278
1456	1270 X 21, Aarau	Rudolf, Schultheiß v. Aarau	Schwestern v. Schännis i. Aarau	Or.	AarSta	Aar. S. 5 Nr. 6	ZUB 4 S. 150 Nr. 1444; QW1/3 S. 812 Nr. N 20	ZürDom 6	183, 184
1457	1270 X 23, Zürich	Äbtissin Elisabeth v. Zürich	Kl. Kappel	Or.	Zür	ZUB 4 S. 151 Nr. 1445		ZürPro 12	41, 110, 157, 158
1458	1270 X 27, Aarau	Schultheiß u. Rat v. Aarau	Schwestern v. Schännis i. Aarau	Or.	AarSta	Aar. S. 5 Nr. 7		ZürDom 6	183, 184, 185, 186
1459	1270 X 27, Konstanz	B. Eberhard v. Konstanz	Kl. Engelberg	Or.	Eng	Gfr. 14 S. 184 Nr. 1	Gfr. 51 S. 98 Nr. 128; QW1/1 S. 470 Nr. 1047	KonB	4

Urk. Nr.	Datum	Aussteller/ Urheber	Adressat/ Empfänger	Ublfg.	Lagerort	Druck/Faksimile, Teilabbildung	Regesten	Provenienz	Besprochen bzw. erwähnt auf S./ Abb. Nr.
1460	1270 XI 3, zwischen Rüdberg u. Ganterswil	Friedrich d. J. v. Toggenburg	Kl. St. Katharinental	Or.	Don	ThUB 3 S. 391 Nr. 561			264
1461	1270 XI 3, Rheinfelden	Johannes v. Räcingen u. s. Sohn Johanninus, Bürger v. Rheinfelden	Kl. Olsberg	Or.	Aar Olsberg Nr. 68			Ols	278
1462	1270 XI 5, Reichenau	Abt Albrecht u. Konvent v. Reichenau	Deutschorden	1. Or. lat., 2. Or. dt.	Krh	ThUB 3 S. 392 Nr. 562; Corp. 1 S. 177 Nr. 145		Rei	262
1463	1270 XI 11, Avenches	Stadt Freiburg i. Ü.	Stadt Avenches	Or.	FrÜ	Rec. dipl. Frib. 1 S. 102 Nr. 27	QW1/1 S. 471 Nr. 1048	FrÜSta 2	344
1464ʰ	1270 XI 17, Laufenburg	Gottfried v. Habsburg	Kde Leuggern	Or.	Aar	ZUB 4 S. 152 Nr. 1446	RH 1 S. 109 Nr. 478	H 5	391, 392/ Abb. 107
1465ʰ	1270 XI 28 (Freiburg i. Ü.)	Kuno v. Helfenstein u. s. Brüder	(i. eig. Sache)	Or.	Stu	FRB 2 S. 753 Nr. 698	RH 1 S. 109 Nr. 479	FrÜSta 2	332, 344, 345
— —	1270 (nach IX 24), —	s. 1270 (vor IX 24), —							
1466ᵏ	1270 – –, Schloß Greifensee	Hugo v. Werdenberg anstatt Annas v. Kiburg	Schwestern v. Schännis i. Aarau	Or.	AarSta	Aar. S. 7 Nr. 8		ZürDom 6	183, 186
1467	1270 – –, Büren	Rudolf v. Pfaffnach	Kl. Erlach	Or.	Ber	FRB 2 S. 757 Nr. 702			359
1468	1270 – –, —	Abt Berchtold u. Konvent v. Murbach	Stift Beromünster	Or.	Bmü	BeUB 1 S. 170 Nr. 125	QW1/1 S. 472 Nr. 1050	Bmü 2	285, 286

Urk. Nr.	Datum	Aussteller/ Urheber	Adressat/ Empfänger	Üblfg.	Lagerort	Drucke/Faksimile, Teilabbildung	Regesten	Provenienz	Besprochen bzw. erwähnt auf S./ Abb. Nr.
1469[h]	(um 1270), —	Rudolf IV. v. Habsburg	Stift Beromünster	Kop.	Bmü	BeUB 1 S. 110 Nr. 36	RH 1 S. 58 Nr. 243; QW 1/1 S. 170 Nr. 365	Bmü 2	280, 285
1470	(um 1270), —	Hermann v. Minden, Dominikanerprovinzial	an d. Prior (d. Predigerkl. Zürich) f. Kl. Oetenbach	Kop.	BlnBbl	ZUB 4 S. 153 Nr. 1447			169, 189
——	(um 1270), —	s. (1278 Anfang?), —							
1471	1271 I 9, Basel	Berta v. Rufach	Stift St. Peter i. Basel	Or.	Bas	BaUB 2 S. 35 Nr. 60 I		BasPet	356
1472[k]	1271 I 10, —	Margarete v. Kiburg	Kl. Wettingen	Or.	Aar	ZUB 4 S. 153 Nr. 1448		K 9	77, 103, 388
1473	1271 I 12, Lautenbach	Egelolf Hungerstein	Stift St. Peter i. Basel	Or.	Bas	BaUB 2 S. 37 Nr. 63		BasPet	356
1474[h]	1271 I 15, Basel	Ulrich v. Pfirt	B. Heinrich v. Basel	Or.	Wie	Trouill. 2 S. 205 Nr. 156	RH 1 S. 109 Nr. 481		350
1475	1271 I 23, Konstanz	B. Eberhard v. Konstanz	Schwestern v. Schännis i. Aarau	Or.	AarSta	Aar. S. 7 Nr. 9			184
1476	1271 I 23, Zürich	Priester Heinrich, gen. v. Bülach	Predigerkl. Zürich	Or.	Zür	ZUB 4 S. 154 Nr. 1449		ZürDom 6	118, 167, 183
1477[k]	1271 I 28, (nicht 1270 I 28), Wettingen	Abt Heinrich u. Konvent v. Wettingen	Margarete v. Kiburg	Or.	Tur	ZUB 4 S. 154 Nr. 1450		Wet 5	98, 103
1478	1271 II 1, Bern	Heinrich Swaro	Kde Köniz	Or.	Ber	FRB 2 S. 762 Nr. 708		BerBur? Kön?	317

Urk. Nr.	Datum	Aussteller/ Urheber	Adressat/ Empfänger	Überlfg.	Lagerort	Drucke/Faksimile, Teilabbildung	Regesten	Provenienz	Besprochen bzw. erwähnt auf S./ Abb. Nr.
1479	1271 II 9, (Luzern)	Der Dekan v. Luzern entscheidet	zwischen d. Kämmerer v. St. Leodegar i. Luzern u. d. Ritter Helstab	Or.	LuzSti	Gfr. 1 S. 196 Nr. 24; ZUB 4 S. 158 Nr. 1453	QW1/1 S. 472 Nr. 1051	Luz G	29
1480	1271 II 11, Kirche Klingnau	Walther v. Klingen	Meister Noge v. Klingnau	Or.	Zür	ZUB 4 S. 159 Nr. 1454; Corp. 1 S. 182 Nr. 148			188, 189
1481	1271 II 12, i. d. Stadt Klingnau	Abt Arnold u. Konvent v. St. Blasien	Walther v. Klingen	Or.	Krh	Gerb. 3 S. 185 Nr. 136		Bla B (lt. Müller Bla IX)	368, 369
1482	1271 II 15, Zürich	Komtur Johannes u. d. Brüder v. Hitzkirch	Kl. Kappel	Or.	Zür	ZUB 4 S. 159 Nr. 1455	QW1/1 S. 472 Nr. 1052	Kap 5 E (D)	63, 64, 65, 66, 118, 157
1483	1271 II 15, Zürich	Komtur Johannes u. d. Brüder v. Hitzkirch	Kl. Kappel	Or.	Zür	ZUB 4 S. 161 Nr. 1456	QW1/1 S. 473 Nr. 1053	ZürPro 12	41, 157, 158
1484	1271 II 18, St. Blasien	Abt Arnold u. Konvent v. St. Blasien	B. Eberhard v. Konstanz	2 Orr.	Krh	Gerb. 3 S. 186 Nr. 137		Bla B (lt. Müller Bla VIII)	368
1485	1271 II 20, Bern	Rudolf v. Schüpfen u. Familie	Kl. Frienisberg	Or.	Ber	FRB 2 S. 764 Nr. 710		BerBur? (D)	319, 321
1486ᵏʰ	1271 II 20, Bern	Rudolf v. Schüpfen u. Familie	Kl. Frienisberg	Or.	Ber	FRB 2 S. 765 Nr. 711	RH 1 S. 110 Nr. 484	BerBur	320, 321/ Abb. 84
1487	1271 II 26, —	Konrad v. Bächtelen	Kde Köniz	Or.	Ber	FRB 2 S. 766 Nr. 712		BerBur? Kön?	317, 319

Urk.Nr.	Datum	Aussteller/ Urheber	Adressat/ Empfänger	Üblfg.	Lagerort	Druck/Faksimile, Teilabbildung	Regesten	Provenienz	Bestimmt bzw. erwähnt auf S./ Abb. Nr.
—	1271 II —, Beuggen	s. 1271 IV 3, Kappel							
1488[h]	1271 III 1. —	Heinrich, Peter u. Jakob v. Wiggiswil, Brüder	Kde Buchsee	Or.	Ber	FRB 2 S. 767 Nr. 713	RH 1 S. 111 Nr. 486	BerBur	320, 321
1489	1271 III 5, Burgdorf	Hemma, Witwe nach Kuno v. Rormoos	Kl. Frauenkappelen	Or.	Ber	FRB 2 S. 773 Nr. 715		Bur B	306
1490	1271 III 7, Zürich	Propst Heinrich v. Zürich	Predigerkl. Zürich	Or.	Zür	ZUB 4 S. 166 Nr. 1461		ZürDom 6	118, 167, 184, 186, 188
1491	1271 III 7, Zürich	Propst Heinrich v. Zürich	Kl. Oetenbach	Or.	Zür	ZUB 4 S. 167 Nr. 1462		ZürDom 6	118, 184, 186, 188
—	1271 III 21, (Sempach)	s. 1271 IV 24, Basel							
1492[h]	1271 III 31, Rheinfelden	Rudolf V. v. Habsburg, d. Propst, Dekan u. Kapitel v. Rheinfelden	Kl. Olsberg	Or.	Aar	BasLa 1 S. 66 Nr. 101	RH 1 S. 111 Nr. 489	Ols	278/Abb. 59
1493	1271 II —, Beuggen u. IV 3, Kappel	Johannes v. Schnabelburg	Kde Hitzkirch	2 Orr.	Zür	Gfr. 19 S. 256 Nr. 8; ZUB 4 S.162 Nr.1457	QW1/1 S. 473 Nr. 1054	Kap 6	67, 70
1494	1271 IV 10, Zürich	Das Predigerkl. Zürich	Predigerkl. Bern	Kop.	Ber	FRB 2 S. 774 Nr. 716	ZUB 4 S. 167 Nr. 1463		167, 169
1495[h]	1271 IV 16, Neuenegg	Stadt Freiburg i. Ü.	Stadt Bern	1. Or. 2. Or.	FrÜ Ber	FRB 2 S. 775 Nr. 717	RH 1 S. 111 Nr. 490; QW1/1 S. 475 Nr. 1056	1. Or.: FrÜSta 2 (S); 2. Or. (S) u. beide Orr. (D): BerBur	320, 321, 344, 346

Urk.Nr.	Datum	Aussteller/ Urheber	Adressat/ Empfänger	Ublfg.	Lagerort	Drucke/Faksimile, Teilabbildung	Regesten	Provenienz	Besprochen bzw. erwähnt auf S./Abb. Nr.
1496	1271 IV 23, Kreuzlingen	Ulrich v. Güttingen	Stift Kreuzlingen	Vid.	Frf	ThUB 3 S. 399 Nr. 566		Krz (? D)	263, 267
1497ʰ	1271 III 21, (Sempach) u. IV 24, Basel	Eberhard v. Habsburg	Stift St. Peter i. Basel	Or.	Bas	BaUB 2 S. 39 Nr. 66	RH 1 S. 111 Nr. 491; QW1/1 S. 475 Nr. 1057	BasPet	356/Abb. 92
1498ʰ	1271 IV 29, Laufenburg	Rudolf IV. u. Gottfried v. Habsburg	Hugo v. Werdenberg	Or.	Zür	ZUB 4 S. 168 Nr. 1464; FRB 2 S. 778 Nr. 719; Corp. 1 S. 185 Nr. 151	RH 1 S. 111 Nr. 492; QW1/1 S. 475 Nr. 1058	H 5	391, 392/ Abb. 108
1499	1271 IV 29, Konstanz	B. Eberhard v. Konstanz	Propstei Zürich	Or.	Zür	ZUB 4 S. 169 Nr. 1465		KonB E 12 = R 1	119, 395
1500	1271 V 1, Aarberg	Ulrich v. Aarberg	Stadt Aarberg	Or.	Abg	FRB 2 S. 779 Nr. 720/ Müller, Kr. Aarb. mit dt. Übs. S. 126		FrÜSta 2	344, 345
1501	1271 V 1, Buchsee	Rudolf gen. Chnupe u. Familie	Kde Buchsee	Or.	Ber	FRB 2 S. 792 Nr. 721		Bur B	306
1502	1271 V 2, –	Walther v. Wediswil u.s. Söhne	Rudolf, Sohn d. Propstes v. Ansoltingen, u. s. Brüder	Or.	Ber	FRB 2 S. 795 Nr. 723			298
1503	1271 V 16, –	Schultheiß, Räte u. Bürger v. Burgdorf	Kde Buchsee	Or.	Ber	FRB 2 S. 796 Nr. 724		BerBur	320
1504	1271 V 20, in castro Muro	B. Heinrich v. Chur	Schwestern v. Schännis i. Aarau	Or.	AarSta	Aar. S. 8 Nr. 10			184
1505	1271 V 30, Abtei Zürich	Ulrich Blum	Kl. Selnau	Or.	Zür	ZUB 4 S. 172 Nr. 1466		zu ZürPro	153, 154

Urk.Nr.	Datum	Aussteller/ Urheber	Adressat/ Empfänger	Ublfg.	Lagerort	Drucke/Faksimile, Teilabbildung	Regesten	Provenienz	Besprochen bzw. erwähnt auf S./ Abb. Nr.
1506[h]	1271 VI 4, Brugg	Rudolf IV. v. Habsburg	Schwestern v. Schännis i. Aarau	Or.	AarSta	Aar. S. 8 Nr. 11	RH 1 S. 112 Nr. 493	ZürDom 6	184, 186/ Abb. 35
1507[kh]	1271 VI 19, Freiburg i. Ü.	Elisabeth v. Kiburg	Frauenkonvent Interlaken	Or.	Ber	FRB 2 S. 797 Nr. 726	RH 1 S. 112 Nr. 494		294, 298, 300
1508[h]	1271 (vor VI 29), —	B. Heinrich v. Basel	B. Heinrich v. Straßburg	Reg.	Ber	Trouill. 2 S. 218 Anm. 1	RH 1 S. 112 Nr. 495		350
1509[kh]	1271 VII 6, —	Anna v. Kiburg	Propstei Interlaken	Or.	Ber	FRB 2 S. 800 Nr. 729	RH 1 S. 112 Nr. 498	Int D	294, 298
1510[kh]	1271 VII 8, —	Rudolf IV. v. Habsburg, Hugo v. Werdenberg u. Gottfried v. Habsburg anstatt Anna v. Kiburg	Propstei Interlaken	Or.	Ber	FRB 3 S. 1 Nr. 1	RH 1 S. 113 Nr. 499; ZUB 4 S. 173 Nr. 1467	Int D	294, 298, 299/Abb. 72
1511[h]	1271 VII 16, Baden	Rudolf IV. v. Habsburg	Kl. St. Gallen	Or.	Gal	ZUB 4 S. 173 Nr. 1468; Gall. 3 S. 190 Nr. 991; ThUB 3 S. 406 Nr. 570	RH 1 S. 113 Nr. 500	K 7 = H 4	385, 386, 387
1512	1271 VII 27, Bern	Propst u. Kapitel v. Interlaken	Heinrich v. Seedorf u. s. Frau Mechthild	Or.	BerIns	FRB 3 S. 2 Nr. 2		BerBur	320
1513[h]	1271 VIII 2, —	Gottfried u. Eberhard v. Habsburg	Stift Beromünster	Or.	Bmü	BeUB 1 S. 175 Nr. 130	RH 1 S. 114 Nr. 502; QW1/1 S. 477 Nr. 1060	Bmü 2	285
1514	1271 IX 9, Reichenau	Abt Albrecht u. Konvent v. Reichenau	Kl. Feldbach	Or.	Frf	ThUB 3 S. 408 Nr. 572		Rei	262

Urk. Nr.	Datum	Aussteller/ Urheber	Adressat/ Empfänger	Üblfg.	Lagerort	Drucke/Faksimile, Teilabbildung	Regesten	Provenienz	Besprochen bzw. erwähnt auf S./Abb. Nr.
1515	1271 IX 13, —	Abt Berchtold v. Murbach	Kl. Engelberg	Or.	Eng	Gfr. 1 S. 197 Nr. 25	Gfr. 51 S. 98 Nr. 129; QW1/1 S. 477 Nr. 1062	Luz G	4, 29
1516ʰ	1271 IX 19, Winterthur	Rudolf IV. v. Habsburg	Kl. St. Katharinental	Or.	Frf	ThUB 3 S. 410 Nr. 573	RH 1 S. 114 Nr. 504	Kat ?	256, 264
1517	1271 X 24, Abtei Zürich	Äbtissin Elisabeth u. Konvent v. Zürich	Berta v. Tüfen, Kämmererin d. Abtei	Or.	Zür	ZUB 4 S. 177 Nr. 1470		ZürAbt 3	114, 115
1518ᵏ	1271 X 30, Konstanz	B. Eberhard v. Konstanz	Propstei Interlaken	Or.	Ber	FRB S. 4 Nr. 5		KonB E 12	279, 294
1519	1271 XI 16, Propstei Zürich	Propst Heinrich u. Kapitel v. Zürich	Abtei Zürich u.a. geistl. Institutionen i. Zürich	Or.	ZürSta	ZUB 4 S. 179 Nr. 1472		ZürAbt 3 ?	115
1520	1271 XI 25, Zürich, i. Wettingerhaus	Dekan Arnold v. Rapperswil entscheidet	zwischen Kl. Wettingen u. Stift Rüti	Or.	Aar	ZUB 4 S. 181 Nr. 1473		ZürPro 10 B	77, 151, 152, 153, 154, 155, 203
1521	1271 XII 21, Konstanz	B. Eberhard v. Konstanz	Propstei Zürich	Or.	Zug	ZUB 4 S. 184 Nr. 1475/Plikanotiz: Bruckner 4 Taf. 35		KonB E 14 = R 3; Plikanotiz: ZürPro 3 A	110, 119, 126
1522	1271 XII 22, —	B. Eberhard v. Konstanz	Propstei Zürich	Or.	Zür	ZUB 4 S. 187 Nr. 1476		KonB E 14 = R 3	119
1523	1271 XII 23, Bern	Hemma, Witwe d. Bochselmanns	Kde Köniz	Or.	Ber	FRB 3 S. 9 Nr. 10		BerBur ? (D)	319
1524ʰ	1271 —, —	B. Heinrich v. Basel	Ulrich v. Pfirt u. s. Sohn Theobald	Reg.	Ber	Trouill. 2 S. 218 Anm. 1	RH 1 S. 115 Nr. 508		350

Urk.Nr.	Datum	Aussteller/ Urheber	Adresat/ Empfänger	Üblfg.	Lagerort	Drucke/Faksimile, Teilabbildung	Regesten	Provenienz	Besprochen bzw. erwähnt auf S./ Abb. Nr.
1525ᵏ	(zu 1271), –	Verzeichnis aller Urk. über die Wittumsverschreibungen	zugunsten Margaretes v. Kiburg	2 Aufz.	Tur	ZUB 4 S. 156 Nr. 1452			388
1526ᵏ	1272 II 1, Konstanz	B. Eberhard v. Konstanz u. d. Domkapitel	Frauenkloster Interlaken	Vid.	Ber	FRB 3 S. 11 Nr. 13			294
1527	1272 II 10, Zürich, i. Kreuzgang d. Propstei	Abt Werner u. Konvent v. Rüti	Konrad Martini u. Johannes Tescheler, Bürger v. Zürich	2 Orr.	Zür	ZUB 4 S. 189 Nr. 1477		ZürPro 13	159, 160, 203
1528	1272 II 18, Abtei Zürich	Äbtissin Elisabeth v. Zürich	Hugo Milcheli	Or.	Zür	ZUB 4 S. 193 Nr. 1479		ZürAbt 3	114, 115, 118
1529	1272 II 22, Konstanz	B. Eberhard v. Konstanz	an Klerus v. Zürich	Kop.	ZürBbl	ZUB 4 S. 194 Nr. 1480			167, 169
1530	1272 II 25, Dießenhofen	Priorin Mechthild u. Konvent v. St. Katharinental	Rudolf Singer, Bürger v. Dießenhofen	Or.	Frf	ThUB 3 S. 414 Nr. 576			256, 398
1531	1272 III 2, Zürich	Äbtissin Elisabeth v. Zürich	Kl. Oetenbach	Or.	Zür	ZUB 4 S. 197 Nr. 1482		Oet 2	110, 118, 190
1532	1272 III 2, Zürich	Priorin Berta u. Konvent v. Oetenbach	H. Terrer u. s. Neffe	Or.	Zür	ZUB 4 S. 198 Nr. 1483		Oet 2	118, 190, 216
1533	(zu 1272 III 2), –	Priorin u. Konvent v. Oetenbach	Heinrich Terrer	Or.	Zür	ZUB 4 S. 199 Nr. 1484; Corp. 1 S. 192 Nr. 166			188, 189

Urk.Nr.	Datum	Aussteller/Urheber	Adresat/Empfänger	Ublfg.	Lagerort	Drucke/Faksimile, Teilabbildung	Regesten	Provenienz	Besprochen bzw. erwähnt auf S./Abb. Nr.
1534	1272 III 7, Zürich	Jakob Müllner, Vogt v. Zürich	Abtei Zürich	Or.	Zür	ZUB 4 S. 200 Nr. 1485; Corp. 1 S. 192 Nr. 167		ZürAbt 3	114, 118
1535	1272 III 9, Ansoltingen	Werner gen. v. Matten	Stift Ansoltingen	Or.	Ber	FRB 3 S. 12 Nr. 14		Thu	301
1536	1272 III 17, Zürich, i. d. Tortura	Konrad Werner, Provinzialkomtur d. dt. Ordens i. Burgund u. Elsaß	Kl. Oetenbach	Or.	Zür	ZUB 4 S. 201 Nr. 1486		ZürPro 13	159, 160, 188
1537	1272 III 30, Maschwanden	Walther v. Eschenbach	**Mechthild, Witwe nach Heinrich Wyss v. Hauptikon, u. ihr Sohn Konrad**	Or.	Zür	ZUB 4 S. 203 Nr. 1488		Kap 6	40, 67
1538ʰ	1272 IV 8, Kl. Stein a. Rh.	Kl. Stein am Rhein	Rudolf IV. v. Habsburg	Or.	Wie	Thommen 1 S. 51 Nr. 86	RH 1 S. 115 Nr. 510	Stn (?)	370
1539	1272 IV 13, —	Meister Konrad u. d. Lazariter im Gfenn	Propstei Interlaken	Or.	Ber	FRB 3 S. 14 Nr. 17			298, 316
1540ᵏ	1272 V 7, Greifensee	Hugo v. Werdenberg anstatt Annas v. Kiburg	Kl. St. Urban	Or.	Luz	FRB 3 S. 16 Nr. 18; ZUB 12 S. 101 Nr. 1489a	QW1/1 S. 484 Nr. 1076		301, 316
1541	1272 V 19, Freiburg i. Ü.	Jakob v. Schönenfels	Kuno v. Helfenstein	2 Orr.	Ber	FRB 3 S. 17 Nr. 19a, b		FrÜSta 2	344, 345, 346
1542	1272 V 25, —	Konrad v. Mure u.a. Züricher Chorherren	(i. eig. Sache)	Or.	Zür	ZUB 4 S. 204 Nr. 1490		ZürPro 13 (S); ZürPro 9? (D)	159, 160

Urk.Nr.	Datum	Aussteller/ Urheber	Adressat/ Empfänger	Überlfg.	Lagerort	Drucke/Faksimile, Teilabbildung	Regesten	Provenienz	Besprochen bzw. erwähnt auf S./ Abb. Nr.
1543	1272 V 28, Winterthur	B. u. C. v. Wiesendangen u. Bruderskinder	Kl. Töß	Or.	Zür	ZUB 4 S. 208 Nr. 1491; ThUB 3 S. 419 Nr. 580; Corp. 1 S. 195 Nr. 172		Töß 2 A	223, 225, 228
1544[k]	1272 VI 25, –	Konrad v. Wediswil	Propstei Interlaken	Or.	Ber	FRB 3 S. 19 Nr. 20		Int F	294, 299, 316/Abb. 74
1545	1272 VII 22, Teufen	C. Schenk v. Liebenberg durch C. v. Teufen	Kl. Töß	Or.	Zür	ZUB 4 S. 209 Nr. 1493; Corp. 1 S. 198 Nr. 175		Töß 2 B	223, 225, 228
1546	(zu 1272 VII 22), Berg	Kuno v. Teufen	Kl. Töß	Or.	Zür	ZUB 4 S. 209 Nr. 1494; Corp. 1 S. 199 Nr. 176		Töß 2 B	224, 228
1547	1272 VIII 3, Gottlieben u. VIII 4, Reichenau	B. Eberhard v. Konstanz u.a. entscheiden	zwischen Abt Albrecht v. Reichenau u. Rudolf, Komtur d. dt. Ordens f. Elsaß u. Burgund	3 Orr.	Krh	ThUB 3 S. 421 Nr. 583	ZUB 12 S. 102 Nr. 1496a	Rei	262
1548	1272 VIII 6, Embrach	Propst Hugo v. Embrach	Rudolf v. Bassersdorf, Bürger v. Zürich	Or.	Zür	ZUB 4 S. 211 Nr. 1497		ZürSta 1	118, 197
1549[h]	1272 VIII 18, –	Len v. Schännis u. s. Geschwister	Kl. Töß	Or.	Zür	ZUB 4 S. 212 Nr. 1498; Corp. 1 S. 201 Nr. 181	RH 1 S. 116 Nr. 518	Töß 2 A	223, 225, 226, 228/ Abb. 44
1550[h]	1272 IX 15, Rheinfelden	Rudolf V. v. Habsburg, Propst d. Kirchen v. Basel u. Rheinfelden, u. d. Kapitel v. Rheinfelden	Kl. Olsberg	Or.	Aar	Herrg. 2 S. 432 Nr. 522	RH 1 S. 116 Nr. 520		278

Urk. Nr.	Datum	Aussteller/ Urheber	Adressat/ Empfänger	Übl/g.	Lagerort	Drucke/Faksimile, Teilabbildung	Regesten	Provenienz	Besprochen bzw. erwähnt auf [S./ Abb. Nr.]
1551	1272 (vor IX 24), —	Abt Ulrich v. Einsiedeln	Kl. Oetenbach	Or.	Zür	ZUB 4 S. 215 Nr. 1501	QW1/1 S. 487 Nr. 1080	Oet 2	35, 190, 191
1552[h]	1272 (vor IX 24), Sempach	Heinrich v. Wangen	Kde Hohenrain	Or.	Luz		RH 1 S. 116 Nr. 521; QW1/1 S. 487 Nr. 1081; ZUB 12 S. 103 Nr. 1501a	Hoh D	289/Abb. 68
1553	1272 XI 2–8, —	Abt Markwart u. Konvent v. St. Urban	Heinrich d. Ä. v. Grünenberg	Or.	Luz	FRB 3 S. 23 Nr. 26	QW1/1 S. 487 Nr. 1082		316
1554	1272 XI 14, Teufen	Kuno v. Teufen	Kl. Töß	Or.	Zür	ZUB 4 S. 216 Nr. 1502		Töß 2 A	223, 225, 228
1555[h]	1272 XI 18, Brugg	Rudolf IV. v. Habsburg	Propstei Zürich	Or.	ZürAnt	ZUB 4 S. 217 Nr. 1503	RH 1 S. 116 Nr. 522	ZürPro 14	160, 161
1556	1272 XII 1, —	Äbtissin Elisabeth v. Zürich	Sechs Bürger v. Zürich	Or.	ZürSta	ZUB 4 S. 217 Nr. 1504; Corp. 1 S. 204 Nr. 188		ZürAbt 3	114, 115
1557[h]	1272 XII 16, Winterthur	Ulrich v. Adlikon	Kl. Töß	Or.	Zür	ZUB 4 S. 219 Nr. 1505	RH 1 S. 117 Nr. 524	Töß 1 C	213, 216, 217, 223, 228, 234, 235
1558	1272 — —, Zürich	Äbtissin Elisabeth v. Zürich	Kl. Kappel	Or.	Zür	ZUB 4 S. 220 Nr. 1506	QW1/1 S. 490 Nr. 1085	Kap 5 E	63, 64, 65, 66, 69, 110, 118
1559	1272 (1274) —, —	Ulrich v. Aarburg, Chorherr v. Beromünster	Stift Beromünster	Or.	Bmü	BeUB 1 S. 175 Nr. 131	QW1/1 S. 488 Nr. 1084	Bmü 2	285
1560	1273 I 6, Zürich	Propst Heinrich u. Kapitel v. Zürich u.a.	Spital u. Siechenhaus a. d. Sihl	1. Or. 2. Or.	Zür ZürAnt	ZUB 4 S. 222 Nr. 1509		ZürSta 1	118, 197

Urk.Nr.	Datum	Aussteller/Urheber	Adressat/Empfänger	Ublfg.	Lagerort	Drucke/Faksimile, Teilabbildung	Regesten	Provenienz	Besprochen bzw. erwähnt auf S./Abb. Nr.
1561[h]	1273 I 11, Brugg	Rudolf IV. v. Habsburg	Kl. Wettingen	Or.	Aar	Kopp, Gesch. 2[a] S. 728 Beilage Nr. 21	RH 1 S. 117 Nr. 527; ZUB 4 S. 223 Nr. 1510	K 7 = H 4	77, 104, 385, 387, 401
1562	1273 I 11, —	Bartholomäus v. Hattenberg	Kl. Frienisberg	Or.	BerSta	FRB 3 S. 26 Nr. 31		FrÜSta 2 ?	345
1563[h]	1273 I 13, Brugg	Rudolf IV. v. Habsburg	Kl. Wettingen	Or.	Aar	Herrg. 2 S. 433 Nr. 524	RH 1 S. 117 Nr. 528	Wet 6	104/Abb. 20
1564[(h)]	1273 I 13, Zürich, Propstei	Propst Hugo v. Embrach u. Konrad v. Mure entscheiden	zwischen Kl. Muri u. Kl. Selnau	Or.	Zür	ZUB 4 S. 223 Nr. 1511	RH 1 S. 117 Nr. 529	ZürPro 14	160, 161
1565	1273 I 19, Zürich	Abt Walther v. Engelberg	Kl. Oetenbach	Or.	Zür	Gfr. 51 S. 99 Nr. 131; ZUB 4 S. 226 Nr. 1512	QW 1/1 S. 490 Nr. 1086	Oet 4 D	110, 118, 194
1566	1273 I 21, Predigerkl. Zürich	Meister Ulrich Wolfleipsch v. Zürich u.a. entscheiden	zwischen Kde Beuggen u. Heinrich Wesin v. Zürich	Kop.	Krh	ZUB 4 S. 227 Nr. 1513			169
1567	1273 I 27, Beromünster	Propst Dietrich u. Kapitel v. Beromünster	Chorherr Berchtold v. Beromünster, Leutpriester v. Säckingen	Kop.	Bmü	BeUB 1 S. 179 Nr. 132	QW 1/1 S. 491 Nr. 1087	Bmü 2	285
1568	1273 II 1, Selnau	Äbtissin u. Konvent v. Selnau	Kl. Muri	Or.	Zür	ZUB 4 S. 229 Nr. 1514		ZürPro 14	76, 77, 160, 161
1569	1273 II 3, Wettingen	Die Äbte v. Muri u. Wettingen u. d. Äbtissin v. Selnau	an B. Eberhard v. Konstanz	Or.	Zür	ZUB 4 S. 230 Nr. 1515		ZürPro 14	77, 160, 161

Urk.Nr.	Datum	Aussteller/ Urheber	Adressat/ Empfänger	Übl/fg.	Lagerort	Drucke/Faksimile, Teilabbildung	Regesten	Provenienz	Besprochen bzw. erwähnt auf S./ Abb. Nr.
1570ʰ	1273 II 24, Burgdorf	Rudolf IV. v. Habsburg	Bürger v. Burgdorf	Or.	Bur	FRB 3 S. 28 Nr. 33	RH 1 S. 118 Nr. 530	Bur C	307
1571	1273 II 27, Burg Brunegg	Die Schekin v. Brunegg samt Familie	Kl. Frauenthal	Or.	Frt	Gfr. 3 S. 128 Nr. 13; Corp. 1 S. 207 Nr. 195	QW 1/1 S. 491 Nr. 1088; ZUB 12 S. 103 Nr. 1515a		40
1572	1273 III 9, Ermatingen	Abt Albrecht v. Reichenau	Kl. St. Katharinental	Or.	Frf	ZUB 4 S. 231 Nr. 1517; ThUB 3 S. 442 Nr. 593			169, 256, 261, 264
1573ʰ	1273 III 10, –	Leonhard u. Rudolf v. Schännis	Kl. Töß	Or.	Zür	ZUB 4 S. 232 Nr. 1518	RH 1 S. 118 Nr. 531	Töß 1 C	213, 216, 217, 223, 228, 234, 235
1574	1273 III 10, Zürich	Äbtissin Elisabeth u. Konvent v. Zürich	Kl. Oetenbach	Or.	Zür	ZUB 4 S. 233 Nr. 1519	QW 1/1 S. 492 Nr. 1090	ZürAbt 3	114, 115, 188
1575ʰ	1273 III 11, –	Rudolf IV. v. Habsburg	Kl. Töß	Or.	Zür	ZUB 4 S. 234 Nr. 1520	RH 1 S. 118 Nr. 532	Töß 1 C	213, 216, 217, 223, 228
1576	1273 III 30, –	Volpert, Kirchherr v. Bern, u. Konrad v. Vischerbach, Komtur v. Köniz	Hugo gen. Buweli	Or.	Ber	FRB 3 S. 31 Nr. 37		BerBur ? (D)	319
1577ʰ	1273 IV 2, Winterthur	Rudolf IV. v. Habsburg	Kl. Töß	Or.	Zür	ZUB 4 S. 235 Nr. 1521	RH 1 S. 118 Nr. 533	Jak 2; Töß 1 C ? (D)	211, 223, 232, 233, 234, 235/ Abb. 46
1578ʰ	1273 (vor IV 7), Brugg	Rudolf V. v. Habsburg, Dompropst v. Basel, u. s. Bruder Eberhard	Kl. Wettingen	Or.	Aar	Herrg. 2 S. 435 Nr. 526	RH 1 S. 118 Nr. 534	Wet 5	98, 103

Urk.Nr.	*Datum*	*Aussteller/ Urheber*	*Adressat/ Empfänger*	*Ublfg.*	*Lagerort*	*Drucke/Faksimile, Teilabbildung*	*Regesten*	*Provenienz*	*Besprochen bzw. erwähnt auf S./ Abb. Nr.*
1579	1273, Mitte IV, —	Der Rat v. Zürich entscheidet	zwischen Kl. Selnau u. Markwart, Sohn Herrn Werners	Or.	Zür	ZUB 4 S. 236 Nr. 1522; Corp. 1 S. 210 Nr. 198		ZürSta 1	110, 197
1580	1273 IV 24, —	Propst Heinrich u. Kapitel v. Zürich	Schulherr Berchtold	Or.	Zür	ZUB 4 S. 237 Nr. 1523		KonB E 14 = R 3	119
1581h	1273 V 5, Luzern	Rudolf IV. v. Habsburg	Kde Hohenrain	Or.	Luz		RH 1 S. 118 Nr. 535; QW 1/1 S. 494 Nr. 1093	K 7 = H 4	26, 385, 387, 401
1582kh	1273 VI 12, Winterthur	Rudolf IV. v. Habsburg	Stift St. Jakob auf d. Heiligenberg	Or.	Zür	ZUB 4 S. 239 Nr. 1526	RH 1 S. 119 Nr. 536	Jak 1 = K 6 (D)	229, 230, 231, 232, 394
1583	1273 VI 20, Konstanz	B. Eberhard v. Konstanz bestätigt Schiedsspruch	zwischen Kl. Muri u. Kl. Selnau	Or.	Zür	ZUB 4 S. 241 Nr. 1527		KonB E 12 = R 1	119
1584h	1273 VI —, Notikon	Hermann v. Bonstetten	Töchter Ulrichs v. Notikon	2 Orr.	Zür	ZUB 4 S. 242 Nr. 1528	RH 1 S. 119 Nr. 537; QW1/1 S. 495 Nr. 1096	1. Or.: Kap 6	40, 41, 42, 67, 68, 70
1585	1273 VII 5, Beromünster	Hugo v. Jegistorf	Stift Beromünster	3 Orr.	Bmü	FRB 3 S. 40 Nr. 49; BeUB 1 S. 180 Nr. 133	QW1/1 S. 496 Nr. 1097	Bmü 2	285
1586	1273 VII 17, vor d. Burg Teufen	Kuno v. Teufen	Kl. Töß	Or.	Zür	ZUB 4 S. 244 Nr. 1529; Corp. 1 S. 212 Nr. 202		Töß 2 D	224, 225, 228
1587	1273 VII 22, Teufen	Kunod. Schenk v. Liebenberg	Kl. Töß	Or.	Zür	ZUB 4 S. 244 Nr. 1530; Corp. 1 S. 212 Nr. 203		Töß 2 C	224, 228
1588h	1273 VIII 24, Burgdorf	Rudolf IV. v. Habsburg	Walther v. Hallwil	Or.	BerHal		RH 1 S. 119 Nr. 540	Bur C	307/Abb. 78

Urk.Nr.	Datum	Aussteller/Urheber	Adressat/Empfänger	Ublfg.	Lagerort	Drucke/Faksimile, Teilabbildung	Regesten	Provenienz	Besprochen bzw. erwähnt auf S./Abb. Nr.
1589	1273 VIII –, Langenthal	Werner v. Luternau	Kl. St. Urban	Or.	Luz	FRB 3 S. 42 Nr. 50	QW 1/1 S. 496 Nr. 1098		316
1590	1273 IX 20, —	Wilhelm u. Heinrich v. Montenach, Brüder	Kde Köniz	Or.	Ber	FRB 3 S. 44 Nr. 53		BerBur? Kön?	317, 319
1591	1273 IX 22, Oetenbach	Elisabeth v. Staufen, Gattin d. Konrad v. Heidegg	Kl. Oetenbach	dt. Übs.	Zür	Gfr. 11 S. 106 Nr. 3; ZUB 4 S. 245 Nr. 1531	QW 1/1 S. 498 Nr. 1100		189
1592[h]	1273 IX 22, —	Rudolf IV. v. Habsburg	Burggraf Friedrich v. Nürnberg u. Markgraf Heinrich v. Hachberg (Vollmacht)	Druck	———	Trouill. 2 S. 237 Nr. 181	RH 1 S. 120 Nr. 542		350
1593[kh]	1273 IX 29, Burgdorf	Eberhard v. Habsburg u. s. Frau Anna (v. Kiburg)	Stadt Burgdorf	Or.	Bur	FRB 3 S. 48 Nr. 58	RH 1 S. 121 Nr. 545	Bur C	307, 308/ Abb. 79
1594	1273 X 23, Zürich	Äbtissin Elisabeth v. Zürich	Kl. Oetenbach	Or.	Zür	ZUB 4 S. 246 Nr. 1533		ZürAno A	110, 118, 188, 198
1595	1273 X 28, Lyon	P. Gregor X.	Augustinerinnenklöster v. d. Observanz d. Predigerordens	gleichz. Kop.	Frf	ThUB 3 S. 452 Nr. 600		Kat B	259
1596	1273 XI 2, Köln	Kg. Rudolf I.	Abtei, Propstei u. Stadt Zürich	Or.	Zür	ZUB 4 S. 247 Nr. 1534	QW 1/1 S. 500 Nr. 1109		160, 161

Urk.Nr.	Datum	Aussteller/ Urheber	Adressat/ Empfänger	Ubfig.	Lagerort	Drucke/Faksimile, Teilabbildung	Regesten	Provenienz	Besprochen bzw. erwähnt auf S./ Abb. Nr.
1597	1273 XI 11, —	E. v. Lupfen u.a.	C. v. Mattwil	Or.	Sch	ThUB 3 S. 453 Nr. 601			239
1598	1273 XII 5, Liestal	Johann u. Werner v. Ifenthal	Kl. Olsberg	Or.	Aar	BasLa 1 S. 73 Nr. 109; Soloth. 2 S. 202 Nr. 322/Soloth. 2 zu S. 202 Nr. 322		Ols	278
1599	1273 XII 6, Rheinfelden	Berchtold v. Schauenberg	Kl. Olsberg	Or.	Aar	BasLa 1 S. 73 Nr. 110		Ols	278
1600	1273 XII 16, Töß	Bilgeri v. Wagenberg	Kl. Töß	Or.	Zür	ZUB 4 S. 249 Nr. 1537; Corp. 1 S. 217 Nr. 210		Töß 2 B	224, 225
1601	1273 — —, —	Abt Ulrich v. Einsiedeln	Stift Rüti	Or.	Zür	ZUB 4 S. 250 Nr. 1538	QW1/1 S. 501 Nr. 1111	Rüt (?)	35
1602	(1259–1273),—	Abt Heinrich v. Disentis	Stift Rüti (Erneuerung v. Urk. 200)	2 Orr.	Zür	ZUB 2 S. 10 Nr. 508		Rüt 5	207, 208
1603	1274 I 27, Zürich	Äbtissin Elisabeth v. Zürich	Kl. Oetenbach	Or.	Zür	ZUB 4 S. 253 Nr. 1544		Oet 5 A	110, 118, 169, 194, 195
1604 kh	1274 I —, —	Anna v. Kiburg u. ihr Gatte Eberhard v. Habsburg	Kl. Frienisberg	Or.	Ber	FRB 3 S. 73 Nr. 72	RH 1 S. 123 Nr. 562	Fri E	328
1605 kh	1274 II 22, Burgdorf	Eberhard v. Habsburg u. s. Gattin Anna (v. Kiburg)	Frauenkonvent Interlaken	Or.	Ber	FRB 3 S. 76 Nr. 75	RH 1 S. 123 Nr. 564	Int E	299/Abb. 73

Urk. Nr.	Datum	Aussteller/ Urheber	Adressat/ Empfänger	Ublfg.	Lagerort	Druck/Faksimile, Teilabbildung	Regesten	Provenienz	Bestimmt bzw. erwähnt auf S./ Abb. Nr.
1606	1274 III 11, Burg Sandegg	Abt Albrecht u. Konvent v. Reichenau	Kl. St. Katharinental	2 Orr.	Frf	ZUB 4 S. 255 Nr. 1546; ThUB 3 S. 456 Nr. 603			261
1607	1274 IV 2, Maschwanden	Walther d. Ä. v. Iberg	Kl. Kappel	Or.	Zür	ZUB 4 S. 259 Nr. 1550	QW1/1 S. 506 Nr. 1122	Kap 6	67, 69, 70
1608	1274 IV 7, Rheinfelden	Berchtold v. Schauenberg u. d. Frau	Kl. Olsberg	Or.	Aar	BasLa 1 S. 75 Nr. 112		Ols	278
1609h	1274 IV 26, —	H. v. Seen	Kl. Töß	Or.	Zür	ZUB 4 S. 261 Nr. 1552; Corp. 1 S. 220 Nr. 218	RH 1 S. 123 Nr. 567	Töß 2 A	223, 225, 226, 228
1610 (k)	1274 IV —, —	EB. Siegfried v. Köln u.a.	Kl. Wettingen (Vidimus v. Urk. 1375k)	Or.	Aar Wett. Nr. 157	ZUB 4 S. 107 Nr. 1395 (Urk. 1375k)		Wet 5	98, 99, 100
1611	1274 V —, beid. Burg Rüßegg	Walther v. Eschenbach	Kl. Frauenthal	Or.	Frt	Gfr. 3 S. 130 Nr. 15; ZUB 4 S. 267 Nr. 1557	QW1/1 S. 509 Nr. 1130	Kap 5 E	63, 74
1612	1274 V —, Frienisberg	Rudolf v. Schüpfen	Kl. Frienisberg	Or.	Ber	FRB 3 S. 83 Nr. 83			328
1613	1274 VI 8, Burgdorf	Dietrich v. Rüti	Kl. Fraubrunnen	Or.	Ber	FRB 3 S. 83 Nr. 84		Bur C	307
1614	1274 VI 10, Zürich	Äbtissin Elisabeth v. Zürich	Kl. St. Blasien	Or.	Zür	ZUB 4 S. 268 Nr. 1559		Bla 2 (lt. Müller zu Zür)	110, 118, 368
1615	1274 VI 14, —	Schultheiß, Rat u. Burger v. Freiburg i. Ü.	Stadt Burgdorf	Or.	Bur	FRB 3 S. 88 Nr. 87; Corp. 1 S. 222 Nr. 221		FrÜSta 2	341, 344, 345
1616	1274 VI 17, Zürich	B. Hartmann v. Augsburg	Kl. Oetenbach	Or.	Zür	ZUB 4 S. 269 Nr. 1560		zu Oet 4 ?	194

Urk. Nr.	Datum	Aussteller/ Urheber	Adressat/ Empfänger	Ublfg.	Lagerort	Drucke/Faksimile, Teilabbildung	Regesten	Provenienz	Besprochen bzw. erwähnt auf S./ Abb. Nr.
1617	1274 VI 17, Falkenstein	Ulrich, Propst v. Solothurn, Heinrich u. Otto v. Falkenstein, Brüder	Kl. St. Urban	Or.	Luz	FRB 3 S. 89 Nr. 88; Soloth. 2 S. 212 Nr. 336/Soloth. 2 zu S. 212 Nr. 336	vgl. RH 1 S. 123 Nr. 568; QW1/1 S. 511 Nr. 1134 Anm.		316
1618	1274 VI 20, —	Der Rat v. Zürich	Spital Zürich u. Siechenhaus a. d. Sihl	Or.	ZürSta	ZUB 4 S. 270 Nr. 1561		ZürSta 1 (?)	110, 118, 196
1619	1274 VII 3, Mellingen	Johannes v. Wartberg	Kl. Oetenbach	Or.	Zür	ZUB 4 S. 271 Nr. 1563; Soloth. 2 S. 213 Nr. 337		Oet 3 A	191
1620h	1274 VII 17, Hagenau	Albrecht u. Hartmann v. Habsburg	Kl. Oetenbach	Or.	Zür	ZUB 4 S. 272 Nr. 1564; Soloth. 2 S. 218 Nr. 341	RH 1 S. 123 Nr. 570; QW1/1 S. 512 Nr. 1135	ZürAno A	188, 198/Abb. 37
1621	1274 VII 26, Basel	Die Witwe Gertrud vom Kornmarkt	Stift St. Leonhard i. Basel	Or.	Bas	BaUB 2 S. 78 Nr. 144		BasLeo	351
1622h	1274 VIII 6, vor d. Kirche v. Baar	Rudolf v. Baar	Kl. Kappel	Or.	Zür	ZUB 4 S. 273 Nr. 1565	RH 1 S. 124 Nr. 571	Kap 6	64, 67, 69, 70
1623	1274 VIII 17, Zürich	Konrad v. Mure, Chorherr v. Zürich, u.a. entscheiden	zwischen Abtei Zürich u. Rüdiger, Leutpriester v. Horgen	2 Orr.	ZürSta	ZUB 4 S. 275 Nr. 1567		1. Or.: Bla 2 (lt. Müller zu Zür)	110, 118, 368
1624	1274 VIII 28, Kirchhof Rapperswil	Abt Ulrich v. Einsiedeln	Kl. Wurmsbach	Or.	Wur	ZUB 4 S. 277 Nr. 1568; Gfr. 30 S. 187	QW1/1 S. 514 Nr. 1141		72

Urk.Nr.	Datum	Aussteller/Urheber	Adressat/Empfänger	Ublfg.	Lagerort	Drucke/Faksimile, Teilabbildung	Regesten	Provenienz	Besprochen bzw. erwähnt auf S./Abb. Nr.
1625[h]	1274 IX 11, Zürich, bei d. St. Michaelskapelle	Rüdiger v. Schönenwerd, Chorherr v. Zürich, u.s. Brüder Ulrich u. Johannes	Kl. Wettingen	Or.	Aar	ZUB 4 S. 278 Nr. 1569	RH 1 S. 124 Nr. 572	ZürPro 15 A	77, 162, 163, 166/Abb. 27
1626[k]	1274 IX 11, Voyron	Elisabeth v. Kiburg	Alix v. Burgund	Or.	Bes	FRB 3 S. 99 Nr. 97		Bgd ?	360
1627	1274 IX 14, Zürich	Ulrich Wolfleipsch u. Heinrich Maness, Chorherren v. Zürich, entscheiden	zwischen Heinrich, Pfründner v. Gossau, u. d. Schwestern v. Hausen	Or.	Zür	ZUB 4 S. 281 Nr. 1570	QW1/1 S. 515 Nr. 1143	Kap 6	67, 69, 70, 73, 74, 118
1628	1274 (vor IX 24), —	Abt Ulrich u. Konvent v. Einsiedeln	Kde Hohenrain	Or.	Luz	Gfr. 5 S. 231 Nr. 10	QW1/1 S. 516 Nr. 1145		34
1629	1274 X 1, —	Werner v. Aarburg	Kl. Einsiedeln	Or.	Ein		QW1/1 S. 517 Nr. 1147		34
1630	1274 X 24, i. Nieder-Teufen	Kuno v. Teufen u. Rheinhard v. Wasserstelz	Kl. Töß	Or.	Zür	ZUB 4 S. 283 Nr. 1573		Töß 1 C	213, 216, 217
1631	1274 XI 9, Rheinfelden	Werner Mütschi, Bürger v. Rheinfelden	Kl. Olsberg	Or.	Aar Olsberg Nr. 86			Ols	278
1632	1274 XI 16, Schaffhausen	Die Söhne d. Schaffhauser Bürgers Bernold	Kl. St. Agnes i. Schaffhausen	Or.	Sch		SchUR 1 S. 22 Nr. 170	SchFra 1 F	243

Urk.Nr.	Datum	Aussteller/ Urheber	Adressat/ Empfänger	Ublfg.	Lagerort	Drucke/Faksimile, Teilabbildung	Regesten	Provenienz	Besprochen bzw. erwähnt auf S./ Abb. Nr.
1633	1274 XI 29, Kappel	Heinrich, Pfründner v. Gossau	Kl. Kappel	Or.	Kap	ZUB 4 S. 285 Nr. 1575		Kap 5 E	63, 64, 65, 66, 69, 110
1634(k)	1274 — —,	Dekan Konrad v. Basel u.a.	Kl. Wettingen (Vid. v. Urk. 1375k und 1360k)	Or.	Aar Wett. Nr. 156	ZUB 4 S. 107 Nr. 1395 (Urk. 1375k) u. ebd. S. 90 Nr. 1376 (Urk. 1360k u. Vid.)	vgl. RH 1 S. 103 Nr. 442	Wet 5	98, 99
1635	1274 — —, Aarau	Ulrich Stieber, Bürger v. Aarau	Schwestern v. Schännis i. Aarau	Or.	Aar	Aar. S. 10 Nr. 12		ZürDom 6	184, 185
———	1274 — —,	s. 1272 (1274) — —,							
1636	1275 I 7, Luzern	Hartmann v. Baldegg, Burggraf v. Rheinfelden, Vogt zu Basel, Pfleger Kg. Rudolfs I.	an Ammänner u. Leute v. Schwyz f. Äbtissin u. Konvent v. Steinen	Or.	AuS	Gfr. 7 S. 49 Nr. 4; QW 1/1 S. 520 Nr. 1155			26
———	1275 I 26, Abtei Zürich	s. 1275 IV 9, vor d. Haus zum Loch i. Zürich							
1637	1275 I 27, Konstanz	Heinrich u. Konrad v. Tengen, Brüder	Kl. St. Katharinental	Or.	Zür	ZUB 4 S. 292 Nr. 1581			256, 257
1638	1275 III 1, Burgdorf	Werner gen. Kerro	Kl. Fraubrunnen	Or.	Ber	FRB 3 S. 112 Nr. 113		Bur C	307
1639	1275 III 3, Abtei Zürich	Äbtissin Elisabeth v. Zürich	Burkhard, Pfarrer v. Altorf	Or.	Zür	ZUB 4 S. 298 Nr. 1587		Bla 2 (lt. Müller zu Zür)	110, 196, 368

Urk.Nr.	Datum	Aussteller/Urheber	Adressat/Empfänger	Übfg.	Lagerort	Drucke/Faksimile, Teilabbildung	Regesten	Provenienz	Besprochen bzw. erwähnt auf S./Abb. Nr.
1640	1275 III 4, Zofingen	Johannes v. Wartberg	Kl. Oetenbach	Or.	Zür	ZUB 4 S. 299 Nr. 1588, Soloth. 2 S. 230 Nr. 357		Oet 3 A	118, 191, 192
1641	1275 III 26, Zürich	Konrad, Heinrich u. Johannes Rümer, Brüder	Propstei Zürich	Kop.	Zür	ZUB 4 S. 300 Nr. 1589		ZürPro 15 A	110, 162
1642	1275 I 26, Abtei Zürich u. IV 9, vor d. Haus zum Loch i. Zürich	Äbtissin Elisabeth v. Zürich	Kl. St. Blasien	Kop.	ZürBbl	ZUB 4 S. 290 Nr. 1580		Bla 2 (lt. Müller zu Zür)	110, 118, 368
1643	1275 V 1, Hafneren	Hermann v. Bonstetten, Vizelandgraf i. Thurgau	(Beurkundung eines Rechtsspruchs d. Landgerichts über Verjährung)	Or.	Aar	ZUB 4 S. 305 Nr. 1595		zu ZürPro ?	77
1644	1275 (zu V 1 ?), Hafneren	Hermann v. Bonstetten, Vizelandgraf i. Thurgau	(Beurkundung eines Rechtsspruchs d. Landgerichts über Holzschlägern)	Or.	Aar	ZUB 4 S. 305 Nr. 1596		zu ZürPro ?	77
1645	1275 V 10, Kappelerhof i. Zürich	Burkhard, Pfarrer v. Altorf, Chorherr v. Zürich	Kl. Kappel	Or.	Zür	ZUB 4 S. 306 Nr. 1597		Kap 6	67, 69, 70, 110, 118
1646	1275 V 26, Burgdorf	Ulrich gen. v. Stein	Kde Thunstetten	Or.	Ber	FRB 3 S. 117 Nr. 119; Soloth. 2 S. 233 Nr. 361/Soloth. 2 zu S. 233 Nr. 361			290
1647	1275 VI 3, St. Blasien	Abt Arnold u. Konvent v. St. Blasien	Verwalter Berchtold gen. Jordan	Or.	Zür	ZUB 4 S. 307 Nr. 1599		Bla 2 (lt. Müller zu Zür)	110, 368

Urk.Nr.	Datum	Aussteller/Urheber	Adressat/Empfänger	Üblfg.	Lagerort	Drucke/Faksimile, Teilabbildung	Regesten	Provenienz	Besprochen bzw. erwähnt auf S./Abb. Nr.
1648 kh	1275 VI 19, Burgdorf	Eberhard v. Habsburg u. s. Gattin Anna (v. Kiburg)	Kde Buchsee	Or.	Ber	FRB 3 S. 118 Nr. 121	RH 1 S. 125 Nr. 581		290
1649 kh	1275 VI 21, Freiburg i. Ü.	Elisabeth v. Kiburg	Kde Buchsee	Or.	Ber	FRB 3 S. 119 Nr. 122			290
1650	1275 VI 20, Wettingen u. VI 22, Wettingerhaus i. Zürich	Abt Heinrich u. Konvent v. Wettingen	Kl. Oetenbach	Or.	Zür	ZUB 4 S. 310 Nr. 1602		Bla 2 (lt. Müller zu Zür)	77, 189, 368
1651	1275 VII 6, Zürich	Konrad v. Tengen, Leutpriester v. Küsnacht, u. s. Brüder	Stift Rüti	Or.	Zür	ZUB 4 S. 312 Nr. 1604		ZürPro 15 A	162, 163, 203
1652	1275 VII 6, Zürich	Kg. Rudolf I.	Propstei Zürich	2 Orr.	Zür	ZUB 4 S. 313 Nr. 1605	QW 1/1 S. 527 Nr. 1172	Kgl.?	162
1653	1275 VII 6, Zürich	Kg. Rudolf I.	Kl. Selnau	Or.	Zür	ZUB 4 S. 315 Nr. 1606	QW 1/1 S. 527 Nr. 1172	Kgl.?	162
1654	1275 VII 6, Zürich	Jakob Müllner, Burger v. Zürich	Kg. Rudolf I.	3 Orr.	Zür	ZUB 4 S. 315 Nr. 1607	QW1/1 S. 527 Nr. 1172	ZürPro 15 A	162, 163
1655	1275 VII 20, Aarau	Kg. Rudolf I.	Stadt Freiburg i. Ü.	Or.	FrÜ	FRB 3 S. 123 Nr. 127			345
1656	1275 VII 23, Aarau	Kg. Rudolf I.	Stadt Freiburg i. Ü.	Or.	FrÜ	FRB 3 S. 124 Nr. 128			345
1657	1275 VII 28, Luzern	Kg. Rudolf I.	Kl. Rathausen	Or.	Luz	Neug. CD 2 S. 294 Nr. 1017	QW1/1 S. 529 Nr. 1175		26

Urk.Nr.	Datum	Aussteller/ Urheber	Adressat/ Empfänger	Übrlfg.	Lagerort	Drucke/Faksimile, Teilabbildung	Regesten	Provenienz	Besprochen bzw. erwähnt auf S./ Abb. Nr.
1658	1275 IX 21, Wettingen	Abt Heinrich u. Konvent v. Wettingen	Kl. Oetenbach	Or.	Zür	ZUB 4 S. 318 Nr. 1610		Oet 5 B (S); zu ZürPro 17 (D)	77, 118, 166, 195
1659	1275 IX 24, Hochfelden	Kuno v. Teufen u. Egilolf v. Freienstein entscheiden	zwischen Heinrich u. Konrad v. Tengen u. Kl. Wettingen	Or.	Aar	ZUB 4 S. 319 Nr. 1612		Wet 6	104
1660^kh	1275 IX —, Burgdorf	Eberhard v. Habsburg u. s. Gattin Anna (v. Kiburg)	Kl. Frienisberg	Or.	Ber	FRB 3 S. 131 Nr. 137	RH 1 S. 126 Nr. 585	Fri E	328/Abb. 87
1661^kh	1275 IX —, Burgdorf	Eberhard v. Habsburg u. s. Gattin Anna (v. Kiburg)	Kl. Frienisberg	Or.	Ber	FRB 3 S. 131 Nr. 138	RH 1 S. 126 Nr. 586	Fri E	328
1662^kh	1275 IX —, Burgdorf	Eberhard v. Habsburg u. s. Gattin Anna (v. Kiburg)	Kl. Frienisberg	Or.	Ber	FRB 3 S. 132 Nr. 139	RH 1 S. 126 Nr. 586	Fri E	328
1663^kh	1275 X 4, Burgdorf	Eberhard v. Habsburg u. s. Gattin Anna (v. Kiburg)	Kl. Fraubrunnen	Or.	Ber	FRB 3 S. 133 Nr. 141	RH 1 S. 126 Nr. 587 (b)		290
1664^h	1275 X 31, Bern	Rudolf gen. Stettler u. Familie	Kde Buchsee	Or.	Ber	FRB 3 S. 142 Nr. 148	RH 1 S. 126 Nr. 590	BerBur	320, 321
1665	1275 XI 6, —	Walther v. Eschenbach u. s. Sohn Berchtold	Propstei Interlaken	2 Orr.	Ber	FRB 3 S. 145 Nr. 151			300

Urk.Nr.	Datum	Aussteller/ Urheber	Adressat/ Empfänger	Übflg.	Lagerort	Drucke/Faksimile, Teilabbildung	Regesten	Provenienz	Besprochen bzw. erwähnt auf S./ Abb. Nr.
1666	1275 XII 23, Reichenau	Abt Albrecht v. Reichenau	Kl. St. Katharinental	Or.	Frf	ZUB 4 S. 321 Nr. 1614; ThUB 3 S. 497 Nr. 629			261
1667	1275 XII 24, —	Bartholomäus v. Hattenberg, Bürger v. Freiburg i. Ü.	Johanniter v. Freiburg i. Ü.	Or.	FrÜ	Sol. Wbl. 1829 S. 328 Nr. 4	Freib. Gbll. 18 S. 7 Nr. 14; Diesb. S. 126	FrÜSta 2	344, 345
1668	1275 (nach IX 23), Paradies	Äbtissin Elisabeth u. Konvent v. Paradies	Kleriker Konrad Frei	Or.	Frf	ZUB 4 S. 319 Nr. 1611; ThUB 3 S. 486 Nr. 622			244, 256
1669	1275 (nach IX 23), —	Walther v. Eschenbach u. s. Sohn Berchtold	Propstei Interlaken	Or.	Ber	FRB 3 S. 129 Nr. 135			300
1670	(um 1275, Schaffhausen)	Kl. Allerheiligen	(Einkünfteverzeichnis)	Aufz.	Sch		SchUR 1 S. 16 Nr. 121	SchFra 1 F	243
1671	1276 I 6, Zürich	Schultheiß Ulrich u. d. Rat v. Zürich	Johann Bilgeri	Or.	Zür	ZUB 4 S. 323 Nr. 1617; Corp. 1 S. 277 Nr. 270		ZürSta 1	197
1672	1276 I 8, Zürich	Äbtissin Elisabeth u. Konvent v. Zürich	Rudolf v. Opfikon	Kop.	Zür	ZUB 4 S. 324 Nr. 1618		ZürSta 1 (?)	110, 196
1673	1276 I 18, Konstanz	B. Rudolf v. Konstanz	Abtei Zürich	Or.	Zür	ZUB 4 S. 325 Nr. 1619		ZürAbt 3	114
1674	1276 II 16, Zürich, i. d. Stube d. Äbtissin	Äbtissin Elisabeth u. Konvent v. Zürich	Anna, Gattin Konrads v. Glarus	Or.	ZürSta	ZUB 4 S. 327 Nr. 1621; Corp. 1 S. 279 Nr. 273		ZürPro 16 ?	110, 164

Urk.Nr.	Datum	Aussteller/Urheber	Adressat/Empfänger	Üblfg.	Lagerort	Drucke/Faksimile, Teilabbildung	Regesten	Provenienz	Besprochen bzw. erwähnt auf S./Abb. Nr.
1675kh	1276 III (1–15), Freiburg i. Ü.	Anna v. Kiburg u. ihr Gatte Eberhard v. Habsburg	Stadt Freiburg i. Ü.	Or.	FrÜ	FRB 3 S. 169 Nr. 173	RH 1 S. 127 Nr. 597	FrÜSta 2	335, 336, 342, 344, 345, 346/ Abb. 90
1676	1276 III 20, Abtei Zürich	Johannes Manesse	Kl. St. Blasien	Or.	Aar	ZUB 4 S. 329 Nr. 1623		ZürAno A (?)	118, 199
1677	(1275 IX 24 — 1276 III 24), —	Walther v. Eschenbach	Propstei Interlaken	Or.	Ber	FRB 3 S. 160 Nr. 163			300
1678h	1276 III 27, Baden	Albrecht v. Habsburg	Kl. Töß	Or.	Zür	ZUB 4 S. 332 Nr. 1625	RH 1 S. 127 Nr. 596; QW1/1 S. 546 Nr. 1192	S 1	211
1679	1276 IV 1, Rheingau	B. Rudolf v. Konstanz	Kl. Töß	Or.	Zür	ZUB 4 S. 332 Nr. 1626		KonB R 5	211
1680	1276 IV 13, Zürich	Hugo v. Mülimatten anstatt d. Propstes v. Zürich	(i. Sachen d. Propstei Zürich)	Or.	Zür	ZUB 4 S. 333 Nr. 1627		ZürPro 15 A	154, 162, 163
1681	1276 IV 25, Basel	Das Stift St. Leonhard i. Basel	Werner Scheitleip	Or.	Bas	BaUB 2 S. 106 Nr. 189		BasLeo	351
1682	1276 V 14, Rapperswil	Abt Konrad v. Pfäfers	Heinrich v. Rambach	Or.	Ein	ZUB 4 S. 336 Nr. 1630			34
1683	1276 V 18, Zürich, i. Chor d. Propstei	Guta, Frau d. Johannes Bilgeri	Kde Bubikon	Or.	Zür	ZUB 4 S. 337 Nr. 1631		ZürPro 15 B	162, 163
1684	1276 V 20, —	Johannes, d. Kellner v. Kriens, Bürger v. Luzern	Kl. Oetenbach	Or.	Zür	Gfr. 7 S. 165 Nr. 10; ZUB4 S.338 Nr.1632	QW1/1 S. 547 Nr. 1194		189

Urk.Nr.	Datum	Aussteller/Urheber	Adressat/Empfänger	Ublfg.	Lagerort	Drucke/Faksimile, Teilabbildung	Regesten	Provenienz	Besprochen bzw. erwähnt auf S./Abb. Nr.
1685	1276 VI 4, Zürich	Der Rat v. Zürich	Spital v. Zürich	Or.	Zür	ZUB 4 S. 339 Nr. 1633		ZürSta 1	118, 197
1686	vacat								
1687	1276 VI 29, —	Heinrich v. Seedorf u. s. Frau Mechthild	Propstei Interlaken	Or.	Ber	FRB 3 S. 175 Nr. 180		Int F	299
1688	1276 VIII 5, (Paradies)	Kl. Paradies	(i. eig. Sache)	Or.	Sch	ThUB 3 S. 517 Nr. 643; Corp. 1 S. 286 Nr. 287			240, 244
1689	1276 VIII 21, Abtei Zürich	Äbtissin Elisabeth v. Zürich	Margarete v. Stettbach	Or.	Zür	ZUB 4 S. 340 Nr. 1635		ZürAbt 3	114, 115
1689a	(1276) XI 24, Zürich	Heinrich v. Basel, Chorherr v. Zürich, u.a. entscheiden	zwischen Kl. Engelberg u. Kl. Wettingen	1. Or. 2. Or.	Aar Eng	Gfr. 51 S. 113 Nr. 141; ZUB 4 S. 342 Nr. 1637	QW1/1 S. 550 Nr. 1204	ZürPro 16 ?	164
1690	1276 XI 26, Kappel	Abt Thomas u. Konvent v. Kappel	Rudolf v. Notikon	Or.	Zür	ZUB 4 S. 344 Nr. 1638	QW1/1 S. 551 Nr. 1205	Kap 6	67
1691	1276 XI 29, Winterthur u. Tänikon	Äbtissin Elisabeth u. Konvent v. Tänikon	Kl. Töß	Kop.	Ein	ZUB 4 S. 344 Nr. 1639	ThUB 3 S. 526 Nr. 648		34
1692	1276 XII 6, Frauenthal	Johannes, Vizepleban v. Sarmenstorf	Kl. Frauenthal	2 Orr. (lat. u. dt.)	Frt	Gfr. 3 S. 132 Nr. 17 u. ebd. S. 133 Nr. 18; Corp. 1 S. 291 Nr. 295	ZUB 4 S. 346 Nr. 1640; QW1/1 S. 551 Nr. 1206 u. ebd. S. 552 Nr. 1207	Lat. Or.: ZürAno A	74, 198, 253

Urk. Nr.	Datum	Aussteller/ Urheber	Adressat/ Empfänger	Ublfg.	Lagerort	Drucke/Faksimile, Teilabbildung	Regesten	Provenienz	Besprochen bzw. erwähnt auf S./ Abb. Nr.
1693	1276 XII 18, —	Propst Johannes u. Kapitel v. Zürich	(i. Sachen d. Propstei Zürich)	Or.	Zür	ZUB 4 S. 346 Nr. 1641		ZürPro 16	164, 165
1694	1276 — —, Neftenbach	Heinrich v. Seen, Ammann d. Herrschaft Kiburg, beurkundet Schiedsspruch	zwischen d. Leuten v. Gräslikon u. Buch	Or.	Zür	ZUB 4 S. 349 Nr. 1643; Corp. 1 S. 272 Nr. 262		Töß 3	211, 224, 226, 228
1695	1276 — —, Neftenbach	Wetzel, Schultheiß v. Winterthur, bzw. Rudolf, d. Alt-Schultheiß v. Winterthur, bzw. Chorherr Volmar v. Heiligenberg beurkunden Schiedsspruch	zwischen d. Leuten v. Gräslikon u. Buch	3 Orr.	Zür Töß Nr.94, 96 u. 95	ZUB 4 S. 349 Nr. 1644; Corp. 1 S. 272 Nr. 263		1. Or.: Töß 1 C (S, auch D?); 2. u. 3. Or.: Töß 2 D (S)	211, 213, 214, 216, 224, 225, 226, 228
1696	(1268—1276), —	Abt Arnold v. St. Blasien	Propstei Bürgeln	Or.	Krh	Gerb. 3 S. 181 Nr. 133		Bla B (lt. Müller Bla VIII)	368
1697	1277 I 4, Zürich	Hermann v. Bonstetten, Vogt, u. d. Rat v. Zürich	Kl. St. Blasien	Or.	Zür	ZUB 5 S. 1 Nr. 1646		ZürAno A	198
1698	1277 I 11, Zürich	Abt u. Konvent v. Rüti	Kl. St. Blasien	1. Or. 2. Or.	Zür Aar	ZUB 5 S. 2 Nr. 1648		1. Or.: ZürPro 17	165, 166, 203
1699	1277 I 17, —	Äbtissin Elisabeth v. Zürich	Kl. Selnau	Or.	Zür	ZUB 5 S. 3 Nr. 1649		Wet 5	77, 98, 110

Urk. Nr.	Datum	Aussteller/Urheber	Adressat/Empfänger	Ublfg.	Lagerort	Drucke/Faksimile, Teilabbildung	Regesten	Provenienz	Besprochen bzw. erwähnt auf S./Abb. Nr.
1700	1277 I 17, Hinwil u. Wil	Heinrich v. Bernegg	Kde Bubikon	Or.	Zür	ZUB 5 S. 4 Nr. 1650; Corp. 1 S. 297 Nr. 305			202
1701	1277 I 30, Zürich	Margarete, Frau d. Heinrich Meis, Bürgers v. Zürich	Propstei Zürich	Kop.	Zür	ZUB 5 S. 10 Nr. 1655		ZürPro 16 ?	110, 164
—	(1260 – 1277 I 26/II 1), Schaffhausen, Klosterlaube	s. (1267 II 1), Schaffhausen, Klosterlaube							
1702	1277 II 16, Zürich, i. Haus Jakob Mülners	Heinrich v. Tengen	Kl. Selnau	Or.	Zür	ZUB 5 S. 11 Nr. 1656		ZürSta 1	118, 197
1703	1277 II 23, —	Abt Berchtold v. Murbach	Bürger v. Luzern	Or.	Luz	Gfr. 1 S. 199 Nr. 27; QW1/1 S. 558 Nr. 1221; Corp. 1 S. 299 Nr. 309			26
1704[h]	1277 IV 22, Burg Baden	Albrecht u. Hartmann v. Habsburg	Kl. Wettingen	Or.	Aar	ZUB 5 S. 17 Nr. 1661	RH 1 S. 130 Nr. 616; QW1/1 S. 561 Nr. 1226	Wet 6	104
1705	1277 IV 25, Kl. Oetenbach	Walther v. Hünenberg	Kl. Oetenbach	Or.	Zür	ZUB 5 S. 18 Nr. 1662	QW1/1 S. 561 Nr. 1227	Oet 5 A	110, 169, 195
1706[h]	1277 V 2, Konstanz	Kgin Anna u. ihre Söhne, Albrecht u. Hartmann v. Habsburg	Kl. St. Katharinental	Or.	Frf	ThUB 3 S. 538 Nr. 656	RH 1 S. 131 Nr. 617; ZUB 5 S. 19 Nr. 1663; QW1/1 S. 562 Nr. 1228		255, 256, 264
1707	1277 V 4, —	Der Rat v. Zürich	Schwestern v. Konstanz i. Zürich	Or.	Zür	ZUB 5 S. 19 Nr. 1664		ZürSta 1	197

Urk. Nr.	Datum	Aussteller/ Urheber	Adressat/ Empfänger	Überlfg.	Lagerort	Drucke/Faksimile, Teilabbildung	Regesten	Provenienz	Besprochen bzw. erwähnt auf S./ Abb. Nr.
1708	1277 V 22, Zürich	Priorin u. Konvent v. Oetenbach	Kl. Kappel	Or.	Zür	ZUB 5 S. 21 Nr. 1667	QW1/1 S. 563 Nr. 1232	zu ZürDom (? D)	118, 169, 189
1709	1277 V 24, –	Abt Albrecht v. Reichenau	Kl. Töß	1. Or. 2. Or.	Zür Krh	ZUB 5 S. 22 Nr. 1668		1. Or.: Jak 2 2. Or.: Jak 2 ?	211, 232
1710	1277 V 25 oder 26, Zürich, i. d. Vorstadt	Der Rat v. Zürich entscheidet	zwischen d. Propstei Zürich u. d. Chienern	Or.	Zür	ZUB 5 S. 23 Nr. 1669; Corp. 1 S. 305 Nr. 318		ZürPro 16	164, 165
1711	1277 V 27, Schaffhausen	Eberhard Hunn, Schultheiß v. Schaffhausen	Kl. Paradies	Kop.	Sch	ThUB 3 S. 980 Nachtrag Nr. 14			244
1712	1277 V 27, –	Äbtissin Engelburg u. Konvent v. Magdenau	Kl. Töß	Or.	Zür	ZUB 5 S. 24 1670		Jak 2	211, 232
1713	1277 VI 4, Töß u. Schaffhausen	C. Meyer, Bürger v. Schaffhausen	Kl. Töß	Or.	Zür	ZUB 5 S. 25 Nr. 1671		Jak 2	211, 232
1714	1277 VI 4, i. d. Kapitelstube d. Propstei Zürich	Äbtissin Elisabeth u. d. Rat v. Zürich	Propstei Zürich	Kop.	Zür	ZUB 5 S. 26 Nr. 1672		ZürPro 16	110, 164
1715	1277 VI 7, Dießenhofen	Mechthild, Frau d. Rudolf Spieser, u.a.	Kl. Paradies	Or.	Sch	ThUB 3 S. 541 Nr. 658; Corp. 1 S. 306 Nr. 320			239, 240, 244
1716	1277 VI 9, Neu-Regensberg	Ulrich v. Regensberg	Schwestern v. Konstanz i. Zürich	Or.	Zür	ZUB 5 S. 29 Nr. 1673		ZürSta 1	197

Urk.Nr.	Datum	Aussteller/ Urheber	Adressat/ Empfänger	Überlfg.	Lagerort	Drucke/Faksimile, Teilabbildung	Regesten	Provenienz	Besprochen bzw. erwähnt auf S./ Abb. Nr.
1717	1277 VI 13, Rapperswil	Konrad u. Werner u. gen. Ekol. Provisoren u. Schaffner d. Spitals i. Rapperswil	Kl. Wettingen	Or.	Aar Wett. Nr. 168			Wet 6	104
1718	1277 VI 24, Schaffhausen	Eberhard Hunn, Schultheiß v. Schaffhausen	Kl. Paradies	Kop.	Sch	ThUB 3 S. 542 Nr. 659			244
1719	1277 VI 29, Abtei Zürich	Äbtissin Elisabeth v. Zürich	Kl. Oetenbach	Or.	Zür.	ZUB 5 S. 30 Nr. 1674		ZürAno A	110, 188, 198
1720	1277 VII 2, —	Der Offizial H. v. Konstanz anstelle d. Bischofs i. Sachen d. Tausches	zwischen H. v. Wyden, Kirchherr v. Winterthur, u. Kl. Töß	Or.	Zür	ZUB 5 S. 30 Nr. 1675		Töß 2 A	223, 224
1721	1277 VII 5, Ansoltingen	Rudolf v. Strättingen	Propstei Interlaken	Or.	Ber	FRB 3 S. 208 Nr. 217		Int F	299
1722	1277 VII 6, —	Komtur H. u. d. Brüder v. Bubikon	Kl. Töß	Or.	Zür	ZUB 5 S. 32 Nr. 1676		Töß 3	226
1723	1277 VII 7, Zürich	Konrad d. Ä. v. Steinmaur	Propstei Zürich	Or.	Zür	ZUB 5 S. 32 Nr. 1677		ZürPro 16	164, 165
1724	1277 VII 11, Zürich	Lütold d. Ä. v. Regensberg	Kl. Selnau	Or.	Zür	ZUB 5 S. 33 Nr. 1678		ZürSta 1	197
1725	1277 (vor IX 24), —	Die Priorin v. Oetenbach	Schwester Judenta Schwend	Or.	Zür	ZUB 5 S. 35 Nr. 1680		Oet 3 C	169, 192
1726	1277 XI 7, Zürich	Äbtissin Elisabeth v. Zürich	Kl. Oetenbach	Or.	Zür	ZUB 5 S. 38 Nr. 1684		ZürAno A	110, 188, 198

Urk.Nr.	Datum	Aussteller/Urheber	Adressat/Empfänger	Üblfg.	Lagerort	Drucke/Faksimile, Teilabbildung	Regesten	Provenienz	Besprochen bzw. erwähnt auf S./Abb. Nr.
1727kh	1277 XI 26, Meienried	Anna v. Kiburg u. ihr Gatte Eberhard v. Habsburg	Albrecht, Hartmann u. Rudolf v. Habsburg, Söhne Kg. Rudolfs I.	Or.	Wie	FRB 5 S. 216 Nr. 227	ZUB 5 S. 39 Nr. 1685; RH 1 S. 134 Nr. 635		332
1728	1277 XII 18, Luzern	Diethelm v. Ballwil	Kl. Engelberg	Or.	Eng	Gfr. 51 S. 120 Nr. 147	QW1/1 S. 569 Nr. 1245		26
1729	1277 — —, Illnau	Heinrich v. Seen, Amtmann d. Herrschaft Kiburg, i. Sachen d. Streits	zwischen d. Leuten v. Lüchenthal u. Kl. Töß	Or.	Zür	ZUB 5 S. 41 Nr. 1687; Corp. 1 S. 295 Nr. 302		Töß 3	226, 228
1730	(1278 Anfang ?), —	Kuno, Dominikaner zu Straßburg	Predigerkl. Zürich	Or.	Ber	Mém. et doc. 30 S. 78 Nr. 689; ZUB 12 S. 98 Nr. 1447a	ZUB 5 S. 42 Nr. 1689		167, 169
1731	1278 I 12, Zürich, Manessenhaus	Konrad v. Tengen, Domherr v. Straßburg, u. s. Brüder Heinrich u. Konrad	Kl. Oetenbach	Or.	Zür	ZUB 5 S. 43 Nr. 1691		ZürAno A	188, 198
1732	1278 I 15, Dießenhofen	Kirchherr C. v. Dießenhofen	Kl. St. Katharinental	Or.	Frf	ThUB 3 S. 557 Nr. 668			256
1733	1278 II 3, Stühlingen	Eberhard v. Lupfen u. s. Neffe Berchtold	an Ulrich v. Württemberg f. Kl. St. Katharinental	Kop.	Frf	ThUB 3 S. 559 Nr. 670			256
1734	1278 II 12, Zürich, i. Rathaus	Hermann v. Bonstetten, Vogt, u. d. Rat v. Zürich	Kl. Selnau	Or.	Zür	ZUB 5 S. 45 Nr. 1693		ZürPro 16	76, 77, 164, 165, 166

Urk.Nr.	Datum	Aussteller/ Urheber	Adressat/ Empfänger	Üblfg.	Lagerort	Drucke/Faksimile, Teilabbildung	Regesten	Provenienz	Besprochen bzw. erwähnt auf S./ Abb. Nr.
1735	1278 II 13, Zürich, i. Kreuzgang d. Großmünsters	Abt Heinrich v. Muri	Anna, Tochter Bernhers v. Wil	Or.	Zür	ZUB 5 S. 47 Nr. 1694		ZürPro 16	110, 164, 165
1736	1278 III 14, Kilchberg, Leutpriesterei	Äbtissin Elisabeth v. Zürich	Kl. Oetenbach	Or.	Zür	ZUB 5 S. 50 Nr. 1697		ZürAno A	110, 188, 198
1737	1278 IV 8, —	Äbtissin Elisabeth v. Zürich	H. Nägeli v. Richterswil	Aufz.	Zür	ZUB 5 S. 50 Nr. 1698		ZürAbt 3 ?	115
1738	1278 IV 11, Zürich, i. Haus Müllners	Heinrich v. Tengen	Kl. Oetenbach	Or.	Zür	ZUB 5 S. 51 Nr. 1699		ZürAno A (?)	188, 199
1739	1278 V 4, Chorherrenstift Zürich	Propst Johann u. Kapitel v. Zürich	Kantor Konrad v. Mure	1. u. 2. Or. 3. Or.	Zür ZürBbl	ZUB 5 S. 52 Nr. 1701	QW 1/1 S. 574 Nr. 1254	3. Or.: ZürAno A ?	73, 74, 118, 169, 188, 199
1740	1278 V 25, Konstanz, Propstei	Hugo v. Werdenberg	Kl. Oetenbach	Or.	Zür	ZUB 5 S. 53 Nr. 1702			169, 189
1741	(zu 1278 V 25 ?), —	Priorin u. Konvent v. Oetenbach	Schwester Sophie v. Werdenberg u. ihr Bruder	Or.	Zür	ZUB 5 S. 54 Nr. 1703; Corp. 1 S. 331 Nr. 352			188, 189
1742	(1278 V 25 ?), —	Priorin u. Konvent v. Oetenbach	Schwester Sophie v. Werdenberg	Or.	Zür	ZUB 5 S. 55 Nr. 1704; Corp. 1 S. 331 Nr. 353			188, 189
1743	1278 VI 24, Zürich	Äbtissin Elisabeth u. Konvent v. Zürich	Ulrich, Ammann v. Rüschlikon	Or.	Zür	ZUB 5 S. 55 Nr. 1705		ZürAno A	110, 118, 198

Urk.Nr.	Datum	Aussteller/Urheber	Adressat/Empfänger	Üblfg.	Lagerort	Drucke/Faksimile, Teilabbildung	Regesten	Provenienz	Besprochen bzw. erwähnt auf S./Abb. Nr.
1744	1278 VI 29, Zürich	Konrad v. Mure u. Ulrich Rorwolf anstelle d. Propstes v. Zürich	Kl. Oetenbach	Or.	Zür	ZUB 5 S. 57 Nr. 1706		ZürAno A	118, 188, 198
1745	1278 VI 30, Zürich, Nikolauskapelle	Äbtissin Elisabeth v. Zürich	Kl. Oetenbach	Or.	Zür	ZUB 5 S. 58 Nr. 1707		ZürAno A	110, 188, 198
1746	1278 VII 17, Bolligen	Rudolf, Propst v. Frauenkappelen, u.a.	Propstei Interlaken	Or.	Ber	FRB 3 S. 237 Nr. 251		BerBur ?	319
1747	1278 VIII 16, Abtei Zürich	Äbtissin Elisabeth v. Zürich	Kl. Oetenbach	Or.	Zür	ZUB 5 S. 59 Nr. 1710		ZürAno A	110, 188, 198
1748	1278 IX 2, Schaffhausen	Schultheiß, Rat u. Bürger v. Schaffhausen	Heinrich Brümsi a. d. Stade u. s. Kinder	Or.	Sch	Corp. 1 S. 336 Nr. 361	ZUB 12 S. 112 Nr. 1712a	SchFra 1 F	243
1749	1278 (vor IX 24), Zürich, Predigerkirchhof	Schwester Judenta Schwend	Kl. Oetenbach	Or.	Zür	ZUB 5 S. 61 Nr. 1714		Oet 3 C	169, 192
1750	1278 (vor IX 24), Zürich, Predigerkirchhof	Priorin Elisabeth u. Konvent v. Oetenbach	Schwester Judenta Schwend	Or.	Zür	ZUB 5 S. 62 Nr. 1715		Oet 3 C	169, 192
1751	1278 X 25–26, Zürich	Magister H. v. Roßberg, Chorherr v. Zürich, bestimmt einen Termin	zwischen H. v. Kienberg u. Stift Beromünster	Or.	Bmü	Gfr. 42 S. 229; BeUB 1 S. 201 Nr. 154	ZUB 5 S. 63 Nr. 1717; QW 1/1 S. 577 Nr. 1263	ZürPro 17	70, 165, 166

Urk.Nr.	Datum	Aussteller/ Urheber	Adressat/ Empfänger	Überlfg.	Lagerort	Drucke/Faksimile, Teilabbildung	Regesten	Provenienz	Besprochen bzw. erwähnt auf S./ Abb. Nr.
1752	1278 XI 12, Zürich	Konrad v. Mure, Kantor, Abteipleban Hermann, Vogt Hermann u. Bonstetten u. d. Rat v. Zürich	Kl. Wettingen	Or.	Bas	ZUB 5 S. 65 Nr. 1720; FRB 7 S. 718 Nachtrag Nr. 15		ZürPro 16	77, 110, 164, 196
1753	1278 XI 27, Zürich	Propst Hugo v. Embrach, päpstl. delegierter Richter	an Magister H. v. Roßberg	Or.	Bmü	Gfr. 27 S. 297 Nr. 13; BeUB 1 S. 202 Nr. 155	ZUB 5 S. 66 Nr. 1721; QW 1/1 S. 578 Nr. 1264	ZürPro 17	70, 165, 166
1754	1278 — , Zürich	Arnold, Dekan u. Leutpriester i. Rapperswil	Predigerkl. Zürich u.a.	Or.	Zür	ZUB 5 S. 66 Nr. 1722		zu ZürDom (?)	71, 72, 73, 74, 118, 167, 169, 189
1755	1279 II 5, —	Abt Volker u. Konvent v. Wettingen	Kl. Oetenbach	Or.	Zür	ZUB 5 S. 68 Nr. 1724			189
1756	1279 II —, Dießenhofen	Kaplan C., Leutpriester v. Dießenhofen	Pfargenosse Heinrich Roder	Kop.	Frf	ThUB 3 S. 573 Nr. 682			256, 398, 399
1757	1279 IV 19, Wettingen	Abt Volker u. Konvent v. Wettingen	Kl. St. Katharinental	Or.	Zür	ZUB 5 S. 74 Nr. 1728		Wet 6	104, 256, 257
1758	1279 IV —, Sarmenstorf	Äbtissin Ida u. Konvent v. Frauenthal	Leutpriester Johannes v. Sarmenstorf	Or.	Frt	Gfr. 3 S. 137 Nr. 22	QW 1/1 S. 585 Nr. 1280; ZUB 12 S. 113 Nr. 1731a		40
1759	1279 V 19, St. Blasien	Abt Heinrich v. St. Blasien vidimiert	Kl. Sitzenkirch	Or.	Krh St. Blasien 11/334			Bla B (lt. Müller Bla XII)	368, 369

Urk.Nr.	Datum	Aussteller/ Urheber	Adressat/ Empfänger	Üblfg.	Lagerort	Drucke/Faksimile, Teilabbildung	Regesten	Provenienz	Besprochen bzw. erwähnt auf S./ Abb. Nr.
1760	1279 VI 19, Zürich, i. Niederdorf	Abt Heinrich v. St. Blasien	Werner Widmer v. Kaiserstuhl	Kop.	Aar	ZUB 5 S. 81 Nr. 1736		ZürAno (?)	118, 199
1761	1279 VI 24, Luzern, vor d. Kapelle	Walther u. Margarete v. Hunwil	Kl. Engelberg	Or.	Eng	Gfr. 1 S. 306 Nr. 2	QW 1/1 S. 589 Nr. 1288; Gfr. 51 S. 121 Nr. 149		26
1762	1279 VI 24, Kapitelstube d. Propstei Zürich	Konrad v. Mure, Kantor, u. Ulrich Rorwolf anstelle d. Propstes v. Zürich	(i. Sachen d. Propstei Zürich)	Kop.	Zür	ZUB 5 S. 83 Nr. 1739		ZürPro 16	164
1763	1279 VII 13, Wien	Kg. Rudolf I.	Berchtold v. Eschenbach	Or.	Zür	ZUB 5 S. 85 Nr. 1741; FRB 3 S. 261 Nr. 278	QW 1/1 S. 590 Nr. 1290		40
1764	1279 VII 28, –	Konrad d. Pfaffe v. Tengen, Konrads sel. Sohn	Kl. Paradies	Kop.	Sch	ThUB 3 S. 585 Nr. 692; Corp. 1 S. 359 Nr. 389			239, 244
1765	1279 (VII 28), –	Heinrich v. Tengen, Sohn Heinrichs sel.	Kl. paradies	Kop.	Sch	ThUB 3 S. 584 Nr. 691; Corp. 1 S. 358 Nr. 388			239, 244
1766	1279 VII 31, Wien	Konrad v. Mure, Kantor, u. Ulrich Rorwolf anstelle d. Propstes v. Zürich	Kl. Oetenbach	Or.	Zür	ZUB 5 S. 86 Nr. 1743		ZürAno A	118, 188, 198
1767	1279 IX 1, Maschwanden	Werner Helstap u. Familie	Kl. Frauenthal	Or.	Frt	Gfr. 3 S. 138 Nr. 24	QW 1/1 S. 591 Nr. 1293; ZUB 12 S. 114 Nr. 1746a		40
1768	1279 IX 5, Konstanz	B. Rudolf u. d. Domkapitel v. Konstanz	Kl. St. Katharinental	Or.	Frf	ThUB 3 S. 587 Nr. 694		KonB E 14 = R 3	256, 257

Urk.Nr.	Datum	Aussteller/ Urheber	Adressat/ Empfänger	Üblfg.	Lagerort	Drucke/Faksimile, Teilabbildung	Regesten	Provenienz	Besprochen bzw. erwähnt auf S./ Abb. Nr.
1769	1279 IX 8, Zürich, Kreuzgang d. Abtei	Äbtissin Elisabeth v. Zürich	Kl. Oetenbach	Or.	Zür	ZUB 5 S. 88 Nr. 1747		ZürAno A	110, 188, 198
1770	1279 IX 8, Zürich, i. Kreuzgang d. Propstei	Konrad v. Mure, Kantor, u. Ulrich Rorwolf anstelle d. Propstes v. Zürich	Kl. Oetenbach	Or.	Zür	ZUB 5 S. 88 Nr. 1748		ZürAno A	118, 188, 198
1771	1279 XI 13, Abtei Zürich	Äbtissin Elisabeth v. Zürich	Kl. Oetenbach	Or.	Zür	ZUB 5 S. 91 Nr. 1752		ZürAno A	110, 188, 198
1772	1279 XII 11, Abtei Zürich	Äbtissin Elisabeth v. Zürich	Walther v. Kalbisau	Or.	ZürSta	ZUB 5 S. 93 Nr. 1754; Corp. 1 S. 365 Nr. 395		ZürAbt 3	114, 115
1773	1279 XII 13, —	Konrad v. Mure, Kantor d. Propstei Zürich	Kl. Oetenbach (Vidimus v. Urk. ddo 1245 VII 12, Lyon)	Or.	Zür	ZUB 2 S. 129 Nr. 623 (vidimierte Urk.) u. ebd. 5 S. 95 Nr. 1755 (Beglaubigungsnotiz)		Beglaubigung: ZürPro 16	164, 165, 188
1774	1279 — —, Wil	Abt Rumo u. Konvent v. St. Gallen	Stift Rüti	Or.	Zür	ZUB 5 S. 95 Nr. 1756; Gall. 3 S. 221 Nr. 1022		Rüt 6	204, 208
1775	1280 I 6, Zürich, i. Haus Rudolfs v. Glarus	Der Rat v. Zürich	Kl. Oetenbach	Or.	Zür	ZUB 5 S. 96 Nr. 1757		ZürSta 1	188, 197
1775a	1280 II 16, Zürich	Propst Hugo v. Embrach u.a.	an d. Offizial v. Konstanz	Or.	Aar	ZUB 5 S. 97 Nr. 1759		ZürPro 16 ?	164
1776	1280 II 22, Konstanz	H. Cellerarius, Domherr v. Konstanz	Berchtold, Vikar v. Neunforn	Or.	Zür	ZUB 5 S. 108 Nr. 1760			211

Urk.Nr.	Datum	Aussteller/Urheber	Adressat/Empfänger	Überlfg.	Lagerort	Drucke/Faktsimile, Teilabbildung	Regesten	Provenienz	Besprochen bzw. erwähnt auf S./Abb. Nr.
1777	1280 III 14, Zürich	Burkhard, Pfarrer i. Altdorf u.a. entscheiden	zwischen Abtei Zürich u. Kl. Wettingen	Or.	Zür	Gfr. 8 S. 15 Nr. 12; ZUB 5 S.109 Nr.1761	QW1/1 S. 601 Nr. 1316	ZürAbt 3	77, 114, 118
1778ʰ	(nach 1280 IV 4), —	Konrad v. Heidegg u. Ulrich v. Rinach	Kde Hohenrain	Or.	Luz		RH 1 S. 141 Nr. 678; QW1/1 S. 603 Nr. 1321		26
1779	1280 V 1, Konstanz	B. Rudolf v. Konstanz	Pfarre Höngg	Or.	Aar	ZUB 5 S. 113 Nr. 1764			77
1780	1280 IV 28, Zürich u. VI 8, St. Blasien	Abt Heinrich u. Konvent v. St. Blasien	Konrad Wettinger	Or.	Zür	ZUB 5 S. 111 Nr. 1763		Bla ?	118
1781ʰ	1280 VII 21, —	Albrecht v. Habsburg	Stift St. Jakob auf d. Heiligenberg	Or.	Zür	ZUB 5 S. 115 Nr. 1768	RH 1 S. 142 Nr. 681; QW1/1 S. 606 Nr. 1329	Jak (?)	235
1782ʰ	1280 VII 21, —	B. Rudolf v. Konstanz	Stift St. Jakob auf d. Heiligenberg	Or.	Zür	ZUB 5 S. 116 Nr. 1769	RH 1 S. 142 Nr. 681	Jak (?)	235
1783	1280 VII 24, Blumberg	Eberhard v. Lupfen u.s. Brudersohn Berchtold	Kl. St. Katharinental	Or.	Zür	ZUB 5 S. 117 Nr. 1770			256, 257
1784	1280 VIII 11, Klingnau	Jakob v. Wessenberg	Kl. Oetenbach	Or.	Aar		ZUB 5 S. 118 Nr. 1771		188, 189
1785	(zu 1280 VIII 11), —	Priorin u. Konvent v. Oetenbach	Nöge sel. v. Klingnau (Jahrzeit)	Or.	Zür	ZUB 5 S. 118 Nr. 1772; Corp. 1 S. 383 Nr. 431			118, 189
1786	1280 IX 20, Abtei Zürich	Äbtissin Elisabeth u. Konvent v. Zürich	Johann v. Schönenwerd u. s. Gattin Anna	Or.	ZürSta	ZUB 5 S. 120 Nr. 1775		ZürAno A	110, 118, 198

Urk.Nr.	Datum	Aussteller/ Urheber	Adressat/ Empfänger	Üblfg.	Lagerort	Drucke/Faksimile, Teilabbildung	Regesten	Provenienz	Besprochen bzw. erwähnt auf S./ Abb. Nr.
1787	1280 IX 28, Abtei Zürich	Äbtissin Elisabeth v. Zürich	Kl. Oetenbach	Or.	Zür	ZUB 5 S. 122 Nr. 1778		ZürAno A	110, 188, 198
1788	1280 IX 30, –	Wilhelm v. Oron	Jonetus v. Stäffis	Or.	FrÜ Haupt Ier suppl. 66			FrÜSta 2	344
1789	1280 X 6, Basel	Äbtissin Elisabeth u. Konvent v. Selnau	Stift St. Leonhard i. Basel	Or.	Bas	BaUB 2 S. 184 Nr. 321 I	ZUB 12 S. 121 Nr. 1779a		76
1790	1280 X 6, Basel	Äbtissin Elisabeth u. Konvent v. Selnau	Berchtold d. Färber u. s. Schwester	Or.	Bas	BaUB 2 S. 185 Nr. 321 II	ZUB 12 S. 121 Nr. 1779b		76
1791	1281 II (12 oder) 14, Konstanz	Der Offizial d. bischöfl. Hofs v. Konstanz	Kl. Oetenbach	Or.	Zür	ZUB 5 S. 129 Nr. 1786		ZürAno A	199
1792	1281 III 12, Zürich, Chor d. Abtei	Äbtissin Elisabeth v. Zürich	Kl. Oetenbach	Or.	Zür	ZUB 5 S. 130 Nr. 1788		ZürAno A	199
1793	1281 IV 17, Zürich	Hugo v. Werdenberg u. Heiligenberg	Kl. Wurmsbach	Or.	Wur	ZUB 5 S. 133 Nr. 1791		zu Wet 6	104
1794	1281 V 21, Zürich	Äbtissin Elisabeth u. Konvent v. Zürich	Stift St. Martin auf d. Zürichberg	Or.	Zür	ZUB 5 S. 134 Nr. 1794		ZürSta 1	196, 197
1795	1281 V 28, Abtei Zürich	Äbtissin Elisabeth v. Zürich	Kl. Oetenbach	Or.	Zür	ZUB 5 S. 135 Nr. 1795		ZürAno A	199
1796	1281 VI 8, Maschwanden	Berchtold v. Eschenbach	Kl. Frauenthal	Or.	Frt	Gfr. 3 S. 139 Nr. 26; ZUB 5 S. 136 Nr. 1796	QW 1/1 S. 615 Nr. 1346		199
1797	1281 VII 28, Zürich, i. Garten Johannes Reinges	Lütold d. J. v. Regensberg	Kl. Oetenbach	Or.	Zür	ZUB 5 S. 138 Nr. 1798		ZürAno A	199

Urk.Nr.	Datum	Aussteller/Urheber	Adressat/Empfänger	Üblfg.	Lagerort	Drucke/Faksimile, Teilabbildung	Regesten	Provenienz	Besprochen bzw. erwähnt auf S./Abb. Nr.
1798	1281 VII 28, Zürich, Chorherrenhof Heinrichs v. Basel	Lütold u. Lütold v. Regensberg	Kl. Selnau	Kop.	ZürBbl	ZUB 5 S. 139 Nr. 1799		ZürAno A	199
1799	1281 VIII 3, beim Stampfenbach	Adelheid, Witwe Ulrichs v. Regensberg	Berchtold v. Stampfenbach	Or.	Zür	ZUB 5 S. 140 Nr. 1800		ZürAno A	199
1800	1281 X —, —	Äbtissin Elisabeth v. Zürich	Ulrich Brunner v. Zürich	Or.	Zür	ZUB 5 S. 151 Nr. 1812		ZürAbt 3	114, 115
1801	1281 XI 28, St. Blasien	Abt Heinrich u. Konvent v. St. Blasien	Berchtold Jordan, Amtmann i. Zürichgau	Or.	Zür	ZUB 5 S. 153 Nr. 1814		Bla 3 (lt. Müller Bla XIV)	368
1802	1281 XI 28, St. Blasien	Abt Heinrich u. Konvent v. St. Blasien	Berchtold Jordan v. Stampfenbach u. Familie	Or.	Zür	ZUB 5 S. 154 Nr. 1815		Bla 3 (lt. Müller Bla XIV)	368
1803	1281 XII 26, Dießenhofen	Rudolf d. Spiser, Bürger v. Dießenhofen	Kl. Paradies	Or.	Sch	ThUB 3 S. 610 Nr. 712			239, 244
1804	1282 III 14, Einsiedeln	Abt Heinrich u. Konvent v. Einsiedeln	Kl. Töß	Or.	Zür	ZUB 5 S. 164 Nr. 1826	QW1/1 S. 629 Nr. 1370		34
1805	1282 IV 1, —	Der Rat v. Zürich	Elisabeth, Frau Werners, d. Sohnes Markwarts	Or.	Zür	ZUB 5 S. 166 Nr. 1828		ZürSta 1	197
1806	1282 V 5, Winterthur	B. Rudolf v. Konstanz	Hermann, Leutpriester v. Heiligenberg	Or.	Zür	ZUB 5 S. 173 Nr. 1834		Jak 2	232

Urk.Nr.	Datum	Aussteller/ Urheber	Adressat/ Empfänger	Üblfg.	Lagerort	Drucke/Faksimile, Teilabbildung	Regesten	Provenienz	Besprochen bzw. erwähnt auf S./ Abb. Nr.
1807	1282 (vor IX 24), Schaffhausen	Walther v. Herblingen	Kl. Paradies	Or.	Sch	ThUB 3 S. 648 Nr. 734			244
1808	1282 X 5, unter d. Chortüre v. Oetenbach	Priorin Berta v. Oetenbach	Schwester Judenta Schwend	Or.	Zür	ZUB 5 S. 187 Nr. 1848		Oet 3 C	192
1809	1282 XI 26, –	Priorin u. Konvent v. Töß	Heinrich d. Wiechser	Or.	Zür	ZUB 5 S. 194 Nr. 1855; Corp. 1 S. 501 Nr. 561			211
1810	1282 XII 10, –	Burkhard, Pfarrer v. Altorf entscheidet	zwischen Abtei Zürich u. Kuno v. Isenbergswil	Or.	ZürSta	Gfr. 8 S. 19 Nr. 15; ZUB 5 S. 195 Nr. 1856	QW 1/1 S. 638 Nr. 1391		112
1811	1283 II 13, Abtei Zürich	Äbtissin Elisabeth u. Konvent v. Zürich	Gregor v. Silenen u. Kinder	Or.	Zür	Gfr. 8 S. 20 Nr. 16; ZUB 5 S. 206 Nr. 1866; Corp. 2 S. 6 Nr. 572	QW 1/1 S. 642 Nr. 1398	ZürAbt 3	114, 115
1812	1283 II 16, Abtei Zürich	Äbtissin Elisabeth v. Zürich	Kl. Frauenthal	Or.	Frt	Gfr. 9 S. 210 Nr. 15; ZUB 5 S. 208 Nr. 1867	QW 1/1 S. 643 Nr. 1399	ZürAbt 3	114, 115
1813	1283 X 19, Zürich	Rüdiger Maness d. Ä. beurkundet d. Aussage im Streit	zwischen Äbtissin Elisabeth v. Zürich u. Heinrich v. Itschnach	Or.	ZürSta	ZUB 5 S. 218 Nr. 1881; Corp. 2 S. 44 Nr. 613		ZürAbt 3 ?	115
1814	1283 XII 16, Zürich	Äbtissin Elisabeth u. Konvent v. Zürich	Heinrich, Pfarrer v. Horgen	Or.	ZürSta	ZUB 5 S. 221 Nr. 1886		ZürAbt 3	114, 115
1815	1283 XII 27, i. Chor d. Abtei Zürich	Der Rat v. Zürich	Abtei Zürich	Or.	Zür	ZUB 5 S. 222 Nr. 1887; Corp. 2 S. 48 Nr. 620/ZUB 5 Taf. XII		ZürAno A	199

Urk.Nr.	Datum	Aussteller/ Urheber	Adressat/ Empfänger	Üblfg.	Lagerort	Drucke/Faksimile, Teilabbildung	Regesten	Provenienz	Besprochen bzw. erwähnt auf S./ Abb. Nr.
1816	1284 I 25, Abtei Zürich	Gregor v. Silenen	Abtei Zürich	Or.	ZürSta	Gfr. 8 S. 22 Nr. 17; ZUB 5 S. 226 Nr. 1892; Corp. 2 S. 63 Nr. 634	QW1/1 S. 651 Nr. 1422	ZürAbt 3	114, 115
1817	1284 III 8, Überlingen	Dietrich v. Neufrach	Kl. Paradies	Or.	Sch	ThUB 3 S. 681 Nr. 755; Corp. 2 S. 69 Nr. 644			244
1818	1284 VI 9, Abtei Zürich	Äbtissin Elisabeth v. Zürich	Pfarrer i. Altorf	1. Or. 2. Or.	Zür ZürSta	Gfr. 8 S. 25 Nr. 19; ZUB 5 S. 234 Nr. 1901	QW1/1 S. 656 Nr. 1430	1. Or.: ZürAbt 3	114, 115
1819	1284 X 21, —	Äbtissin Elisabeth u. Konvent v. Selnau	Jakob Müllner v. Zürich	Or.	Zür	ZUB 5 S. 249 Nr. 1911; Corp. 2 S. 95 Nr. 681		ZürAbt 3 ?	115
1820	vacat								
1821	1286 VIII 17, Winterthur	Dietrich v. Buch	Kl. Töß	Or.	Zür	ZUB 5 S. 295 Nr. 1955			211
1822	1286 VIII 23, Rheinau	B. Rudolf v. Konstanz	Kl. Töß	Or.	Zür	ZUB 5 S. 297 Nr. 1957			211
1823	1287 IV 11, Abtei Zürich	Adelheid v. Schroffenstein, Witwe Meister Heinrichs v. Innsbruck	Abtei Zürich	Or.	ZürSta	ZUB 5 S. 322 Nr. 1981; Corp. 2 S. 249 Nr. 886		ZürAbt 3 ?	115
1824	1287 V 4, Abtei Zürich	Äbtissin Elisabeth v. Zürich	Werner Cholb v. Adliswil	Or.	ZürSta	ZUB 5 S. 325 Nr. 1984; Corp. 2 S. 253 Nr. 892		ZürAbt 3 ?	115
1825	1287 VII 8, Zürich	Äbtissin Elisabeth v. Zürich	Kl. Töß	Or.	Zür	ZUB 5 S. 337 Nr. 1997		ZürAbt 3	114, 115

Urk.Nr.	Datum	Aussteller/ Urheber	Adressat/ Empfänger	Üblfg.	Lagerort	Drucke/Faksimile, Teilabbildung	Regesten	Provenienz	Begraben bzw. erwähnt auf S./ Abb. Nr.
1826	1287 IX 30, Zürich	Der Rat v. Zürich	Abtei Zürich	Or.	ZürSta	ZUB 5 S. 346 Nr. 2003; Corp. 2 S. 279 Nr. 925		ZürAbt 3	114, 115
1827	1287 XI 24, Zürich	Äbtissin Elisabeth v. Zürich	Schwestern v. Konstanz i. Zürich	Or.	Zür	ZUB 5 S. 349 Nr. 2006		ZürAbt 3	114, 115
1828	1288 II 17, Zürich, unter d. Wasserkirche	Äbtissin Elisabeth v. Zürich	Rudolf König ab d. Klus	Or.	ZürSta	ZUB 6 S. 5 Nr. 2014; Corp. 2 S. 319 Nr. 982		ZürAbt 3	114, 115
1829	1288 II 22, Abtei Zürich	Vier Züricher Bürger	Abtei Zürich	Or.	Zür	ZUB 6 S. 6 Nr. 2015		ZürAbt 3	114, 115
1830	1289 VI 11, Freiburg i. Ü.	Hg. Albrecht u. Hg. Rudolf, Söhne Kg. Rudolfs I.	Stadt Freiburg i. Ü.	Or.	FrÜ	FRB 3 S. 474 Nr. 485			342
1831	1289 VI 24, Schaffhausen	Rüdiger Zurlinden u. s. Geschwister	Kl. Paradies	Or.	Sch	ThUB 3 S. 748 Nr. 798			244
1832	1290 V 8, Schaffhausen	Egebrecht Roth v. Schaffhausen	Kl. Paradies	Or.	Sch	ThUB 3 S. 779 Nr. 817; Corp. 2 S. 496 Nr. 1252			244
1833	1291 VIII 19, Zürich	Äbtissin Elisabeth v. Zürich	Richenza v. Bürglen	Or.	ZürSta	ZUB 6 S. 139 Nr. 2162; Corp. 2 S. 653 Nr. 1460; Gfr. 8 S. 35	QW1/1 S. 785 Nr. 1683	ZürAbt 3 ?	115
1834	1291 IX 7, Zürich	Äbtissin Elisabeth u. Konvent v. Zürich	Kl. Lützel	Kop.	Col	ZUB 6 S. 142 Nr. 2167		ZürAbt 3 (Unterschrift)	115

Urk.Nr.	Datum	Aussteller/ Urheber	Adressat/ Empfänger	Übl/fg.	Lagerort	Druck/Faksimile, Teilabbildung	Regesten	Provenienz	Besprochen bzw. erwähnt auf S./ Abb. Nr.
1835	1293 XII 21 (?), Zürich	Äbtissin Elisabeth v. Zürich	Johann v. Baden	Or.	Zür	ZUB 6 S. 222 Nr. 2259; Corp. 3 S. 157 Nr. 1858			115
1836	1295 III 7, Schaffhausen	Heinrich v. Herblingen	Kl. Paradies	Or.	Sch	ThUB 3 S. 871 Nr. 885; Corp. 3 S. 328 Nr. 2142			244
1837	1295 VI 25, Zürich	Äbtissin Elisabeth v. Zürich	Schwestern v. Konstanz i. Zürich	Or.	Zür	ZUB 6 S. 301 Nr. 2334; Corp. 3 S. 358 Nr. 2200		ZürAbt 3 ?	114, 115
1838	1295 VII 8, Zürich	Äbtissin Elisabeth v. Zürich	Heinrich, Schreiber d. Abtei u. Kirchherr v. Maur	Or.	Zür	ZUB 6 S. 305 Nr. 2338; Corp. 3 S. 363 Nr. 2208			115
1839	1297 IV 8, Zürich	Der Rat v. Zürich	Abtei Zürich	Or.	Zür	ZUB 7 S. 11 Nr. 2408; Corp. 4 S. 74 Nr. 2678		ZürAbt 3 ?	115
1840	1297 VI 25, Rapperswil	Rudolf v. Habsburg u. Elisabeth v. Rapperswil	Stift Rüti	Or.	Zür	ZUB 7 S. 19 Nr. 2418			205, 353
1841	1298 VIII 12 (oder 19), Rapperswil	Rudolf v. Habsburg u. Elisabeth v. Rapperswil, s. Gattin	Stift Rüti	Or.	Zür	ZUB 7 S. 55 Nr. 2457; Corp. 4 S. 296 Nr. 3050			205, 353
1842	1298 XII 9, Schaffhausen	Konrad v. Tengen	Kl. Paradies	Or.	Sch	ThUB 3 S. 946 Nr. 941			244
1843	1298 — —, Uznach	Friedrich v. Toggenburg	Stift Rüti	Or.	Zür	ZUB 7 S. 71 Nr. 2474		Jak (?)	235
—	(1291–1299),—	s. (um 1260),—							

Urk.Nr.	Datum	Aussteller/ Urheber	Adressat/ Empfänger	Üblfg.	Lagerort	Drucke/Faksimile, Teilabbildung	Regesten	Provenienz	Besprochen bzw. erwähnt auf S./ Abb. Nr.
1844	1300 I 6, Zürich	Äbtissin Elisabeth v. Zürich	Burkhard Hurensohn u. s. Sohn Konrad	Or.	ZürSta	ZUB 7 S. 122 Nr. 2532		ZürAbt 3 ?	114, 115
1845	1302 VIII 12, Bubikon	Friedrich v. Toggenburg	Adelheid, Witwe d. Meiers Heinrich v. Dürnten	Or.	Zür	ZUB 7 S. 253 Nr. 2662			205, 353
1846	1310 III 3, Rapperswil	Heinrich d. Ammann, Schultheiß v. Rapperswil	Stift Rüti	Or.	Zür	ZUB 8 S. 298 Nr. 3030			205, 353
1847	1309 XI 28, Rüti u. 1311 V 17, Bubikon	Abt Johannes u. Konvent v. Rüti	Werner u. Heinrich Hess, Brüder, u. ihre zehn Söhne	Or.	Zür	ZUB 8 S. 269 Nr. 3003			205, 353

Von E. RIEGER nicht behandelte Privaturkunden, welche Kiburger betreffen und zeitlich einschlägig sind: aus RIEGERS eigener Liste der Kiburger Urkunden (ergänzt, doch ohne Königsurkunden)

Urk.Nr.	Datum	Aussteller/Urheber	Adressat/Empfänger	Üblfg.	Lagerort	Drucke/Faksimile, Teilabbildung	Regesten
95a^k	(1225 III 25 – 1226 III 24), Oltingen	Werner u. Hartmann IV. v. Kiburg	Heimo v. Faucigny	Or.	Tur	FRB 2 S. 71 Nr. 59	
128a^k	1229 XI 30, –	Alix v. Kiburg, Witwe	Hg. Mathäus v. Lothringen, ihr Bruder	Or.	Nan	Calmet 2 col. 441	ZUB 12 S. 51 Nr. 449b
143a^k	1231 VII 26, Freiburg i. Ü.	Gottfried v. Oltingen u. s. Söhne	Domkapitel Lausanne	Kop.	Ber	FRB 2 S. 117 Nr. 108	
259a^k	1241 I 17, –	Hermann v. Froburg u. Anhang	Heinrich v. Kienberg u. Anhang	Kop.	Bas	Trouill. 2 S. 54 Nr. 40; Soloth. 1 S. 229 Nr. 403	
361a^k	(1244) X 29, –	Hartmann V. v. Kiburg	Utelhild v. Leiningen	Or.	Amo		
364a^k	1244 – –, –	Hartmann IV. u. Hartmann V. v. Kiburg	Kl. Peterlingen	Or.	FrÜ	FRB 3 S. 761 Nr. 4	

Urk.Nr.	Datum	Aussteller/ Urheber	Adressat/ Empfänger	Üblfg.	Lagerort	Drucke/Faksimile, Teilabbildung	Regesten
374a^k	1245 VIII 29, Erendingen	Rudolf v. Wart, Landrichter der Grafen v. Kiburg, besiegelt	eine Urk. Nog-gers, d. Meiers v. Sickingen	Reg.	ZürBbl		ZUB 2 S. 131 Nr. 625
561a^k	1252 V 24, –	Hartmann V. v. Kiburg	Stift Solothurn	Or.	Sol	Soloth. 2 S. 41 Nr. 70/ Soloth. 2 zu S. 41 Nr. 70	
642a^k	1254 IV 19, Urach	Ulrich v. Württemberg	Heinrich v. Fürstenberg	Or.	Stu	Wirtemb. 5 S. 57 Nr. 1293	ZUB 12 S. 71 Nr. 887a
682a^k	1255 III 29, Laupen	Hartmann V. v. Kiburg	Kl. Rüeggisberg	Or.	Ber	FRB 2 S. 392 Nr. 369	
808a^k	1257 V 20, Fürstenau	Der Erwählte Heinrich v. Chur	Kl. Schännis	Kop.	ZürBbl	Herrg. 2 S. 334 Nr. 410	ZUB 3 S. 98 Nr. 1013; QW 1/1 S. 372 Nr. 812
837a^k	1257 – –, –	B. Heinrich v. Sitten	Hartmann V. v. Kiburg	Ausz.	GenPri	FRB 2 S. 461 Nr. 440	
838a^k	1258 I 5, Winterthur	Konrad Murri u. s. Frau Adelheid	Kde Bubikon	Kop.	Zür	ZUB 12 S. 79 Nr. 1029b	
884a^k	1259 III 7, –	Hartmann V. v. Kiburg	Kuno v. Villmergen u. Anna v. Wangen	Or.	Ber	Sol. Wbl. 1828 S. 116	ZUB 12 S. 81 Nr. 1054a
1003a^k	1261 IV 30, –	Hartmann IV. v. Kiburg	Berchtold, Bernolds Sohn v. Schaffhausen	Or.	Sch	ZUB 3 S. 238 Nr. 1145	
1050a^k	1262 I 28, St. Gallen, i. d. oberen Kapelle d. Abts-Pfalz	Abt Berchtold u. Konvent v. St. Gallen	Kl. Maggenau	Kop.	Gal	Gall. 3 S. 160 Nr. 958	
1098a^k	1262 XII 28, Kasteln	Hartmann V. v. Kiburg	Kde Hohenrain	Or.	Luz		ZUB 12 S. 84 Nr. 1201a; QW 1/1 S. 422 Nr. 931

Urk.Nr.	Datum	Aussteller/ Urheber	Adressat/ Empfänger	Ublfg.	Lagerort	Drucke/Faksimile, Teilabbildung	Regesten
1167a^k	1264 VI 10, —	Hartmann IV. v. Kiburg	an Kg. Richard f. s. Gattin Margarete	Kop.	Tur	ZUB 3 S. 344 Nr. 1265; ThUB 3 S. 280 Nr. 480; FRB 2 S. 610 Nr. 564	
1197a^k	1264 — —, —	Abt Arnold u. Konvent v. St. Peter i. Schwarzwald	Ulrich, Ulrich u. Hartmann v. Stein	Or.	SolRol	FRB 2 S.619 Nr. 574; Soloth. 2 S. 127 Nr. 209/Soloth. 2 zu S. 127 Nr. 209	
1221a^k	1265 IV 8, Chambéry	Thomas v. Savoyen	Margarete v. Kiburg	Reg.	Chron.		Wurstemb. 4 S. 372 Nr. 683; Mem. et doc. 30 S. 101 Nr. 712; ZUB 4 S. 11 Nr. 1293
1237a^kh	1265 X 23, Romont	Abt Wiffried v. Abondance	(Bericht über seine Tätigkeit f. Margarete v. Kiburg)	Or.	Tur	ZUB 4 S. 17 Nr. 1303; FRB 2 S. 632 Nr. 588	RH 1 S. 92 Nr. 392
1237b^kh	(zu 1265 X 23), —	Verzeichnis d. Besitzungen, welche Margarete v. Kiburg als Wittum verschrieben	und ihr von Rudolf IV. v. Habsburg geraubt wurden.	2 Aufz.	Tur	ZUB 4 S. 19 Nr. 1304; FRB 2 S. 635 Nr. 592	RH 1 S. 101 Nr. 434
1662a^kh	1275 X 4, Burgdorf	Eberhard v. Habsburg u. s. Gattin Anna (v. Kiburg)	Kl. Fraubrunnen	Or.	Ber	FRB 3 S. 133 Nr. 140	RH 1 S. 126 Nr. 587 (a)

F.

Tafeln

Vorbemerkung

Bei der Zusammenstellung des Tafelteils waren vielerlei Kompromisse nötig. Einerseits sollten die Schriftgruppen möglichst vollständig dokumentiert werden, natürlich unter Bevorzugung der Kiburger und der Habsburger Urkunden. Andererseits zwangen die zeitlichen und noch mehr die finanziellen Gegebenheiten zur Beschränkung auf das in RIEGERS Nachlaß noch vorhandene Material. Die Wahl der Bildausschnitte wurde bisweilen von Bedingungen beeinflußt, die außerhalb sachlicher Erwägungen stehen (z.B. Reißnägel über Textstellen). Das größte Problem aber ergab sich aus den fast nie erkennbaren Größenverhältnissen. Hier konnte nur versucht werden, die Schriftgrößen in plausiblen Relationen zu halten. Die einschlägigen Urkunden- und Regestenwerke geben die Maße keineswegs immer an; damit wird auch eine Berechnung der richtigen Maße für den jeweils gewählten Bildausschnitt in vielen Fällen schon von vornherein unmöglich. Es galt weiterhin, die technischen Möglichkeiten nicht zu überfordern: Viele Fotos im Nachlaß geben die Vorlage sehr stark verkleinert wieder; bei der wenig befriedigenden technischen Qualität vieler Aufnahmen kann die „Rückvergrößerung" naturgemäß keine exzellente Reproduktion ergeben.

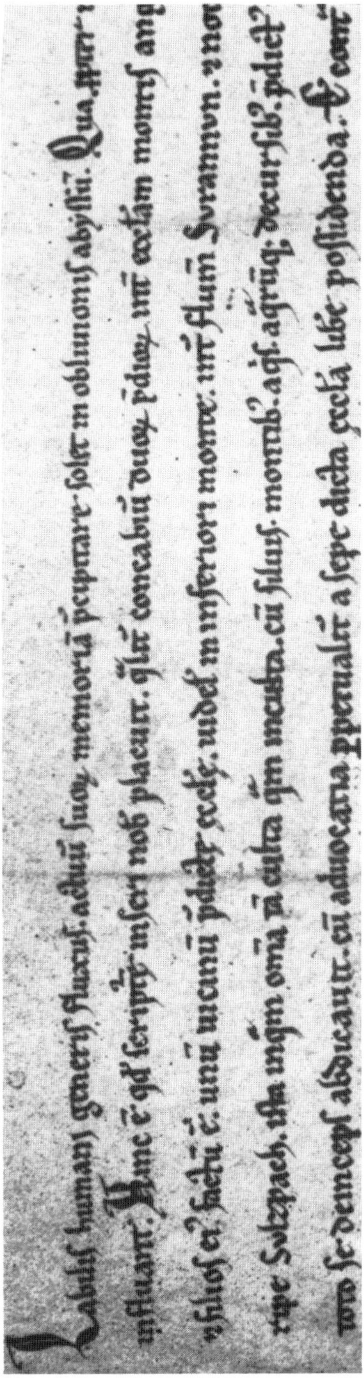

Abb. 1: 1210 (vor IX 24), Luzern. Kloster Engelberg für Rudolf II. von Habsburg
Urk. 29h; Eng 1 D

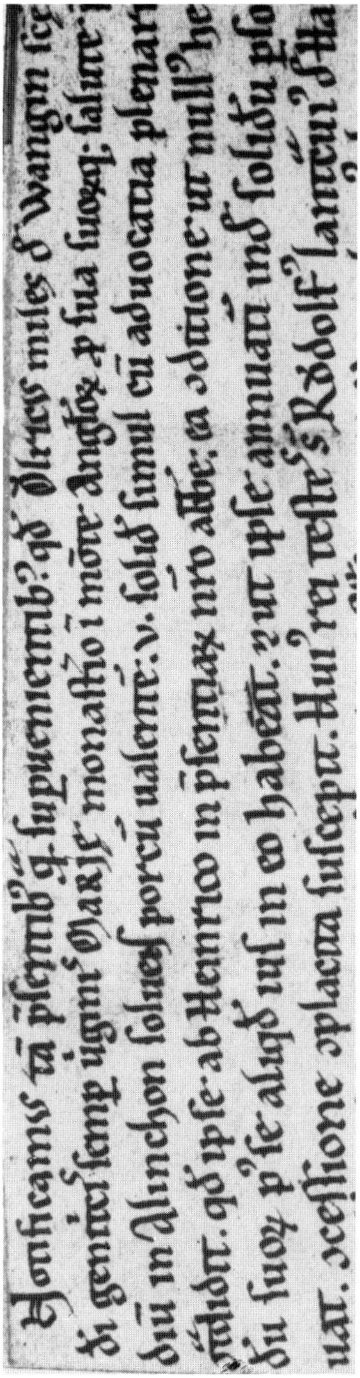

Abb. 2: (um 1230), —. Ulrich von Schönenwerd für Kloster Engelberg
Urk. 139h; Eng 2

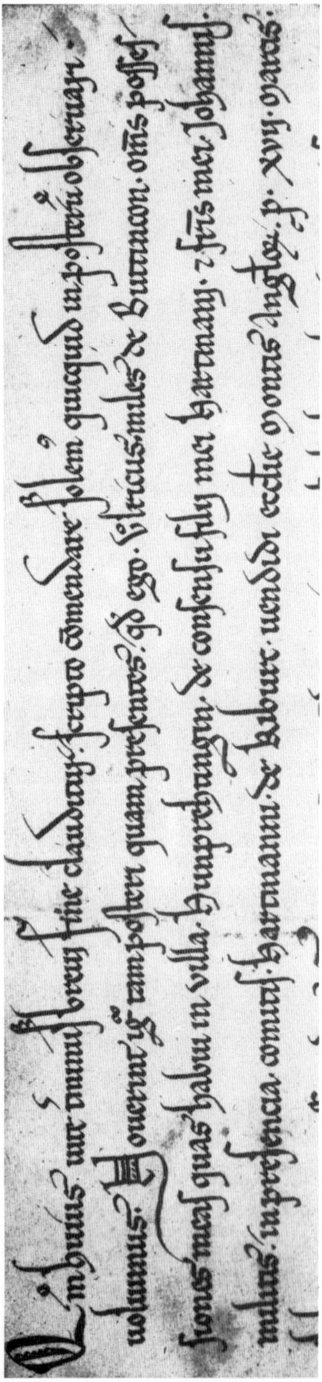

Abb. 3: 1235 IV 21, Muhen. Ulrich von Büttikon für Kloster Engelberg
Urk. 183k; Eng 3 A

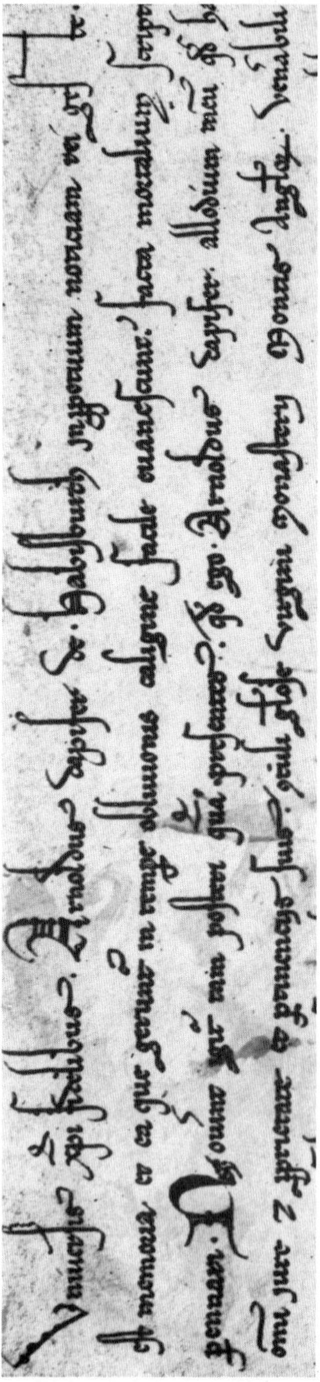

Abb. 4: 1242 IV 23, Wildegg. Truchseß Arnold von Habsburg für Kloster Engelberg
Urk. 288h; Eng 4

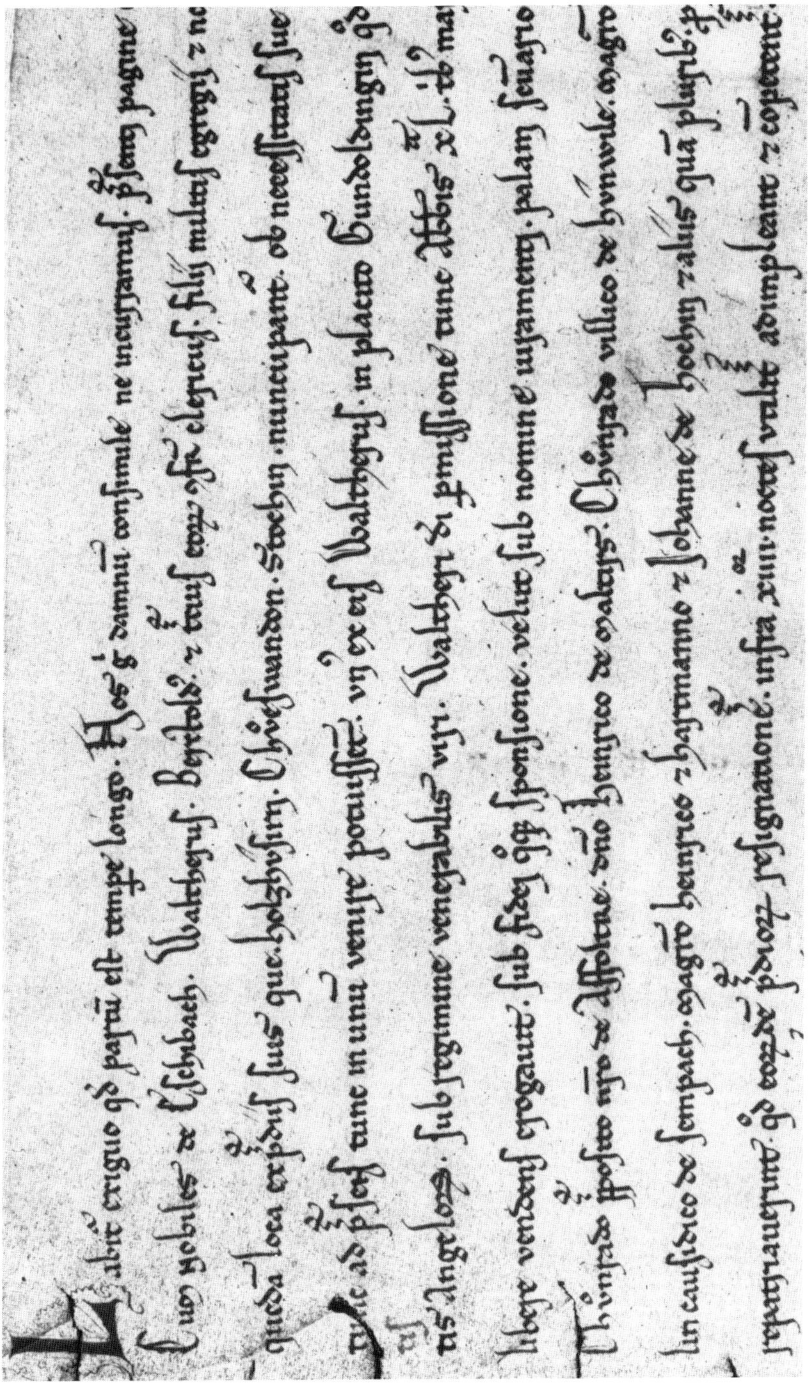

Abb. 5: 1256 II 10, Gundoldingen. Walther und Berchtold von Eschenbach für Kloster Engelberg
Urk. 722h, Eng 5 B

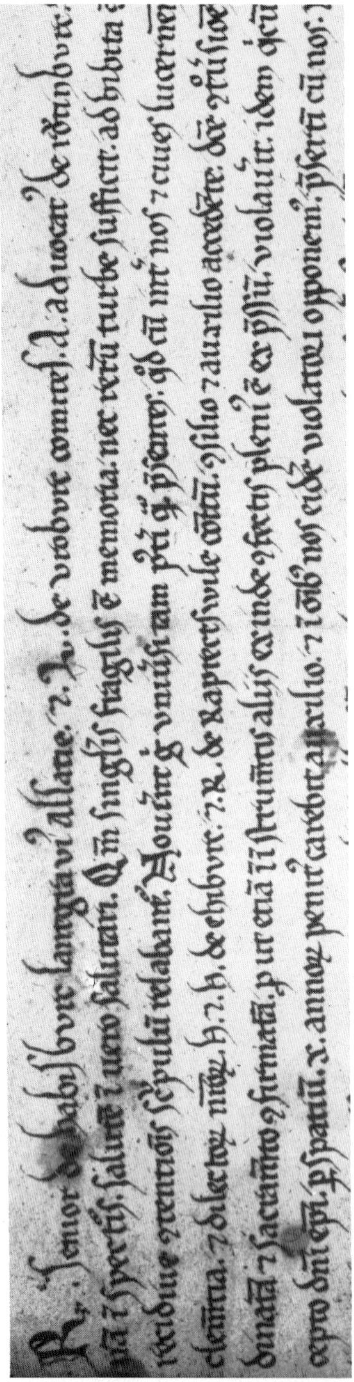

Abb. 6: 1244 VII 8, Luzern. Rudolf III. von Habsburg u.a. für Kloster Luzern
Urk. 355kh; Luz B

Abb. 7: 1246 V 21, vor der Kirche Hohenrain. Walther von Liela für Kloster Luzern
Urk. 390k; Luz C

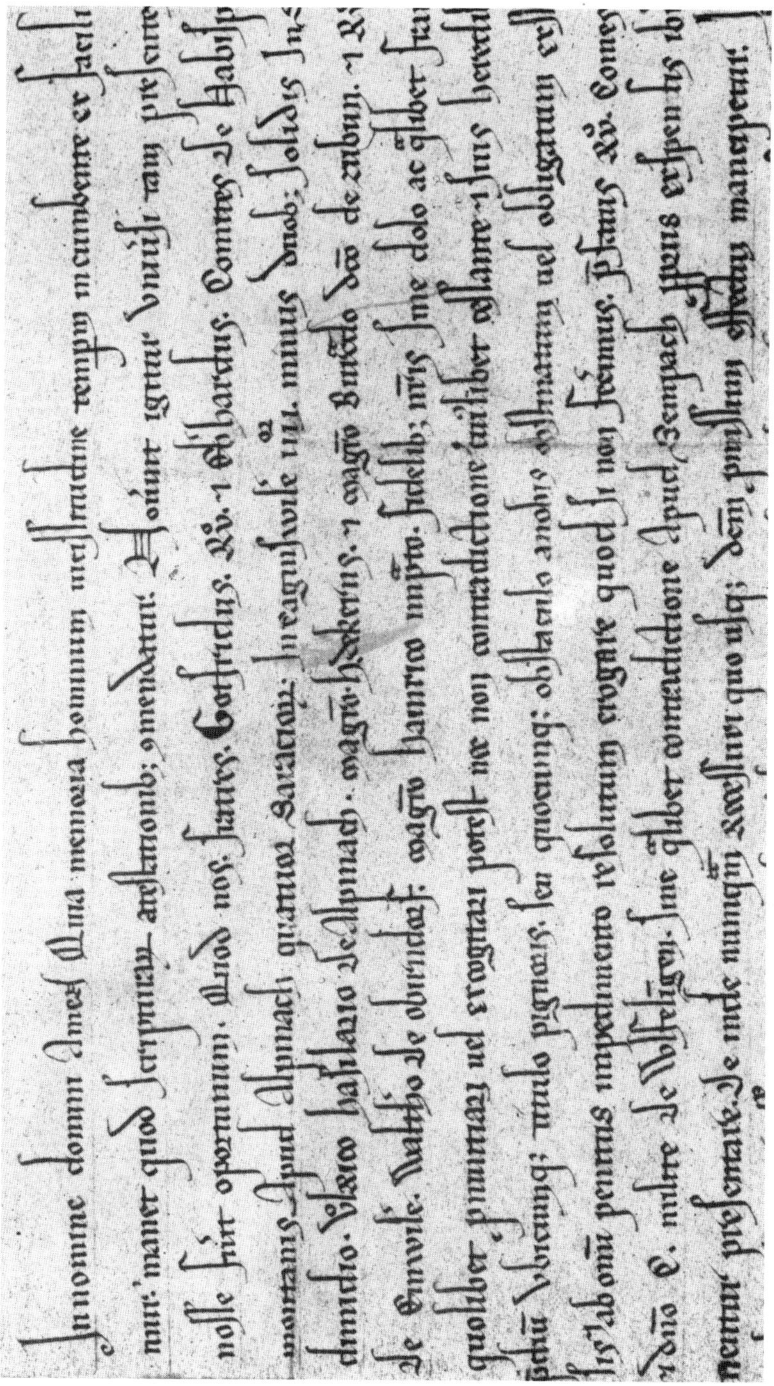

Abb. 8: (1257 X 3), — . Gottfried, Rudolf V. und Eberhard von Habsburg für Ulrich Haseler von Alpnach u.a.

Urk. 821ʰ; Luz F

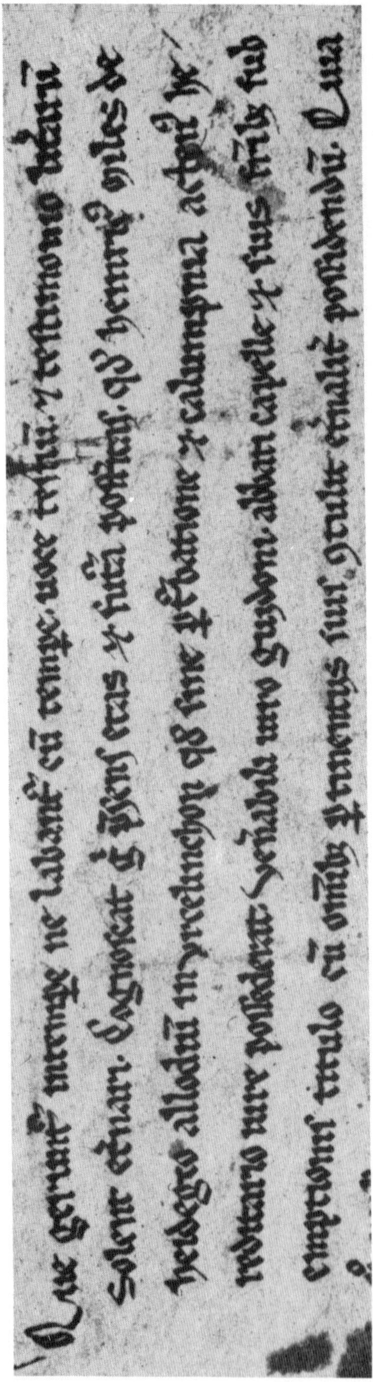

Abb. 9: 1227 (2. Hälfte). — Werner und Hartmann IV. von Kiburg für Abt Guido von Kappel
Urk. 107^k; Kap 1

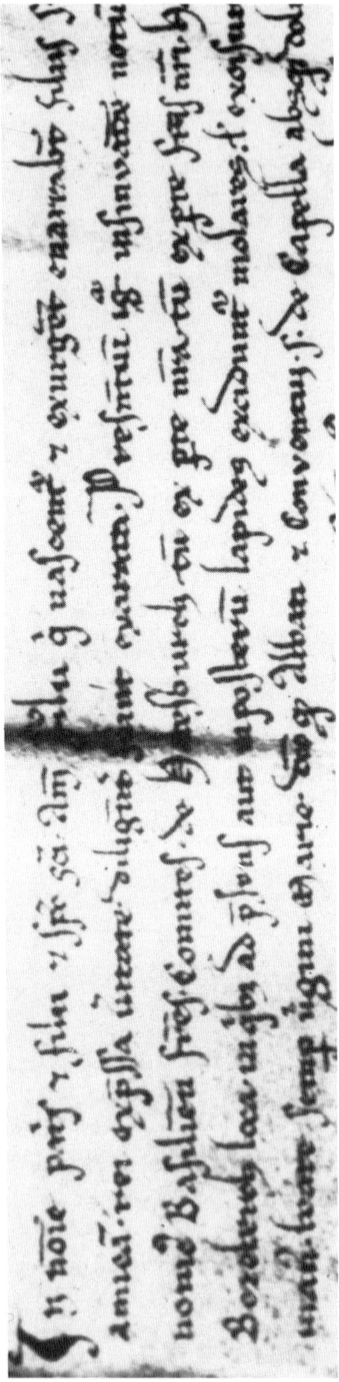

Abb. 10: 1242 (vor IX 24). — Rudolf IV. und Albrecht V. von Habsburg für Kloster Kappel
Urk. 295^h; Kap 2

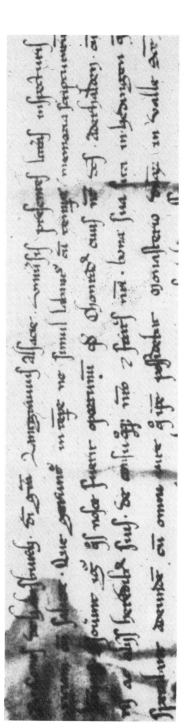

Abb. 11: 1253 (nach IX 24), Bremgarten. Rudolf IV. von Habsburg für Kloster Frauenthal
Urk. 626ʰ; Kap 3

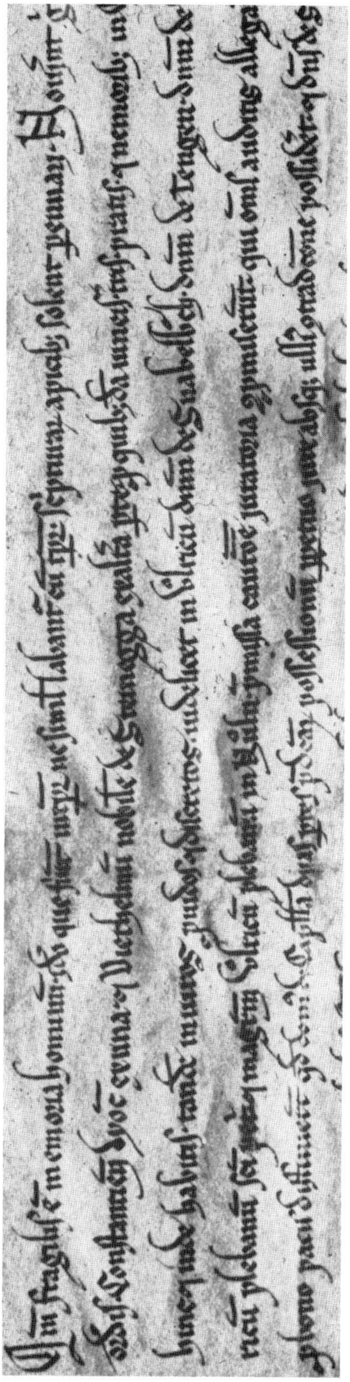

Abb. 12: 1252 V —, Winterthur. Diethelm von Steinegg für Kloster Kappel
Urk. 562ᵏ; Kap. 4 B

Abb. 13: 1260 VII 6, Kappel. Abt Walther von Muri für Kloster Kappel
Urk. 951[h]; Kap 5 D

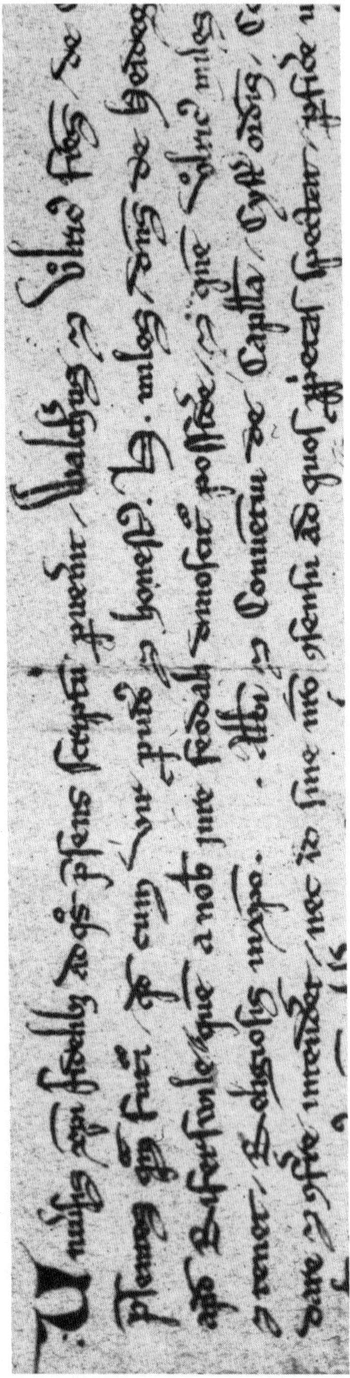

Abb. 14: 1260 VIII 9, Wohlenswil, und 1269 IX 26, Klingnau. Walther und Ulrich von Altenklingen für Kloster Kappel
Urk. 1408[kh]; Kap 5 E

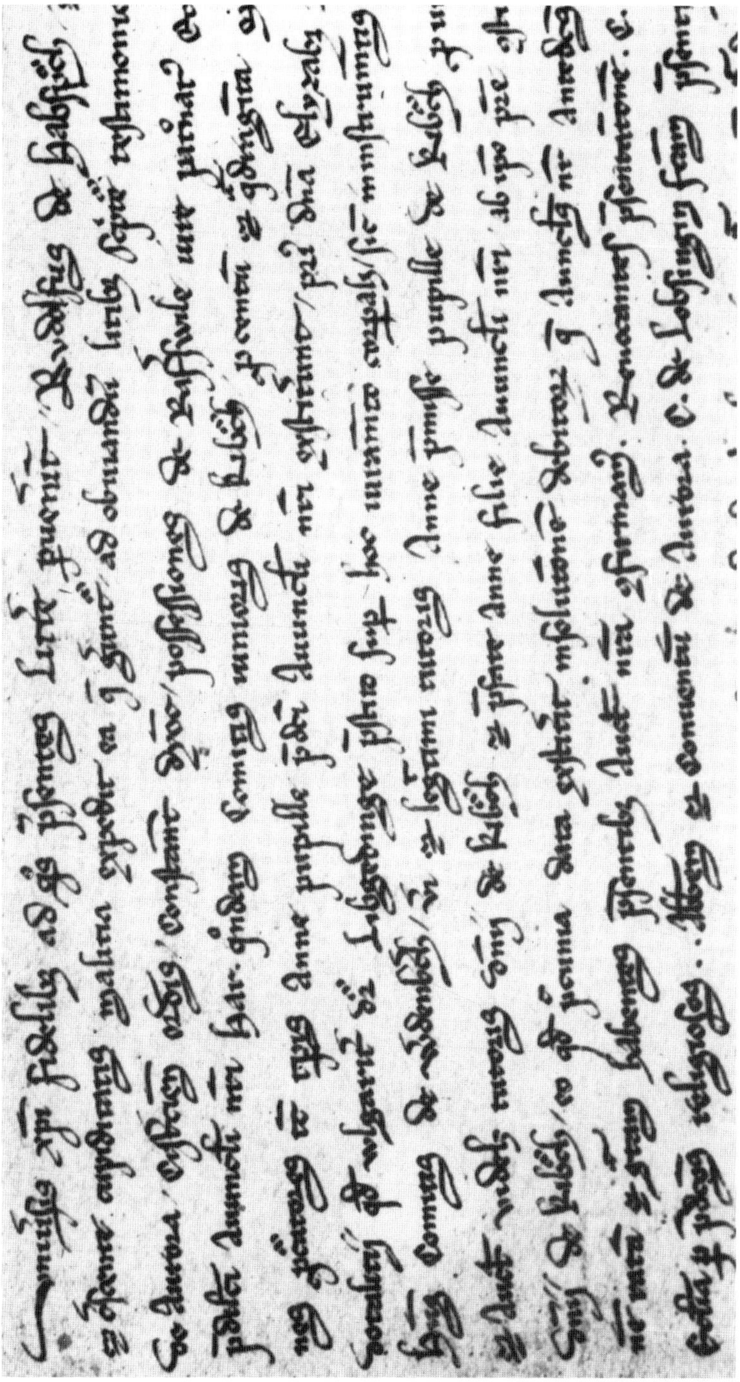

Abb. 15: 1270 IX 29, Freiburg i. Ü. Rudolf IV. von Habsburg für Kloster Frienisberg
Urk. 1451 kh; Kap 6

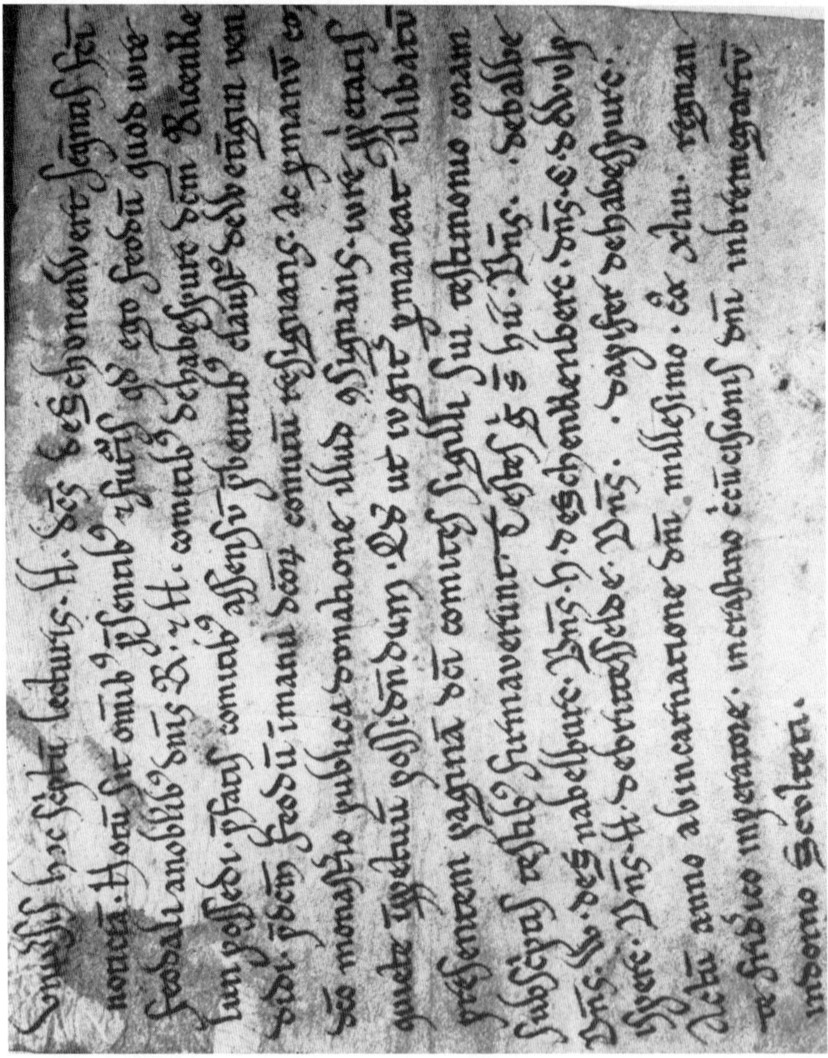

Abb. 16: 1243 I 2, Bremgarten. H(einrich) von Schönenwerd für Kloster Wettingen
Urk. 306h; Wet 2

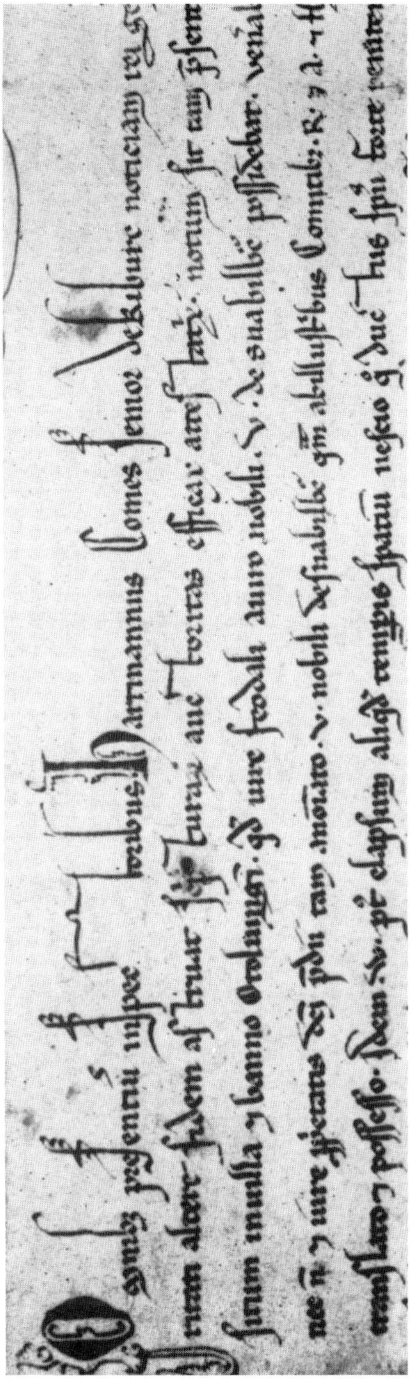

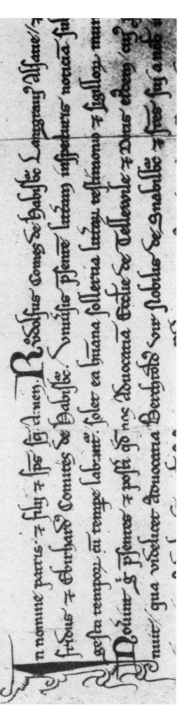

Abb. 17: 1250 X 25, Kiburg. Hartmann IV. von Kiburg für Kloster Wettingen
Urk. 516kh; Wet 3

Abb. 18: 1256 XII 5, auf der Habsburg. Rudolf IV., Gottfried und Eberhard von Habsburg für Kloster Wettingen
Urk. 766h; Wet 4 A

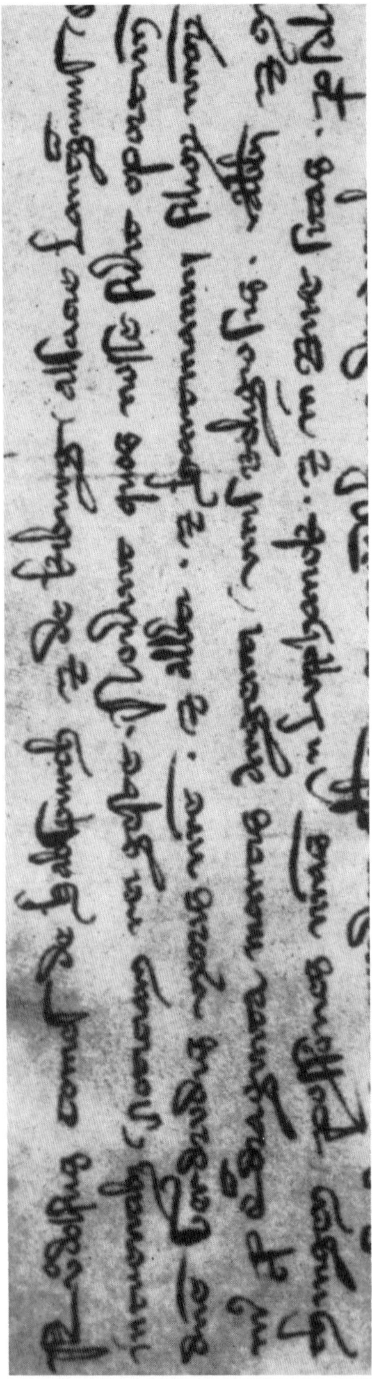

Abb. 19: 1270 I 26, Brugg. Rudolf IV. von Habsburg für Kloster Wettingen
Urk. 1422h; Wet 5

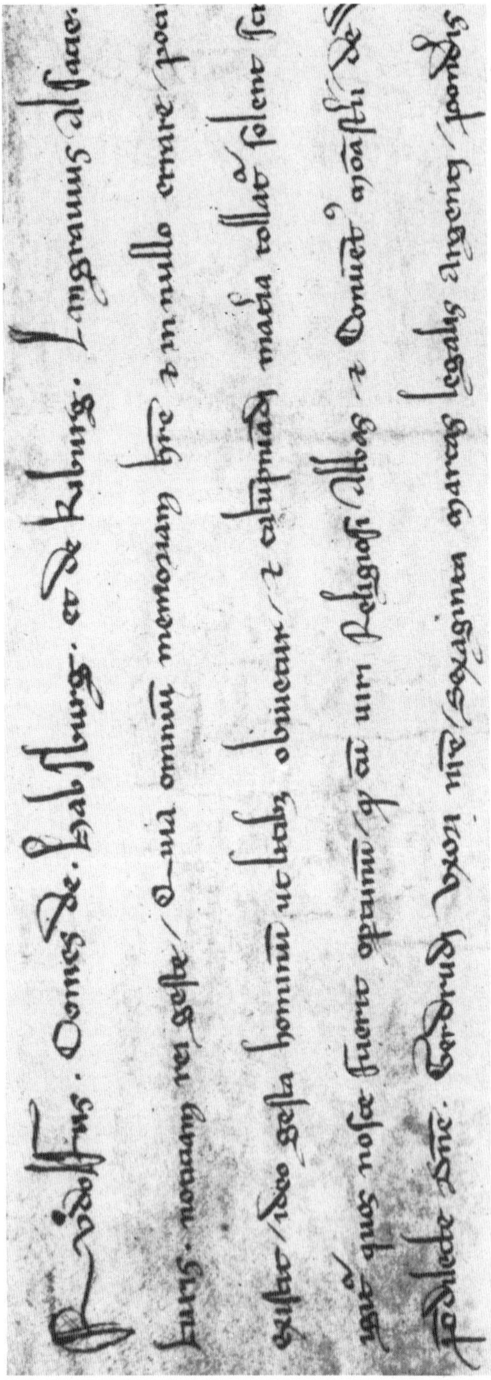

Abb. 20: 1273 I 13, Brugg. Rudolf IV. von Habsburg für Kloster Wettingen

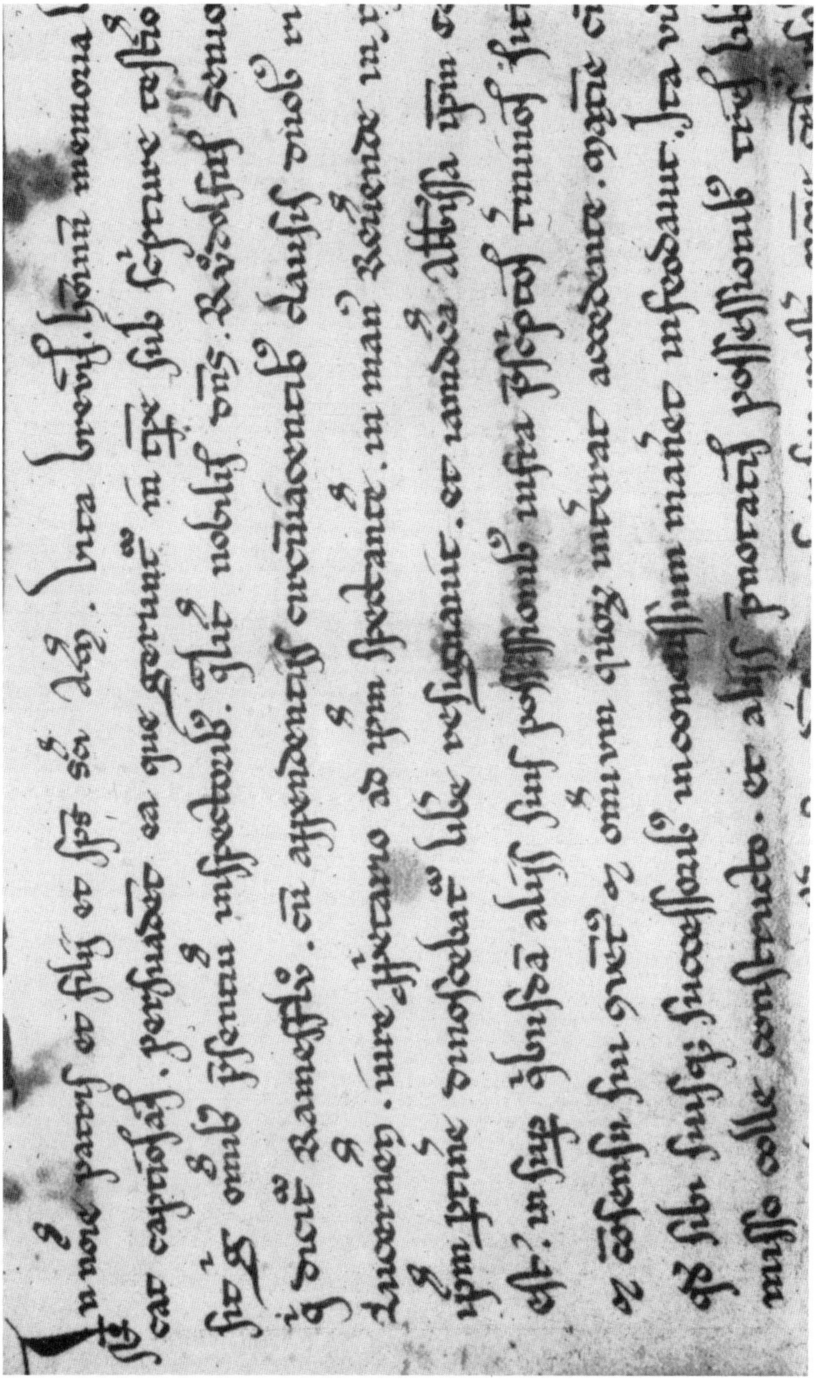

Abb. 21: 1244 XI 7. Abtei Zürich. Rudolf III. von Habsburg für Abtei Zürich Urk. 363h; ZürAbt 2

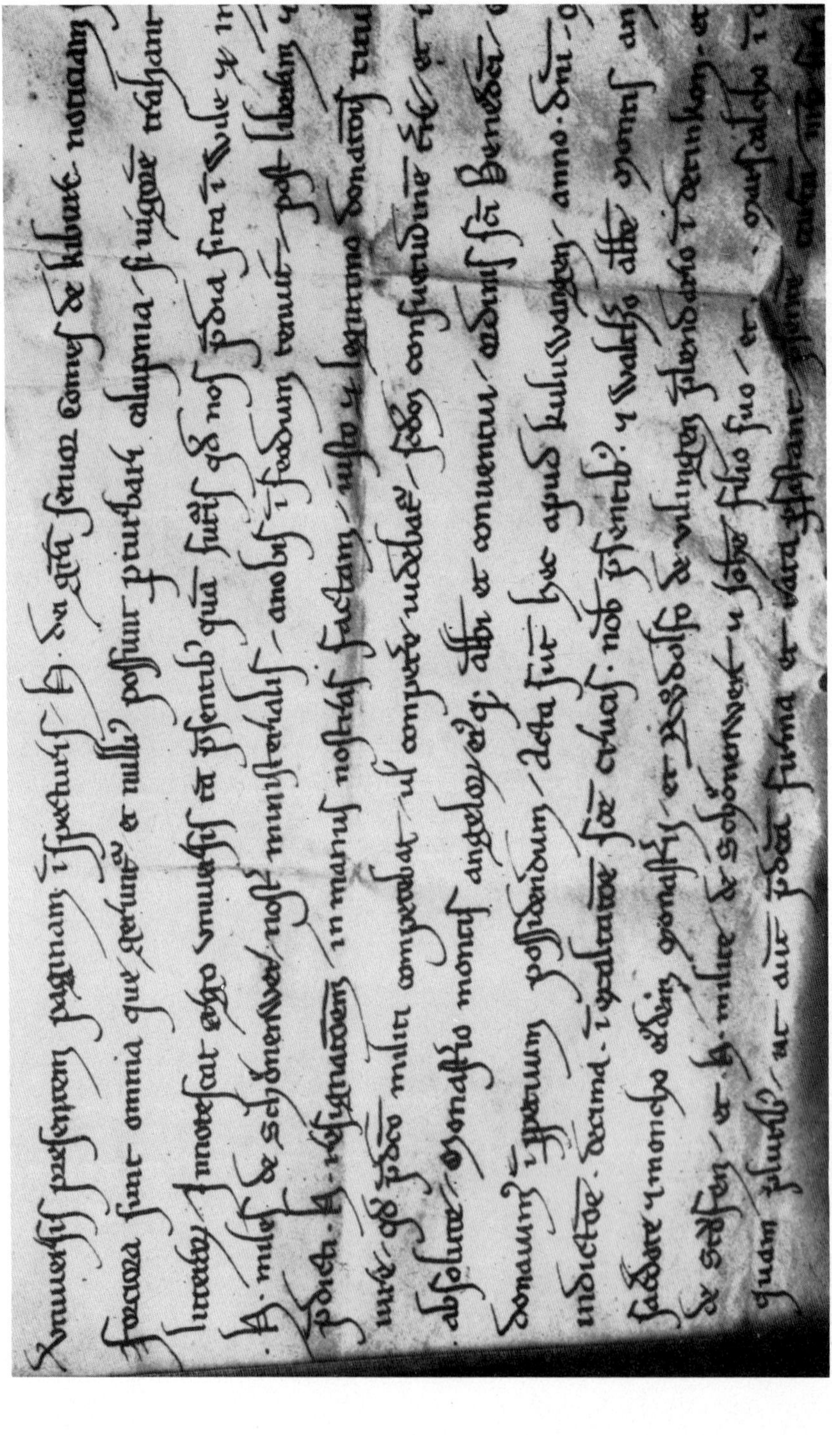

Abb. 22: 1252 IX 14, Killwangen. Hartmann IV. von Kiburg für Kloster Engelberg
Urk. 572k; ZürPro 4

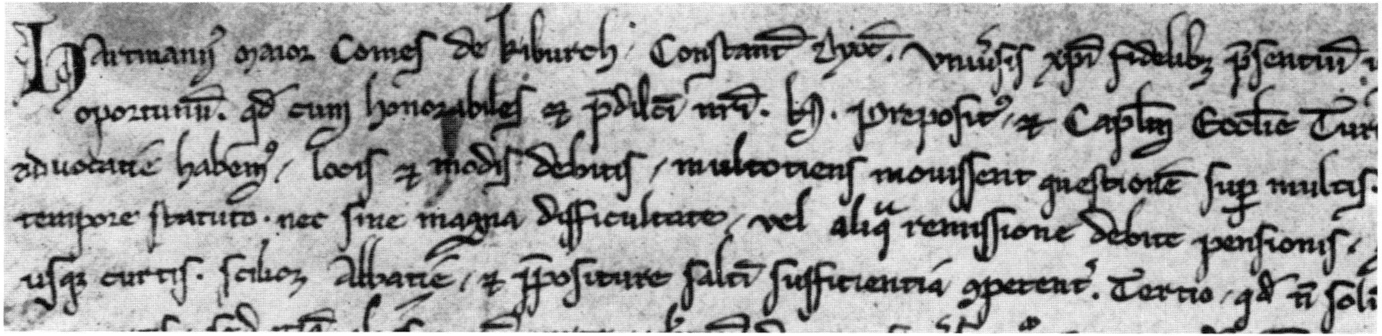

Abb. 23: 1262 V 19, Zürich, Großmünster, und 1263 I 5, Mörsburg. Hartmann IV. von Kiburg für Propstei Zürich
Urk. 1100k; ZürPro 9

Abb. 24: 1267 III 20, Glanzenberg. Rudolf V. von Habsburg, Dompropst von Basel, Gottfried und Eberhard von Habsburg für Kloster Kappel
Urk. 1309h; ZürPro 9

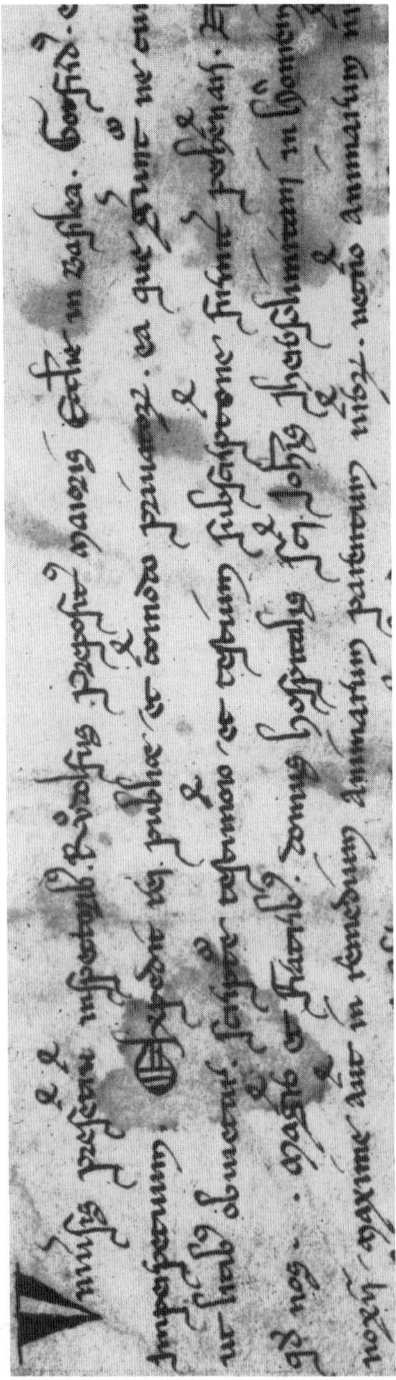

Abb. 25: 1267 I 8, Basel. Rudolf V. von Habsburg, Dompropst von Basel, Gottfried und Eberhard von Habsburg für Kommende Hohenrain
Urk. 1296h; ZürPro 10 A

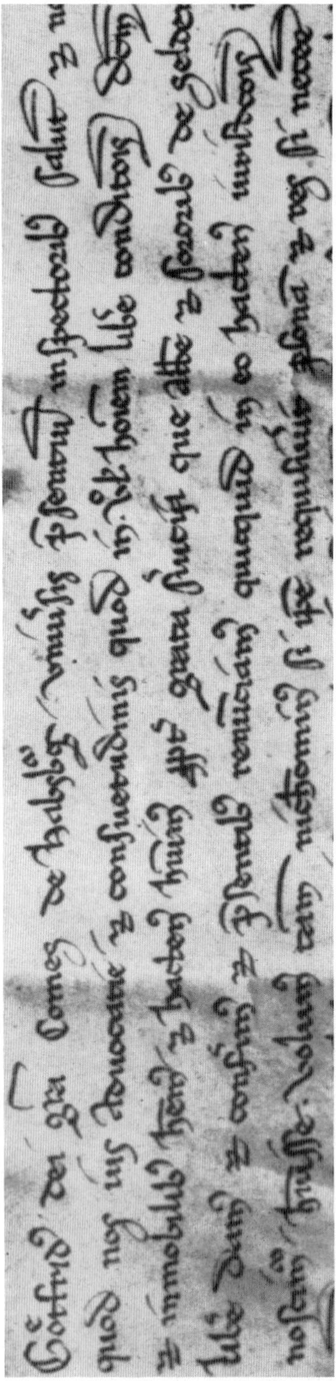

Abb. 26: 1264 (vor IX 24), — Gottfried von Habsburg für Kloster Selnau
Urk. 1186h; ZürPro 11

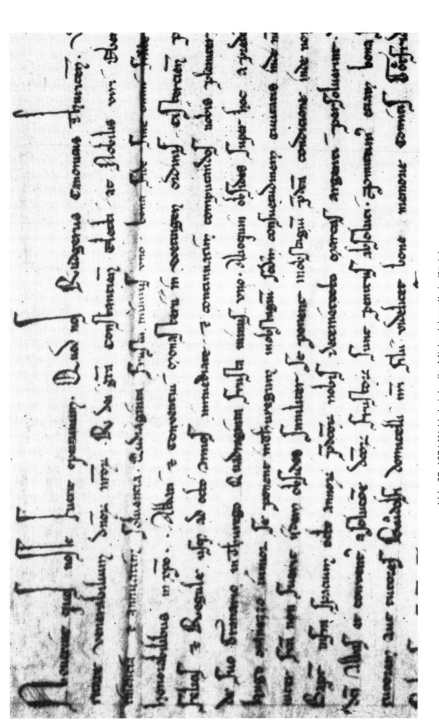

Abb. 27: 1274 IX 11, bei der St. Michaelskapelle in Zürich.
Rüdeger von Schönenwerd, Chorherr von Zürich, und seine Brüder Ulrich und Johannes für Kloster Wettingen
Urk. 1625h; ZürPro 15 A

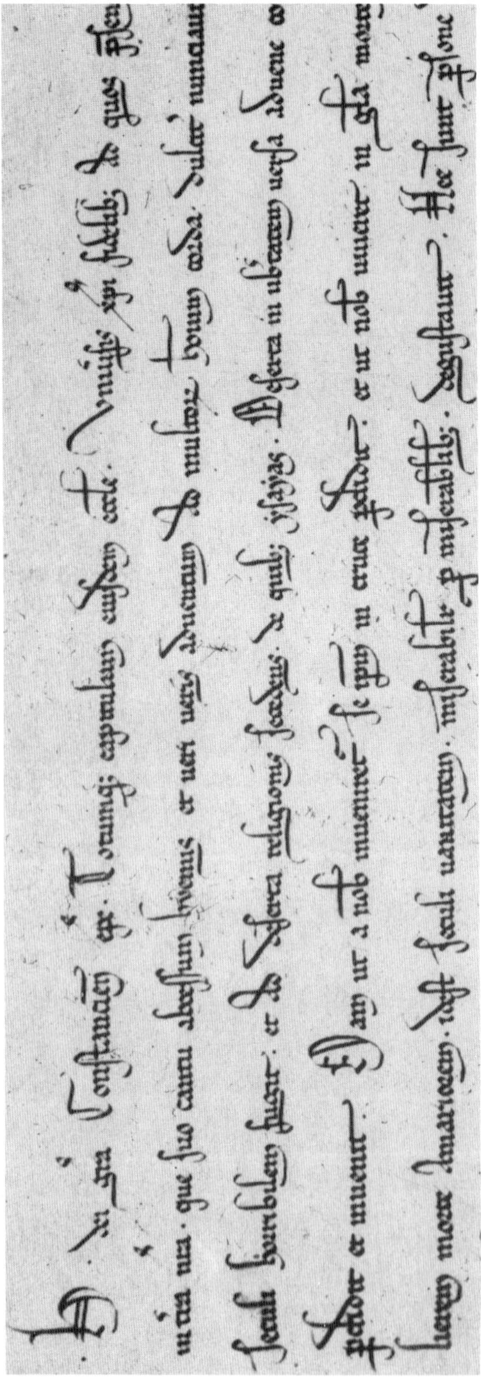

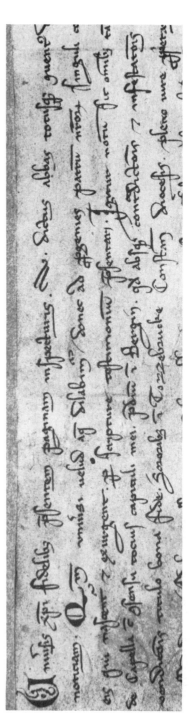

Abb. 28: 1233 XII 19, Konstanz. Bischof Heinrich von Konstanz an Hartmann IV . von Kiburg für Kloster Töß
Urk. 163ᵏ; ZürDom 1 A

Abb. 29: 1240 X 6, Kiburg. Abt Werner von Kappel für Kloster Töß

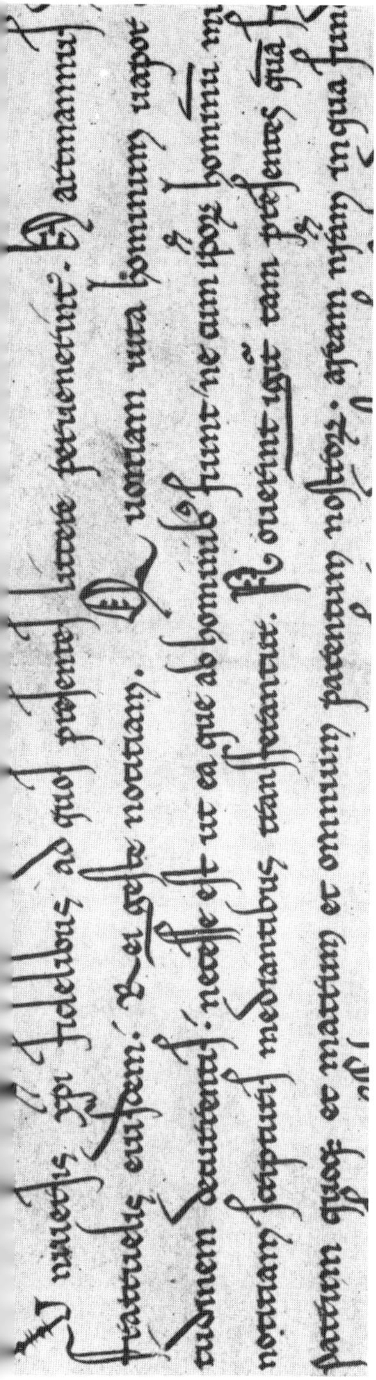

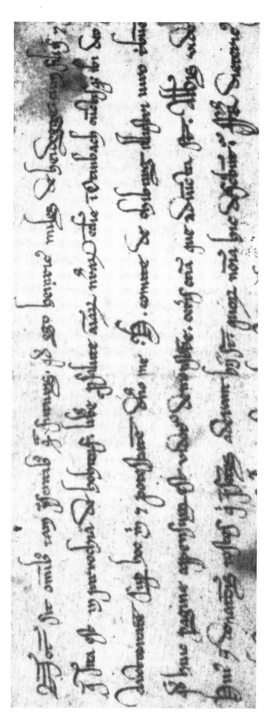

Abb. 30: 1234 — —, —. Hartmann IV. und Hartmann V. von Kiburg für Kloster Töß
Urk. 178k; ZürDom 2

Abb. 31: 1241 II 5, —. Heinrich von Heidegg für Kloster Oetenbach
Urk. 260k; ZürDom 3 A

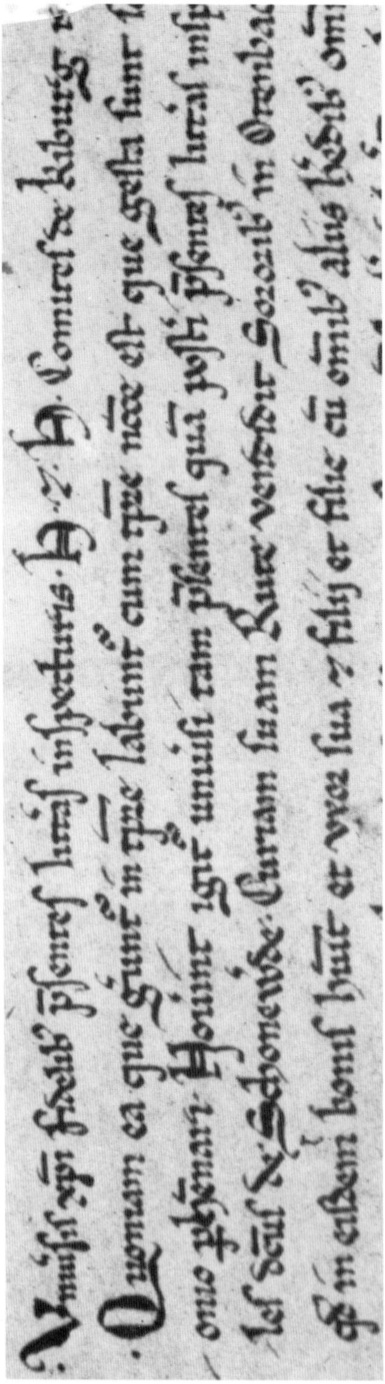

Abb. 32: 1244 — —, —. Hartmann IV. und Hartmann V. von Kiburg für Kloster Oetenbach
Urk. 365ᵏ; ZürDom 4 A

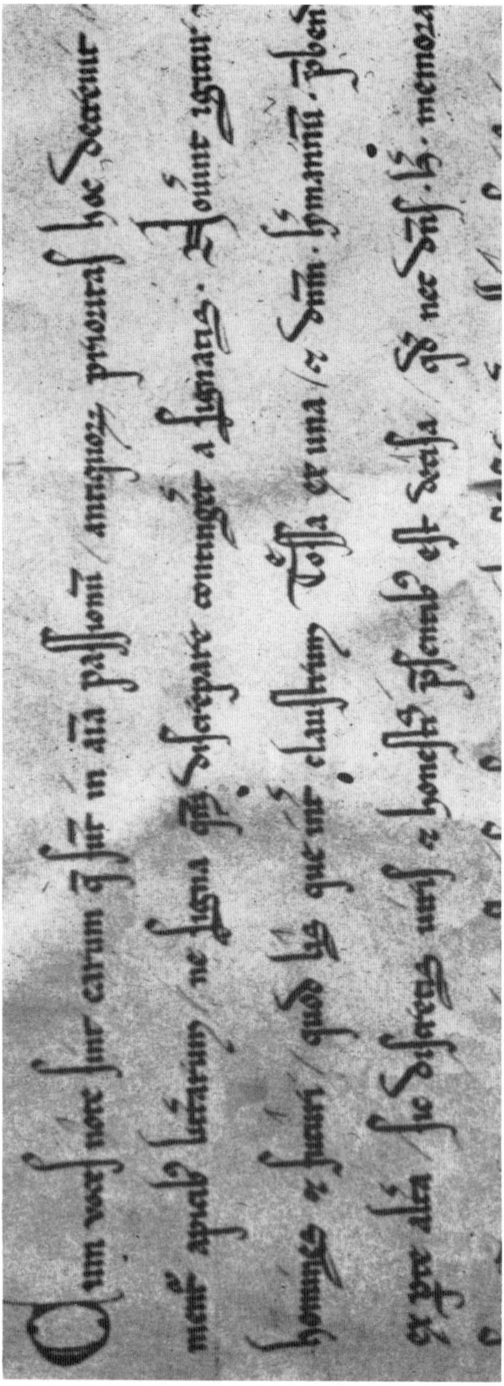

Abb. 33: 1246 VIII 24, Kloster Töß. Chorherr Hermann vom Heiligenberg für Kloster Töß

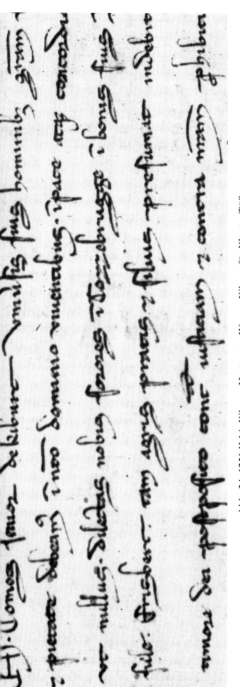

Abb. 34: 1251 II 14, Kiburg. Hartmann IV. von Kiburg für Kloster Töß
Urk. 526^k; ZürDom 5

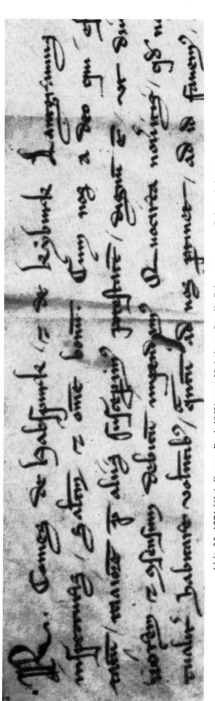

Abb. 35: 1271 VI 4, Brugg. Rudolf IV. von Habsburg für die Schwestern von Schännis in Aarau
Urk. 1506^{kh}; ZürDom 6

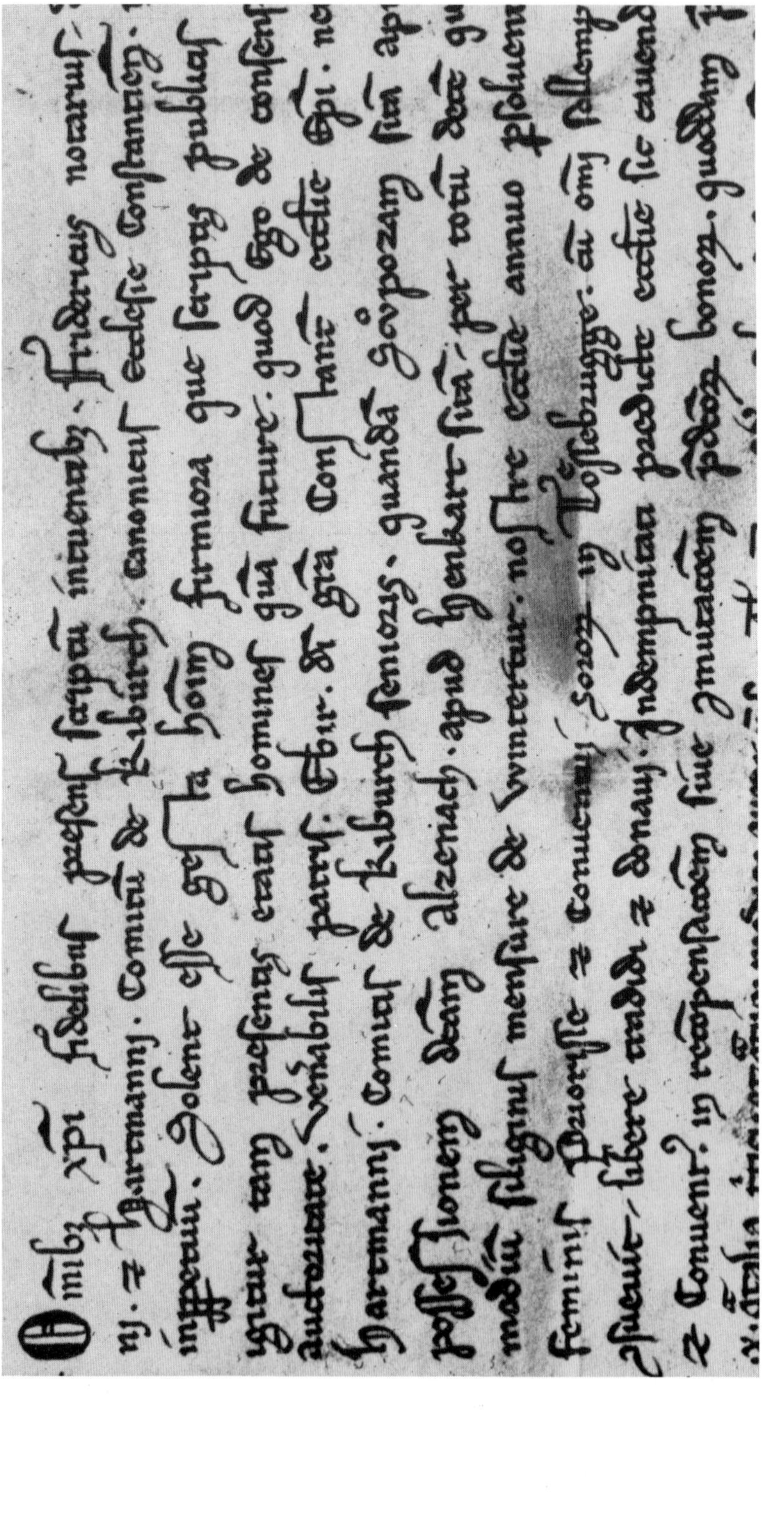

Abb. 36: 1261 IX 29, Heiligenberg. Friedrich, Notar der Grafen von Kiburg, Kirchherr von Winterthur, für Kloster Töß

Urk. 1032ᵏ; Oet 3 B

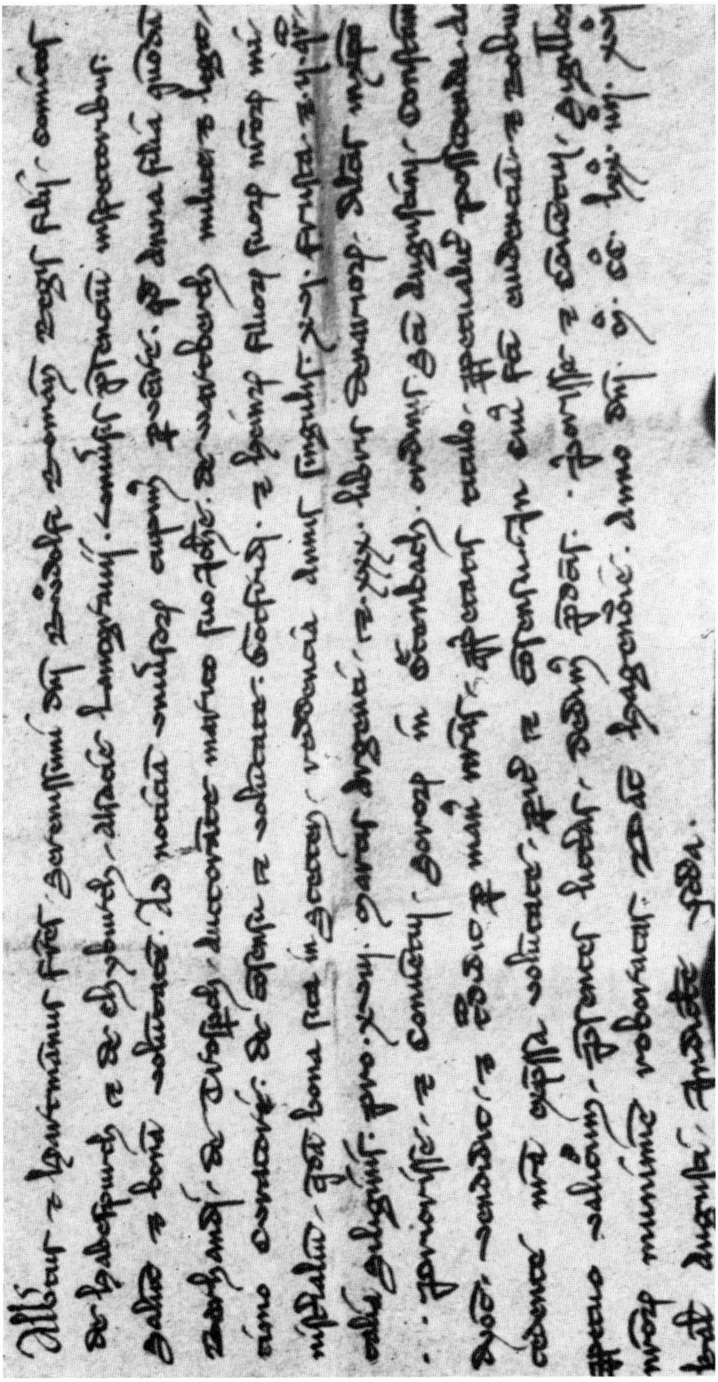

Abb. 37: 1274 VII 17, Hagenau. Albrecht und Hartmann von Habsburg für Kloster Oetenbach
Urk. 1620h; ZürAno A

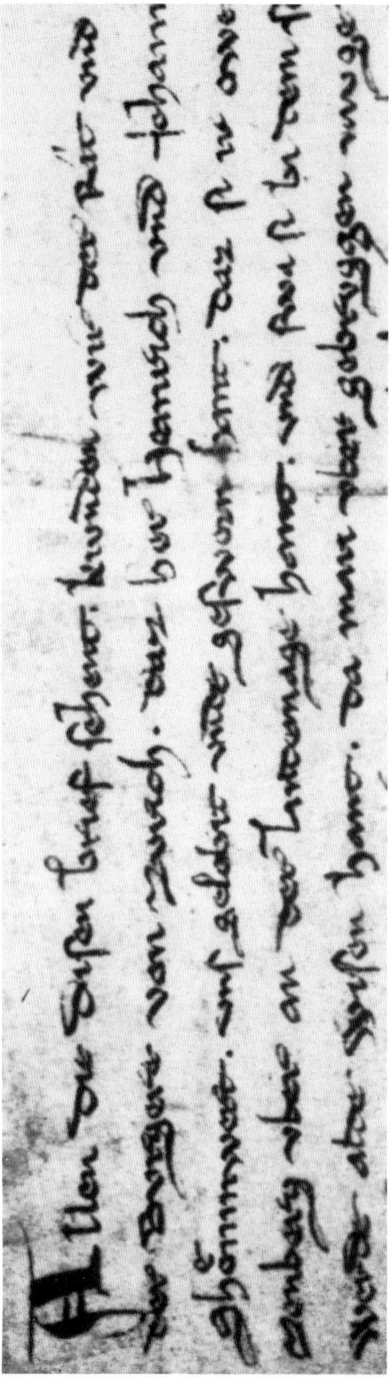

Abb. 38: 1257 I 20, im Rathaus von Zürich. Rat und Bürger von Zürich urkunden in eigener Sache
Urk. 783h; ZürAno B

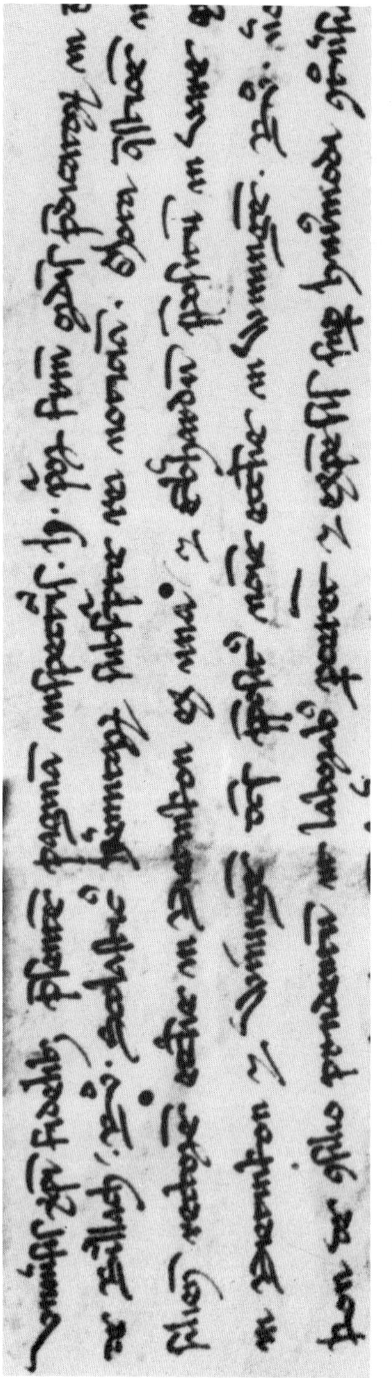

Abb. 39: 1259 XI 1, Schloß Glanzenberg. Hugo, Prior der Züricher Prediger, entscheidet zwischen Rudolf V. von Habsburg, Kirchherrn zu Dietikon,
und Propst Eberhard von Fahr
Urk. 918h; ZürAno E

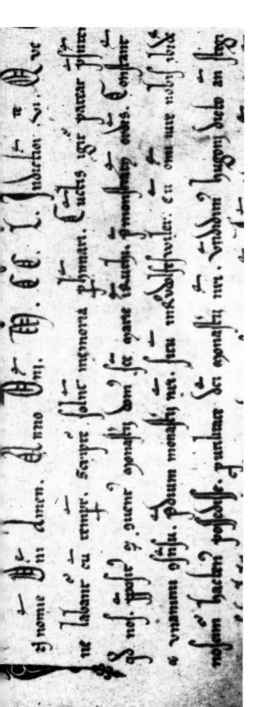

Abb. 40: 1250 — —, —. Propst und Konvent von Rüti für Hugo am Steg, Amtmann H(artmanns) von Kiburg
Urk. 521ᵏ; Rüt 2

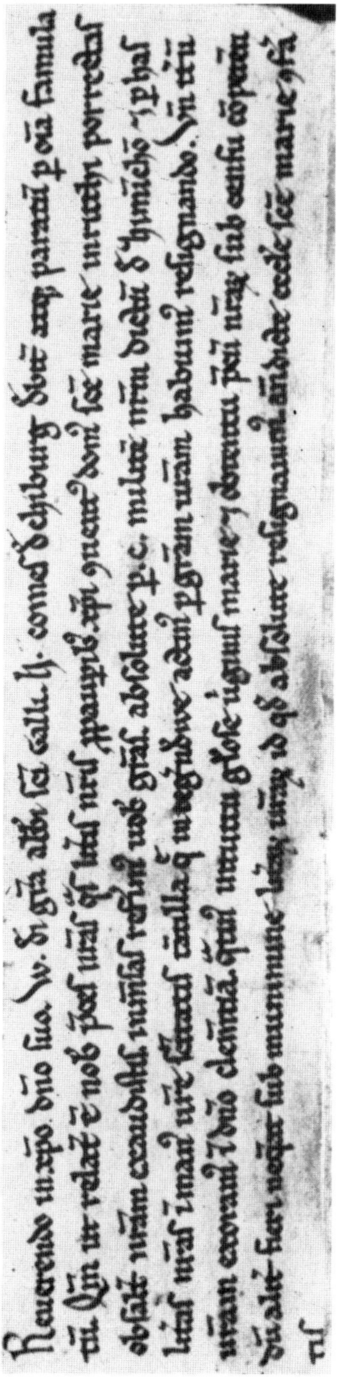

Abb. 41: (1243, kurz vor XII 1), —. Hartmann IV. von Kiburg an Abt Walther von St. Gallen für Stift Rüti
Urk. 331ᵏ; Rüt 3

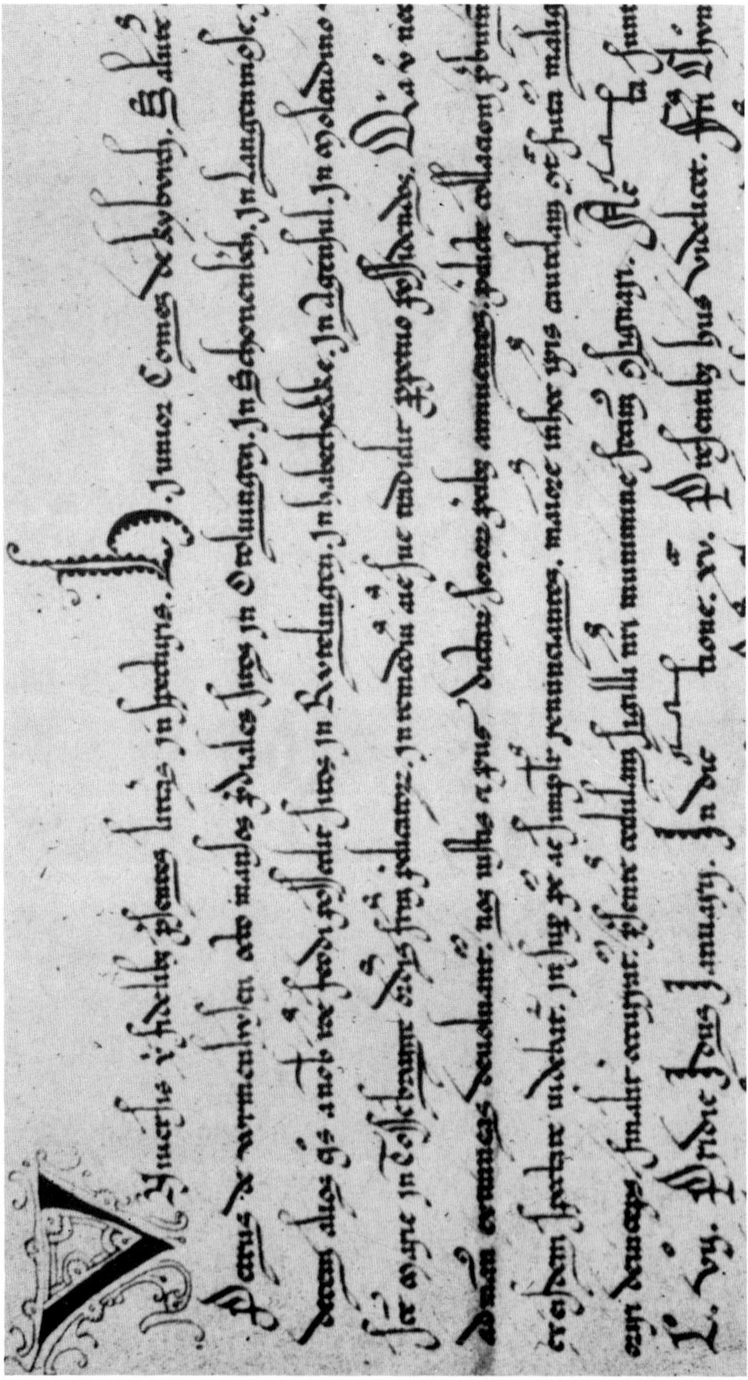

Abb. 42: 1257 I 12, in der Burg Zürich. Hartmann V. von Kiburg für Kloster Töß
Urk. 781k; Töß 1 A

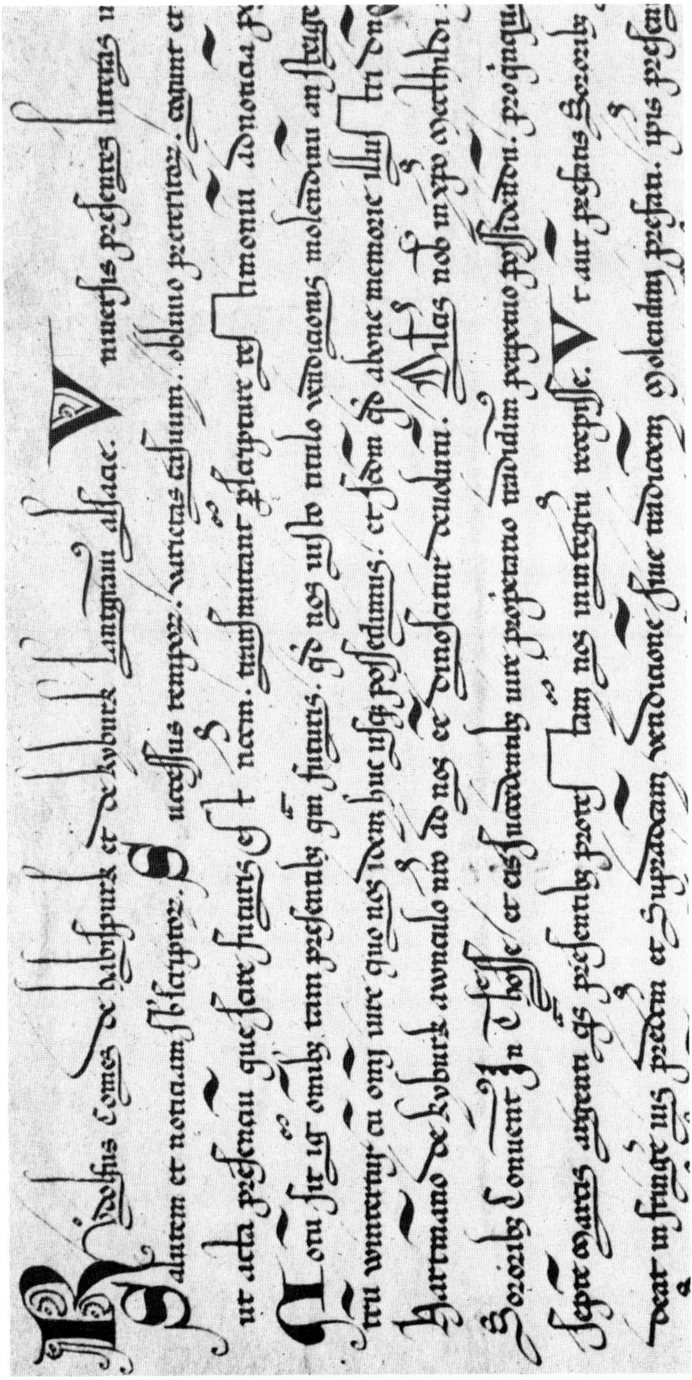

Abb. 43: 1268 VI 7, Kiburg. Rudolf IV. von Habsburg für Kloster Töß
Urk. 1361b; Töß 1 C

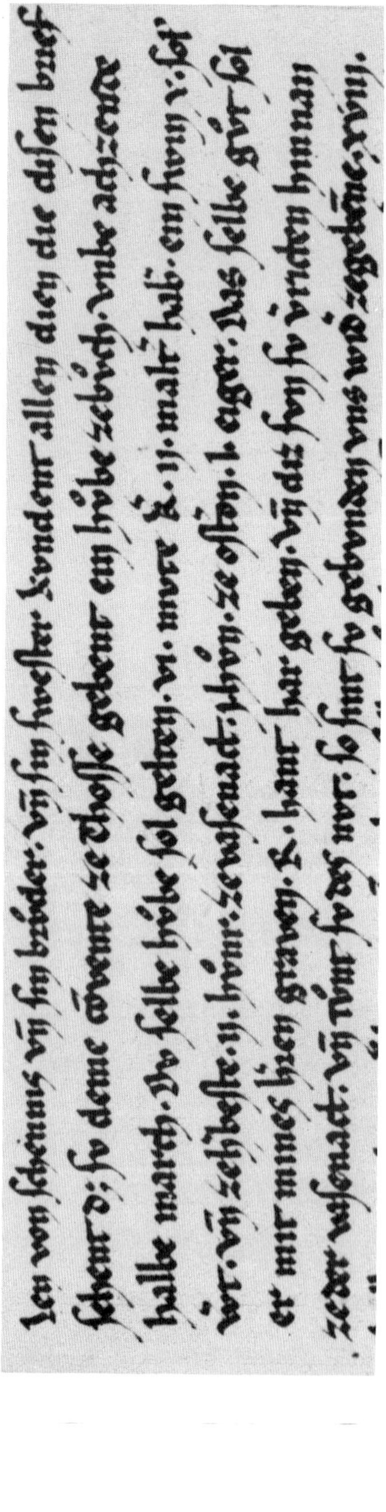

Abb. 44: 1272 VIII 18, —. Len von Schännis und seine Geschwister für Kloster Töß
Urk. 1549h; Töß 2 A

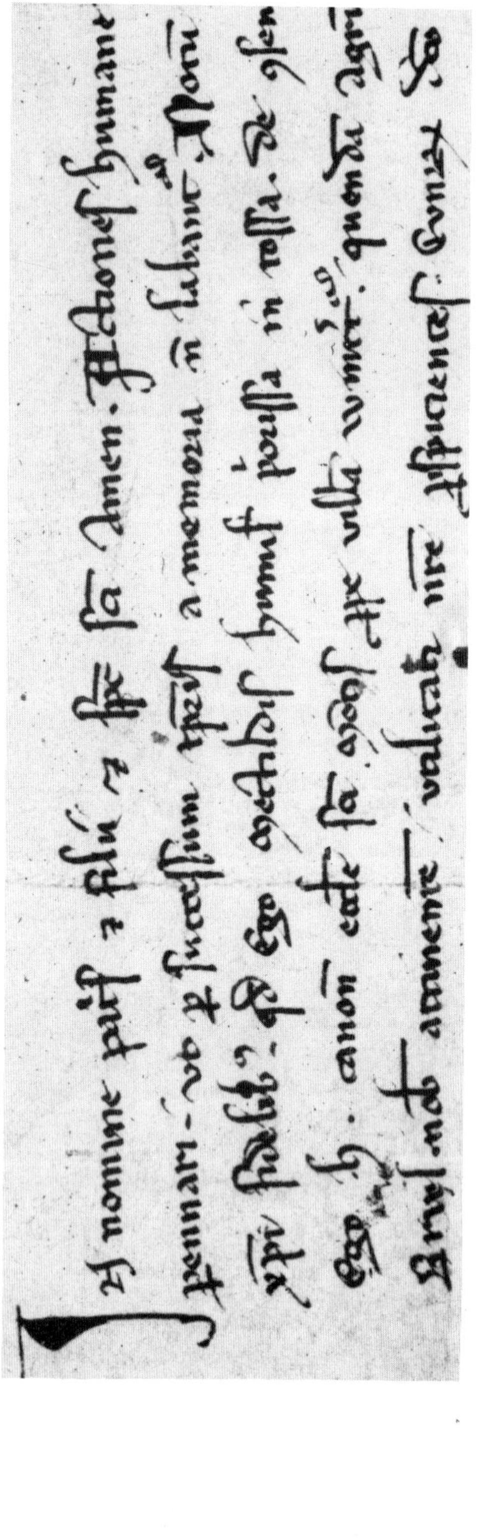

Abb. 45: 1259 III 13, Winterthur. Priorin Mechthild von Töß und Chorherr H. vom Heiligenberg für Konrad Borlanc, Bürger von Winterthur
Urk. 886k; Jak 1 = K 6

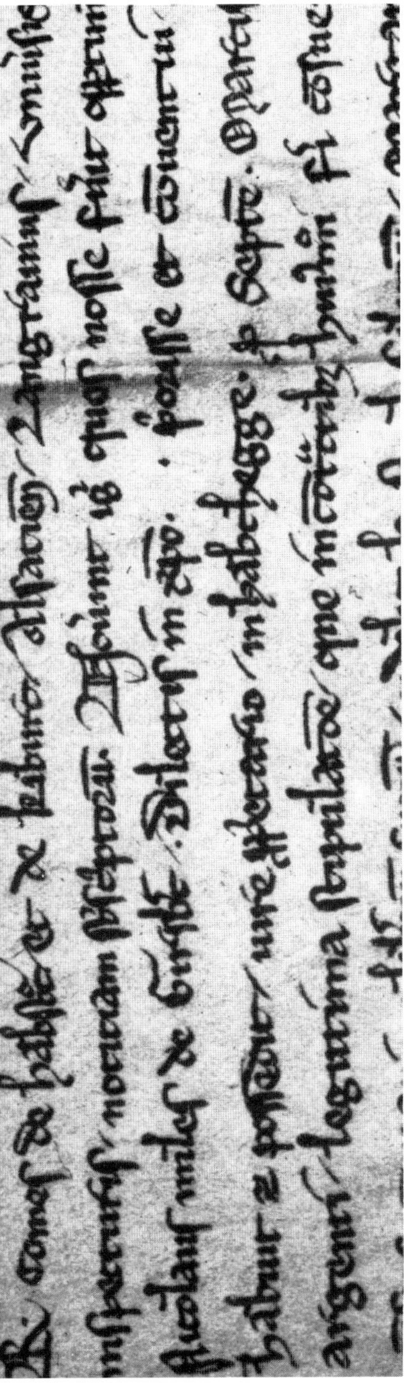

Abb. 46: 1273 IV 2, Winterthur. Rudolf IV. von Habsburg für Kloster Töß
Urk. 1577b; Jak 2

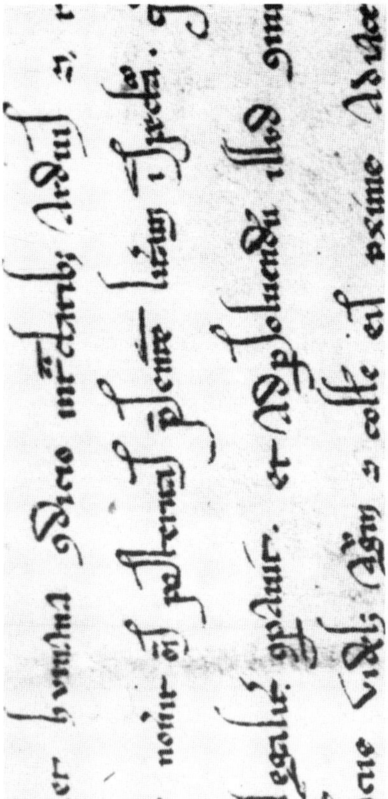

Abb. 47: 1258 (nach IX 24, Dießenhofen). Stadt Dießenhofen für Kloster St. Katharinental (und in eigener Sache)
Urk. 863k; DieAno

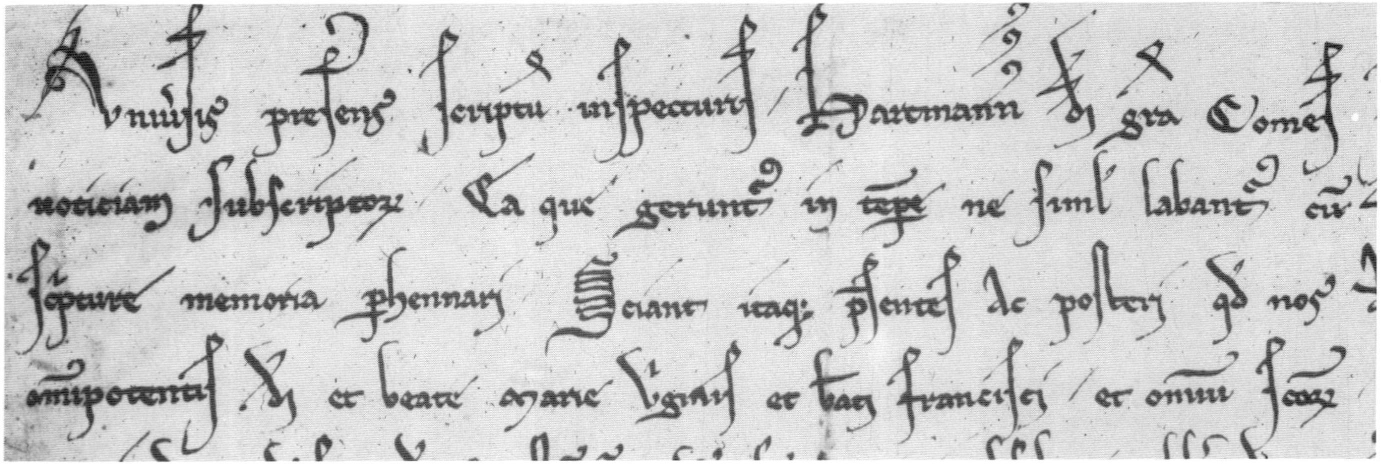

Abb. 48: 1253 XII 6, —. Hartmann IV. von Kiburg für Kloster Paradies
Urk. 621k; KonFra C

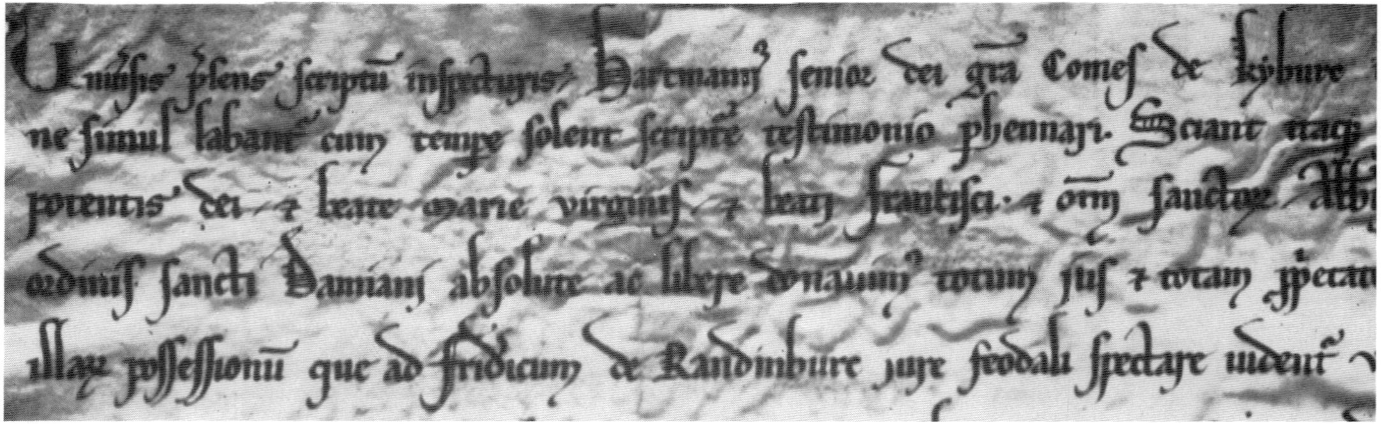

Abb. 49: 1253 XII 6 (Schaffhausen). Hartmann IV. von Kiburg für Kloster Paradies

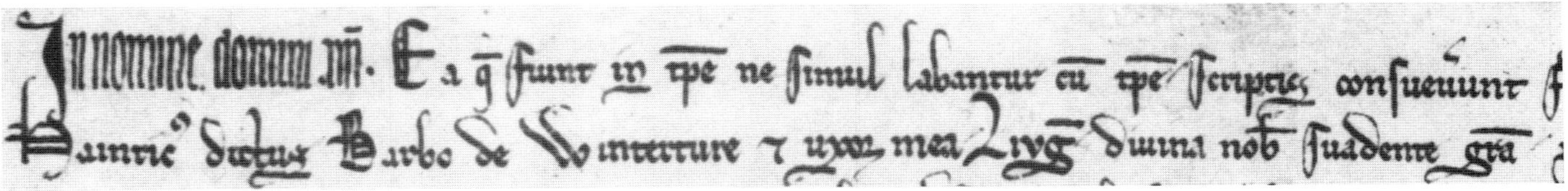

Abb. 50: 1253 VII 2, Schaffhausen. Heinrich Barbo von Winterthur für Kloster Paradies
Urk. 598k; SchFra 1 A

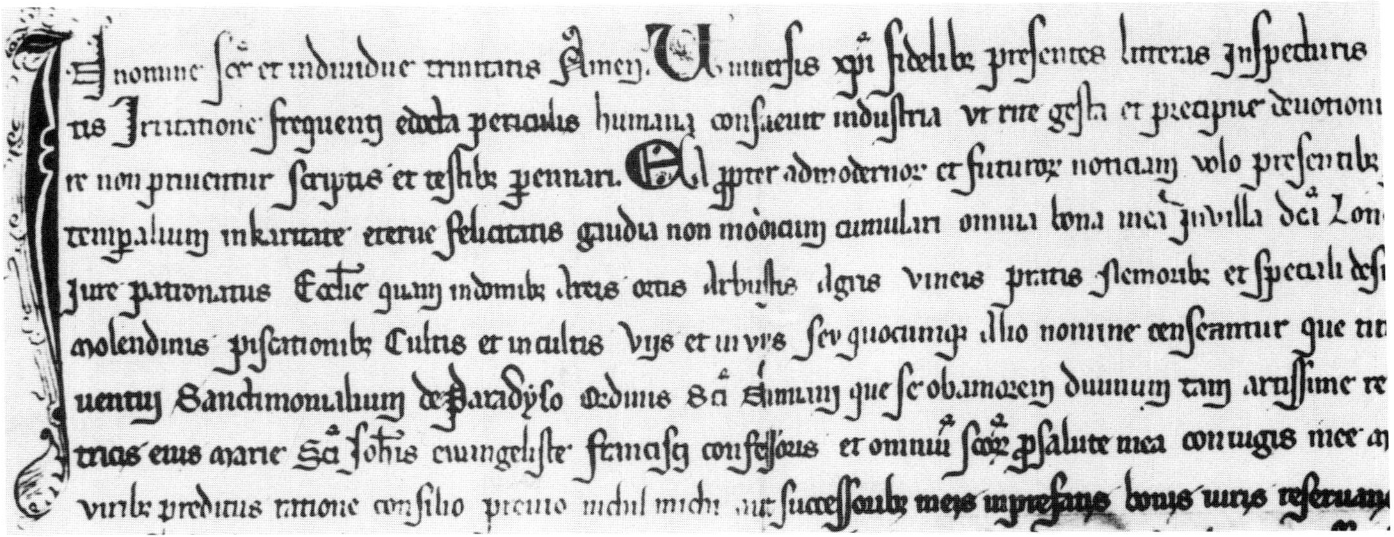

Abb. 51: 1259 II 1, Kloster Paradies. Hartmann IV. von Kiburg für Kloster Paradies
Urk. 877k; SchFra 1 E

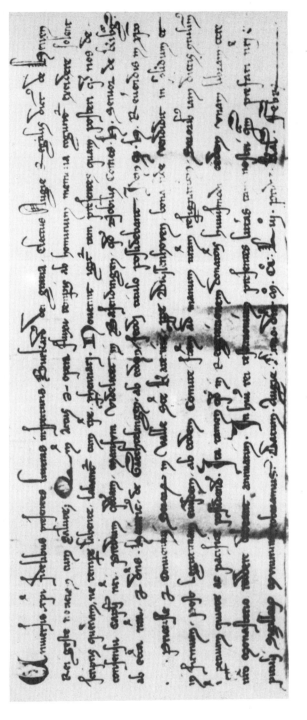

Abb. 52: 1253 I 31, Reichenau. Abt. Burkhard von Reichenau für Kloster St. Katharinental
Urk. 586k; Kat A

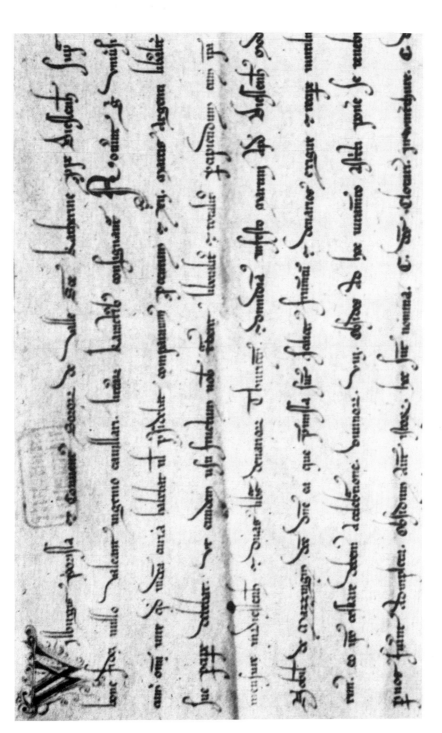

Abb. 53: 1256 VIII 9, Winterthur. Kloster St. Katharinental für Heinrich Schad (von Radegg)
Urk. 751k; Kat. B

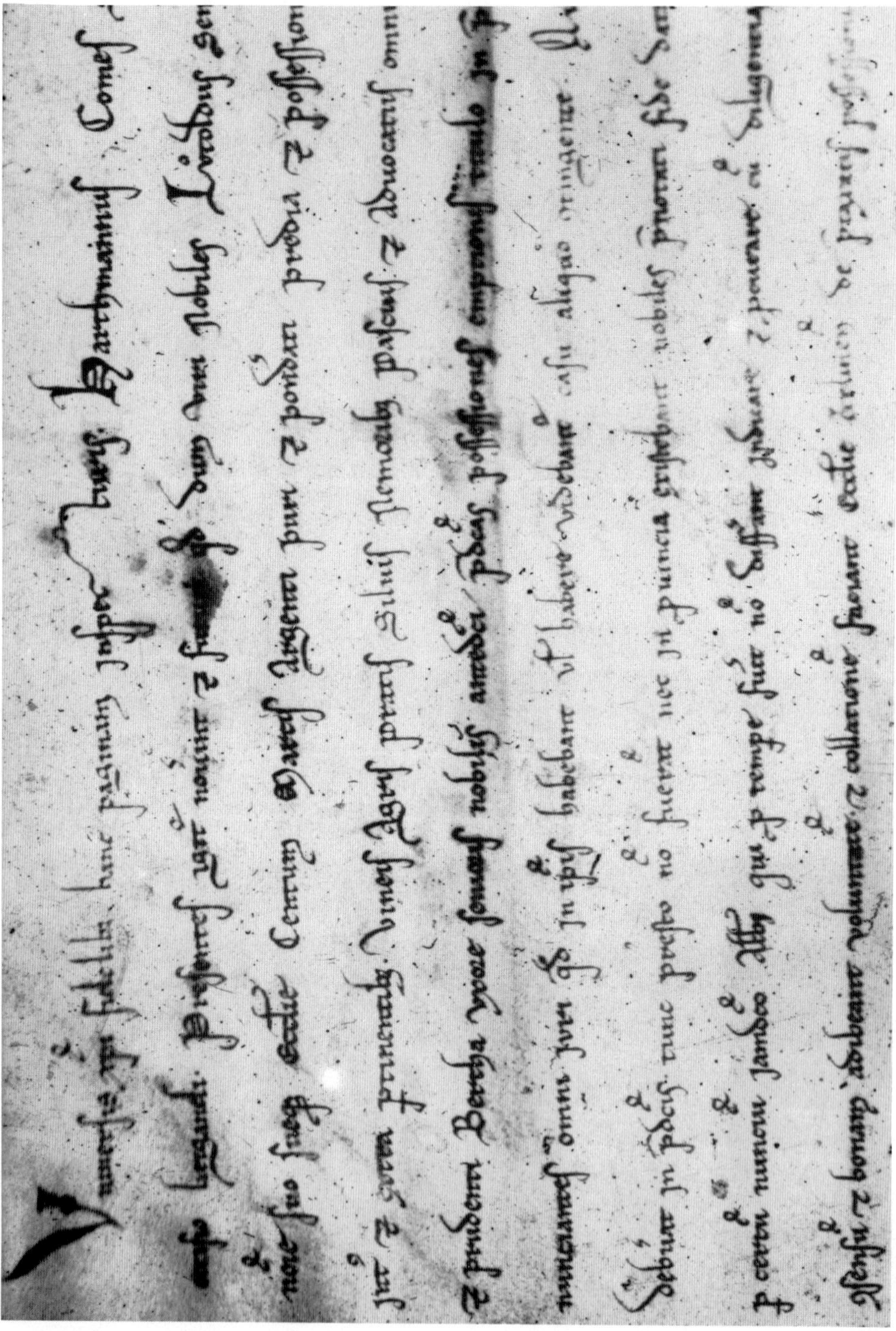

Abb. 54: 1244 II 15, Winterthur. Hartmann IV. von Kiburg für Stift Kreuzlingen
Urk. 342k; Krz B

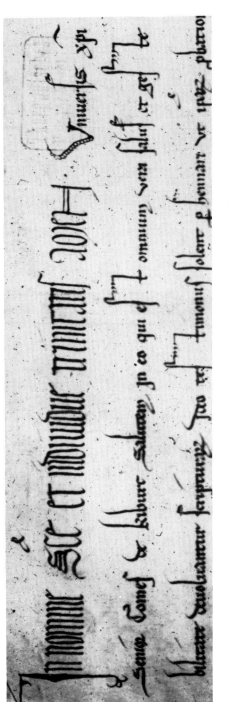

Abb. 55: 1259 IX 12, Mörsburg. Hartmann IV. von Kiburg für Stift Kreuzlingen
Urk. 913k; Krz C

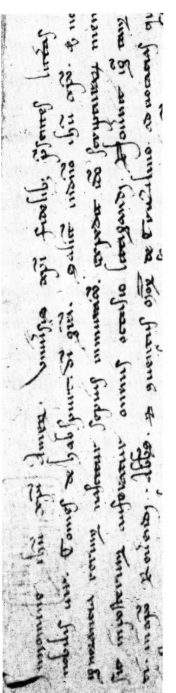

Abb. 56: 1265 VI 27, —. Rudolf IV. von Habsburg für Stift Kreuzlingen
Urk. 1225h; Krz D

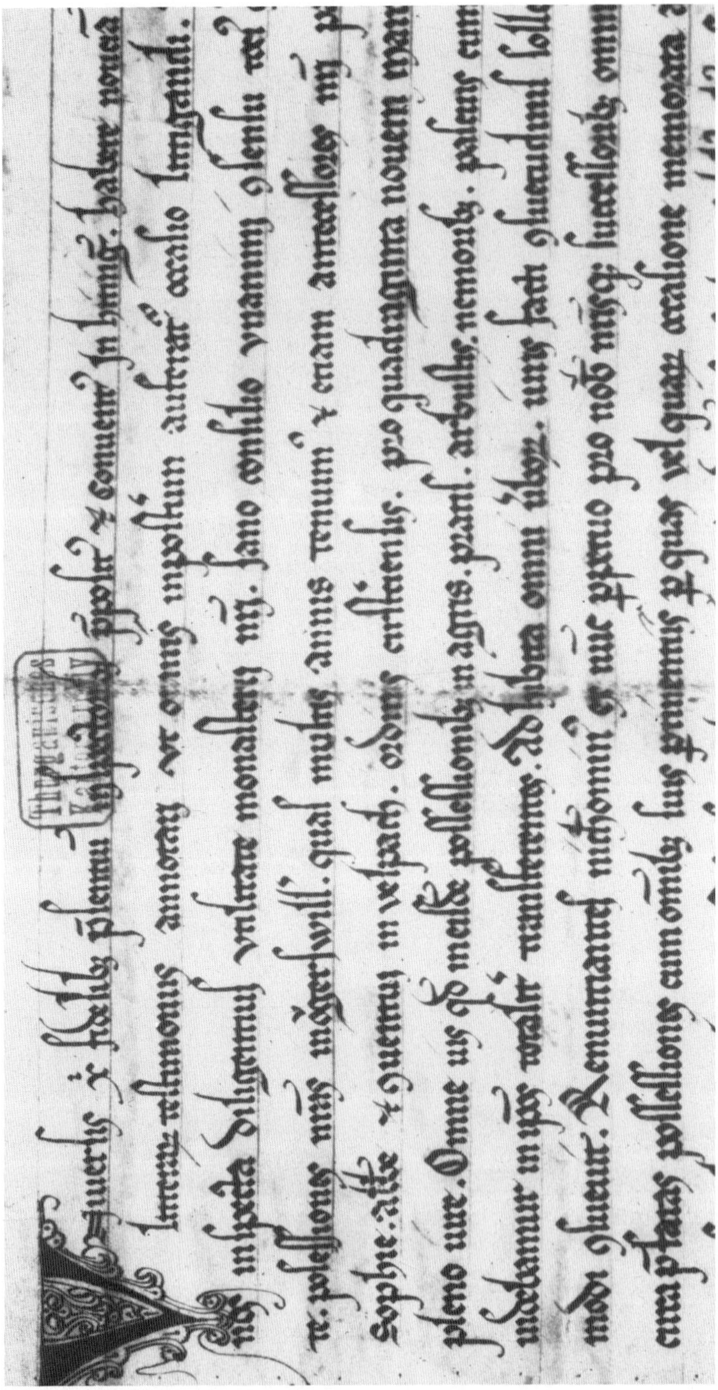

Abb. 57: 1256 IX 27, Stein am Rhein. Propst Markwart von Ittingen für Kloster Feldbach
Urk. 760k; Fel A

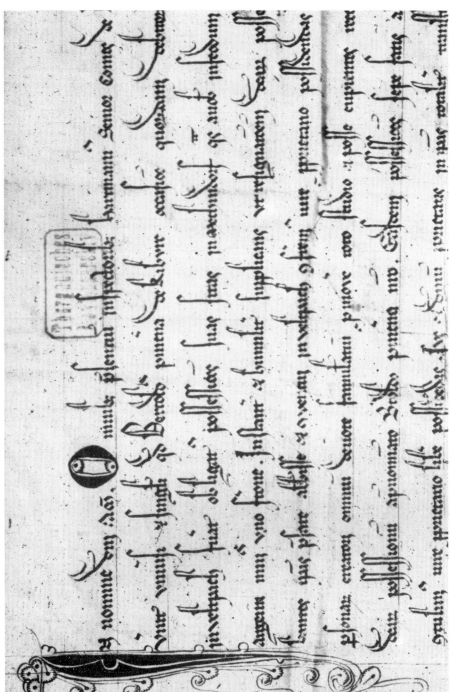

Abb. 58: 1261 VII 3, Üßlingen, bei der Kirche. Hartmann IV. von Kiburg für Kloster Feldbach
Urk. 1014k; Fel B

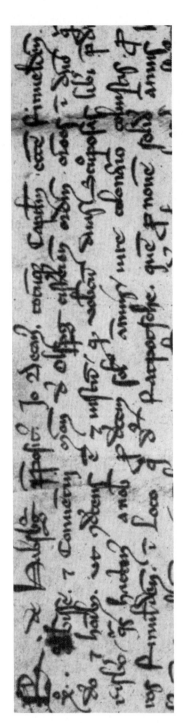

Abb. 59: 1271 III 31, Rheinfelden. Rudolf IV. von Habsburg, Propst, Dekan und Kapitel von Rheinfelden für Kloster Olsberg
Urk. 1492ʰ; Ols

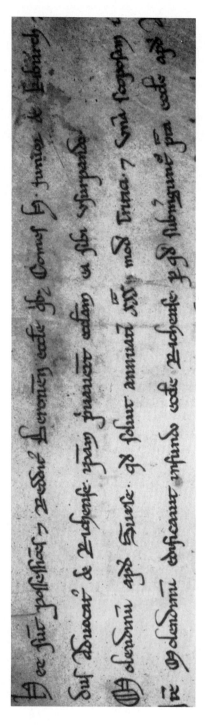

Abb. 60: (1255 V 21 — VIII 12), —. Verzeichnis von Schädigungen, dem Stift Beromünster angetan durch
Hartmann V. von Kiburg und Arnold, Vogt von Richensee
Urk. 705ᵏ; Bmü A

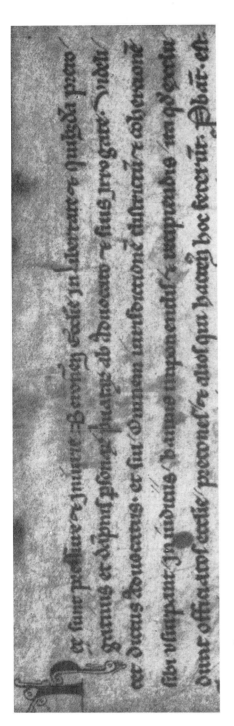

Abb. 61: (1255 V 21 — VIII 12), —. Protokoll von Zeugenaussagen über Schädigungen, dem Stift Beromünster angetan durch
Arnold, Vogt von Richensee
Urk. 706k; Bmü B

Abb. 62: (um 1250), —. Heinrich und Berta von Hochdorf für Kloster Engelberg
Urk. 522k; Bmü B

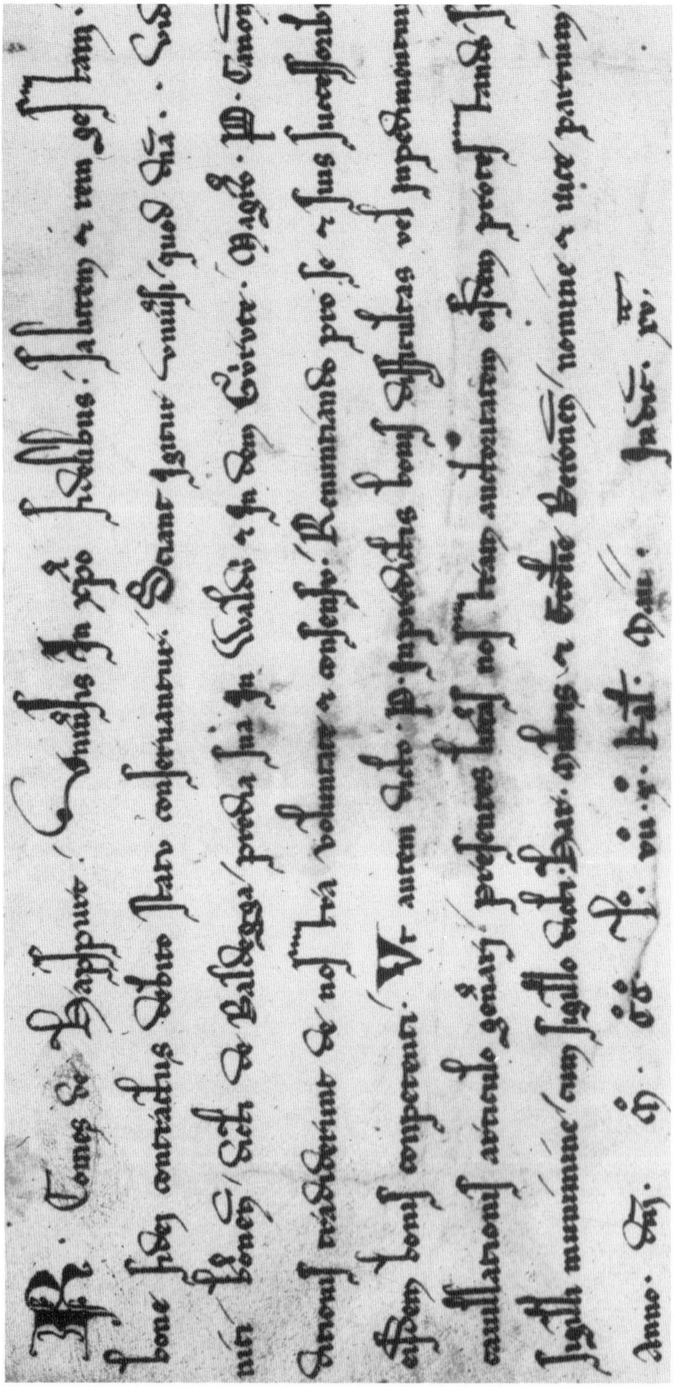

Abb. 63: 1257 IV 22, —. Rudolf IV. von Habsburg für Stift Beromünster
Urk. 803h; Bmü C

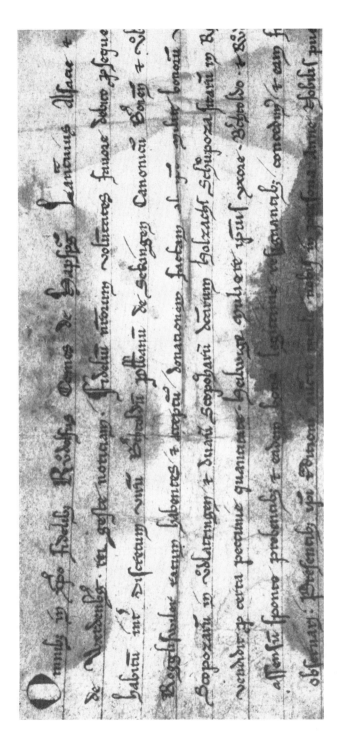

Abb. 64: 1266 III 16, —. Rudolf IV. von Habsburg und Hugo von Werdenberg anstelle Annas von Kiburg für Berchtold,
Leutpriester von Säckingen, Chorherr von Beromünster
Urk. 1250kh; Bmü D

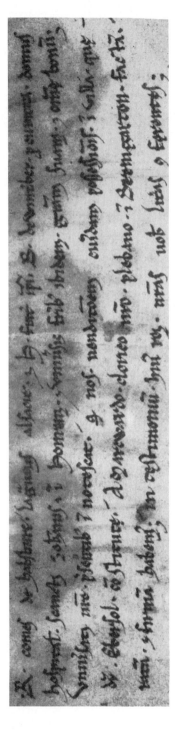

Abb. 65: (vor oder in den ersten Monaten des Jahres 1252), —. Rudolf IV. und Hartmann von Habsburg für Kommende Hohenrain
Urk. 551ʰ; Hoh A

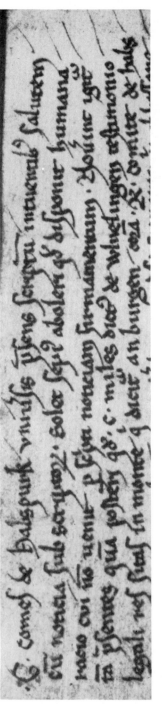

Abb. 66: 1256 VIII 6, —. Gottfried von Habsburg für Kommende Hohenrain
Urk. 749ʰ; Hoh B

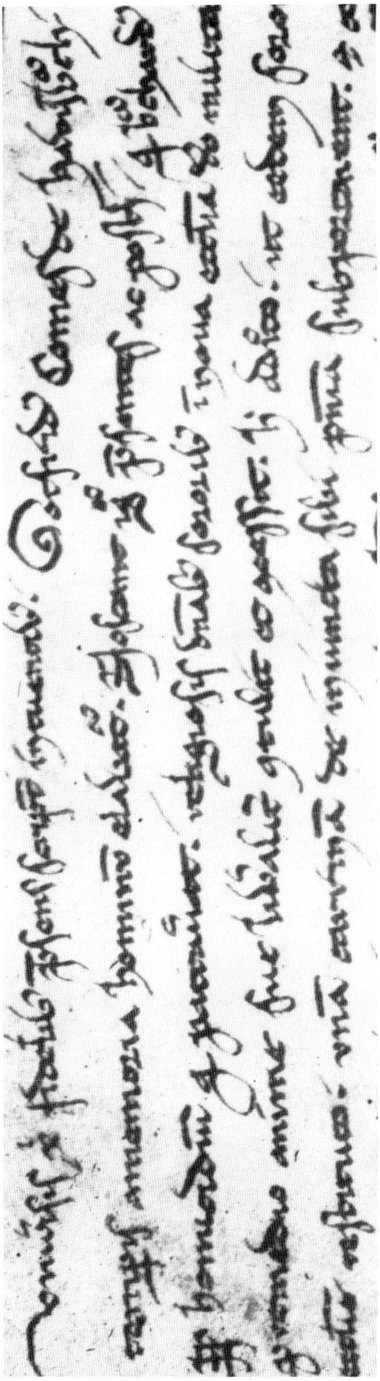

Abb. 67: 1259 III 2, Sempach. Gottfried von Habsburg für Kloster Neuenkirch
Urk. 884h; Hoh C

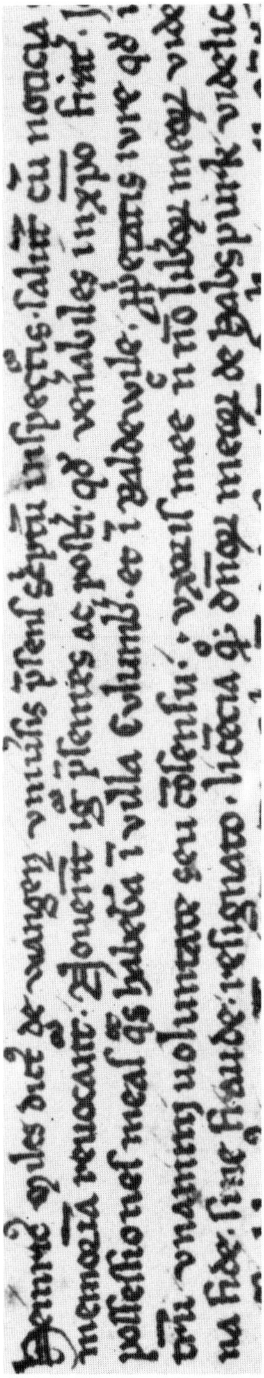

Abb. 68: 1272 (vor IX 24), Sempach. Heinrich von Wangen für Kommende Hohenrain
Urk. 1552h; Hoh D

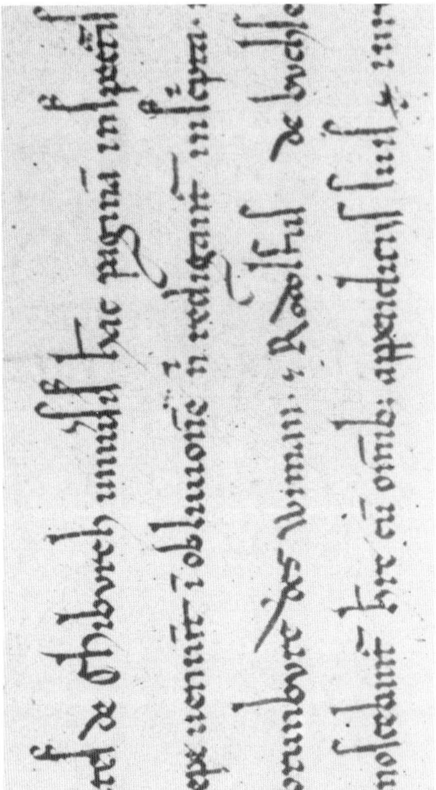

Abb. 69: 1240 III 22, Burgdorf. Hartmann IV. und Hartmann V. von Kiburg für Propstei Interlaken
Urk. 237k; Int A

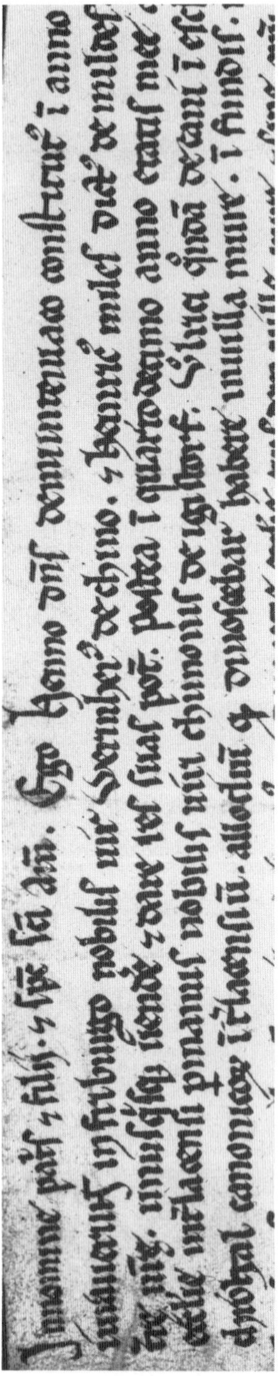

Abb. 70: 1245 III 12, Freiburg i. Ü., und III 17, Bollingen. Aimo von Montenach für Propstei Interlaken
Urk. 370k; Int B

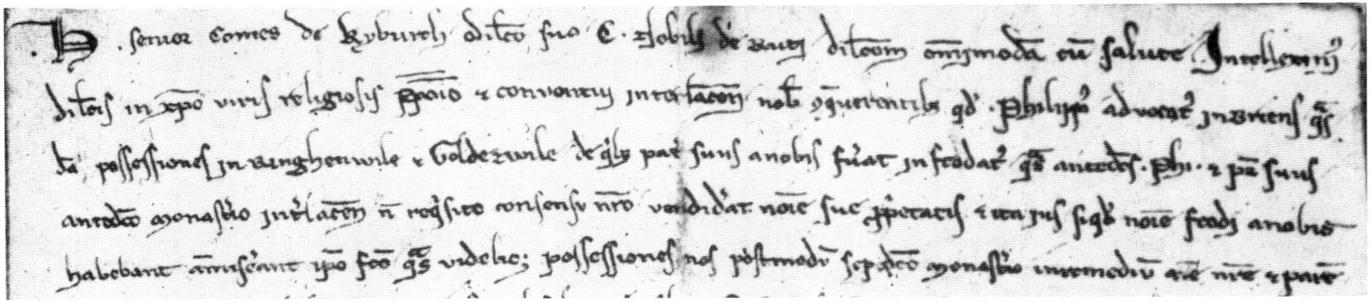

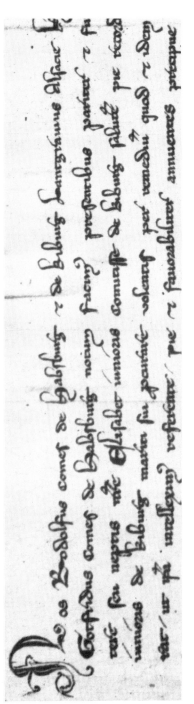

Abb. 71: 1256 III 11, Kiburg. Hartmann IV. von Kiburg an C. von Rüti für Propstei Interlaken
Urk. 724k; Int C

Abb. 72: 1271 VII 8, —. Rudolf IV. von Habsburg, Hugo von Werdenberg und Gottfried von Habsburg
anstatt Annas von Kiburg für Propstei Interlaken
Urk. 1510kh; Int D

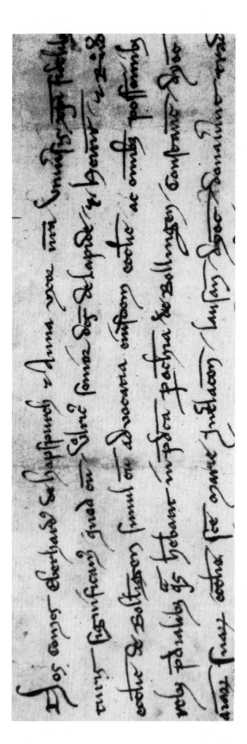

Abb. 73: 1274 II 22, Burgdorf. Eberhard von Habsburg und seine Frau Anna (von Kiburg) für Frauenkonvent Interlaken
Urk. 1605kh; Int E

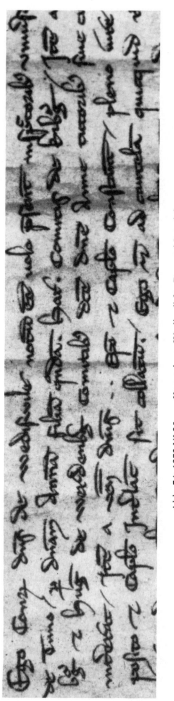

Abb. 74: 1272 VI 25, —. Konrad von Wediswil für Propstei Interlaken
Urk. 1544k; Int F

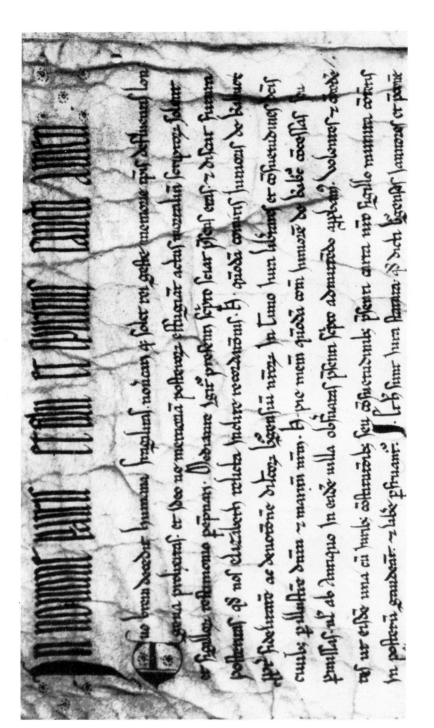

Abb. 75: 1264 III 12, Burgdorf. Elisabeth von Kiburg für die Stadt Thun
Urk. 1152k; Bur A

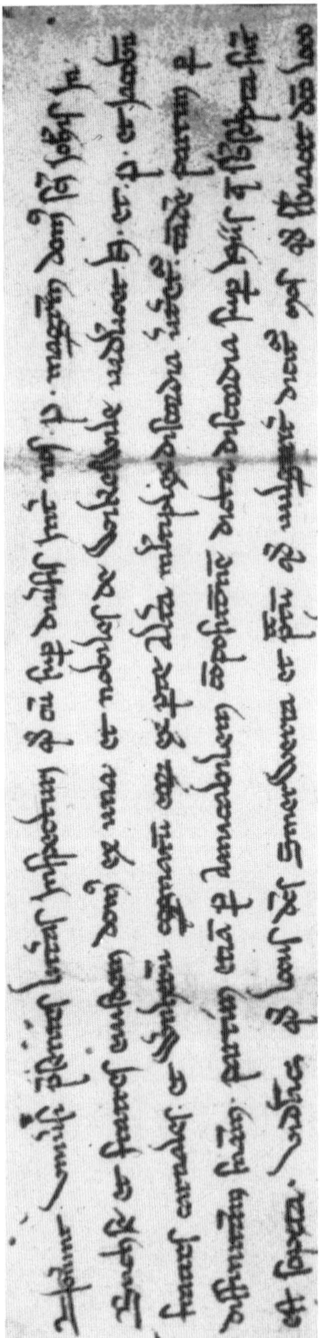

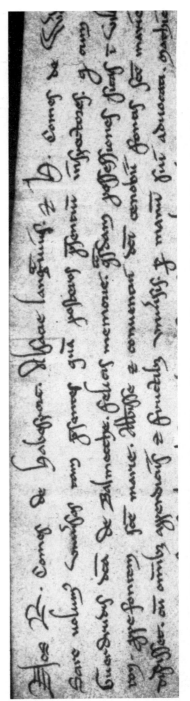

Abb. 76: 1264 ——, Wiggiswil. Meister P. und die Brüder der Kommende Buchsee für die Edlen von Wiggiswil
Urk. 1197k; Bur A

Abb. 77: 1267 IX 11, Burgdorf. Rudolf IV. von Habsburg und Hugo von Werdenberg für Kloster Fraubrunnen
Urk. 1332kh; Bur B

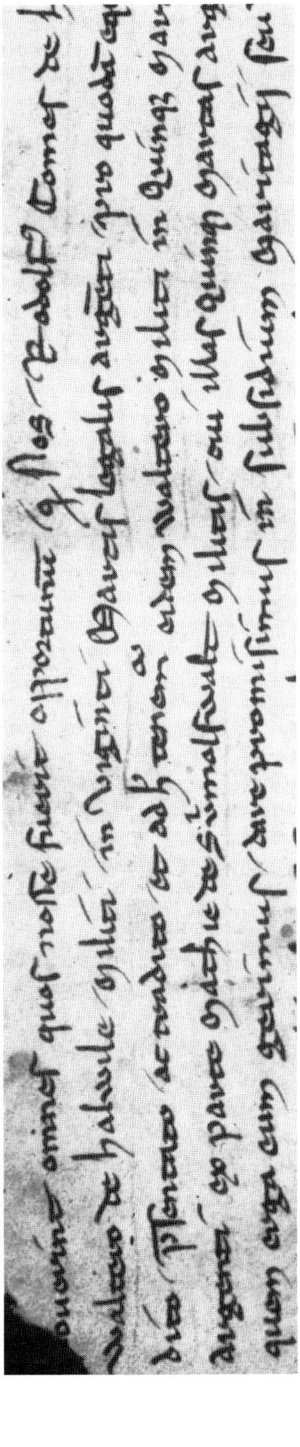

Abb. 78: 1273 VIII 24, Burgdorf. Rudolf IV. von Habsburg für Walther von Hallwil
Urk. 1588h; Bur C

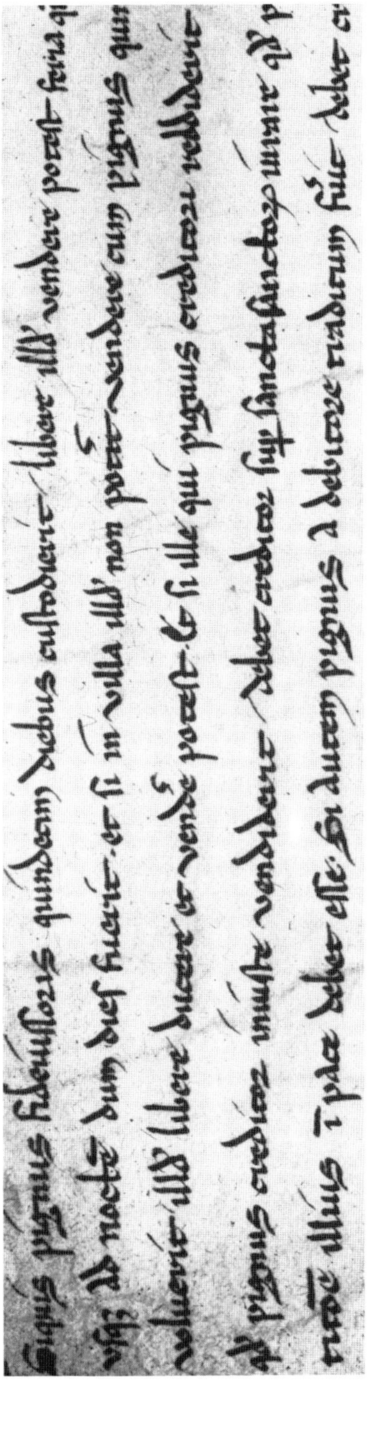

Abb. 79: 1273 IX 29, Burgdorf. Eberhard von Habsburg und seine Frau Anna (von Kiburg) für die Stadt Burgdorf
Urk. 1593kh; Bur C

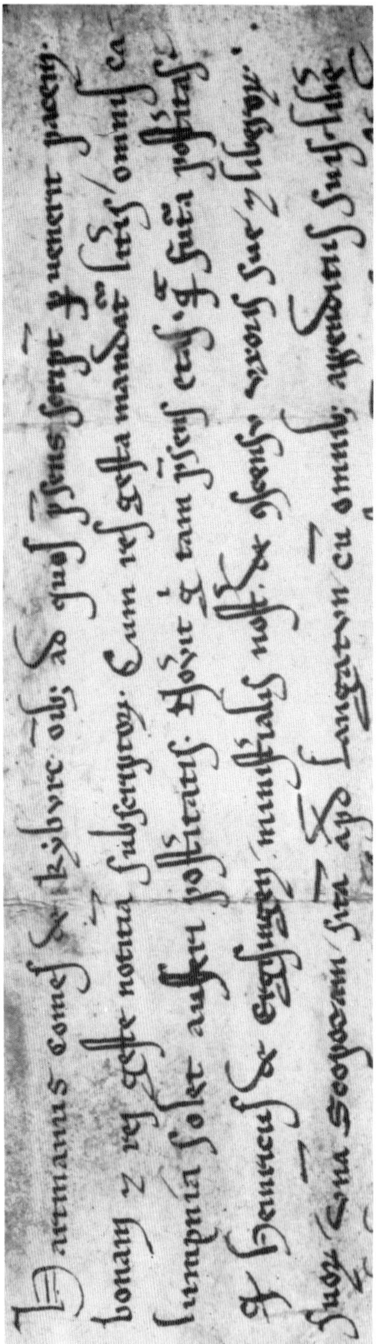

Abb. 80: 1260 — —, —. Hartmann (V.) von Kiburg für Kloster St. Urban
Urk. 985k; Urb A

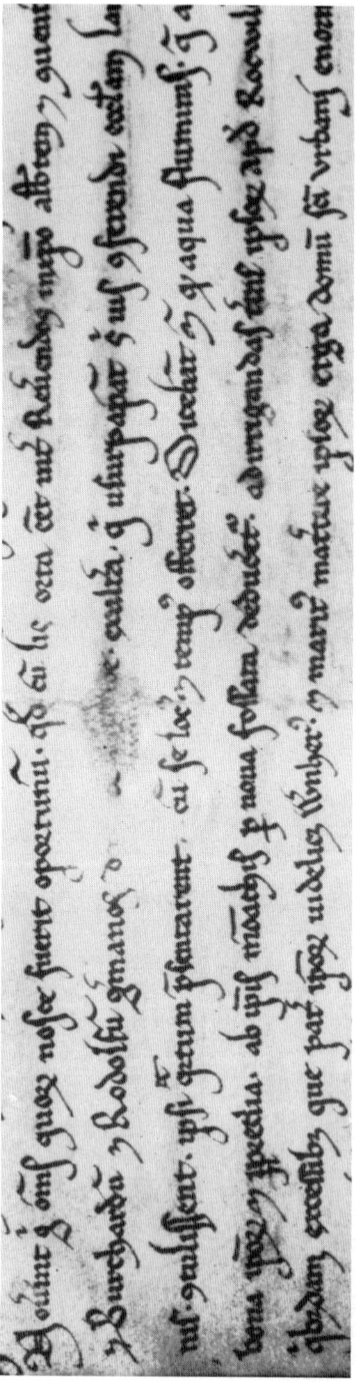

Abb. 81: 1249 (vor IX 24), —. Die Brüder Werner, Burkhard und Rudolf von Luternau für Kloster St. Urban
Urk. 494k; Urb B

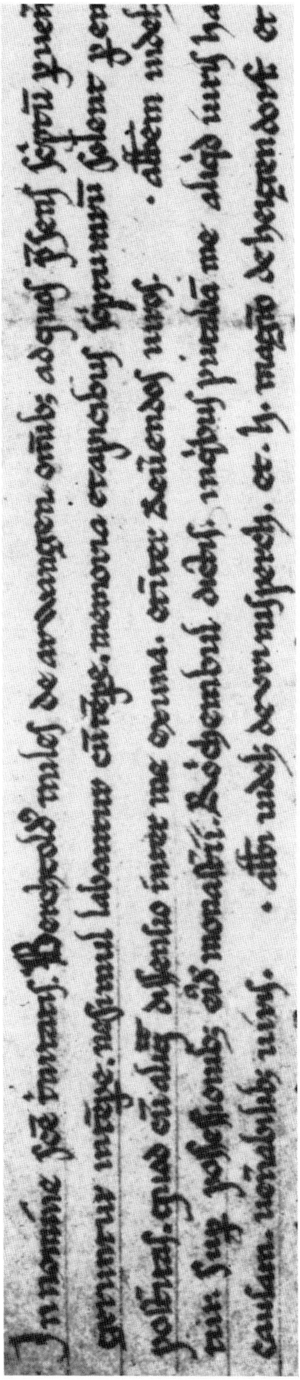

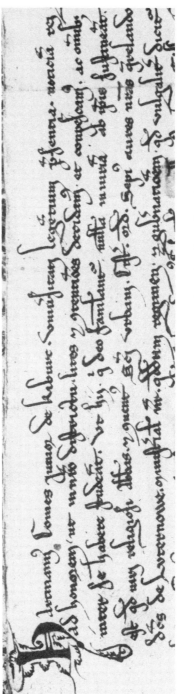

Abb. 82: 1251 I —, Burgdorf. Berchtold von Aarwangen für Kloster St. Urban
Urk. 525k; Urb C

Abb. 83: 1256 — —, Wikon. Hartmann V. von Kiburg für Kloster St. Urban
Urk. 776k; Urb D

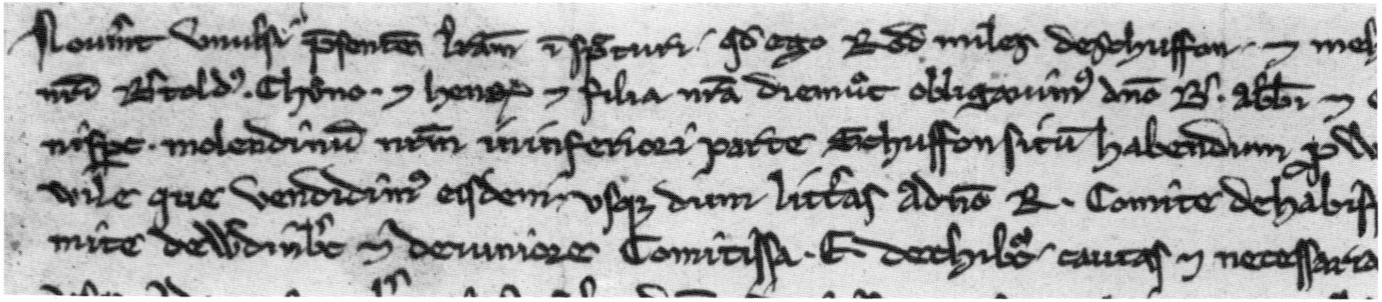

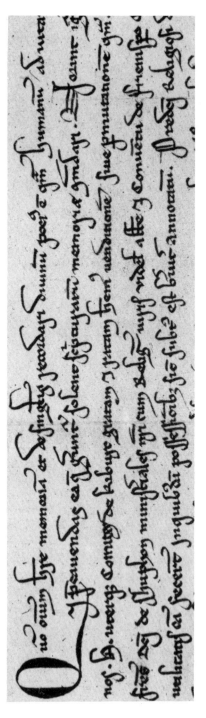

Abb. 84: 1271 II 20, Bern. Rudolf von Schüpfen und Familie für Kloster Frienisberg
Urk. 1486kh; BerBur

Abb. 85: 1249 (vor IX 24), Burgdorf. Hartmann IV. und Hartmann V. von Kiburg für Kloster Frienisberg
Urk. 493k; Fri A

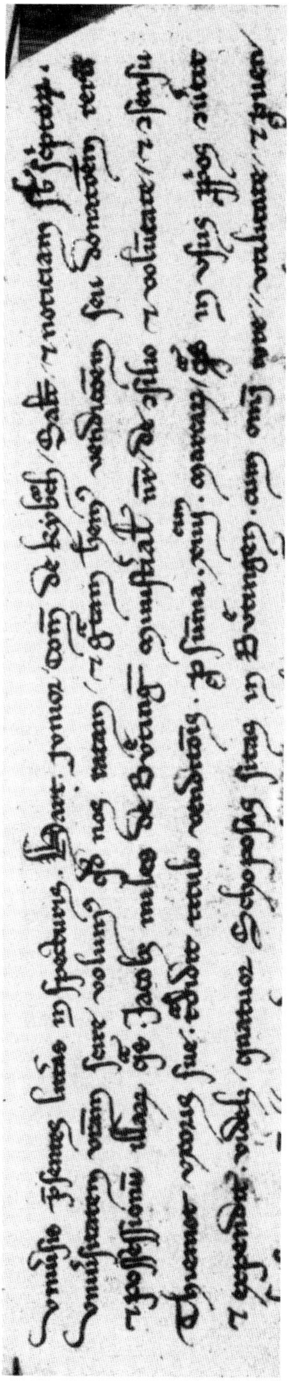

Frienisberg

Abb. 86: 1261 XI 18, —. Hartmann V. von Kiburg für Kloster Frienisberg
Urk. 1039k; Fri C

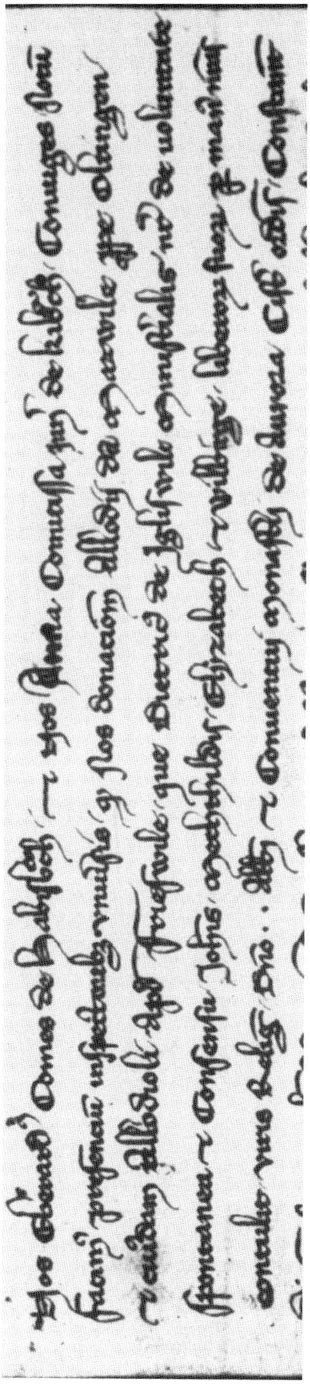

Abb. 87: 1275 IX —, Burgdorf. Eberhard von Habsburg und seine Frau Anna (von Kiburg) für Kloster Frienisberg
Urk. 1660kh; Fri E

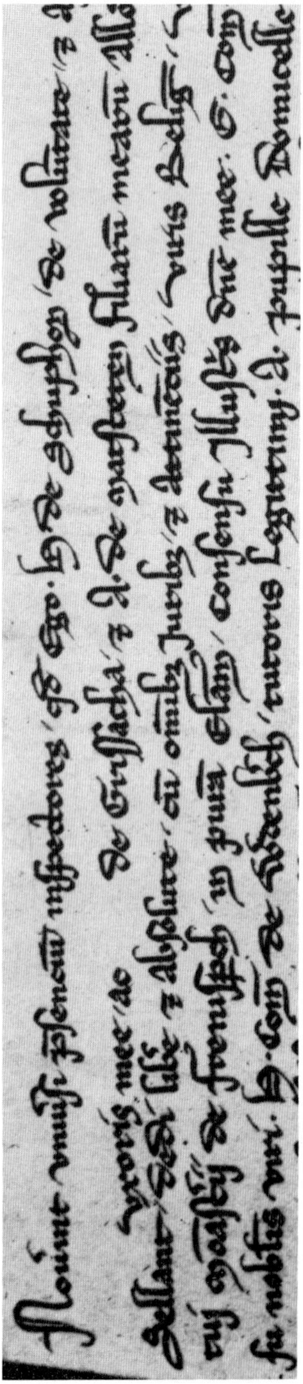

Abb. 88: 1269 III —, —. Heinrich von Schüpfen für Kloster Frienisberg
Urk. 1393k; Fri F

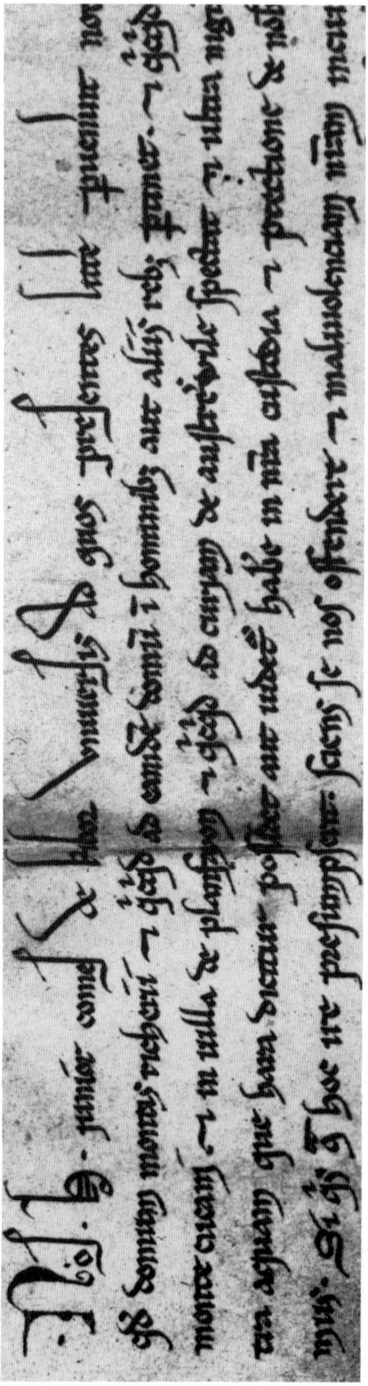

Abb. 89: (1254 III 25 — 1255 III 24), Freiburg i. Ü. Hartmann V. von Kiburg für Kloster Rüeggisberg
Urk. 682k; FrÜSta 1

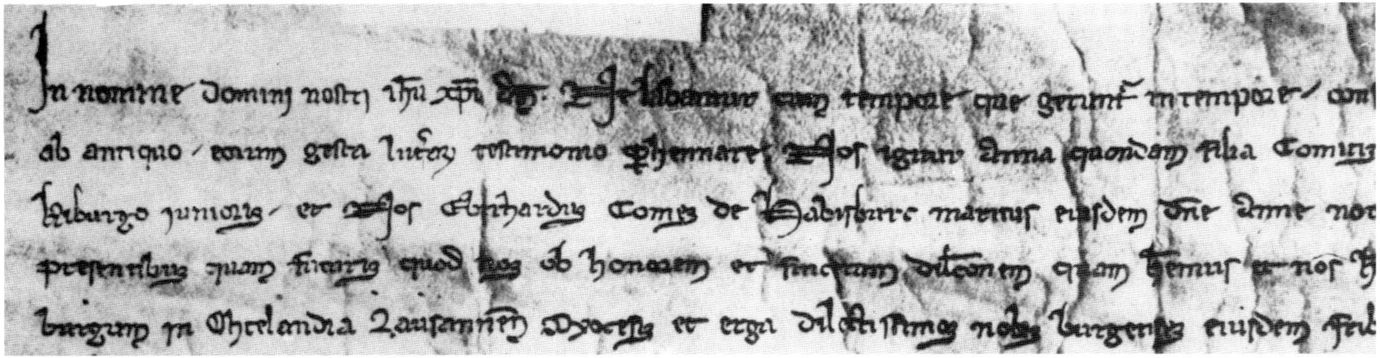

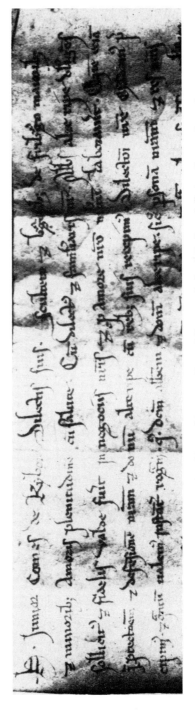

Abb. 90: 1276 III (1—15), Freiburg i. Ü. Anna von Kiburg und ihr Gatte Eberhard von Habsburg für die Stadt Freiburg i. Ü.
Urk. 1675 kh; FrÜSta 2

Abb. 91: (1253 III 25 — 1254 III 24), —. Hartmann V. von Kiburg an die Stadt Freiburg i. Ü. für Kloster Altenryf
Urk. 638 k; Alt

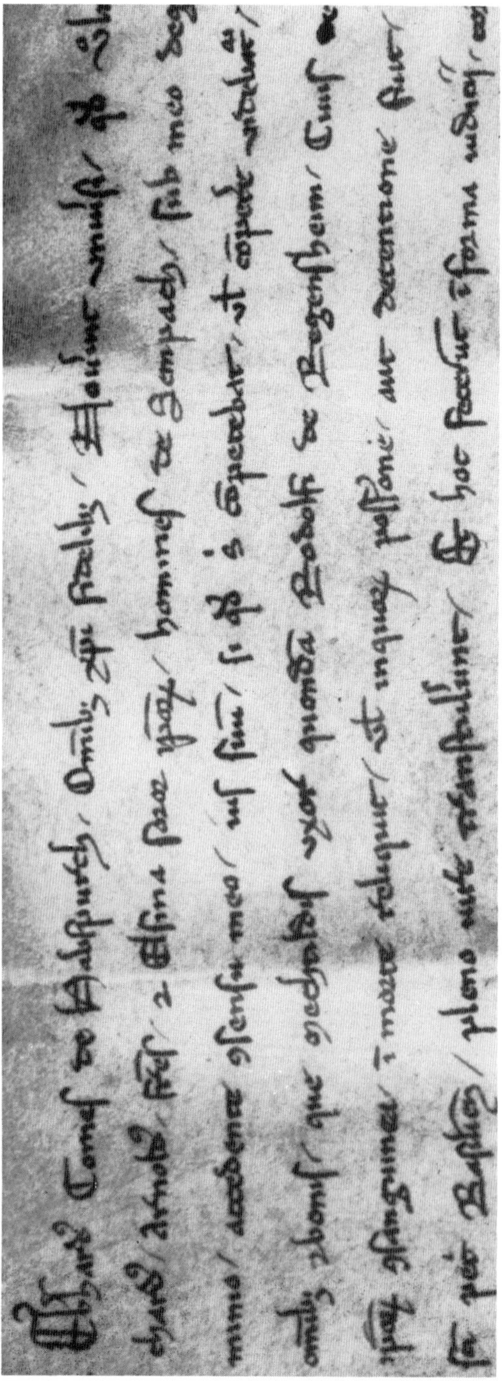

Abb. 92: 1271 (III 21, Sempach, und) IV 24, Basel. Eberhard von Habsburg für Stift St. Peter in Basel
Urk. 1497kh; BasPet

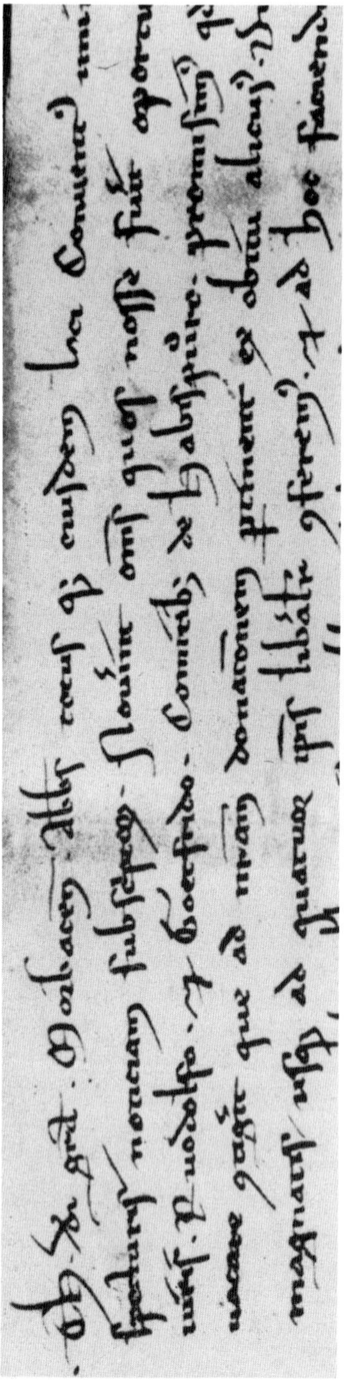

Abb. 93: 1260 VI —, —. Abt Theobald und Konvent von Murbach für Rudolf IV. und Gottfried von Habsburg
Urk. 950h; Mur

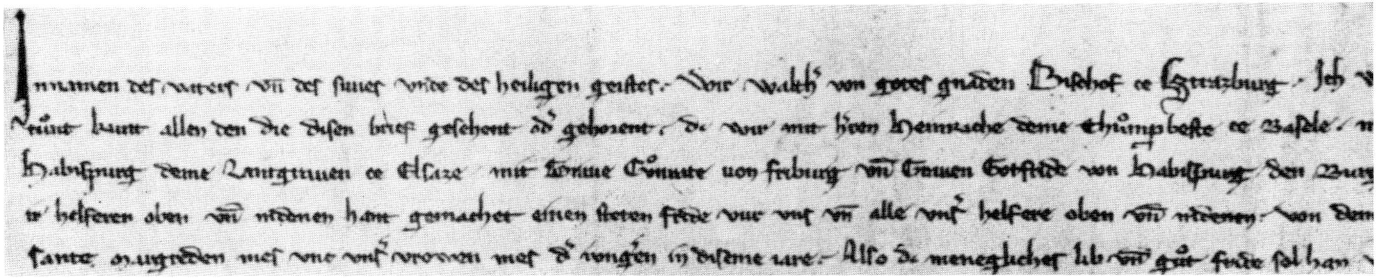

Abb. 94: 1262 VII 11, —. Bischof Walther von Straßburg und seine Verbündeten für Rudolf IV. und Gottfried von Habsburg und Verbündete
Urk. 1076ʰ; StrSta A

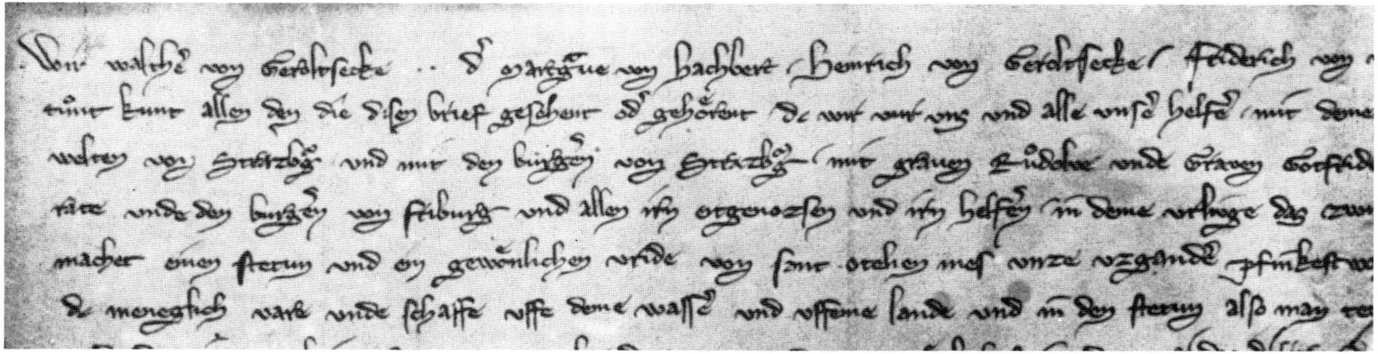

Abb. 95: 1263 XII 13, —. Walther von Geroldseck und seine Verbündeten für Bischof Heinrich von Straßburg, Stadt Straßburg, Rudolf IV. und Gottfried von Habsburg u.a.
Urk. 1143ʰ; StrSta B

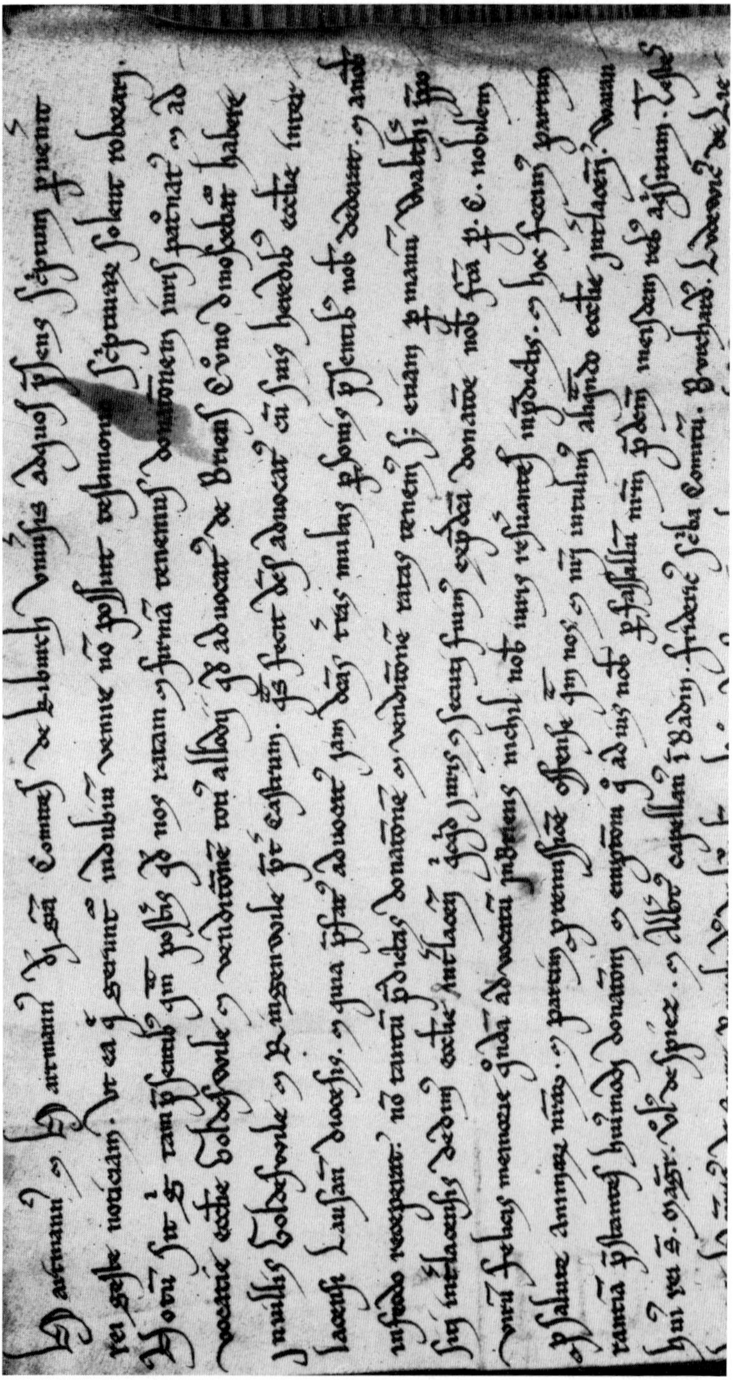

Abb. 96: 1241 III 3, Baden. Hartmann IV. und Hartmann V. von Kiburg für Propstei Interlaken
Urk. 262[k]; K 1

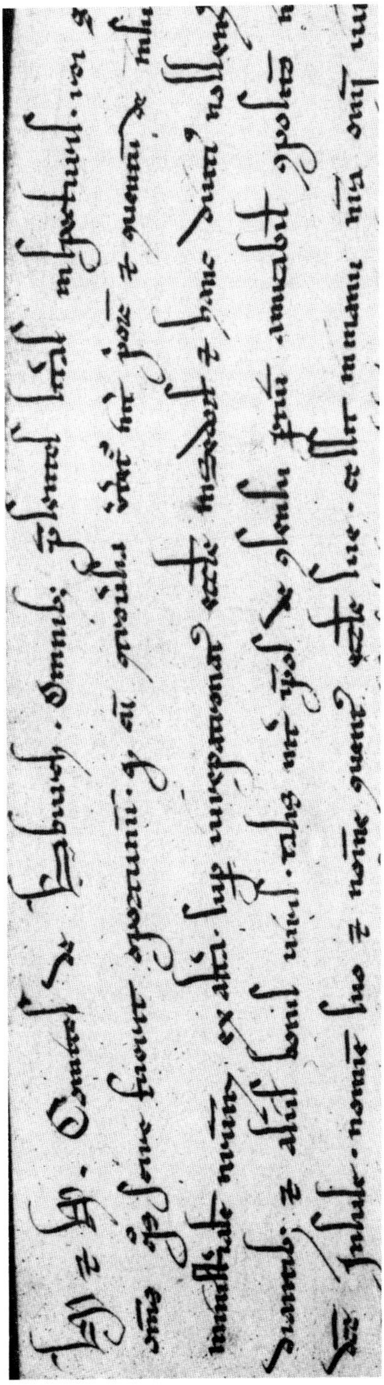

Abb. 97: 1242 — —, Burgdorf. Hartmann IV. und Hartmann V. von Kiburg für Priorat der Petersinsel im Bieler See
Urk. 301k; K 2

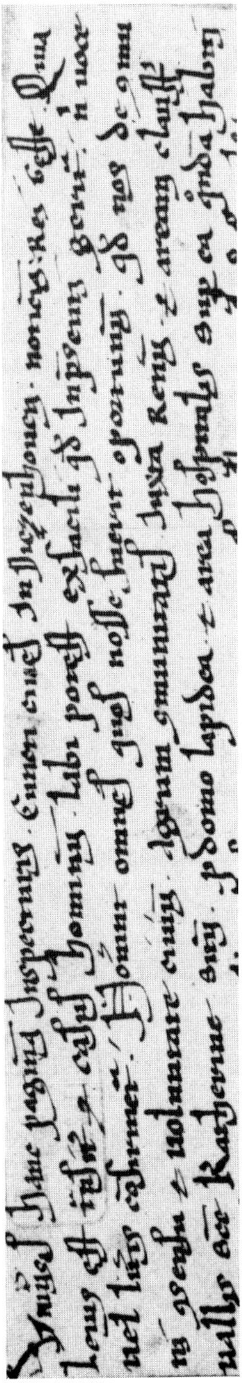

Abb. 98: 1246 — —, St. Katharinental. Stadt Dießenhofen für Kloster St. Katharinental
Urk. 409k; K 3

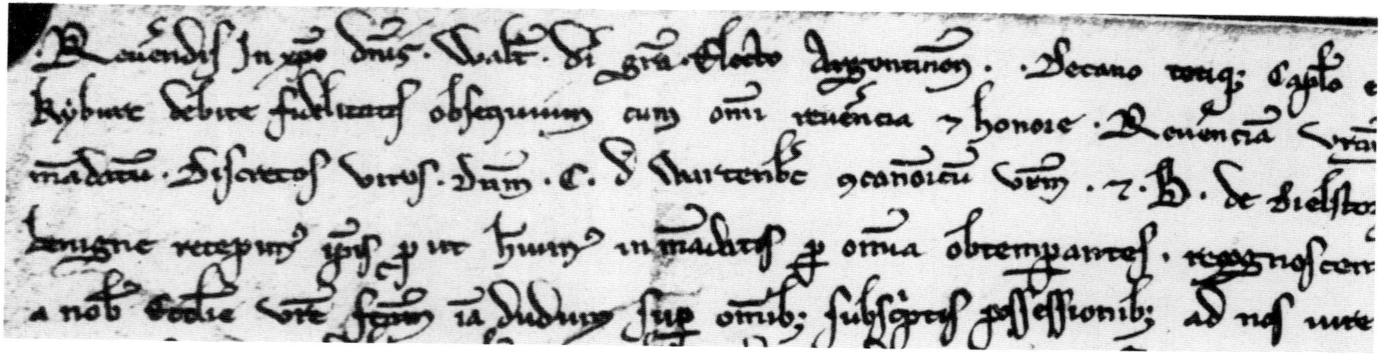

Abb. 99: 1260 VIII 2, Mörsburg. Hartmann IV. von Kiburg für Bischof Walther und das Domkapitel von Straßburg
Urk. 962ᵏ; K 4

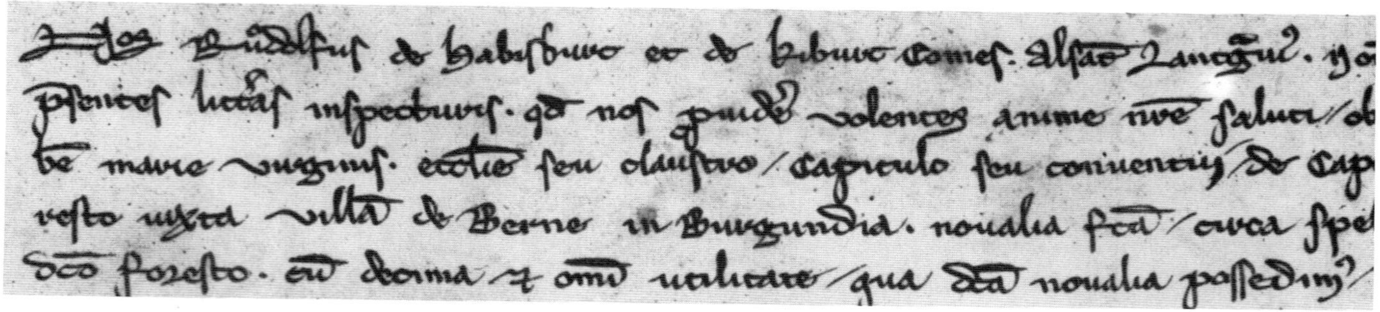

Abb. 100: 1270 I 14, Freiburg i. Ü. Rudolf IV. von Habsburg für Kloster Frauenkappelen
Urk. 1421ᵇ; K 7 = H 4

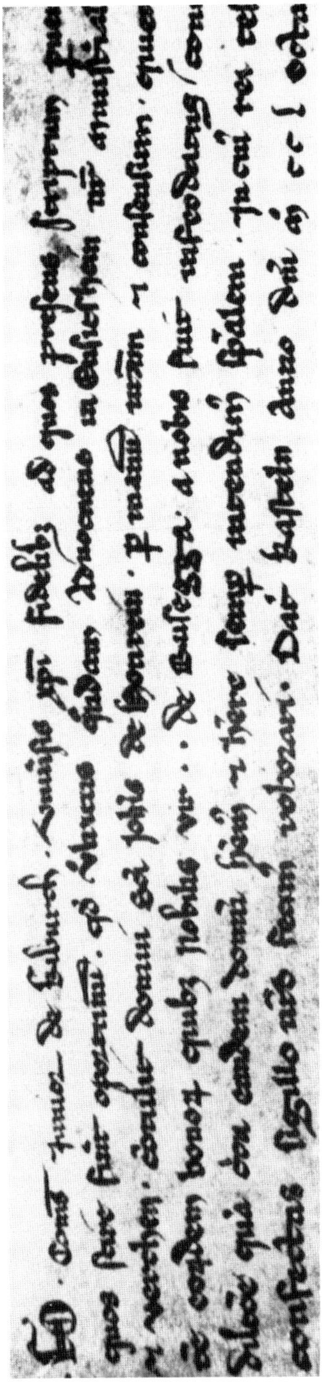

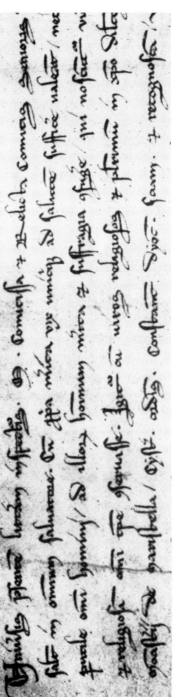

Abb. 101: 1258 VII 9, Kasteln. Hartmann V. von Kiburg für Kommende Hohenrain
Urk. 856k; K 8

Abb. 102: 1268 X 4, Burg Monthey. Margarete von Kiburg für Kloster Wettingen
Urk. 1372k; K 9

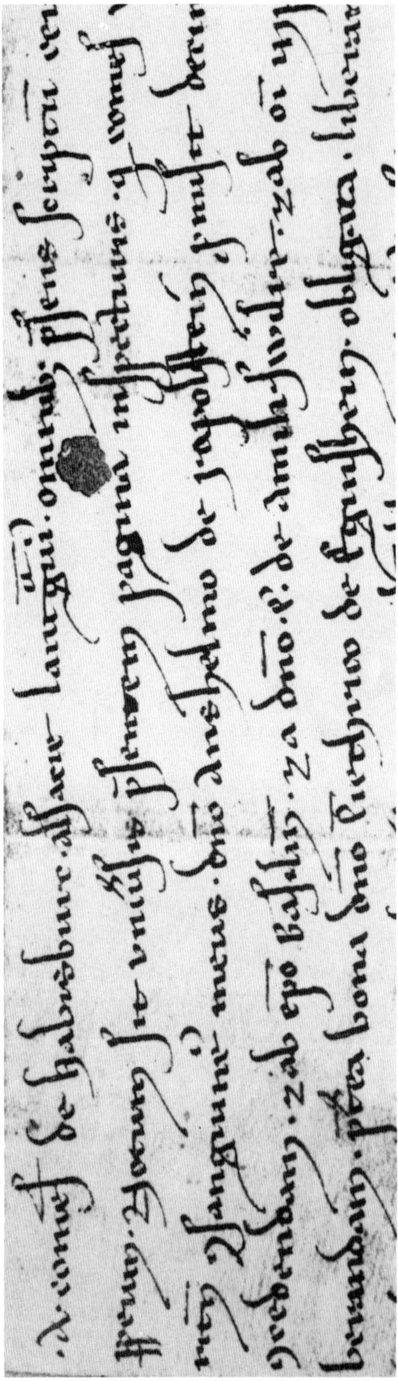

Abb. 103: (vor 1239) XII 18, Hagenau. Albrecht IV. von Habsburg für Anselm von Rappoltstein
Urk. 213h; H 1

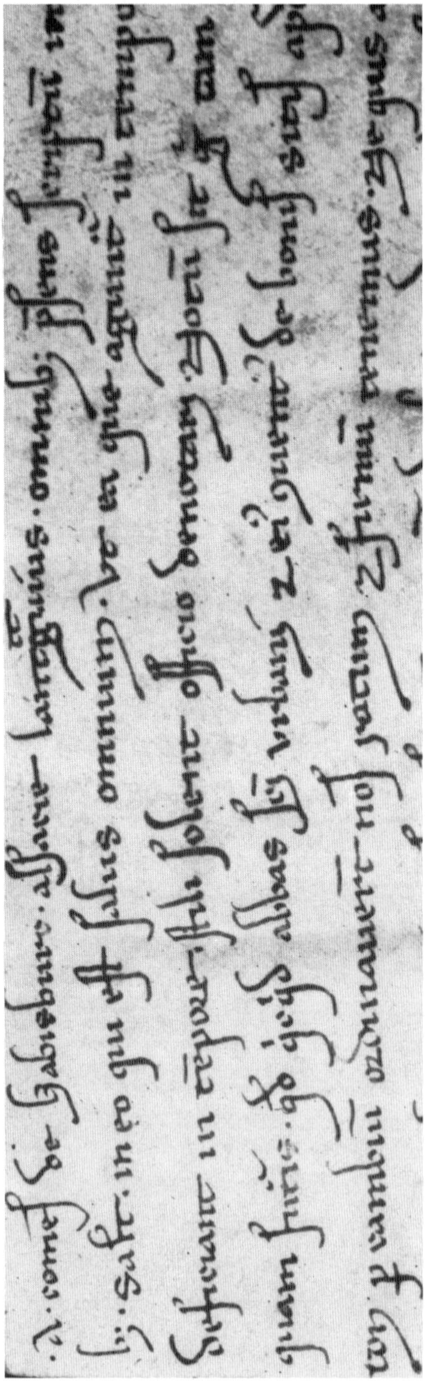

Abb. 104: (vor 1239 VII), –. Albrecht IV. von Habsburg für Kloster St. Urban
Urk. 229h; H 1

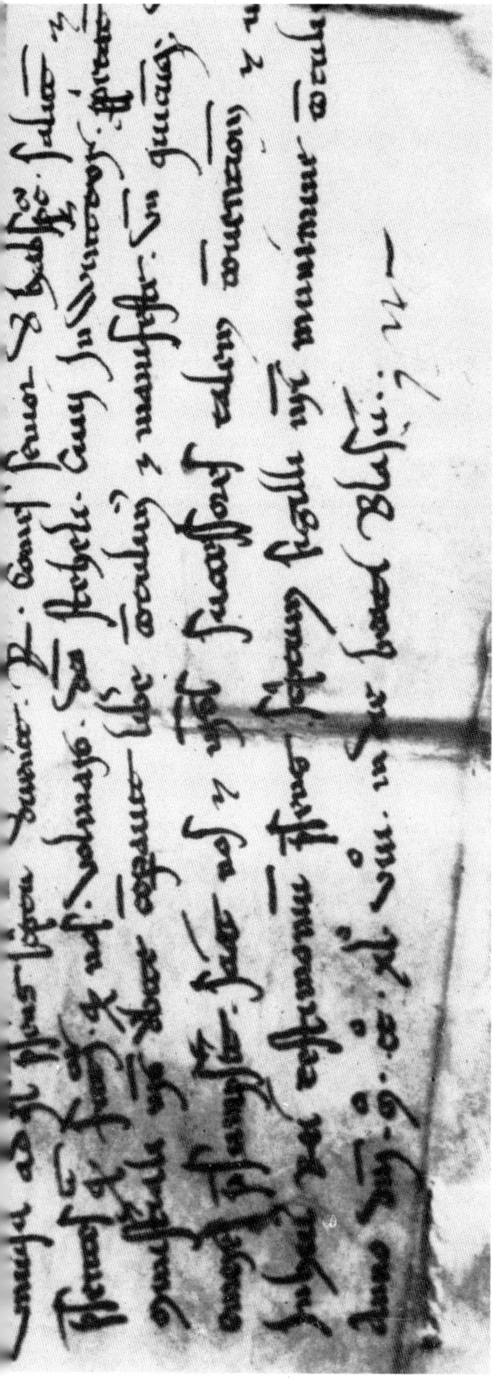

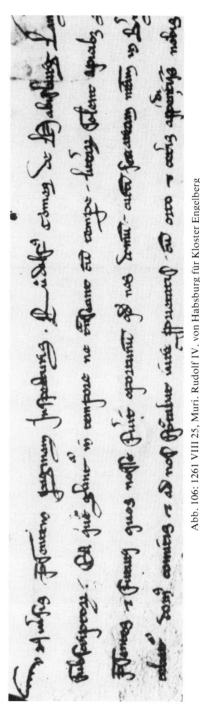

Abb. 105: 1248 II 3, Laufenburg. Rudolf III. von Habsburg für Volmar gen. Steheli, Bürger von Winterthur
Urk. 446h; H 2

Abb. 106: 1261 VIII 25, Muri. Rudolf IV. von Habsburg für Kloster Engelberg
Urk. 1021h; H 3

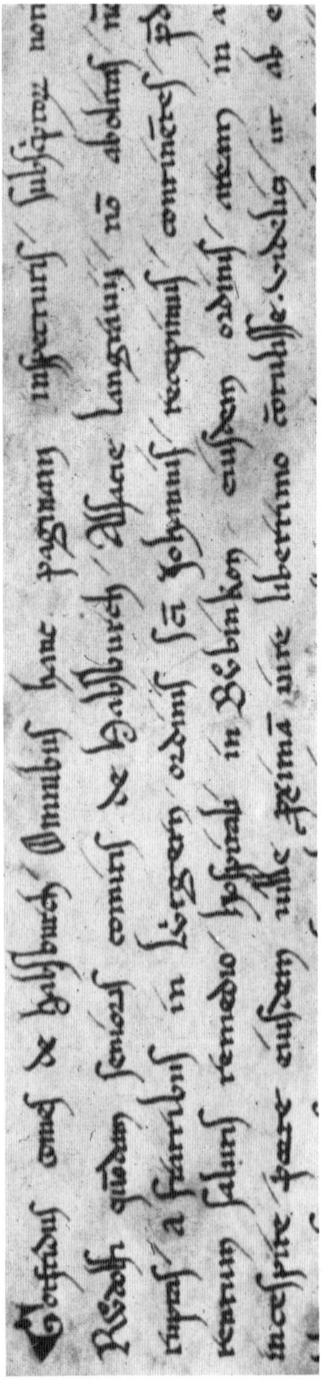

Abb. 107: 1270 XI 17, Laufenburg. Gottfried von Habsburg für Kommende Leuggern
Urk. 1464h; H 5

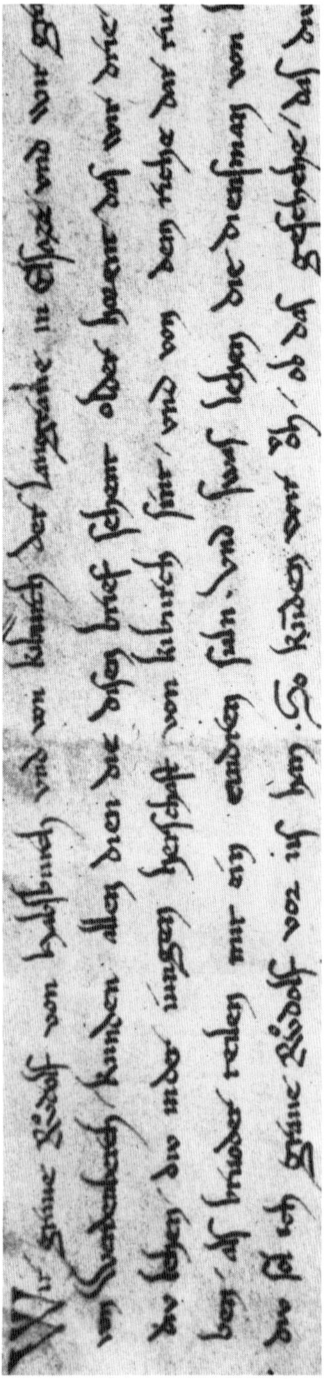

Abb. 108: 1271 IV 29, Laufenburg. Rudolf IV. und Gottfried von Habsburg für Hugo von Werdenberg
Urk. 1498kh; H 5